Gutes Leben und Arbeiten in der zweiten Lebenshälfte

EBOOK INSIDE

Die Zugangsinformationen zum eBook inside finden Sie
am Ende des Buchs.

Sabine Schröder-Kunz

Gutes Leben und Arbeiten in der zweiten Lebenshälfte

Frühzeitig den Weg zum Älterwerden gestalten

Sabine Schröder-Kunz
Darmstadt, Deutschland

ISBN 978-3-658-25361-5   ISBN 978-3-658-25362-2 (eBook)
https://doi.org/10.1007/978-3-658-25362-2

Die Deutsche Nationalbibliothek verzeichnet diese Publikation in der Deutschen Nationalbibliografie; detaillierte bibliografische Daten sind im Internet über http://dnb.d-nb.de abrufbar.

Springer
© Springer Fachmedien Wiesbaden GmbH, ein Teil von Springer Nature 2019

Springer ist ein Imprint der eingetragenen Gesellschaft Springer Fachmedien Wiesbaden GmbH und ist ein Teil von Springer Nature.
Die Anschrift der Gesellschaft ist: Abraham-Lincoln-Str. 46, 65189 Wiesbaden, Germany

Vorwort

Die zweite Lebenshälfte – was verbinden Sie mit diesem Ausdruck? Denken Sie an schleichenden körperlichen Abbau und eine Sehnsucht nach der eigenen Jugendzeit? Oder denken Sie eher an geistige Reife, Gelassenheit, einen reichen und bereichernden Erfahrungsschatz? In jedem Fall ist die zweite Lebenshälfte eine ganz besondere Zeit, die näher betrachtet werden sollte.

Gerade weil wir in einer paradoxen Zeit leben, in der alle immer älter werden und zugleich das Ideal der Jugendlichkeit so hochgehalten wird wie nie zuvor, lohnt sich ein differenzierter Blick auf die zweite Lebenshälfte: Welche Einschränkungen und welche Potenziale sind damit verbunden? Was können wir tun, um gut und gesund älter zu werden? Welche Umbrüche dürfen und müssen wir erwarten? Welche Rolle spielt das Berufsleben für ein gutes Leben und Älterwerden? Wie können wir in jeder Lebensphase aus dem Kontakt mit unseren Mitmenschen Kraft schöpfen? Kurzum: Wie können wir so leben, dass es für uns und unsere Mitmenschen gut ist?

Um diese und viele weitere Fragen geht es in diesem Buch. Dabei möchte ich Ihnen keine vorgefertigten Lösungen in die Hand geben, die möglicherweise gar nicht zu Ihnen passen. Vielmehr möchte ich Sie dazu anregen, selbst aktiv zu werden, sich immer wieder eigene Gedanken zu machen und einiges praktisch auszuprobieren. Deshalb finden Sie in jedem Kapitel neben Hintergrundinformationen auch Denkanstöße, Übungen und Praxistipps.

Ich wünsche Ihnen viel Freude beim Lesen und Umsetzen!

Darmstadt, im Februar 2019   Sabine Schröder-Kunz

Inhaltsverzeichnis

Über die Autorin

 **Sabine Schröder-Kunz**, 1964 geboren, verbindet ihr Wissen als Diplom-Gerontologin und Diplom-Betriebswirtin in ihrem Ansatz zum *guten Leben, Arbeiten und Älterwerden*. Sie bietet Beratungen, Vorträge und Schulungen an. Durch ihren direkten Kontakt mit Berufstätigen aller Altersstufen kennt sie die Herausforderungen des Arbeitsalltags in den verschiedenen Lebensphasen. Als Gerontologin (Wissenschaft des Alterns) beschäftigt sie sich mit menschlichen Entwicklungsstufen und setzt sich für ein bewusstes Älterwerden schon in jungen Jahren ein. Auch das Bewusstsein zur Endlichkeit – Sabine Schröder-Kunz ist seit vielen Jahren im Hospizdienst engagiert – fließt in ihre Arbeit mit ein.

Sie ist Expertin für alters- und alternsgerechte Arbeitsgestaltung sowie für den Austausch der Generationen. Gesundheit, Motivation und Kompetenz werden von ihr in Anbetracht der verlängerten Lebensarbeitszeit in den Blick genommen.

Das Besondere an ihrem Ansatz besteht darin, dass sie lebenspraktische Fragen mit einem übergeordneten Konzept der Selbst- und Mitverantwortung verbindet. Dabei zeigt sie konkrete Handlungsfelder auf, die ein gutes selbst- und mitverantwortliches Leben und Arbeiten ermöglichen.

Ihre Arbeitsbücher basieren auf wissenschaftlichen Erkenntnissen, die sie durch praktische Erfahrung anreichert und mit didaktischer Kompetenz aufbereitet. Angenehm zu lesen, einfach umzusetzen und mit vielen Denkanstößen – eine echte Bereicherung für das (Arbeits-)Leben!

Kontakt:
Sabine Schröder-Kunz
Diplom-Gerontologin
Diplom-Betriebswirtin
info@demografie-und-gerontologie.com

1

Einleitung

Zusammenfassung In diesem Kapitel erfahren Sie, was Sie in diesem Buch erwartet. Außerdem erhalten Sie erste Antworten auf die Frage: Warum sollten wir uns frühzeitig mit dem Alter und dem Älterwerden beschäftigen? Weiterhin erfahren Sie, dass die zweite Lebenshälfte weitaus mehr mit sich bringt als nur Verluste und Einschränkungen, was sich hinter dem Konzept der Selbst- und Mitverantwortung verbirgt, welche Rolle die Arbeit für das menschliche Wohlbefinden spielt und warum der Austausch der Generationen am Arbeitsplatz und im Berufsleben eine echte Bereicherung sein kann.

Wir alle werden immer älter. Für viele ist das kein schöner Gedanke, denn sie verbinden mit dem Alter(n) vor allem Negatives. Zum Glück ist die Wirklichkeit wesentlich vielschichtiger: Ältere Menschen verfügen auch über Potenziale und Stärken, die der Jugend vorenthalten bleiben. Wer um die reifen Fähigkeiten weiß, kann dem Alter dementsprechend gelassen entgegenblicken. Außerdem beeinflusst das Bild, das wir vom Alter haben, unser eigenes Älterwerden. Es lohnt sich also, die positiven Seiten des Alterns näher zu betrachten.

Jetzt schon ans Alter denken? Eine gute Idee!
Je früher Sie damit beginnen, die reifen Jahre in den Blick zu nehmen, desto besser. Der Beginn der zweiten Lebenshälfte ist dafür der beste Zeitpunkt. Denn zum einen verfügen Sie dann bereits über reichlich Lebenserfahrung und wissen, was Sie vom Leben wollen (und was nicht). Zum anderen haben Sie sehr wahrscheinlich noch ca. 40 Jahre Lebenszeit, die Sie nach Ihren Vorstellungen gestalten können. Ein weiterer großer Pluspunkt der frühen

© Springer Fachmedien Wiesbaden GmbH, ein Teil von Springer Nature 2019
S. Schröder-Kunz, *Gutes Leben und Arbeiten in der zweiten Lebenshälfte*,
https://doi.org/10.1007/978-3-658-25362-2_1

Vorbereitung: Wer jetzt aktiv ist, kann einiges tun, um frühzeitigem körperlichem Abbau – der nicht sein muss – vorzubeugen.

Dieses Buch soll Sie dabei unterstützen, die vielen Gestaltungsmöglichkeiten, die die zweite Lebenshälfte – privat und beruflich – mit sich bringt, auszuschöpfen und zu genießen.

Gesund leben und arbeiten – auch in der zweiten Lebenshälfte

„Neun Zehntel unseres Glücks beruhen allein auf der Gesundheit." So brachte es der Philosoph Arthur Schopenhauer auf den Punkt. Gesundheit ist ein wichtiger Pfeiler für ein zufriedenes, gutes Leben. Deshalb finden Sie in diesem Buch viele Tipps zum gesunden Leben und Älterwerden. Gesundheit meint hier mehr als „nur" körperliche Unversehrtheit. Auch ein wacher Geist sowie eine stabile Psyche, soziale Kontakte, (sinnstiftende) Arbeit und die innere Haltung zum Leben sind für die Gesundheit in diesem ganzheitlichen Sinn wichtig. Gemeinsam bilden sie die fünf Säulen des gesunden Lebens und Älterwerdens, die ich Ihnen in Abschn. 2.4 näher vorstelle.

Herausforderungen der zweiten Lebenshälfte

Der Erhalt der Gesundheit ist nur eine – wenn auch sehr wichtige – Aufgabe des Älterwerdens. Daneben gibt es noch weitere Herausforderungen der zweiten Lebenshälfte: Die (hochbetagten) Eltern werden möglicherweise pflegebedürftig oder sterben; der eigene Körper verändert sich und baut vielleicht an manchen Stellen ab; die meisten der bisherigen Ziele sind erreicht und die Zukunft erscheint eventuell lang und leer.

Wie können wir mit Verlusten, mit Leid und Verletzlichkeit umgehen? Wie können wir möglichst gesund bleiben, um auch den Ruhestand zu genießen? Wie können wir unsere reifen Potenziale nutzen, um die zweite Lebenshälfte zu gestalten? Wie können wir auch in der zweiten Lebenshälfte Sinn finden? Wie lässt sich die Partnerschaft gestalten, wenn die Kinder aus dem Haus sind und der Ruhestand naht? Diese und viele weitere Fragen stellen sich uns immer wieder aufs Neue. Daher müssen wir regelmäßig neue Antworten finden, die zu uns und zu der Welt passen, in der wir leben.

Denn nicht nur wir verändern uns im Älterwerden, auch die Welt wandelt sich rasant. Immer wieder entstehen neue Strukturen, Prozesse und Technologien. Vieles wird schneller, Arbeitsaufgaben verändern sich, manchmal sogar ganze Geschäftsmodelle und ohne Informationstechnologie funktioniert beruflich und privat fast nichts mehr. Das kann überfordern – gerade, wenn man nicht im Zeitalter der Digitalisierung großgeworden ist.

Dennoch lohnt es sich, sich nicht vor der Welt zu verschließen und zu sagen: „Früher war alles besser". Wer sich auf die veränderte und sich verändernde Welt einlässt, fördert seine Kompetenz (z. B. Technikverständnis) und damit auch seine Motivation (z. B. in dem Gefühl, eine Herausforderung bewältigen zu können). Das gilt für das Berufsleben und für das Privatleben gleichermaßen. So kann Zufriedenheit entstehen. „Ich bin nicht vom alten Eisen", „Ich fühle mich in der Welt zu Hause" – in solchen oder ähnlichen Gedanken kann sich diese Zufriedenheit ausdrücken.

Trotzdem ist es immer wieder wichtig, auch auf Möglichkeiten zum Rückzug, zur Pause, zur Regeneration zu achten. Auch wenn wir mit modernsten Technologien umgehen können und in der schnelllebigen Welt zurechtkommen, brauchen wir immer wieder Raum, um einfach mal abzuschalten und Kraft zu tanken. Jeder Einzelne[1] muss darauf achten, sich entsprechende Rückzugsmöglichkeiten zu schaffen. Das gilt für Jüngere ebenso wie für Ältere.

Das Leben rückwärts denken

Als Gerontologin denke ich das Leben sozusagen rückwärts: Was war notwendig, um gut älter zu werden? Wo möchten wir eines Tages stehen, um gut zurückblicken zu können?

Ich hatte und habe viel Kontakt mit älteren Menschen und – durch den Hospizdienst – mit Sterbenden. Bei dieser Arbeit erfahre ich viel über das menschliche Leben, wie es verlaufen kann, was positiv und was negativ war. Die Erkenntnisse, die ich aus diesen Gesprächen gewinne, habe ich auch in dieses Buch immer wieder einfließen lassen.

Arbeit als Teil des (guten) Lebens

Arbeit ist ein wichtiger Teil unseres Lebens. Wir identifizieren uns über unseren Beruf, finden Sinn in unserem Tun und verbringen mehr als die Hälfte unseres Erwachsenenlebens mit unserem Job. Daher ist es besonders wichtig, dass wir die Arbeit auch in der zweiten Lebenshälfte als Kraftquelle erleben – auch wenn die früheren beruflichen Ziele bereits erreicht sind oder wenn sich die Rahmenbedingungen immer wieder ändern.

Für die allermeisten Arbeitnehmer ist die Beziehung zu den Vorgesetzten eine extrem wichtige Stellschraube für die berufliche Zufriedenheit.[2] Deshalb sind Unternehmen und Führungskräfte hier besonders gefordert, damit alle

---

[1] Um die Lesbarkeit zu verbessern, wird in diesem Buch auf geschlechtsspezifische Personenbezeichnungen verzichtet. Alle Angaben beziehen sich jedoch immer auf Frauen und Männer gleichermaßen.

[2] Hier setzt mein Buch „Generationen gut führen" an, das sich an Führungskräfte wendet, die Beschäftigte aus verschiedenen Altersstufen unterstützen und begleiten möchten. Das Buch ist 2019 ebenfalls bei Springer Gabler erschienen. Dass es zwischen beiden Büchern inhaltliche Überschneidungen gibt, ist unvermeidbar, denn schließlich sollte jeder wissen, was gutes Leben und Älterwerden ausmacht.

Beschäftigten – unabhängig von ihrem Alter – gesund, kompetent und motiviert bleiben. Doch auch jeder Einzelne kann einiges für seine Gesundheit, Kompetenz und Motivation tun. In Kap. 4 finden Sie hierzu viele Anregungen, Hintergrundinformationen und Denkanstöße.

Übergang in den Ruhestand
Irgendwann ist das Berufsleben vorbei und ein neuer Lebensabschnitt beginnt. Damit der Ruhestand als etwas Schönes empfunden wird, ist es ratsam, sich frühzeitig damit auseinanderzusetzen. Was soll danach kommen? Wie lässt sich die Zeit nach der Pensionierung sinnvoll und erfüllend gestalten? Welche Rolle spielt das persönliche Umfeld dabei?

Doch auch die Zeit vor dem Ruhestand sollte geplant werden: Wie kann das eigene Erfahrungswissen weitergegeben werden? Wann ist der richtige Zeitpunkt für den Ausstieg? Jeder muss seinen Abschied aus dem Berufsleben individuell so gestalten, wie es zu ihm passt.

Schlüsselelemente Selbst- und Mitverantwortung
„Was ist gut für mich?" Diese Frage müssen und dürfen wir uns immer wieder stellen: angefangen bei der Auswahl unserer Nahrungsmittel über die Frage nach dem passenden Job bis hin zu der individuellen Lebensgestaltung. Damit ist die ethische Kategorie der Selbstverantwortung angesprochen. Darunter versteht man die Fähigkeit, das eigene Leben gut – also den eigenen Bedürfnissen und Werten entsprechend – zu gestalten.

Doch auch die Frage „Was ist gut für dich?" spielt eine wichtige Rolle. Denn wir Menschen sind soziale Wesen und berücksichtigen auch die Bedürfnisse unseres Umfelds (z. B. Freunde oder Familie). Dabei sprechen wir von Mitverantwortung. Gemeint ist die Fähigkeit, sich in andere hineinzuversetzen und einen Beitrag für die Gesellschaft zu leisten.

Das klingt möglicherweise erst einmal abstrakt. Doch in diesem Buch werden Sie sich mit ganz praktischen Situationen des privaten und beruflichen Alltags im Hinblick auf Selbst- und Mitverantwortung beschäftigen. Dabei werden Sie erkennen, welche zentrale Rolle diese Verantwortungsdimensionen auch in Ihrem Leben spielen. (Abschn. 2.5)

Daher möchte ich Ihnen auch keine vorgefertigten Antworten oder Glücksrezepte liefern. Vielmehr möchte ich Ihnen mit Denkanstößen und Übungen die Möglichkeit geben, eigene selbst- und mitverantwortliche Lösungen zu finden. Dieses Buch ist ganz bewusst als praxisorientierte Handlungshilfe konzipiert, auch wenn ich mich auf wissenschaftliche Quellen stütze.

Immer wieder greife ich auch auf Erfahrungen zurück, die ich in Schulungen und Workshops mit Berufstätigen in der zweiten Lebenshälfte gemacht habe.

Dieses Buch bietet das Werkzeug, selbstverantwortlich zu handeln und so ein besseres Leben zu führen. Und weil auch die Schattenseiten – Leid, Verletzlichkeit, Verlust – zum Leben dazugehören, werden auch diese Themen nicht ausgeklammert. Der Philosoph Wilhelm Schmid spricht hierbei vom Glück der Fülle. In diesem Sinne ist dieses Buch sozusagen ein Wegweiser zum Glück, ohne sich selbst Glücksratgeber zu nennen.

Austausch der Generationen

Kaum etwas ist zugleich so potenziell bereichernd und anstrengend wie der Austausch mit anderen Menschen. Ohne soziale Kontakte können wir nicht überleben, doch manchmal können sie uns auch stark belasten. Deshalb ist den privaten und den beruflichen Beziehungen in diesem Buch ein eigenes Kapitel (Kap. 3) gewidmet.

Ein besonderer Schwerpunkt liegt auf dem Kontakt zwischen verschiedenen Altersgruppen. Denn allzu oft begegnen wir Menschen aus anderen Generationen mit Vorurteilen oder Vorbehalten. Ein guter, respektvoller, bereichernder Austausch wird dadurch erschwert. Im schlimmsten Fall vermeiden wir den Kontakt mit anderen Altersgruppen ganz. Das ist mehr als schade, denn die Potenziale Älterer und Jüngerer können sich hervorragend ergänzen, Reife und Unerfahrene können viel voneinander lernen und das Weltbild des jeweils anderen bereichern. Auch im Berufsleben kann die intergenerationelle Zusammenarbeit fruchtbringend sein: Studien ergeben, dass gemischte Teams oft bessere Arbeit leisten als homogene Gruppen. Das gilt nicht nur im Hinblick auf die Geschlechter, sondern auch in Bezug auf das Alter.

Umso wichtiger ist es, Generationenstereotype zu hinterfragen, offenzubleiben und eine Brücke der Generationen zu bauen.

Für wen ist das Buch gedacht?

Das Buch richtet sich an Interessierte, die ihrer zweiten Lebenshälfte entgegensehen oder bereits mittendrin sind. Vor allem Berufstätige finden immer wieder praktische Tipps zur Gestaltung der Arbeit, aber auch Ruheständler können von der Lektüre profitieren. Sind Sie nicht mehr berufstätig, haben aber eine Aufgabe oder suchen nach einer Aufgabe im Älterwerden? Dann sollte das Buch auch in diesem Lebensabschnitt zu Ihnen passen.

Kurz gesagt: Das Buch ist für alle gedacht, die sich mit dem eigenen Älterwerden auseinandersetzen möchten und Möglichkeiten finden wollen, ihre Potenziale und Ressourcen zu nutzen.

Babyboomer und angrenzende Generationen
Immer wieder wird auf die Generation der Babyboomer und damit die „neuen Alten"
hingewiesen. Denn sie haben besonderen Einfluss auf die Gestaltung des demografischen Wandels und die Zukunft der jüngeren Generationen. Daher sind sie besonders gefordert, ihr Älterwerden selbst- und mitverantwortlich zu gestalten.

Wie Sie dieses Buch lesen können
Sie müssen dieses Buch nicht von der ersten bis zur letzten Seite durchlesen.
Suchen Sie sich gezielt die Punkte aus, die Sie interessieren und mit denen
Sie sich näher beschäftigen wollen. Alle Kapitel und Abschnitte sind so kon-
zipiert, dass sie sich unabhängig von den anderen lesen lassen. Im Buch fin-
den Sie immer wieder Zitate[3] von Berufstätigen, die sich in der zweiten
Lebenshälfte befinden.

Entscheiden Sie selbst, ob Sie die wissenschaftlichen Erkenntnisse im
Detail durchlesen, ob Sie die Originalzitate anschauen oder nur die Denkanstöße bearbeiten möchten. Die Lektüre soll Ihnen als Anregung für die weitere Beschäftigung mit dem Älterwerden dienen. Wichtig ist, dass Ihnen die
Gestaltungsmöglichkeiten in der zweiten Lebenshälfte bewusst werden.

Aufbau des Buchs
Alter ist mehr als nur (körperlicher Abbau) – es bringt besondere Fähigkeiten
und Potenziale mit sich (Abschn. 2.2). Doch um diese Potenziale auszuschöp-
fen, ist es wichtig, sich früh mit dem Älterwerden auseinanderzusetzen
(Abschn. 2.1 und 2.4). Darum geht es in Kap. 2. Sie setzen sich in diesem
Kapitel auch damit auseinander, wie Sie mit den schweren Seiten des Alters
umgehen können (Abschn. 2.3). Wie bereits weiter oben erwähnt, spielen die
Verantwortungsdimensionen Selbst- und Mitverantwortung in unser aller
Leben eine gewichtige Rolle. Was sich im Einzelnen dahinter verbirgt und
welche Handlungsfelder sich dadurch für jeden Einzelnen von uns ergeben,
ist Gegenstand von Abschn. 2.5 und 2.6.

In Kap. 3 geht es um das menschliche Miteinander im Privat- und Berufsleben. Neben einigen Übungen und Tipps zur guten Kommunikation erfahren
Sie auch, warum unsere Mitmenschen so wichtig für unser Lebensglück sind
und wie das Miteinander im reiferen Alter (noch besser) gelingen kann.

Weil der Beruf für sehr viele Menschen eine so wichtige Rolle spielt und
wir einen Großteil unserer Lebenszeit bei der Arbeit verbringen, soll das

---

[3]Die Zitate von Berufstätigen im Alter von 45 Jahren und älter (45+) wurden von mir während meiner
Gespräche und Seminare notiert und festgehalten. Um eine besserer Lesbarkeit zu erreichen, wurden sie
teilweise schriftsprachlich umformuliert.

(späte) Berufsleben in Kap. 4 näher beleuchtet werden, vor allem hinsichtlich der Frage: Wie bleiben wir auch im reifen Erwerbsleben gesund, kompetent und motiviert (Abschn. 4.1 und 4.2)? Zu guter Letzt setzen Sie sich in Abschn. 4.3 mit den letzten Berufsjahren sowie mit der Pensionierung auseinander.

Die wichtigsten Ergebnisse können Sie in Kap. 5, dem Schlusswort, noch einmal komprimiert nachlesen.

2

Die zweite Lebenshälfte

Zusammenfassung Das Alter(n) hat viele faszinierende Facetten. Älterwerden ist etwas, das jeden betrifft – ein unausweichlicher Prozess. Gleichzeitig bietet es viele Gestaltungsmöglichkeiten. Um gut zu leben und zu arbeiten, sollten wir uns frühzeitig mit dem Älterwerden und dem Alter auseinandersetzen. Doch wann ist man überhaupt „alt"? Welche Potenziale und Belastungen bringt das Alter mit sich? Kann man sich auch noch in der zweiten Lebenshälfte entwickeln? Wie wird man weise? Wie lässt sich das Leben sinnvoll gestalten, wenn die gesteckten Ziele bereits erreicht sind? Warum sind Selbstverantwortung und Mitverantwortung wichtige Schlüsselkompetenzen für das gute Älterwerden? Was dürfen wir von unserer privaten und beruflichen Zukunft erwarten, wenn unsere Gesellschaft zunehmend altert? Diesen und weiteren Fragen soll im vorliegenden Kapitel nachgegangen werden.

Wir alle werden mit jedem Tag, mit jeder Stunde, Minute, Sekunde älter. Viele Menschen beunruhigt dieser Gedanke. Alter und Älterwerden setzen sie mit Einschränkungen, Schwächen und Verlusten gleich. Doch dieses negative Altersbild geht – zum Glück – an der Wirklichkeit vorbei.[1]

Ja, das Alter kann Belastungen und Verletzlichkeiten mit sich bringen (Abschn. 2.3), aber es wartet auch mit einer Menge Potenzialen und Stärken

---

[1] Altersbilder sind soziale Konstruktionen. Das heißt, sie sind von der jeweiligen Gesellschaft und deren historischer Situation geprägt und können sich dadurch auch ändern. So gibt es ganz unterschiedliche Altersbilder, die zu unterschiedlichen Zeitpunkten vorherrschen. Sie geben die Vorstellungen wieder, die über höhere Lebensjahre, das Älterwerden und die Gruppe der Älteren vorherrschen und in zahlreichen kulturellen und sozialen Erscheinungen zum Ausdruck kommen (vgl. BMFSFJ 2010).

© Springer Fachmedien Wiesbaden GmbH, ein Teil von Springer Nature 2019
S. Schröder-Kunz, *Gutes Leben und Arbeiten in der zweiten Lebenshälfte*,
https://doi.org/10.1007/978-3-658-25362-2_2

auf (Abschn. 2.2). Die zweite Lebenshälfte hat einen großen Vorteil: Wir haben bereits viel erlebt und erreicht, auf das wir (hoffentlich stolz, gelassen und zufrieden) zurückblicken können. Zugleich bleibt uns angesichts der immer längeren durchschnittlichen Lebensdauer noch genug Zeit, um Versäumtes nachzuholen, Neues auszuprobieren, uns weiterzuentwickeln und neue Ziele für die kommenden 20, 30 oder gar 40 Jahre zu stecken.

Wir sind heute freier als jemals zuvor, können unser Leben vielfach so gestalten, wie es unseren Vorstellungen entspricht. Dazu müssen wir uns fragen: Wo stehe ich jetzt? Was ist bisher geschehen? Wo will ich noch hin? Was ist mir wichtig? Was macht ein sinnvolles und erfülltes Leben für mich aus? Wo und wie ist Rücksicht auf mein Umfeld gefragt? Diese Fragen der Selbst- und Mitverantwortung sowie 14 Handlungsfelder für ein gutes Leben werden in Abschn. 2.5 und 2.6 näher vorgestellt. In diesem wie in allen anderen Kapiteln finden Sie immer wieder Denkanstöße und praktische Tipps, die Ihnen bei der Suche nach eigenen Antworten helfen können.

Es gibt kein Patentrezept für ein gutes und glückliches Alter, doch Gesundheit gehört sicherlich zu den wichtigen Grundpfeilern eines guten Lebens. Die fünf Säulen des gesunden Älterwerdens sind daher Gegenstand von Abschn. 2.4. Je früher wir damit beginnen, unser Alter(n) vorzubereiten, umso besser. Dann steht einer glücklichen und erfüllten zweiten Lebenshälfte nichts mehr im Wege.

Wann beginnt die zweite Lebenshälfte?
Geht man davon aus, dass man zwischen 80 und 90 Jahre alt wird, beginnt spätestens mit 45 Jahren die zweite Lebenshälfte. 45 Jahre ist eine große Zeitspanne. In ihr haben wir viel erlebt und Erfahrungen über uns, unsere Umwelt und das Leben im Allgemeinen gesammelt. Wir haben bereits viele unserer selbst gesteckten Ziele erreicht. Nun können wir darüber nachdenken, was noch vor uns liegt. Dieses Nachdenken hilft uns, unser Leben bewusster zu gestalten und die Zeit richtig zu nutzen.

Die zweite Lebenshälfte – ist das schon alt?
Wann wir alt sind, das kann niemand genau sagen, denn Alter ist keine feste Größe und die Zahl der Lebensjahre sagt nur bedingt etwas über uns aus.

Häufig wird aber von dem sogenannten dritten und vierten Lebensalter gesprochen. Das dritte Lebensalter ist die Zeit zwischen 65 und 80 Jahren. Das sind häufig die gesunden und aktiven Jahre im Alter. Die nachberufliche Lebensphase kann hier vielfältig genutzt werden. Das trifft für das vierte Lebensalter nur bedingt zu. Die Jahre ab 80 sind häufig von zunehmender Gebrechlichkeit geprägt. Das muss jedoch nicht unbedingt eintreffen, denn der

Mensch trägt verschiedene Alter in sich. Und wie wir noch feststellen werden, kann auch trotz zunehmender Einschränkungen durchaus Lebensqualität gegeben sein. Dafür kann man übrigens viel tun (Abschn. 2.4).

Wussten Sie, dass der Mensch verschiedene Alter in sich trägt?

* das Alter der Organe,
* das Alter des Bewegungsapparates,
* das Alter des Gehirns,
* das Alter des äußeren Erscheinungsbildes,
* das Alter der Erfahrungen und des damit verbundenen Lebenswissens.

Alter wird in all diesen Punkten unterschiedlich erlebt und gelebt und kann teilweise auch ganz individuell durch Akzeptanz, Kleidung, Wortschatz und ähnliche Aspekte ausgedrückt werden. Im Schnitt fühlen sich ältere Menschen zehn Jahre jünger, als ihr biologisches Alter angibt (Rosenmayr 2006).

Statt immer wieder auf das kalendarische Alter zu achten, sollten wir lieber die Lebensphase in den Blick nehmen, die aktuelle Lebenssituation (beruflich und privat, körperlich, psychisch und sozial), in der wir uns selbst oder in der sich andere Menschen befinden. Dann werden wir unser Können und Nicht-Können weniger auf unser Alter schieben und offener für die vielen Gestaltungmöglichkeiten sein.

Der Prozess des Alterns

Das sagen Berufstätige 45+
„Der Charme am Alter ist, dass es nicht von heute auf morgen geht. Man hat die Chance, sich Dinge anzueignen. Es ist ein Prozess, auf den man sich einrichten kann."

Diese Worte machen deutlich: Älterwerden ist kein plötzliches Ereignis, sondern ein langsamer Prozess, der sich in kleinen und großen Dingen zeigen kann. Das hat den Vorteil, dass wir die Möglichkeit haben, uns auf die langsame Veränderung einzustellen und uns anzupassen. Wir wachsen in das Alter hinein und können damit vertraut werden. Das Altsein mit etwa 80 oder 90 Jahren kann eine große Fülle mit sich bringen: die Zufriedenheit mit dem eigenen Leben, der dankbare Blick zurück und die Fähigkeit, die natürlichen Verluste, die das Alter mit sich bringen kann, zu akzeptieren.

Das sagen Berufstätige 45+
„Alles altert. Sogar Steine altern. Auch leblose Dinge altern."

Denkanstoß

Denken Sie an Ihr persönliches Älterwerden. In was sind Sie hineingewachsen?
Wo haben Sie sich entwickelt? In was haben Sie sich so eingearbeitet, dass es
Ihnen völlig vertraut ist? Vielleicht möchten Sie erste Gedanken notieren und ab
und an – auch im Laufe der Bearbeitung dieses Buches – weiter ausführen.

Das sagen Berufstätige 45+

*„Als junger Mensch ist man vielleicht noch eher auf Partys unterwegs und es kann
nicht lange und heftig genug sein. Das Bedürfnis habe ich jetzt schon gar nicht mehr.
Das ist schon so ein natürlicher Prozess, wo mein Körper sagt: Auch die einfachen
Dinge sind schön. Im Garten sitzen, einen Tee trinken. Dieses Nichtstun genießen.
Man vertreibt seine Zeit anders als ein junger Mensch. Und ich sehe, dass meine
Eltern noch mal ein Stück ruhiger leben und damit auch zufrieden sind. Das hat
ihnen ja auch keiner gesagt. Sie machen es einfach."*

Unsere äußere Entwicklung wird durch unsere Körperhaltung, das äußere
Erscheinungsbild, die Haut etc. für andere Menschen sichtbar. Die innere
Entwicklung können wir hingegen nicht einsehen. Allerdings kann unser
Inneres nach außen strahlen. Fühlen wir uns wohl „in unserer Haut"? Häufig
sieht man das einem Menschen an. Stehen wir zu unserem Alter oder sind wir
darauf bedacht, es hinter modischer Kleidung oder durch andere Mittel zu verbergen? Was strahlen wir aus, wenn wir jemand anderem zuhören? Begegnen
wir ihm mit Interesse?

Unsere im Laufe der Jahre gesammelten Erfahrungen können unser
Erscheinungsbild durchaus verändern. Wir können aber auch bewusst etwas
für unsere innere Entwicklung tun, indem wir offen und interessiert durch die
Welt gehen, über das Leben reflektieren und versuchen, es immer besser zu
verstehen. Dann nähern wir uns auch ein bisschen der Weisheit im Alter, von
der so oft gesprochen wird (vgl. Abschn. 2.1.2.3).

Das sagen Berufstätige 45+

*„Das Positive am eigenen Älterwerden ist, dass ich an der Lebenseinstellung
weiter dran arbeite und da durchaus positive Entwicklungen spüre. Und das
kompensiert dann die Verluste zum Teil. Wenn ich an meine Zeit mit 25 denke,
das war für mich keine so einfache Zeit. Weil ich mir da häufig selber im Wege
stand. Das war mir oft gar nicht bewusst. Jetzt sehe ich, was da nicht so gut
gelaufen ist und mache das anders. Da bin ich doch ein Stück weit gewachsen.
Das innere Wachsen!"*

Das sagen Berufstätige 45+

„Multitasking ist nicht mehr meine Sache, und das spüren wohl auch andere. Da bin ich wohl einer, der Langsamkeit zunehmend entdeckt. Was ist das für ein Gefühl, wenn man spürt: ‚Ah, an der Stelle bin ich gerade wieder langsamer?' Das hat ja auch was mit der Einstellung zu mir selbst zu tun, während ich das wahrnehme. Es entsteht ein indirekter Druck, da einem ja bewusst ist, dass damit gewisse Arbeiten und Projekte mehr als früher auf die längere Bank geschoben werden. Aber ich sehe dieses bewusste Tun von mir auch als gesunden Filter für mich. Ich entdecke nämlich dabei, dass ich genau bei diesem Tun die Spreu vom Weizen trenne. Das ist ein fast hilfreicher Prozess, nicht nur für mich, sondern auch letztlich für die Sacharbeit: Wichtiges von Unwichtigem zu trennen. "

Ältere sind sehr unterschiedlich!

Je älter Menschen werden, desto mehr können sie sich von anderen Gleichaltrigen unterscheiden. Warum ist das so?

Aufgrund ihrer vielfältigen Erfahrungen entwickeln sich Menschen im Alter immer unterschiedlicher. Es gibt keine Altersgruppe, die so heterogen ist wie die späte Lebensphase. So gibt es eine besondere Vielfalt an älteren Persönlichkeiten in unserer Gesellschaft. Das wird auch noch dadurch verstärkt, dass Menschen hierzulande viele Entfaltungsmöglichkeiten haben und sich weitestgehend frei entwickeln können.

Danach sind durch die vielen unterschiedlichen Älteren auch viele verschiedene Potenziale gegeben. Das Alter wird damit so bunt wie nie zuvor. Das wird auch auf das Miteinander der Generationen Einfluss haben und neue Chancen eröffnen.

Das Alter ist ein Teil von uns

„Das gehört zu mir", „So bin ich", „Das war mir schon immer wichtig" etc., sind Sätze, die darauf hinweisen, dass wir einzigartig sind und ganz bestimmte Eigenschaften haben, die uns von anderen unterscheiden. Unsere Identität entwickelt sich ein Leben lang. Wir verändern uns. Gleichzeitig streben wir nach Kontinuität. So sind auch noch im Alter viele Interessen, Bedürfnisse und Fähigkeiten in uns, die wir bereits als Kinder in uns getragen haben. Manches konnten wir weiterentwickeln. Manches möchte sich noch entfalten.

Unsere Erfahrungen und damit unser Alter ist Teil von uns. Sich selbst mit seinem Alter zu akzeptieren bedeutet sich selbst mit seinen Erfahrungen und mit seinem gelebten Leben zu akzeptieren. Dazu gehört auch die innere und äußere Veränderung. Akzeptiere ich die körperlichen Veränderungen als Teil von mir? Als etwas, das zu mir gehört, unabwendbar? Kann ich diese

Veränderung wertfrei und als naturgegeben betrachten und annehmen? Oder wehre ich mich dagegen? Pflege ich meinen Körper in dem Bewusstsein, dass er älter werden *darf*?

Unsere Gesellschaft ist dabei, sich dem Thema Alter neu zu öffnen. Es wird sozusagen neu verhandelt. Dass Altern eine „neue Erfahrungsdimension" ist, gerät aber in den Hintergrund, wenn die eigene Person als „alterslos" verstanden wird und das Altern mit seinen Veränderungen verdrängt wird. Daher sollte Altern etwas sein, das wir als Teil unseres Menschseins begreifen. So können wir zu einer „mehr individuellen Identität im Alter" (Peters 2013) finden. Unser „Selbst" wird durch das Alter nicht anders. Es zeichnet sich durch Kontinuität aus, dem etwas Neues hinzugefügt wird. Identität in diesem Sinne schließt Offenheit mit ein – so wie sie die heutige Gesellschaft ermöglicht. Die Offenheit, die aktuelle Lebensphase und Lebensmöglichkeit anzunehmen und als erweiterte Erfahrungsdimension zu verstehen, gewinnt somit an Bedeutung (vgl. Peters 2013).

Jeder nimmt das Alter auf seine Weise an. Und Sie? Nehmen Sie sich Zeit für den folgenden Denkanstoß.

Denkanstoß

Akzeptieren Sie Ihr eigenes Älterwerden? Blicken Sie dabei auch auf die positiven Veränderungen? Haben Sie immer noch ähnliche Gefühle, Bedürfnisse, Wünsche und Fähigkeiten wie in der Jugend und erleben gleichzeitig, dass Sie in allen Punkten dazugelernt haben?

Altern lernen bedeutet, dass wir unser Älterwerden mit all seinen Facetten annehmen und es in unser Leben und Dasein integrieren. Die Potenziale des Alters verstehen und leben. Das Alter annehmen heißt aber auch, die Endlichkeit des Lebens zu akzeptieren und zu integrieren. Zudem dürfen wir in die menschliche Fähigkeit des Neubewertens vertrauen. Dieses Potenzial ist besonders älteren Menschen gegeben und bei Verlusten bedeutsam.

Damit wir unser Alter in uns integrieren und annehmen können, benötigt es aber auch den entsprechenden Umgang mit Alternsprozessen durch andere Menschen. Doch das Alter hat leider noch viele Tabus. Beispielsweise gibt es gewisse Krankheiten, die im Alter zunehmen, über die man lieber nicht sprechen will (Stichwort: Inkontinenz). Wir sollten uns damit auseinandersetzen, wie es wohl den Leuten gehen mag, die darunter leiden. Es ist nicht nur das körperliche Leiden selbst, mit dem sie konfrontiert werden. Auch Scham kann eine große Rolle spielen, wodurch die Situation der Betroffenen erschwert wird. Wir benötigen einen angemessenen Umgang mit den

Veränderungen und möglichen Krankheiten im Alter. Hierfür braucht es auch eine angemessene Sprache. Achten wir zukünftig auf unsere Wortwahl. Reden wir bspw. im Zusammenhang mit Alter über „Verfall"? Ist das korrekt oder fördert es nicht eher die Angst und verhindert einen guten Umgang mit den oft nur ganz natürlichen Prozessen? Was stellen wir uns unter einer wertschätzenden Haltung in Bezug auf das Alter und ältere Menschen vor?

Denkanstoß

Welche Worte fördern negative Bilder vom Alter? Notieren Sie die Begriffe, die Ihnen einfallen und versuchen Sie sie in Zukunft zu vermeiden. Vielleicht fällt Ihnen auch ein anderes Wort dafür ein, das die Verletzlichkeit besser beschreibt. Denken Sie auch über positive Zuschreibungen und Worte über das Alter nach. Achten Sie während des Lesens dieses Buches darauf.

Das Alter in das eigene Leben zu integrieren bedeutet auch, den Kampf gegen das Alter aufzugeben. Gerade weil die Lebensphase Alter heute länger ist als je zuvor, ist es wichtig, sie anzunehmen und zu gestalten. Erwachsen werden bedeutet dann, den Wunsch nach dauerhafter Jugend aufzugeben und die Facetten der erfahrenen Lebensjahre verantwortlich in den Blick zu nehmen. Dabei wird auch die Verletzlichkeit als Teil des Lebens begriffen. So kann jede Lebensphase hilfreich sein, um Schritt für Schritt reifer zu werden und das eigene Leben zu voll-enden. Wir sind aufgefordert, Alter als etwas, im wahrsten Sinne des Wortes, „Normales" zu begreifen. Und in diesem Begreifen können wir schließlich uns selbst und anderen wertschätzend begegnen.

Damit wird nicht nur von der Gesellschaft gefordert, die Älteren zu integrieren, sondern gerade von jedem Einzelnen selbst. Das ist eine „Integrationsleistung". Sie bedeutet schließlich auch, dass wir in uns selber einander Widerstrebendes verbinden, auch wenn Spannungen und Paradoxien erhalten bleiben (Rosenmayr 2006).

„Alter in sich integrieren" (Rosenmayr 2006) kann man auf verschiedene Weise. Möchten Sie die folgenden Aspekte betrachten und überlegen, wie Sie sie in Ihren Alltag einbauen können und wollen? Haben Sie Ergänzungen?

- Die eigenen natürlichen Veränderungen anschauen und annehmen. Sich bewusst machen, dass Leistung und Schönheit subjektiv sind.
- Eine innere Haltung zu den Werten von Langsamkeit und Genügsamkeit entwickeln. Leistung und Produktivität in diesem Sinne neu definieren.
- Sich mit Gesundheit neu auseinandersetzen und sich aktiv für die eigene Gesundheit einsetzen. Dazu gehört auch Selbstdisziplin, Übung und Geduld (vgl. Abschn. 2.4).

- Tun und Seinlassen: Die eigenen Kräfte stärken und erweitern. Gleichzeitig die Kräfte zum eigenen Schutz einschätzen und anpassen. Das heißt, an verschiedenen Stellen bewusst Verzicht üben. Selbstverantwortliche Ziele setzen, die die eigenen Stärken und Schwächen in den Blick nehmen (vgl. Abschn. 2.4.1).
- Andere Menschen in ihrer natürlichen Veränderung anerkennen und akzeptieren.
- In Zeiten von Wettbewerb und Stress Gesundheit und Alltag mehr und mehr miteinander verbinden. Belastungen des Alltags durch Entlastung und Regeneration ausgleichen (vgl. Abschn. 2.4 und 4.2.2.2).
- Das eigene Wissen als „Brücke zwischen den Generationen" nutzen (vgl. Abschn. 3.2.3.2). Nicht zur Selbsterhöhung gegenüber den Jüngeren einsetzen. Das Trennende zwischen den Generationen ansprechen, im Wunsch des gegenseitigen Verstehens. Konflikte auch als Chancen verstehen (vgl. Abschn. 3.1.3).
- Die gesellschaftlichen Forderungen an die neuen Alten verstehen und mitverantwortlich der jüngeren Generation zur Seite stehen (vgl. Abschn. 2.2.2.3).

Das sagen Berufstätige 45+
„Im Älterwerden hat man doch auch das Recht auf ein schönes ruhiges Leben. Dass man keine Höchstleistung mehr bringen muss, sondern sich vielleicht auch ein bisschen in dem heimisch fühlen kann, was einem da noch guttut."

Dem Körper im Älterwerden Achtsamkeit schenken
Achtsamkeit kann als Form der Aufmerksamkeit im Zusammenhang mit einem besonderen Wahrnehmungs- und Bewusstseinszustand verstanden werden. Eine der in der Forschungsliteratur am häufigsten zitierten Definitionen stammt von Kabat-Zinn, emeritierter Professor an der University of Massachusetts Medical School in Worcester. Er unterrichtet Achtsamkeitsmeditation, um Menschen zu helfen, besser mit Stress, Angst und Krankheiten umgehen zu können. Er bezeichnet Achtsamkeit als eine bestimmte Form der Aufmerksamkeit, die absichtsvoll ist, sich auf den gegenwärtigen Moment bezieht (statt auf die Vergangenheit oder die Zukunft) und nicht wertend ist.

Wer nun denkt, das bedeute, sich ständig mit sich selbst zu beschäftigen, der irrt. Es geht weder um eine „Selbstoptimierung" noch um das ständige Kreisen um uns selbst. Stattdessen geht es darum, neben Tätigkeit und Anspannung auch Zeit für Entspannung und Nur-da-Sein zu finden. Achtsamkeitsübungen sind übrigens auch für unsere Konzentration förderlich.

Achtsamkeit üben kann als Vorbereitung auf das Alter bedeutsam sein. Es geht darum, altersbezogene Veränderungen als natürlichen Prozess anzunehmen und weniger zu werten, dem eigenen Körper z. B. bei der Körperpflege Zeit und Aufmerksamkeit zu schenken oder auch Achtsamkeit und Zärtlichkeit in der partnerschaftlichen Begegnung zu leben. Achtsamkeit für den Körper, der sich fortwährend im Wandel befindet, kann auch durch Entspannungstechniken (vgl. Abschn. 4.2.2.2) gefördert werden und das Körperbewusstsein nachhaltig stärken.

Denkanstoß

Was erwarten Sie von Ihrem Körper im Älterwerden? Gehen Sie mit Ihrem Körper im Älterwerden achtsam um? Nehmen Sie die Veränderungen als natürlichen Prozess an?

Bei der Frage, ob wir uns auf das Alter vorbereiten können, geht es auch darum, was wir von unserem Körper im Älterwerden erwarten. Wie gehen wir mit den Veränderungen um? Wie stehen wir zu Falten, wie reagieren wir auf weniger Beweglichkeit und so weiter. Unser Körper hat uns nun viele Jahre durch das Leben getragen. Konzentrieren wir uns nun im Älterwerden auf das, was nicht mehr funktioniert? Oder das, was noch alles geht? Ist das Glas halb voll oder halb leer?

Sollten wir feststellen, dass uns die Wertschätzung für den eigenen Körper nicht oder nur wenig gelingt, können wir hierfür etwas tun. Eine „Mangeleinstellung" gegenüber unserem Körper wird oft schon in jüngeren Jahren in uns festgelegt. Aber alte Muster können aufgelöst werden. Es ist ein Prozess und es benötigt Übung und oft auch Geduld. Dabei sollten wir nicht vergessen, dass der Mensch bis in das hohe Alter lernfähig bleibt und auch hier ein neues Bewusstsein entwickeln kann, welches Einfluss auf unser Älterwerden hat. Älterwerden kann eine Chance sein, alte Muster aufzulösen. Auf den folgenden Seiten finden Sie viele Denkanstöße und Übungen, um Ihr eigenes Älterwerden anzunehmen.

Was sehen und fühlen wir beim Anblick äußerlich gebrechlicher Menschen?
Stellen Sie sich vor, Sie sehen eine ältere Frau, die mit gebückter Haltung und langsamen Schrittes über die Straße geht. Welche Gedanken und Gefühle kommen Ihnen spontan? Lesen Sie im Anschluss an Ihre Gedanken den darauffolgenden Abschnitt.

Wenn wir ältere Menschen, die körperlich gebrechlich wirken, sehen, neigen wir dazu, von dem äußeren körperlichen Bild auf den ganzen Menschen zu schließen. Wir spüren Mitleid, denken angstvoll über das Alter nach, sehen wenig Lebensqualität, möchten helfen oder uns abwenden, weil uns das Bild Angst macht. Wie wird es mir im Alter gehen? Aber auch ein äußerlich gebrechlicher Mensch kann eine große Kraft in sich tragen. Hinterfragen wir unser Menschenbild: Welches Bild haben wir von Menschen, die langsamer sind und nicht mehr so viel „Leistung" erbringen können? Denken wir nur noch an Defizite? Stellen wir den Wert des Daseins und vielleicht sogar die Würde in Frage?

Möglicherweise führt diese ältere Frau ein sehr zufriedenes Leben, denn sie nimmt ihre körperlichen Einschränkungen an, sie geht bewussten Schrittes und ist froh über ihre Selbstständigkeit, die sie noch im hohen Alter leben kann. Sie trägt möglicherweise schöne Erinnerungen in sich. Sie ist dankbar für das erfüllte Leben, das sie leben durfte. Sie hat ihren Frieden geschlossen mit den schweren Seiten des Lebens. Vielleicht hat sie ihren Partner verloren, aber auch das in ihr Leben integriert und angenommen. Sie weiß, dass Freude und Leid Teil des Lebens sind. Möglicherweise fühlt sie Sinn im Altern, nimmt es als natürlichen Teil des Lebens an und erlebt sich in diesem Prozess neu. Wir wissen nicht, wie es dieser Frau geht. Doch sollten wir nicht von dem äußeren Körperbild auf den ganzen Menschen schließen. Das Erleben und die Fähigkeiten des Alters sind vielfältig (vgl. Abschn. 2.2).

> **Was Sie tun können!**
>
> Wenn Sie in Zukunft älteren Menschen begegnen, die gebrechlich wirken, so versuchen Sie sich nicht allzu sehr vom äußeren Erscheinungsbild beeindrucken zu lassen. Bleiben Sie offen gegenüber den vielfältigen Potenzialen, die in diesem Menschen schlummern können.

2.1 Altern(n) vorbereiten

Das sagen Berufstätige 45+

Glauben Sie, dass man sich auf das Alter vorbereiten kann? *„Ja, auf jeden Fall. Indem man sich frühzeitig Dinge überlegt, die einem neben der Arbeit Spaß machen. Die auch durchzuführen sind, wenn man nicht mehr ganz fit ist."*

2.1.1 Älter werden in einer alternden Gesellschaft

Wenn sich eine Gesellschaft verändert, betrifft das jeden Einzelnen. Sprechen wir vom demografischen Wandel, nehmen wir ganz besonders die zunehmende Alterung der Gesellschaft in den Blick. So steigt auch das Durchschnittsalter der Belegschaften in den Betrieben. Parallel schrumpft der

Personenkreis im erwerbsfähigen Alter. Die Veränderungen haben auf das Privat- und Berufsleben von uns allen Einfluss. Welche positiven oder negativen Effekte damit verbunden sind, hängt letztlich von uns allen ab.

Die Notwendigkeit, Arbeit menschengerecht und damit auch alternsgerecht zu gestalten, ist angesichts des demografischen Wandels gestiegen. Unternehmen, Führungskräfte und jeder Einzelne muss fragen: Wie können wir möglichst lange gesund, qualifiziert und motiviert arbeiten? Diese Frage ist auch daher von Bedeutung, da wir schließlich viel Zeit bei der Arbeit verbringen und uns dabei wohlfühlen möchten. Zudem wollen wir gesund in die Rente gehen. Wie das gelingen kann, erfahren Sie in Abschn. 4.2.

Weniger Jüngere, mehr Ältere
Die Gesellschaft altert vor allem deshalb, weil zwei Phänomene zusammenwirken (vgl. Schröder-Kunz 2019):

Höhere Lebenserwartung: Menschen leben heute länger als je zuvor. Verantwortlich dafür sind ein gesünderer Lebenswandel und der technisch-medizinische Fortschritt.

Sinkende Geburtenrate: Auch wenn es über die Jahre hinweg gewisse Schwankungen gibt, ist die Geburtenrate in Deutschland seit Jahrzehnten konstant niedrig. In Deutschland liegt sie seit Anfang der 1970er-Jahre unter der Sterberate.

Durch die Zuwanderung in den vergangenen Jahren hat sich die Gesellschaft merklich verjüngt und vergrößert. Für die Arbeitswelt ist das eine große Chance, denn nun stehen den Unternehmen und Organisationen oftmals mehr (junge) Fachkräfte zur Verfügung.

Unsere Gesellschaft wird dennoch deutlich älter. 2060 wird voraussichtlich jeder Dritte 65 Jahre oder älter sein (vgl. Kühn 2017). Die Altersgruppe der 18- bis 29-Jährigen nimmt von 21,9 auf 18,5 Prozent ab. Die mittlere Altersgruppe zwischen 30 und 49 sinkt von knapp über 50 auf unter 45 Prozent. Einzig die Gruppe der über 50-Jährigen wird deutlich von 25,5 Prozent auf 33,6 Prozent zunehmen (ddn o. J.).

Die Alterung beeinflusst die Art, wie wir leben und arbeiten. Es wird dabei in vielerlei Hinsicht darauf ankommen, wie sich die neuen Alten entwickeln und unsere Gesellschaft mitgestalten. Im Vergleich zu anderen kontinentaleuropäischen Ländern hat Deutschland eine der niedrigsten Beschäftigungsquoten der 55- bis 64-Jährigen. Das ist unter anderem Folge der bisherigen „Vorruhestandspraxis, einer stark ausgeprägten Frühverrentungsbereitschaft, der nach wie vor hohen Zahl gesundheitsbedingter Frühverrentungen wie auch einer unzureichenden Gleichstellung von Frauen, einer ungenügenden

Weiterqualifizierung und nicht zuletzt einer gravierenden betrieblichen Altersdiskriminierung" (BMFSFJ 2005). Durch die bessere Gesundheit älterer Arbeitnehmer, aber auch dank altersgerechter Arbeitsgestaltung (z. B. technische Assistenz bei schwerer körperlicher Arbeit) können Menschen heute länger arbeiten (Abschn. 4.3).

Wirtschaft und Politik müssen daher neue Signale setzen hinsichtlich des Bildes von Alter und des Wertes der Arbeit. Ebenso müssen altersgerechte Rahmenbedingungen in Unternehmen und Organisationen geschaffen werden. Gestaltungsfelder, wie z. B. Arbeitszeit oder Arbeitsablauf und -organisation, aber auch die sozialen Beziehungen sind von Bedeutung. Über die sieben Gestaltungsfelder erfahren Sie mehr in Abschn. 4.1.

Die Hausforderungen sind groß! Denn wenn wir die oben genannten Zahlen betrachten, wird deutlich: Unseren Lebensstandard können wir nur halten, wenn alle mit anpacken. Betroffen werden die Älteren und Jüngeren sein, wenn uns das nicht gelingt. Denn wer soll die vielen Älteren pflegen? Und wie sollen die wenigen Jungen die viele Arbeit schaffen? Es handelt sich hierbei um komplexe Fragen, die nicht durch einfache Antworten zu lösen sind. Sicher ist aber: Wenn sich jeder der Herausforderung selbst- und mitverantwortlich stellt, kann eine neue Form des Miteinanders entstehen, das für unsere Gesellschaft insgesamt einen Gewinn darstellen kann.

Neben der Verlängerung der Lebensarbeitszeit hat sich auch die Phase des aktiven Ruhestandes ausgedehnt. Wenn die Alten den Jungen zahlenmäßig weit überlegen sind, muss sich die Gesellschaft mit den Themen Altern und Altsein mehr auseinandersetzen. Ein erster Schritt besteht darin, zu erkennen, wie vielfältig „Alter" sein kann. Oft neigen Generationen dazu, sich gegeneinander abzugrenzen. Es gibt kaum Kontakte untereinander. An dieser Stelle muss ein Umdenken stattfinden, die Beziehungen zwischen den Generationen müssen gestärkt werden (Kap. 3). Da gerade im Arbeitsleben verschiedene Generationen zusammentreffen, ist hier eine Chance gegeben, und das gegenseitige Verständnis kann gelernt werden. Die Frage muss immer wieder lauten: Wie können wir voneinander lernen und uns gegenseitig unterstützen? (Schröder-Kunz 2019)

Die „neuen" Alten

Das sagen Berufstätige 45+
„Ich glaube, was das Älterwerden angeht, da muss auch noch unsere Gesellschaft dran arbeiten. Dass wir nicht alles auf das Körperliche reduzieren."

Gehören Sie zu den Jahrgängen, die zwischen 1955 und 1969 geboren sind? Dann gehören Sie zu den geburtenstarken Jahrgängen. Sie, aber auch die angrenzenden Generationen werden die „neuen" Alten sein. Es gab schon immer ältere

Menschen. Jetzt wird es jedoch immer *mehr* ältere Menschen geben und sie werden sich von den früheren Generationen der Älteren unterscheiden.

Wie werden die „neuen" Alten sein?

Sie bringen aufgrund der gesunden Lebensführung und des medizinisch-technischen Fortschritts andere Ausgangslagen für das Alter mit als die vorangegangenen Älteren. Ein heute 70-Jähriger ist in der Regel fitter als ein 70-Jähriger vor noch 30 Jahren. Lag die Lebenserwartung für jemanden, der 1970 geboren wurde, noch bei knapp 71 Jahren, so sind es für jemanden, der heute geboren wird, ca. 80 Jahre. Das sind Durchschnittswerte. Ob die höhere Lebenserwartung auch aktiv genutzt werden kann, hängt von verschiedenen Faktoren ab: vom Einkommen, von physischer und psychischer Belastung und vom sozialen Netzwerk. Geringes Einkommen, wenige soziale Kontakte, psychische Belastung und ein ungesunder Lebensstil verkürzen die Lebenserwartung.

Die „neuen" Alten müssen aber auch mit ihren Erfahrungen betrachtet werden. Manche Soziologen sprechen davon, dass aufgrund der Erfahrung der Babyboomer als Masse (z. B. überfüllte Klassenräume) ein Konkurrenzverhalten besteht. In den 1980er-Jahren haben sie als Schüler und Studenten die Friedensbewegung und die Umweltbewegung stark beeinflusst und ein starkes politisch-gesellschaftliches Engagement gezeigt. Im Vergleich zu vorangegangenen Generationen bezeichnen manche Soziologen die Babyboomer in Deutschland als eine eher glückliche Generation. Es sind die Kriegsenkel, die Kriege nur aus Erzählungen erfuhren. Wahre Niederlagen mussten diese Generation und die angrenzenden Jahrgänge nach Ansicht der Soziologen nicht hinnehmen.

Wie werden sich diese Erfahrungen auf die späte Lebensphase auswirken? Wie werden die „neuen" Alten mit der persönlichen Erfahrung von Leistungseinbußen zurechtkommen? Wie werden sie ihr älter werdendes Aussehen annehmen? Was werden sie tun, wenn sie (massenhaft) in den Ruhestand gehen? Wie werden sie die Endlichkeit des Lebens annehmen? Diese Fragen können heute noch nicht beantwortet werden. Doch ein Bewusstsein kann geschaffen werden. Dabei können die „neuen" Alten, allein aufgrund ihrer großen Zahl eine Menge bewegen. Durch die Möglichkeit, gesünder und aktiver zu leben, ergeben sich für sehr viele von ihnen vielfältige Gestaltungsmöglichkeiten im Alter!

Denkanstoß

Können die zukünftigen bzw. neuen Alten als Trendsetter bezeichnet werden? 88 % der Teilnehmer meiner Schulung „Gutes Leben und Arbeiten in der zweiten Lebenshälfte" sind sich bewusst, dass ihre Generation zu den Trendsettern der neuen Alten gehört. Daher halten sie es für wichtig, informiert zu sein und wollen aktiv mitwirken!
Was denken Sie?

Länger und gesünder leben

In den Industrienationen werden Menschen bei immer längerer Gesundheit immer älter. Fortschritte in den Bereichen Hygiene, Ernährung, Gesundheitsvorsorge und Medizin sind Grund für die deutlich höhere Lebenserwartung der Menschen. Zudem sind die Menschen in unserer Gesellschaft heute so gebildet wie nie zuvor. Das Wissen über einen gesunden Lebensstil führt bspw. dazu, dass Menschen weniger rauchen, weniger Alkohol trinken und sich mehr bewegen. Wer Mitte sechzig ist, steht meist noch lange nicht am Ende seines Lebens, sondern kann im Durchschnitt damit rechnen, noch nahezu zwei Jahrzehnte zu leben – Frauen übrigens drei Jahre mehr als Männer. Wir werden heute durchschnittlich doppelt so alt wie die Menschen vor hundert Jahren (Statistisches Bundesamt). Das sind nur Durchschnittswerte, die sich bei Menschen mit einer gesunden Lebensführung i. d. R. erhöhen. So gibt es immer mehr Menschen, die 100 Jahre und älter werden.

Die Forschung beschäftigt sich vielfach mit den biologischen Gründen für den Alterungsprozess. Er hängt mit der Alterung der Zellen zusammen, die wiederum mit dem Zellstoffwechsel in Verbindung stehen. Die teils erheblich unterschiedliche Lebensdauer der Menschen wird u. a. von der genetischen Ausstattung des Einzelnen beeinflusst. Die entsprechenden biologischen Mechanismen lassen die Frage aufkommen, ob und welche Möglichkeiten es gibt, das Leben der Menschen künstlich zu verlängern. Dem dürften und sollten Grenzen gesetzt sein, macht doch Unsterblichkeit aus der Perspektive des Evolutionsgeschehens keinen Sinn. Werden und Vergehen sind Teil des Lebens. Und Leben bedeutet Veränderung.

Trotz längerem gesunden Leben ist es eine Tatsache: Je älter der Mensch wird, desto größer ist die Wahrscheinlichkeit einer Erkrankung. Im Rahmen der natürlichen Prozesse von Geburt, Dasein und Sterben handelt es sich um ein „Vergehen" aller Lebewesen. Auf die Gedanken des Arztes Aaron Antonovsky zu Gesundheit und Krankheit wird in diesem Zusammenhang in Abschn. 2.4 weiter eingegangen. Häufig wird das Älterwerden mit gebrechlich werden assoziiert, dabei gibt es nur wenige Krankheiten, die ganz spezifisch nur auf ältere Menschen zukommen. Allerdings treten chronische Erkrankungen tatsächlich vermehrt in den späteren Jahren auf: Gelenke verschleißen, Ablagerungen im Körper beeinflussen das Herz-Kreislauf-System, schleichende genetische Veränderungen führen häufiger zu Krebs. Das alles sind Beispiele für Erkrankungen, die im Alter wahrscheinlicher werden. Bei der Behandlung sollten nicht nur einzelne Symptome, sondern der ganze Mensch in den Blick genommen werden. Es geht um körperliches, geistiges und soziales Wohlbefinden. Gesundes Altern kann nicht die völlige Abwesenheit jeglicher Krankheiten bedeuten, sondern gesundes Altern heißt vor allem, die Lebensqualität trotz möglicher Erkrankungen auf einem hohen Niveau zu halten. In Abschn. 2.4 erhalten Sie weitere Informationen zu den 5 Säulen des gesunden Lebens und Älterwerdens, an denen Sie gezielt arbeiten können.

Das sagen Berufstätige 45+
> *„Die Balance von Selbst- und Mitverantwortung gelingt, je nachdem, welche Erfahrungen man gemacht hat. Man hört dann auf seinen Körper. Ja, das ist ein Vorteil vom Älterwerden. Man kennt den Körper. Er rächt sich, wenn man nicht auf ihn hört. Er ist ehrlich. "*

Junges und hohes Alter

„70 ist das neue 50" – in diesem Spruch steckt ein Fünkchen Wahrheit: Die Alterserwartung ist in den vergangenen Jahrzehnten enorm angestiegen. Die Lebenszeit, in der man als „alt" gilt, kann 20, 30 oder sogar 40 Jahre umfassen. Allein schon deshalb ist es sinnvoll, zwischen verschiedenen Stufen des Alters zu differenzieren. Deshalb unterscheidet die Altersforschung zwischen dem dritten und dem vierten Lebensalter. Menschen im dritten Lebensalter (junges Alter) sind oft noch selbstständig und körperlich relativ fit; Hochbetagte im vierten Lebensalter sind dagegen meist gesundheitlich beeinträchtigt und zunehmend unselbstständig. Das hohe Alter wird oft bei 80 Jahren und älter angesetzt.

Trotz eines bisweilen differenzierten Blicks auf die unterschiedlichen Formen und Stadien des Alters scheint es vielen schwerzufallen, das eigene Alter zu akzeptieren. Ältere Menschen fühlen sich oft jünger, als sie sind. Allerdings verweist das nicht unbedingt auf einen positiven Aspekt des Alters, sondern zeigt vielmehr, dass das höhere Alter oftmals negativ betrachtet und tendenziell abgelehnt wird. Dabei könnte es ein Gewinn sein, das eigene Alter anzunehmen und das Älterwerden in die eigene Biografie zu integrieren. Anstatt sich jünger zu fühlen, könnten die positiven Aspekte des tatsächlichen Alters stärker wahrgenommen werden. Wird Sinn im Alter gesucht, gefunden und erlebt, können schließlich nicht nur Hilfen besser angenommen werden,

---

Ethisches Leben im Älterwerden

In diesem Buch werden Sie immer wieder zur Selbstverantwortung und Mitverantwortung aufgefordert. Daher soll gleich hier eine kurze Definition dieser beiden *ethischen Kategorien* gegeben werden. Das Konzept der Selbstverantwortung und Mitverantwortung wird später im Abschn. 2.6 ausführlich erläutert.

Selbstverantwortung ist die Fähigkeit, das eigene Leben gut zu gestalten. Dabei sind die persönlichen Bedürfnisse und Werte von Bedeutung (vgl. Kruse 2005). Gerade auch in der zweiten Lebenshälfte werden wir immer wieder aufgefordert, über uns selbst nachzudenken: Was ist gut für mich? Was brauche ich? Was soll ich tun? Und welche Möglichkeiten sind mir gegeben?

Selbstverantwortliches Denken und Handeln ist immer auch mit Mitverantwortung verbunden. Sie hat also nichts mit einer übersteigerten Selbstbeziehung zu tun. Sie reflektiert sich selbst als Teil der Gemeinschaft.

Bei der **Mitverantwortung** geht es um die Begegnungen und den guten Umgang mit anderen Menschen. Sie ist die Fähigkeit, uns in andere Menschen hineinzuversetzen und unseren Beitrag in der Gesellschaft zu leisten (vgl. Kruse 2005). Haben wir Verständnis für den anderen? Wo und wie geben wir Hilfe und Unterstützung? Wo sind wir als Vorbild gefordert? Des Weiteren bedeutet Mitverantwortung, den anderen in seiner Selbstverantwortung zu sehen. Dabei kann es auch zu Konflikten kommen. Konflikte fordern uns auf, nach einer konstruktiven Lösung zu suchen.

Im Leben geht es immer wieder um die Balance von Selbst- und Mitverantwortung. Das ist eine stetige Arbeit!

Selbstverantwortung und Mitverantwortung umfassen die Reflexion einzelner Situationen mit dem Ziel richtig und gut für die eigene Person, aber auch für andere zu handeln. Dabei müssen immer wieder Kompromisse geschlossen werden.

Verantwortungsfragen sind zum Beispiel (Schröder-Kunz 2019):

- Was kann ich in einer bestimmten Situation tun? Was ist gut für mich? Inwiefern sind andere miteinbezogen, sodass ich auf sie achten muss?
- Welche Fähigkeiten kann ich zum eigenen und zum Wohle anderer einsetzen?
- Welche Möglichkeiten sind gegeben? Was ist realistisch?
- Was kann ich tun, um Überforderungen zu vermeiden? Welcher Ausgleich kann gefunden und gefördert werden?
- Welche Bedürfnisse, Normen und Werte sind in der Situation gegeben?

sondern das Alter an sich kann dann auch zum Vorbild für die Jüngeren werden. Eine natürliche Lebensphase, die in der Gesellschaft angenommen und für die entsprechende Rahmenbedingungen geschaffen werden.

Wie werden die „neuen" Alten mit Verletzlichkeit und Pflege umgehen?
Welche Fragen sollten wir rund um Verletzlichkeit und Pflege im Blick haben? Im 9. und 10. Lebensjahrzehnt steigt das Risiko des Hilfe- und Pflegebedarfs. Wenn die körperlichen oder geistigen Fähigkeiten nachlassen, müssen wir uns auch fragen, welche Maßnahmen der Lebensverlängerung wir nutzen möchten und welche sinnvoll sind (Abschn. 2.3.1 Sterben, Tod und Trauer). Dazu müssten

die medizinischen, technischen und ökonomischen Voraussetzungen geprüft werden. Ziel ist die sogenannte Morbiditätskompression, d. h. die Verkürzung von Erkrankungen im Alter. Auch gesamtgesellschaftliche Fragen werden nun relevanter denn je: Wie wird die Gesellschaft mit den Menschen mit Pflegebedarf umgehen? Wie werden die Jungen mit den vielen Älteren umgehen? Werden die Männer erkennen, dass sie hier nicht weniger gefragt sind als die Frauen?[2] Welche finanziellen Möglichkeiten sind gegeben und wie kann der Staat jetzt schon positiv darauf Einfluss nehmen? Wie wird die Pflegesituation in den Heimen aussehen? Welche Möglichkeiten werden geschaffen, um so lange wie möglich Zuhause selbstbestimmt leben zu können? Wer von den aktiven Alten wird bereit sein zu helfen und sich zu engagieren? Wird es eine neue Form der Nachbarschaftshilfe geben? Wie gehen wir mit Leid, Sterben, Tod und Trauer um? Das alles bedeutet, dass sowohl Politik und Gesellschaft, aber auch der Einzelne gefordert sind!

Deshalb sollten wir unser Alter früh vorbereiten und uns für eine gesunde Lebensführung einsetzen. Was das genau bedeutet, erfahren Sie in Abschn. 2.4.

2.1.2   Die eigene Entwicklung gestalten

Denkanstoß

Bevor wir näher in das Thema einsteigen, nehmen Sie sich ein paar Minuten Zeit und denken Sie über folgende Frage nach: Können sich Menschen im hohen Alter (80+) noch entwickeln?

Wenn wir an menschliche Entwicklung denken, glauben wir oft, dass das besonders den Jüngeren vorbehalten ist. Wir denken z. B. an die Entwicklung in der Schule, während der Ausbildung, zu Anfang des Berufes oder in einer neuen Rolle der Elternschaft. Diese offensichtlichen Entwicklungsphasen sind im Alter weniger gegeben. Das bedeutet jedoch nicht, dass keine Entwicklung geschieht. Ganz im Gegenteil: Auch oder gerade im höheren Erwachsenenalter kann der Mensch auf seine Erfahrungen, die er in jüngeren Jahren gesammelt hat, aufbauen und ausgehend davon weitere, reife Entwicklungsschritte machen. Nutzt er seine Erfahrungen und sein Wissen über sich selbst und die Welt, kann er seine erlernten Fähigkeiten einsetzen

---

[2] Den Geschlechteraspekt betont der 7. Altenbericht (BMFSF 2017).

und vertiefen. Das führt zu seiner ganz persönlichen Identität in der er sich kontinuierlich weiter entwickelt. Das bislang gesammelte Wissen dient somit als Rüstzeug, um die zweite Lebenshälfte gut zu gestalten. Das ist Entwicklung!

Menschen möchten sich weiterentwickeln. In jungen Jahren ist das noch ganz selbstverständlich, und auch im Beruf wird es in der Regel weitergefördert. Die Veränderungen in der zweiten Lebenshälfte werden jedoch von vielen als negativ und nur noch als Abbau erlebt. Medien verstärken dieses Bild nicht selten. Hier zeigt sich, wie wenig wir uns bisher mit den Facetten und Lebensaufgaben in der zweiten Lebenshälfte beschäftigt haben. Gerade für unsere Gesellschaft des langen Lebens besteht daher dringender Nachholbedarf. Welche Ziele können wir uns setzen, welche Entwicklung dürfen wir noch erwarten, wenn wir doch schon (fast) alles erreicht haben? Mit dieser Frage werden wir oft allein gelassen. Umso wichtiger ist es, über die Lebensaufgaben im höheren Alter nachzudenken.

Das sagen Berufstätige 45+

Glauben Sie, dass sich der Mensch auch noch im höheren Alter entwickeln kann? *„Ich bitte Sie, das ist ja keine Frage! Natürlich! Selbstverständlich! Der Mensch ist dazu geboren, sich immer weiterzuentwickeln. Das Gehirn stirbt ja nicht ab. Und wenn man nur ein Rädchen bewegt, um sich fortzubewegen. Oder wenn man nur im Bett liegt und vielleicht noch sprechen kann und Gedanken formulieren kann. Jeder Mensch kann sich weiterentwickeln in jeder Phase seines Lebens. Da glaube ich fest dran. Aber man muss auch was dafür tun".*

In jedem Alter gibt es Aufgaben, die wir lösen müssen. Es können Anforderungen aus biologischen, gesellschaftlichen Gründen oder die Persönlichkeit betreffende Ursachen sein. Die Aufgaben unterscheiden sich je nach Lebensphase. In der Psychologie setzt hier die sogenannte Entwicklungsaufgabentheorie an. Besonders bekannt ist die Theorie von Robert J. Havighurst (1948/1872). Er teilt das menschliche Leben in vier Phasen ein, denen er Lebensaufgaben zuordnet.

Betrachten wir die vier Lebensphasen aus der Tab. 2.1, wird deutlich, dass sich unsere Gesellschaft bisher vorrangig mit den ersten Aufgaben für Jugend, frühes und mittleres Erwachsenenalter beschäftigt hat. Hierzu gibt es viele Ratgeber. Das späte Erwachsenenalter aber ist noch mit vielen Fragen behaftet. Man könnte fast von einer gewissen Orientierungslosigkeit für das späte Leben sprechen. Dazu macht es vielen Menschen Angst, denn die Endlichkeit rückt mit dem Älterwerden näher.

Denkanstoß

Möchten Sie über Ihre (zukünftigen) Entwicklungsaufgaben nachdenken? Dann nehmen Sie sich ein wenig Zeit und stellen Sie sich folgende Fragen: Was beschäftigt mich aktuell oder voraussichtlich in Zukunft besonders? Was wird sich verändern? Was kann das für mich konkret bedeuten? Inwiefern kann ich mich darauf vorbereiten? Was kann mir helfen, mich in der neuen Situation positiv zu entwickeln?

Notieren Sie Ihre Gedanken und ersten Antworten. Im Laufe des Buches werden Sie verschiedene Anregungen und Ideen für die Gestaltung der eigenen Entwicklung finden. Ergänzen Sie dann Ihre ersten Notizen.

Tab. 2.1 Lebensaufgaben (vgl. Kliegel und Martin 2010)

Lebensphase	Lebensaufgabe
Jugend	Autonomie von den Eltern. Identität in der Geschlechtsrolle, moralisches Bewusstsein, Berufswahl
Frühes Erwachsenenalter	Partnerschaft, Geburt von Kindern, Arbeit, Beruf, Lebensstil finden
Mittleres Erwachsenenalter	Heim/Haushalt führen, Kinder aufziehen, Berufl. Karriere
Spätes Erwachsenenalter	Energie auf neue Rollen lenken, Akzeptieren des bisher gelebten Lebens, Haltung zur Endlichkeit finden

2.1.2.1 Sinnempfinden in der zweiten Lebenshälfte

Was ist Sinn? Um es vorwegzunehmen: Hierfür gibt es keine allgemeingültige Antwort. Jeder muss Sinn für sich selbst finden. Und da wird es ganz besonders in der zweiten Lebenshälfte spannend.

Was ist der Sinn, der Zweck, die Bedeutung unseres Lebens? Eine große Frage, mit der sich schon viele Menschen beschäftigt, über die viele Gelehrte nachgedacht haben. Gläubige Menschen verweisen oftmals auf eine höhere Institution. Abschließend beantworten lässt sich die Frage nach dem Sinn wohl nicht. Was bleibt, ist die innere Haltung zum Leben und zu seinen Werten. Sie kann in die ethischen Kategorien der Selbst- und Mitverantwortung (Abschn. 2.5) münden. Was soll ich für mich, für andere, für ein gutes Zusammenleben, für den Erhalt dieses Planeten und das Leben der nachfolgenden Generationen tun? So ist z. B. der Wunsch, etwas für die Nachfolgenden zu hinterlassen (Generativität, Abschn. 2.2.2.3), eine Sinnaufgabe, die im Älterwerden entdeckt werden kann. Hier lässt sich auch im Kleinen etwas über das eigene Leben hinaus bewirken. Sich in diesem Tun, mit den eigenen

Erfahrungen, zu spüren, gibt nicht nur ein gutes Gefühl, sondern stiftet auch Sinn. Die eigene Identität kann sich so vervollkommnen.

Viktor Frankl, der Begründer der modernen Sinnforschung, hat Sinnerfahrungen für existenziell wichtig gehalten. Ist kein Sinnempfinden, dafür aber eine Resignation gegeben, können Bitterkeit und Starrsinn die Folge sein. So lohnt es sich, die eigene Offenheit zu pflegen und immer wieder nach (kleinen) Sinnmomenten zu suchen.

Sinn nach Viktor Frankl (Schröder-Kunz 2019)
Viktor Frankl, ein österreichischer Psychiater und Neurologe, definierte drei Arten von Werten, die unser Leben mit Sinn erfüllen (vgl. Frankl 1987):

- **Erlebniswerte:** Wenn wir etwas Gutes oder Schönes erleben, können wir Sinn empfinden, zum Beispiel, wenn wir die Natur betrachten, schöne Musik hören oder Zeit mit einem anderen Menschen verbringen. Am stärksten kann sich dieser Sinn in der Liebe entfalten.
- **Schöpferische Werte:** Indem wir etwas (er)schaffen, setzen wir Werte in die Welt. Dadurch empfinden wir sie als sinnvoll, zum Beispiel ein Arbeitsergebnis, aber auch ein schön angelegter Garten, ein Kunstwerk oder ein gut gelungenes Abendessen.
- **Einstellungswerte:** Wenn es beispielsweise aufgrund einer Krankheit oder durch ein anderes Leid schwer geworden ist, etwas Sinnvolles zu tun oder zu erleben, können wir immer noch Sinn im Inneren erleben. Hier geht es darum, die eigene Grundeinstellung zum Leben beizubehalten. Sie zeigt sich auch darin, wie wir mit Leid umgehen oder was wir für andere aushalten.

Die Frage nach dem Sinn (oder Unsinn) kommt oft in einem neuen Lebensabschnitt, der mit neuen Anforderungen verbunden ist, zum Vorschein – und somit auch gerade im Alter. Je nach Lebensphase haben wir unterschiedliche Lebensthemen und Sinnfaktoren, die im Vordergrund stehen. Daher wandelt sich unser Sinnempfinden im Laufe des Lebens. In der zweiten Lebenshälfte schauen Menschen immer mehr auf ihr bisheriges Leben zurück. Gerade weil sie schon vieles erlebt und erreicht haben, stellt sich nun die Frage nach dem Sinn verstärkt. Und auch das Bewusstsein, dass das Leben endlich ist, trägt seinen Teil dazu bei.

Lebenssinn muss das ganze Leben hindurch stets neu konstruiert werden. Die Ziele von Jüngeren und Älteren unterscheiden sich: Bei den Jüngeren sind sie nach vorn, in die Zukunft gerichtet, bei den Älteren haben sie eher eine integrierende Funktion. Beides hängt miteinander zusammen: Während Jüngere später mit ihrem Leben zufrieden sein wollen, schauen Ältere auf ihr Leben zurück und hoffen, die Ziele, die sie früher hatten, gut realisiert zu haben.

Für Ursula Staudinger (2005) ergibt sich Lebenssinn aus der Lebenserfahrung. Zum einen ist es wichtig, dass die Erfahrung gut und nützlich ist. Zum anderen geht es um Lust, Freude und Kraft sowie das Erkennen von Bedürfnissen. Auch in der zweiten Lebenshälfte muss beides gegeben sein – Sinnerleben durch Erfahrungsreichtum und Sinnerleben durch Zukunftsziele – und oft besteht gerade in der späten Lebensphase die Möglichkeit, dass das gelingt.

Zudem erleben viele Menschen im Älterwerden, dass sie Sinn und Kraft aus guten Begegnungen schöpfen. Vielen geht es jetzt weniger um materielle Ziele, wie es noch in ihren jüngeren Jahren der Fall gewesen war. Mitverantwortliches Verhalten und Generativität gewinnen an Bedeutung (vgl. Kap. 3). Neue Aufgaben mit Sinngehalt können hier gesucht und gefunden werden.

> **Tipp**
>
> Eine bundesweit repräsentative Befragung von Personen in der zweiten Lebenshälfte (Menschen, die 40 Jahre oder älter sind) stellt der *Deutsche Alterssurvey* (DEAS) dar. Er zählt zu der wichtigen Informationsgrundlage für politische Entscheidungsträger, die interessierte Öffentlichkeit und wissenschaftliche Forschung. Hierdurch wird ein umfassendes Bild der komplexen Lebenssituationen alternder und alter Menschen in Deutschland aufgezeigt, durch das schließlich auch aktuelle politische und wissenschaftliche Fragen beantwortet werden können. Band 195 „Die zweite Lebenshälfte – Psychologische Perspektiven. Ergebnisse des Alterssurvey" stellt als wichtigste Sinndomänen das psychische und das physische (körperliche) Selbst, das soziale Selbst (Domäne sozialer Beziehungen), die Sinndomänen Arbeit und Beruf sowie Freizeitaktivitäten dar.
>
> **Wenn Sie mehr lesen möchten**
>
> Die zweite Lebenshälfte – Psychologische Perspektiven. Ergebnisse des Alterssurvey. Band 195 Schriftenreihe des Bundesministeriums für Familie, Senioren, Frauen und Jugend (2000).

Denkanstoß (vgl. Schröder-Kunz 2019)

Wenn Sie über Sinn in der zweiten Lebenshälfte nachdenken möchten, dann überlegen Sie doch zunächst einmal, in welchem Bereich Sie sich weiterentwickeln (möchten). Dabei kommen Sie schnell zur Sinnfrage:

- Was sind Ihre Sinnquellen?
- Was können Sie tun, um die Sinnquellen zu stärken, d. h. sich ihrer bewusst zu sein, mehr Kraft und Freude daraus zu schöpfen?
- Welche weiteren Sinnquellen können Sie finden? Was müssen Sie dafür tun? Betrachten Sie bei der o. g. Frage auch die drei Sinndimensionen von Viktor Frankl.

Im Folgenden finden Sie einige Zitate zu Naturerfahrungen von Berufstätigen 45+, die zum Nachdenken über den Sinn im Älterwerden anregen können:

> *„Die Natur hilft im Älterwerden, weil man sieht: Alles hat seine Zeit! Und dass das Leben endlich ist, das weiß auch jeder."*
> *„ Die Ruhe im Wald, das ist so herrlich. Ist ein Kontrast zu dem Lärm, den wir hier in der Firma haben."*
> *„Es ist dieses Bewusstsein: Es funktioniert. Man ist ein Teil des Ganzen. Ob man da ist oder nicht, ob die anderen da sind oder nicht, es funktioniert trotzdem. Die Natur regelt sich. Also es ist so dieses Gesamte, eigentlich eine Schönheit, die die Natur ausstrahlt. Wenn man sich die Vögel anhört und die Sonnenstrahlen durch die Äste fallen und der Duft der Natur. Das ist einfach schön."*
> *„Ich habe den Apfel mitgenommen und bei mir ins Regal gelegt. Er wurde immer älter und ist langsam geschrumpelt. Aber er hat unheimlich gut gerochen! Ich habe mich jeden Tag an ihm erfreut."*

Neben der grundsätzlichen Frage nach dem Sinn des Lebens stellen sich gerade im Älterwerden weitere Fragen, über die es sich einmal nachzudenken lohnt: *Wie schaffen es Menschen im höheren Erwachsenenalter mit den zunehmenden Einschränkungen umzugehen? Inwiefern kann das Leben trotz der Einschränkungen noch als sinnvoll empfunden werden? Wie können Sie auch eine positive Selbst- und Lebensperspektive aufrechterhalten?*

Hier kommen zwei Prozesse zum Tragen, die in der Psychologie als Assimilation und Akkommodation bezeichnet werden. Was bedeutet das genau? Bei beiden geht es darum, wie man mit neuen Erfahrungen umgeht. Wenn wir uns assimilieren (angleichen), passen wir die Situation oder Umgebung an. Das kann zum Beispiel der Umzug in eine barrierefreie Wohnung oder die Anschaffung eines Hörgeräts sein, aber auch die Umstellung der eigenen Ernährung, wenn wir merken, dass uns bestimmte Lebensmittel nicht guttun. So gleichen wir Verluste aus, können unser Leben aber trotzdem in nahezu gewohnter Weise ohne größere Einschränkungen weiterführen.

Wenn die assimilativen Handlungen nicht mehr ausreichen, weil die Einschränkungen immer größer werden, passen wir uns innerlich an die Situation an – wir akkommodieren uns. Ziele, Ansprüche und Prioritäten werden der neuen Situation angepasst. Lebenspläne und Absichten werden neu geordnet. Wenn wir beispielsweise auch mit Rollator nicht mehr größere Strecken laufen können, verzichten wir fortan auf den morgendlichen Spaziergang oder auf die Reisen, die wir bislang so gerne gemacht haben. Wir überdenken Ziele, die nicht mehr zu erreichen sind, und kommen dabei zu dem Schluss, dass sie für uns persönlich nun nicht mehr sinnvoll oder erstrebenswert sind. Mit zunehmendem Alter entwickeln Menschen tendenziell immer mehr akkommodative Strategien (Brandtstädter und Renner 1990; Kliegel und Martin 2010).

Inwiefern Sinn und Motivation im Arbeitsleben zusammenhängen, erfahren Sie in Abschn. 4.2.3.

2.1.2.2 Entwicklungsphasen in der zweiten Lebenshälfte

Menschen wünschen sich ein gutes Leben, in dem sie sich entwickeln können. Sie wollen die eigene Persönlichkeit entfalten und ausleben. Dabei geht es in unserer Entwicklung oftmals weniger um Erfolg oder materiellen Besitz, die von unserer Außenwelt abhängen, sondern sie entsteht aus uns heraus. Es geht um die psychische und geistige Entwicklung. Gerade in der zweiten Lebenshälfte ergeben sich hier neue Chancen, da wir unseren über Jahre gesammelten Erfahrungsschatz nutzen können und oftmals weniger Verpflichtungen von außen haben. So ist bspw. bei den meisten Menschen im sechzigsten Lebensjahrzehnt die Ausbildung abgeschlossen, die beruflichen Ziele erfüllt, die Kinder groß und die Wohnung ausgestattet. In der zweiten Lebenshälfte ergeben sich neue Lebenssituationen, die mit neuen Anforderungen verbunden sind: die Pensionierung, die Freizeitgestaltung mit Freunden, ein neues Hobby oder Freiwilligenengagement Aber auch ein persönlicher Verlust ist eine Herausforderung in der sich der Mensch entwickeln muss. Damit sind neue Rollen und Tätigkeiten, ein erweitertes Bewusstsein der eigenen Umwelt, veränderte Wahrnehmung von Beziehungen, aber auch Krisen und Grenzerfahrungen verbunden. Wir können neue Anforderungen – ob positiv oder negativ – nur bewältigen, wenn wir dem Neuen durch eigene Veränderung und Entwicklung begegnen. Es besteht die Möglichkeit und letztlich auch die Notwendigkeit zur Anpassung. Hierdurch können wir reifen und unser Leben *voll*-enden.

Gene Cohen, Schüler des Entwicklungspsychologen Erik H. Erikson, hat im Laufe seiner Forschungstätigkeit vier Phasen der Entfaltung (von Potenzialen) in der zweiten Lebenshälfte vorgestellt. Diese Phasen fließen häufig ineinander über und sind nicht klar voneinander abzugrenzen. Sie geben eine Sicht auf die neuen Entwicklungsmöglichkeiten.

In jeder der vier Phasen steckt Potenzial für positive neue Wege. Cohen erläutert, dass man sich auch als Erwachsener in gleichem Maße selbst entdecken kann, wie man es als Jugendlicher tut. Allerdings geschieht das dann auf emotionaler und geistiger Ebene viel kontrollierter. Wir können für unsere Motive und Schwachpunkte ein ganz anderes Verständnis aufbringen als noch in jüngeren Jahren. Zudem sind wir als Erwachsene in unseren Entscheidungen viel selbstbestimmter und können bewusst über unseren Weg entscheiden. Selbstreflexion und Gestaltung gehen so eng miteinander einher.

1. **Phase: Neuausrichtung** (häufig zwischen 40 und 60)

Mögliche Zeichen der Neuausrichtung:

- Bewusstsein, dass das Leben endlich ist durch drei klassische Fragen: „Wer bin ich?" – „Wo bin ich gewesen?" – „Wohin gehe ich?"
- Anpacken eines völlig neuen Projekts
- Planen und Handeln mit dem Gefühl, auf der Suche zu sein
- Nachdenkliche Stimmung
- Wunsch, im eigenen Leben einen tieferen Sinn zu entdecken
- Neue Aufgaben in Angriff nehmen oder bei einer Aufgabe, mit der man bereits befasst ist, eine neue Richtung einschlagen.

2. **Phase: Befreiung** (häufig zwischen 60 und 70)

Mögliche Zeichen der Befreiung:

- Gefühl der inneren Befreiung
- Bedürfnissen nachgeben und entsprechend handeln
- Überraschende Wendungen
- Experimentierfreude
- Wunsch nach neuen Eindrücken und nie gekannten Erfahrungen
- Neue, bewusstere Wahrnehmungen (z. B. Natur)
- Unruhige und dynamische Zeit

3. **Phase: Resümee** (Häufig zwischen 70 und 80)

Mögliche Zeichen des Resümierens:

- Prüfender Rückblick: Wunsch, Sinn im Gelebten zu finden, Beschäftigung mit der eigenen Biografie, plastische und facettenreiche Erinnerungen
- Zu Lösungen finden: „Wenn nicht jetzt, wann dann?", unerledigte Dinge wieder hervorholen, ungelöste Konflikte angehen
- Einen Beitrag leisten: Engagement in Ehrenämtern, Wunsch zu spenden und zu stiften, künstlerische Werke schaffen
- Wunsch, andere an den eigenen Einsichten teilhaben zu lassen.

4. Phase: Da capo/das Erreichte feiern (Häufig ab 80+)

Mögliche Zeichen der Da-capo-Phase:

- Fortführung dessen, was stimmig war
- Positive Grundstimmung, Humor
- Vergangene Schicksalsschläge werden mit mehr Gleichmut hingenommen
- Reflexion: Alte Lebensthemen werden möglicherweise erneut aufgriffen und mit mehr Ruhe und Gelassenheit neu gedeutet
- Positives Zusammensein mit Familie und sozialem Umfeld
- Neue, kreative Ausdrucksformen mit besonderer Authentizität
- Angst, Wut und Hass werden weniger stark empfunden
- Bestreben, bis ganz zum Ende ein gelingendes Leben zu führen

---

Denkanstoß

Wenn auch Sie über Ihre persönliche Entwicklung nachdenken möchten, betrachten Sie doch einmal die vier Entwicklungsphasen. Haben Sie Ähnliches bei sich selbst oder in Ihrem Umfeld erlebt? Was war anders? Welcher Aspekt einer auf Sie zukommenden Lebensphase zeigt sich vielleicht jetzt schon? Haben Sie hochbetagte Eltern und möchten sie diese besser verstehen? Möglicherweise helfen Ihnen dann die Hinweise zur Da-capo-Phase. Indem Sie sich mit den einzelnen Phasen auseinandersetzen, stärken Sie Ihr Bewusstsein für die Entwicklungsmöglichkeiten in der zweiten Lebenshälfte.

2.1.2.3 Gutes Altern lernen – dafür ist es nie zu spät

Auf den Seiten oben haben Sie erfahren, was Alter(n) ist und dass Ihre Entwicklung nie aufhört. Entwicklung kann gestaltet werden! Aber was bedeutet das konkret? Was können Sie für sich und Ihr Älterwerden tun? Wie können Sie sich vorbereiten? Es geht darum, Ihre Potenziale und Möglichkeiten bestmöglich zu nutzen und Freude und Sinn in das eigene Älterwerden zu bringen. Gleichzeitig gilt es, mit den Verlusten umzugehen. Hierzu müssen eine entsprechende Haltung und ein konstruktiver Umgang erlernt werden – je früher, desto besser. Ein defizitorientiertes Bild vom Alter kann sich nachteilig auswirken. Nehmen Sie jedoch das Alter mit all seinen faszinierenden Facetten in den Blick, ohne die Verluste auszuklammern, können Sie auch später Ihre Gestaltungskraft nutzen.

Wichtig ist, dass Sie über Ihre Bedürfnisse, Fähigkeiten und Werte in den verschiedensten Lebenssituationen nachdenken. Das Älterwerden mit seiner Endlichkeit zu begreifen und die Gestaltungsmöglichkeit nicht aus den Augen zu verlieren, kann Herausforderung und Gewinn zugleich sein.

Was Sie tun können
Sich auf das Alter vorzubereiten heißt, neue Möglichkeiten und Gewinne in den Blick zu nehmen. Zugleich muss mit Verlusten umgegangen, müssen sie in einer sinnvollen Weise akzeptiert werden. Indem Sie sich Wissen über Chancen und Risiken in der zweiten Lebenshälfte aneignen und darüber reflektieren, ist eine gedankliche Vorbereitung auf zukünftige Ereignisse möglich. Sie ist die Basis für die Gestaltung des eigenen Älterwerdens.

Das Alter mit seinen vielfältigen Ausprägungen muss uns nicht „erwischen", sondern wir können bewusst und aufmerksam auf diese Phase zugehen und uns in ihr bewegen. Es gibt viele Möglichkeiten, sich vorzubereiten. Spontan denken wir zunächst an die finanzielle Absicherung oder die räumliche Umgebung. Werde ich zur Miete, im eigenen Haus oder eher in einer Senioreneinrichtung wohnen? Vorbereitung ist aber auch darüber hinaus von Bedeutung: Es geht um gesundheitliche Aspekte, und es geht nicht weniger um eine innere Haltung zur zweiten Lebenshälfte und späten Lebensphase und zu den damit verbundenen Anforderungen.

Es ist nie zu spät anzufangen! Für über 40-Jährige gibt es noch viele offene Wege. Die Psychologin Perrig-Chiello und ihre Kollegen befragten rund 300 Schweizer zwischen 40 und 55 Jahren zu Wohlbefinden, Persönlichkeit und Lebensstil. „Zufrieden wird nur, wer es schafft, seine Anspruchshaltung den Möglichkeiten anzugleichen", sagt Perrig-Chiello. Sie meint das keineswegs entmutigend. „Manche Tür mag im mittleren Alter zwar bereits verschlossen sein, aber man findet immer Wege." Offenbar gelingt das vielen. Dazu ist es allerdings notwendig, dass wir uns und unser Tun immer wieder hinterfragen und für neues Denken und Handeln offenbleiben. Denn sonst besteht die Gefahr, dass wir in einer „Früher-war-alles-besser"-Haltung erstarren und uns in der Gegenwart nicht zurechtfinden können oder wollen.

Übrigens: Die Glückskurve steigt nach Perrig-Chiello im Schnitt mit Mitte 40 wieder. Besonders zufrieden sind Menschen, die vorausplanen und sich darauf einstellen, was ihr Leben künftig bringen könnte. Es hilft, sich darauf vorzubereiten, dass die Kinder ausziehen oder die Eltern vielleicht eines Tages Pflege brauchen werden. Außerdem sind die zufriedener, die etwas an Jüngere weitergeben. „In der Lebensmitte wächst bei vielen, wenn auch oft unbewusst, das Bedürfnis, der Nachwelt etwas zu hinterlassen und so ein Stück weit unsterblich zu werden", sagt Perrig-Chiello. Etwas an die nachfolgende Generation weiterzugeben kann zudem das Selbstbewusstsein stärken (vgl. Abschn. 2.2.2.3). Und man fühlt sich psychisch und körperlich wohler.

Es lohnt sich also immer der vorausschauende Blick in die Zukunft, wenn heute eine Entscheidung für die körperliche, geistige und soziale Gesundheit getroffen (oder nicht getroffen) wird. Im Jetzt leben bedeutet, die Gegenwart zu gestalten und dabei Vergangenheit und Zukunft nicht aus dem Auge zu verlieren.

Jetzt leben

Viele leben in der Gegenwart und versuchen, den jeweiligen Augenblick zu genießen. Damit glauben sie, der Flüchtigkeit begegnen zu können, der gegenüber sie sich oft so hilflos fühlen. Tatsächlich sind aber Vergangenheit und Zukunft Teil der Gegenwart. Vorher und Nachher sind immer Teil unseres ganzen Menschseins. Im Jetzt zu leben kann daher auch bedeuten, *über das eigene Leben zu reflektieren* – nicht, um der Gegenwart zu entfliehen oder sie zu vernachlässigen, sondern um sie besser zu erfassen. Denn das ist die Grundlage, die Zukunft besser gestalten zu können. Wenn ich über Vergangenheit und Zukunft nachdenke, nehme ich mein Leben ganz in die Hand.

Denkanstoß

Sich über die Zukunft Gedanken zu machen bedeutet also nicht, das gegenwärtige Leben zu vernachlässigen. Vielmehr geht es darum, das weitere Leben in den Blick zu nehmen. Was können wir tun und was sollten wir vermeiden, um gut zu altern? Was fällt Ihnen hierzu spontan ein?

Was ist an der Lebensmitte so spannend? Denken Sie an Ihre vielen Erfahrungen, die Sie gesammelt haben, und die Möglichkeiten, die Ihnen noch offenstehen.

Was möchten Sie über das Alter wissen und lernen? Was interessiert Sie besonders? Vielleicht möchten Sie Ihre Fragen schriftlich notieren. Achten Sie auf den weiteren Seiten darauf, welche Informationen für Sie persönlich wichtig sind und wo Sie erste Antworten finden.

Daher nochmal: Wollen wir uns mit dem Alter beschäftigen? Wissen sammeln? Lernen? Altern ist ein natürlicher Prozess und da gibt es viel Interessantes und Spannendes zu entdecken. Menschen, die Wissen über die zweite Lebenshälfte haben, verstehen sich selbst und andere besser. Es geht um körperliche und geistige Prozesse und um viele Chancen. Das Wissen zur frühen, mittleren und späten Lebensphasen – kurz zum ganzen Leben – ist insgesamt ein faszinierendes Thema. Je mehr wir über das Alter wissen, desto besser!

Wir dürfen auf ein gutes Alter hoffen, gerade dann, wenn wir uns gut vorbereiten. Aber es gibt keine Sicherheit, dass die späte Lebensphase, auch wenn wir uns noch so bemühen, wirklich so wird, wie wir es uns wünschen. Sicherheit gibt es nie im Leben, auch wenn wir in unserer Kultur versuchen, so viel Sicherheit wie möglich in das Leben einzubauen. Auch das sicherste Auto und in Zukunft wahrscheinlich das autonome Fahren werden das Unfallrisiko nicht auf null senken. Aber wir können hoffen und gestalten. Hoffen heißt, darauf zu vertrauen, dass es sinnvoll ist, was wir tun. Hoffnung hilft uns gegen Resignation, Mutlosigkeit und Bitterkeit.

Was können wir zur Vorbereitung tun?
Die Ausführungen oben machen deutlich, wie wichtig es ist, sich mit dem Älterwerden und dem Alter auseinanderzusetzen. Welche neuen Herausforderungen bringt der gesellschaftliche Wandel mit sich? Welche neuen Lebensaufgaben stehen für uns im Älterwerden an? Können wir uns noch entwickeln? Inwiefern verändert sich das Sinnempfinden? All das in den Blick zu nehmen, ist in einer Gesellschaft des langen Lebens von zentraler Bedeutung. Und es ist nie zu spät, damit anzufangen!

Die Vorbereitungsmöglichkeiten sind vielfältig und sollten den ganzen Menschen im Blick haben. Zum einen geht es um konkretes Handeln bzw. aktives Tun, was den eigenen Körper, den Geist, die sozialen Kontakte und das eigene Tätigsein betrifft. Zum anderen geht es um die innere Haltung zum Alter und die damit verbundene Reflexion. Das alles sind wichtige Aspekte des gesunden Lebens und Älterwerdens. Mehr Informationen hierzu erhalten Sie in Abschn. 2.4.

Altern hängt von unseren Genen, von Umwelteinflüssen (z. B. Stress, wenig Schlaf, Ernährung, Medikamente, Umweltschadstoffe und Gifte) sowie Zellveränderungen ab. Die Leistungsfähigkeit der Zellen sinkt mit zunehmendem Alter, ihr Wachstum und ihre Vermehrung verringern sich. Das ist ein natürlicher Prozess. Dennoch können wir einiges dafür tun, um ihn zu verlangsamen und Risikofaktoren auszuschalten, wie z. B. durch eine ausgewogene Ernährung, Bewegung und eine positive Lebenseinstellung. Die rechtzeitige Vorbereitung hat ganz wesentlich damit zu tun, ob wir gesund in den Ruhestand gehen und die nachberufliche Lebensphase, die heute so lange wie nie zuvor ist, entsprechend gestalten und genießen können.

Weise werden durch Reflexion
Werden wir im Alter weise? Was ist Weisheit? Mit zunehmender Lebenserfahrung versteht man in der Regel das Leben besser und es kommt zu erhöhter „Lebenseinsicht". Diese ist mit Weisheit verbunden. Durch vermehrtes

Nachdenken und Reflektieren über grundlegende Fragen des Lebens entwickelt sich ein reichhaltiges Wissenssystem in Bezug auf das Leben. Dadurch wird der kompetente Umgang mit praktischen Lebensanforderungen gefördert.

Als „weise" können wir ganz unterschiedliche Dinge ansehen: ein Urteil, ein Rat, aber auch Handeln. Sie setzt Erkenntnis und Verständnis des Lebens mit seinen natürlichen und gesellschaftlichen Aspekten voraus und befähigt – in diesem Sinne als Tugend – zu einer geistigen Unabhängigkeit. Damit sie sich entfalten, damit ein Urteil weise sein kann, braucht es oft einen gewissen Abstand. Daher ist Weisheit nicht nur eine Frage des Verstandes, sondern sie steht im Spannungsfeld zwischen Rationalität und Intuition, Wissen und Glauben sowie Erfahrung und Instinkt.

Ursula Staudinger (2005), Psychologin und Alternsforscherin, bringt den Zusammenhang zwischen Erfahrung und Weisheit auf eine einfache Formel: Lebenserfahrung + Lebenseinsicht = Weisheit. Aber wie kann man überhaupt weise werden?

Es gibt verschiedenste Formen geistiger Leistungsfähigkeit. Häufig denkt man dabei zuerst an schnelle Informationsverarbeitung oder die präzise Erfüllung von Aufgaben. Aber auch der inhaltlich fundierte, kulturell bestimmte Aspekt der Intelligenz ist relevant. Was versteht man darunter? Gemeint ist das, was Kulturen an „überliefertem" Wissen bereithalten und was ein Mensch davon im Laufe seines Lebens erworben und verfeinert hat. Dazu zählen beispielsweise Strategien, wie das Leben bewältigt werden kann, das Wissen über sich selbst und andere, aber auch die Fähigkeiten des Sprechens, Lesens und Schreibens sowie berufliche Fertigkeiten. So gelingt es, Wissen durch Erinnern und Vergleichen abzurufen und auf neue Situationen anwenden zu können, um sich dabei angemessen und letztlich auch sozial zu entwickeln.

Das sagen Berufstätige 45+

„Also Weisheit ist für mich jedenfalls deutlich mehr als nur Lebenserfahrung. Weisheit hat für mich auch viel zu tun mit dem Reflektieren dieser Erfahrungen. Es sind reflektierte Erfahrungswerte."

„Man sollte sich nur über die Dinge aufregen, die man wirklich ändern kann. Dieses Lamentieren über Sachen, die eigentlich außerhalb der Einflussmöglichkeiten liegen, ist für mich vergeudete Zeit oder vergeudete Energie. Weisheit ist für mich, das zu erkennen!"

Weisheit ist nach Ursula Staudinger (2005) die „tiefe Einsicht und umfassende Urteilsfähigkeit in schwierigen und existenziellen Fragen des Lebens". Um diese Prozesse und Wissensbereiche genauer fassen und beschreiben zu können, entwickelte Staudinger fünf Merkmale des Lebenswissens: reiches Faktenwissen, reiches Strategiewissen, Lebensspannen-Kontextualismus, Relativismus, Ungewissheiten.

Der folgende Denkanstoß zu den fünf Merkmalen ermöglicht es Ihnen, sich mit Ihrer eigenen Weisheit auseinanderzusetzen.

Denkanstoß

Sind Sie weise? Welche Merkmale treffen auf Sie zu? Was würden Sie ankreuzen?

Nach Staudinger gibt es fünf grundlegende Merkmale des Lebenswissens, die eng mit Weisheit verbunden sind (vgl. Staudinger 2005):

- Ich weiß heute mehr über mich selbst und über die Welt (reiches Faktenwissen)
- Ich weiß, wie ich mit schwierigen Lebensproblemen umgehe und habe meine Strategien (reiches Strategiewissen)
- Ich weiß, dass Lebensprobleme in Zusammenhang mit der Zeit und Lebensphase, in der wir uns befinden, stehen. (Lebensspannen-Kontextualismus)
- Ich weiß, dass Werte und Ziele relativ sind. Dabei stelle ich sie nicht generell infrage (Relativismus)
- Ich habe die Fähigkeit, mit Unsicherheiten und Ungewissheiten des Lebens umzugehen. Es gibt nicht *die* Sicherheit (Ungewissheiten)

Weisheit, das wünschen sich viele Menschen für das eigene Älterwerden. Doch wie können wir weise werden? Dazu müssen verschiedene Faktoren zusammenkommen:

1. Die *eigene Persönlichkeit*, z. B. die Offenheit für neue Erfahrungen, Kreativität, soziale Kompetenz oder auch Empathie
2. Die *Verarbeitung von Erfahrungen*, z. B. welche Lehren habe ich aus den Erlebnissen und Begegnungen in meinem Leben gezogen
3. Die *Motivation* und der *Wille*, d. h., ich muss den Willen und den Wunsch haben, das Leben immer besser zu verstehen und tiefere Einsichten zu gewinnen

Ein Beispiel: Wenn wir einem Menschen begegnen, dessen Verhalten uns zunächst fremd ist, verschließen wir uns nicht sofort und beurteilen es als „nicht akzeptabel". Stattdessen versuchen wir das Verhalten zu verstehen und die Situation in der anderen Perspektive zu betrachten. Hierbei kann das Wort „interessant" helfen und häufiger in unseren Wortschatz einfließen.

Was Sie tun können!

Möchten Sie ganz gezielt etwas für Ihre Weisheit tun? Dann üben Sie Offenheit gegenüber neuen Situationen und Menschen, hören Sie aktiv zu und achten Sie auf Ihre Kommunikation (Abschn. 3.1.3), bemühen Sie sich, sich in andere Menschen hineinzuversetzen. Versuchen Sie neue Perspektiven und Sichtweisen zu entdecken. Betrachten Sie Ihre bisherige Lebensgeschichte und reflektieren Sie über die Erfahrungen, die Sie gemacht haben (Biografiearbeit). Bemühen Sie sich immer wieder dazuzulernen. Benutzen Sie häufiger das Wort „interessant".

Die emotionale Intelligenz als wichtiger Bestandteil der Altersweisheit

Emotionale Intelligenz ist die Fähigkeit, eigene und fremde Gefühle wahrzunehmen, zu verstehen und ggf. zu beeinflussen.

Die emotionale Intelligenz ist in vielen Bereichen wichtiger als unser IQ (Intelligenzquotient) und erleichtert selbst- und mitverantwortliches Verhalten maßgeblich. So sind wir beispielsweise unseren eigenen Gefühlen nicht ausgeliefert: Indem wir unsere Emotionen annehmen und verstehen (Abschn. 2.6, Handlungsfeld 3), können wir sie schließlich auch aktiv steuern. Dabei ist oft Geduld mit sich selbst gefragt. Wir sind keine Maschinen mit einem Schalter, den man einfach umlegen kann. So können wir z. B. lernen uns selbst zu beruhigen und Gefühle der Angst oder Enttäuschung zu mildern. Auch positive Gefühle und Freude können wir selbst verstärken (Abschn. 2.6, Handlungsfeld 13). Das kann besonders in belastenden Situationen hilfreich sein.

Auch im Arbeitsleben zeigt sich, dass logisches Denken nicht das Wichtigste ist. Gerade in Zeiten des zunehmenden Leistungsdrucks und der wachsenden Komplexität am Arbeitsplatz werden Beschäftigte mit emotionaler Intelligenz immer mehr geschätzt. Vor allem die Empathie spielt dabei eine wichtige Rolle: Empathie, als zentrale Fähigkeit der emotionalen Intelligenz, ist die Basis zwischenmenschlicher Beziehungen. Empathisches Verhalten kann zu mitverantwortlichem Verhalten werden, wenn wir es zum Wohle unseres Gegenübers nutzen. Wenn wir erkennen, was andere fühlen, können wir versteckte Signale im Verhalten anderer erkennen und herausfinden, was gebraucht oder gewünscht wird (vgl. Goleman 2011).

Soziale und gesundheitliche Ungleichheit

Auf den vergangenen Seiten haben Sie nun einiges über die Entwicklungs- und Gestaltungsmöglichkeiten in der zweiten Lebenshälfte erfahren. Es wurde aber auch auf die Unterschiede innerhalb der Gruppe der Älteren (Heterogenität) hingewiesen. Alter kann etwas ganz Unterschiedliches bedeuten. So sind den Älteren heute viel mehr Gestaltungsmöglichkeiten gegeben als früher. Zugleich können leider nicht alle hinreichend in ihrer Selbst- und Mitverantwortung leben. Hier spielen soziale Ungleichheiten eine große Rolle, ob diese sich nun in der finanziellen Situation, der Bildung, im Wohnen, in der Gesundheit, in den sozialen Beziehungen oder oft in mehreren davon widerspiegeln. Soziale Sicherungssysteme müssen gerade im Hinblick auf den demografischen Wandel auf diese Diversität hin ausgebaut werden, um Teilhabe und Gestaltungsmöglichkeiten zu sichern. (BMFSF 2017) Diese Aufgabe wird mit der Zunahme an älteren Menschen eine immer größere Herausforderung. Entsprechend müssen Anstrengungen von den verschiedensten Seiten unternommen werden. Vor allem geht es dabei um jene, die in ihrem bisherigen Leben wenig Bildung erfahren oder sich in schwierigen Lebenssituationen (z.B. alleinerziehende Frauen, Arbeitslose) befunden haben. Keine Gruppe sollte ausgegrenzt werden.

Oft gibt es große Unterschiede zwischen Gleichaltrigen: Während der eine 70-Jährige körperlich fit ist, sich ehrenamtlich engagiert, viel reist und mit Freunden etwas unternimmt, hat der andere mit großen körperlichen Einschränkungen zu kämpfen, findet sich nur in einem kleinen Freundeskreis und hat so ein ganz anderes Altersempfinden. Lebensstil und Gesundheitszustand unterscheiden sich hier erheblich, obwohl beide im gleichen Jahr geboren wurden. Ebenso kann das die materielle Ausstattung betreffen, selbst bei den grundlegendsten Bedürfnissen. Das Thema der Altersarmut wird immer wichtiger. Manche Ältere genießen den Ruhestand und sind ständig auf Reisen oder können diese und jene Liebhaberei pflegen, andere müssen sich einen schlecht bezahlten Job suchen, um die magere Rente aufzubessern.

Umso wichtiger ist es, dass wir unsere Potenziale entwickeln und verwirklichen können – auch im späten Berufsleben. Dazu braucht es das ganze Leben hindurch gute Erziehungs-, Bildungs- und Arbeitsbedingungen. So können sich im Laufe des Lebens Stärken und Kräfte ausbilden.

2.2   Potenziale im Älterwerden

Was ist es, was die Faszination des Alters ausmacht? Die zweite Lebenshälfte hält viele Potenziale bereit und bietet Gestaltungsmöglichkeiten im Sinne von Chancen und Herausforderungen (BMFSFJ 2005). Generell gilt: Jeder Mensch hat Potenziale und Talente (vgl. Abschn. 4.2). Dieses Kapitel soll die Wahrnehmung von solchen Potenzialen des Alters fördern, um eine Vorbereitung auf das Alter zu ermöglichen. Doch die eigenen Potenziale zu erkennen ist nur ein erster Schritt. Mindestens genauso wichtig ist es, diese Potenziale auch zu nutzen und die eigenen Ressourcen – zum Beispiel Gesundheit, Leistungsfähigkeit, Lernfähigkeit, Interesse, Zeit, Erfahrungen und Wissen – tatsächlich einzusetzen. Das bedeutet auch immer Arbeit an sich selbst.

2.2.1 Möglichkeiten entdecken und realisieren

In den Fragen zur Selbstverantwortung *Wer bin ich?*, *Was soll ich tun?*, geht es im Älterwerden zunehmend darum, sich die eigenen Fähigkeiten bewusst zu machen, ohne dabei die Verletzlichkeit aus dem Auge zu verlieren. So sind im Älterwerden viele Potenziale im körperlichen, geistigen und kreativen Bereich möglich. Besondere Potenziale des Alters liegen in Erfahrungswissen, persönlichen Lebensthemen (Daseinsthemen), im Lebensrückblick, in lebenslangem Lernen sowie in der besonderen Fähigkeit, mit Belastungen umzugehen. Sich das bewusst zu machen und aktiv zu gestalten, ist eine wichtige Aufgabe.

Vielfältige Potenziale des Alters

Das sagen Berufstätige 45+
Was können ältere Menschen mit mehr Lebenserfahrung besser als jüngere Menschen? *„Dieses Annehmen! Es ist ein gewisses Vertrauen in die eigenen Fähigkeiten. Vertrauen in die eigene Person. Dadurch, dass die älteren Menschen schon ein Stück weit ihres Lebens hinter sich haben, wissen sie, dass Dinge, die am Anfang unüberwindlich erscheinen, eben doch überwunden werden können. Es geht weiter. Und das gibt irgendwo ein gewisses Vertrauen. "*

Bevor wir genauer auf die sieben Potenziale eingehen, die von besonderer Bedeutung für das Älterwerden sind, sollen hier zunächst ganz allgemein Potenziale im Alter betrachtet werden.

Sie können sich freuen: Eine Menge Potenzial wartet auf Sie, das entfaltet werden will! Das Wort Potenzial stammt von dem lateinischen Begriff „potentia" ab, was „Stärke" und „Macht" bedeutet. Unter Potenzial versteht man eine Fähigkeit zur Entwicklung. Es ist eine noch nicht ausgeschöpfte Möglichkeit zur Kraftentfaltung. Die Möglichkeit zur Weiterentwicklung besteht ein Leben lang (vgl. Abschn. 2.2.2.7). Damit wir unsere Potenziale entwickeln und verwirklichen können, braucht es über das Leben hinweg gute Erziehungs-, Bildungs- und Arbeitsbedingungen. So können sich im Laufe des Lebens Stärken und Kräfte ausbilden.

Dabei ist zu beachten: Niemand kann sich von Grund auf ändern. Mit fortgeschrittenem Alter hat sich unsere Persönlichkeit verfestigt (vgl. Abschn. 3.1.3). Über Jahre hinweg wurden wir geprägt und tragen verschiedene Muster in uns, nach denen wir immer wieder handeln. Andererseits kann – und muss – sich jeder Mensch verändern. Wäre die innere Beweglichkeit und Plastizität[3] nicht gegeben, wäre keine Anpassung möglich. Insofern gilt für uns: Jeder kann und muss sich entwickeln und sollte dabei besonders seine Potenziale in den Blick nehmen. Denken Sie beispielsweise an die Gelassenheit, die im Laufe der Jahre bei vielen Menschen zunimmt.

Wenn Sie auf Ihr bisheriges Leben zurückblicken, gibt es möglicherweise Dinge, die Sie gerne verändern möchten, mit denen Sie nicht zufrieden sind. Jetzt – im reifen Alter – haben Sie dank Ihrer Lebenserfahrung die Möglichkeit, Ihr Leben so zu gestalten, dass viele Ihrer Bedürfnisse befriedigt werden können.

Wie können sich Potenziale entwickeln und verwirklichen lassen?
Die Potenziale, die wir durch unsere zunehmende Lebenserfahrung besitzen, sind vielfältig. Auch wenn die wenigsten von uns behaupten können, dass sie wirklich „reif" oder gar „weise" sind, so stellen doch die meisten fest, dass sie sich im Vergleich zu ihrer Jugend enorm weiterentwickelt haben: Das Selbstwertgefühl ist tiefer verankert, äußere Faktoren wie Aussehen, Status oder materielle Dinge sind weniger wichtig. Reife Menschen sind offen für die Meinung anderer und überlegen ohne festgesetzte Meinung, was Sie davon teilen oder übernehmen können. Sie wissen nicht nur, dass man sich irren, sondern auch, dass man Fehler zugeben kann. Viele sind authentisch, besonnen und weniger gehetzt als Jüngere. Reife Menschen machen sich öfters Gedanken, wie man die Welt ein Stückchen besser machen kann und wie sie sich engagieren können. Weisheit (vgl. Abschn. 2.1.2.3) und Reife fließen oft ineinander.

Vergleichen Sie doch einmal Ihre Fähigkeiten von früher und heute. Wie haben Sie sich im Laufe Ihres Lebens verändert? Welche Fähigkeiten haben Sie weiterentwickelt?

Das kann ich heute besser als früher:

- Ich bin gelassener geworden
- Ich habe weniger Wut oder Angst
- Ich bin nicht mehr so impulsiv und in vielen Situationen ausgeglichener als früher
- Ich habe mehr Humor und kann manches von der komischen Seite sehen
- Ich verfüge über eine bessere Selbsteinschätzung und habe eine gesunde Selbstdistanz

---

[3] Plastizität ist ein interdisziplinär angelegter Schlüsselbegriff der Gerontologie. Es handelt sich um die Fähigkeit des (alternden) Organismus, eingetretene Verluste wirkungsvoll zu kompensieren. Das kann auf der Zellebene, bei der Funktionsübernahme kortikaler Prozesse geschehen oder ganz konkret bei der Alltagsbewältigung (Anpassungsleistungen, Nutzung anderer Kapazitäten, oft kreativ). (Karteikarte. com o. J.).

- Ich kenne meine Grenzen besser und kann jetzt auch eher „Nein" sagen
- Ich kann mein Leben rückblickend besser verstehen und sortieren
- Ich lerne mehr in die Tiefe und auf meine Erfahrungen ausgerichtet, begreife Zusammenhänge besser und schneller
- Ich besitze in vielen komplexen Situationen kreative Handlungsstrategien
- Ich kann heute Einschränkungen und Belastungen besser akzeptieren und mit Verlusten umgehen
- Ich akzeptiere mehr, dass das Leben auch Unsicherheiten mit sich bringt
- Ich kann besser mit anderen Menschen umgehen als früher
- Ich habe den Wunsch, etwas von meinen Erfahrungen weiterzugeben
- Ich kann andere motivieren und bin durch mein Wissen und mein Verhalten in mancher Hinsicht ein Vorbild für andere

Möchten Sie etwas ergänzen? Inwieweit helfen Ihnen die oben genannten Potenziale im Arbeitsleben?

Und nun überlegen Sie weiter: Welches Potenzial steckt in Ihnen, konnte sich aber noch nicht ausreichend entfalten? An welcher Stelle möchten Sie sich noch weiterentwickeln? Vielleicht möchten Sie Ihre Wunschfähigkeiten auf ein Blatt Papier schreiben. Betrachten Sie sie während der Durchsicht des Buches immer wieder. Bestimmt entwickeln sich durch das Lesen der Seiten Ideen zur Verwirklichung.

Wenn Potenziale Möglichkeiten sind, also Fähigkeiten, die wir noch verwirklichen und in die Tat umsetzen können, dann bedeutet das: Da ist noch mehr möglich! Nicht nur in Bezug auf Leistung, sondern in Bezug auf unsere ganz persönlichen Vorstellungen von einem guten Leben. Es geht um unser besseres selbstverantwortliches und selbsterfülltes Leben.

Ob wir unsere Potenziale verwirklichen können, hängt auch von unserer Bildung, unserem Beruf, den Geschlechterrollen und dem sozialen Umfeld, in dem wir leben und aus dem wir kommen, ab. Soziale Ungleichheit wirkt sich leider spürbar auf die Verwirklichung der Potenziale im Alter aus (vgl. Abschn. 2.1.2.3).

Was Sie tun können

Machen Sie sich bewusst, die Verwirklichung Ihrer Potenziale in der zweiten Lebenshälfte hängt in starkem Maße von Ihrem persönlichen Verhalten ab. Auch wenn manches im Alter nachlässt, können Sie diesen Prozess durch Training aufhalten oder sogar umkehren und Ihre Potenziale ausbauen.

Was tun Sie beispielsweise aktiv für Ihre eigene Entwicklung und für Ihr körperliches, geistiges und soziales Wohlergehen? Anregungen finden Sie in den Abschn. 2.4, 2.5 und 2.6.

2.2.2 Bedeutsame Potenziale in der zweiten Lebenshälfte

Kommen wir nun zu den bedeutsamen Potenzialen des Älterwerdens. Gerade zu Anfang der zweiten Lebenshälfte sollten wir sie bewusst machen, fördern und so gut wie möglich als Fähigkeiten entwickeln. Denn sie stellen eine faszinierende Möglichkeit zur Gestaltung des guten Alters dar.

2.2.2.1 Mit Erfahrungswissen punkten

Je länger wir leben, desto mehr wissen wir über uns selbst und über die Welt. Wir haben in den verschiedensten Bereichen Erfahrungen gesammelt, konnten nachdenken, spüren, entscheiden, aktiv werden, Fehler machen, wieder gutmachen etc. Das Leben hat sich uns von seinen verschiedensten Seiten gezeigt.

Erfahrungswissen zeigt sich in der Begegnung mit bestimmten Fragen oder Problemen. Es ist die Haltung eines Menschen in einem bestimmten Themen- oder Aufgabenbereich. Ausgeprägtes Erfahrungswissen ist daran erkennbar, dass wir mit einem Bereich vertraut sind, dass wir uns darin geschickt und effizient bewegen und für auftretende Probleme angemessene Lösungen finden. Das kann eine organisatorische oder handwerkliche Tätigkeit sein sowie ein Themen- und Aufgabenbereich im Beruf. Erfahrungswissen kann kognitiv und körperlich gegeben sein.

Ausgeprägtes Erfahrungswissen befähigt uns dazu, in einem entsprechenden Gebiet rasch, sicher und umsichtig zu handeln. Wir passen unser Tun den spezifischen Gegebenheiten an. Wir überblicken „komplexe" Situationen und können darin schneller eine Gesetzmäßigkeit oder Ordnung erkennen als noch in unseren jungen Jahren. Auch neue Problemstellungen auf unserem Erfahrungsgebiet können wir schneller durchdringen und lösen.

Erfahrungswissen und geistige Leistungsfähigkeit
Der Psychologe Raymond Bernard Cattell hat die intellektuelle Leistungsfähigkeit mit einem Modell beschrieben, das in der Psychologie heute weitverbreitet ist. Danach verfügt der Mensch über eine „fluide" und eine „kristalline" Intelligenz.

In jungen Jahren nutzen wir die fluide Intelligenz zur Aneignung von Wissen. Es ist eine angeborene Intelligenzform. Sie baut nicht auf Erfahrungen oder Vorwissen auf. Es ist die Fähigkeit, logisch zu denken und Probleme zu lösen. Die fluide Intelligenz ist im jungen Erwachsenenalter (ca. 25. Lebensjahr) am höchsten. Dann verringert sie sich kontinuierlich. Sie ist angeboren und kann daher nur schwer trainiert oder „erlernt" werden. Sie zeigt sich vor allem durch unsere Gedächtnisleistung, Auffassungsgabe und die Fähigkeit, sich in fremden Situationen schnell zurechtzufinden.

Die kristalline Intelligenz ist für die zweite Lebenshälfte besonders interessant. Sie hängt mit solchen Fähigkeiten zusammen, die mit Wissen und Erfahrung in Zusammenhang stehen, wie z. B. Vokabelwissen, generelle Informationen und Analogien. Sie setzt sich aus zwei Bestandteilen zusammen: explizites Wissen, d. h. Faktenwissen, zeitliche Daten, Erinnerungen usw. und implizites Wissen, d. h. erlernte Verhaltensweisen oder Fähigkeiten wie Fahrradfahren, Wortschatz, Rechnen usw.

Da unsere kristalline Intelligenz im Laufe des Lebens automatisch zunimmt (schließlich sammeln wir jeden Tag neue Erfahrungen und Informationen, wir erweitern unseren Wortschatz und bilden mit jedem gelösten Konflikt unsere soziale Kompetenz weiter aus), können wir mit zunehmendem Alter ausgesprochen intensiv lernen und über reiches Wissen verfügen. Ein großer Schatz an Erfahrung kann den biologischen Abbau der intellektuellen Leistungsfähigkeit sogar überkompensieren.

Da die kristalline Intelligenz beispielsweise in dem Erfahrungs- und Berufswissen, der Beibehaltung erlernter Fähigkeiten sowie erworbenen Denk- und Lernstrategien, dem Allgemeinwissen und dem Sprachverständnis besteht, sind zur Lösung von komplexen Problemen häufig ältere und erfahrene Mitarbeiter gerne gesehen.
Manche Menschen sagen auch schlicht „Altersweisheit" dazu. Je mehr der Mensch im Laufe seines Lebens reflektieren und nachdenken konnte, z. B. in Schule, Beruf oder sozialem Umfeld, umso höher kann die kristalline Intelligenz sein. Im siebten Lebensjahrzehnt kann sie sich schließlich verringern – wenn wir unser Gehirn nicht mehr ausreichend bewegen. Bewegung bedeutet Denktraining. Was mit Denktraining gemeint ist und wie Sie es fördern können, erfahren Sie in Abschn. 2.4.2.

Übrigens: Kognitive Fähigkeiten kann man auch noch im Alter trainieren. Das sogenannte Arbeitsgedächtnis lässt sich beispielsweise unabhängig vom Alter ausbauen. Es kommt zum Einsatz, wenn wir uns kurzfristig Telefonnummern aneignen, indem wir sie uns vorsagen, oder wenn wir uns im Gespräch einen neuen Namen merken. Je besser das Arbeitsgedächtnis funktioniert, desto leichter fallen uns viele geistige Tätigkeiten.

Forscher haben die tagtäglichen Schwankungen in der geistigen Leistungsfähigkeit von Erwachsenen untersucht (COGITO-Studie des Max-Planck-Instituts für Bildungsforschung in Berlin). Überraschend zeigte der Vergleich zwischen den Altersgruppen, dass Ältere bei allen untersuchten Aufgaben geringere Leistungsschwankungen von Tag zu Tag aufwiesen als die Jüngeren. Die geistige Leistungsfähigkeit der Älteren war somit zuverlässiger. Woran liegt das? Den Forschern zufolge spielen „erlernte Strategien bei der

Aufgabenbearbeitung, eine gleichbleibend hohe Motivation sowie ein ausgeglichener Alltag mit stabiler Stimmungslage eine Rolle". Dass Ältere im Berufsleben weniger leisten können als Jüngere ist somit ein Irrglaube.

Was Sie tun können

Die Potenziale unseres Gehirns können gefördert werden. Dabei sind folgende Kriterien für ein erfolgreiches Gehirntraining wichtig:

- Achten Sie auf der einen Seite auf gesunde Herausforderungen (vgl. Abschn. 2.4.2). Damit sich das Gehirn neu strukturieren und gut arbeiten kann, braucht es immer wieder neue Herausforderungen.
- Achten Sie auf der anderen Seite darauf, dass Sie nicht ständig über- oder unterfordert sind. Beides kann unsere geistige Leistungsfähigkeit stark beeinträchtigen (vgl. Abschn. 4.2.2.2).
- Intensität und Begeisterung sind gut. Aber nicht dauerhaft und ohne Unterbrechung. Achten Sie daher auf Ihre Pausen und Regeneration (vgl. Abschn. 4.2.2.2).
- Gibt es auch Beständigkeit und Kontinuität in Ihrem (Arbeits-)Leben? Pflegen Sie das (z. B. Montagmorgen-Meetings; nach der Arbeit mit dem Hund rausgehen; Freitagabend regelmäßig in die Sauna).
- Achten Sie auf Ihre Motivation. Was motiviert Sie über Ihr Leben hinweg. Welche Fähigkeiten setzen Sie besonders gerne ein? Welches Lebensthema gehört zu Ihnen? In Abschn. 4.2.3 erfahren Sie mehr über die Motivation im Arbeitsleben.

Wie erfahrene Berufstätige mit ihren Potenzialen im Arbeitsleben punkten können und was sie für ihre Kompetenz tun können, erfahren Sie in Abschn. 4.2.

Das sagen Berufstätige 45+

Was können ältere Menschen mit mehr Lebenserfahrung besser oder wo sind Sie im Vorteil gegenüber Menschen mit weniger Lebenserfahrung? *„Bei vielen Dingen können sie aufgrund ihrer Erfahrung besser abwägen und Dinge einschätzen. Das gilt natürlich nicht für alles. Also z. B. in technischen Dingen haben Ältere meist nicht den aktuellen Stand der Technik. Was aber Lebenserfahrung angeht, was das Beurteilen von Menschen angeht, kann es durchaus ein Vorteil sein. Dieses Beruhigt-Rangehen aufgrund der Lebenserfahrung. Und bewusst, viel bewusster leben! Das kann ich auch bei vielen erkennen."*

Merken Sie sich für die zweite Lebenshälfte

Erfahrungswissen ist eines der wichtigen Potenziale im Älterwerden! Schauen Sie sich Ihre Erfahrungen an. Was haben Sie in all den vergangenen Jahren über sich selbst oder die Welt (dazu gehört auch die Berufswelt und Ihr Fachwissen) erfahren. An welcher Stelle sind Sie heute klüger als früher? Wie können Sie dieses Potenzial für sich selbst und für andere sinnvoll nutzen und einbringen?

Wie Sie Ihr Erfahrungswissen einsetzen können und worauf Sie dabei achten sollten, erfahren Sie in Abschn. 4.2.1 und 4.3.2.

2.2.2.2 Daseinsthemen (Lebensthemen) gestalten

Es gibt bestimmte Themen im Leben, die für uns eine ganz besondere Bedeutung haben. Solange wir denken können, waren sie auf irgendeine Weise wichtig für uns; sie lösen Emotionen in uns aus, treten immer wieder zutage und beschäftigen uns besonders intensiv. Oft sind sie mit Lebensaufgaben verbunden, in denen wir uns verwirklichen möchten. Dann sprechen wir von Lebensthemen oder Daseinsthemen. In der Wiederholung und im ständig erneuten Bewusstmachen können wir uns innerhalb dieser Themen entwickeln. Wir fühlen hier intensiv, wir sind hier verletzlich, und wir können dabei auch sehr impulsiv reagieren (vgl. Ehret 2008).

Mögliche Daseinsthemen sind bspw. das Eltern-Sein, der Beruf, die Malerei, die Natur oder das handwerkliche Schaffen. Die Art des Auslebens verändert sich oft mit der Zeit: Die leidenschaftliche Hobbygärtnerin, die sich in ihrer Gartenarbeit lebendig fühlt, wird sich auch dann noch fürs Gärtnern interessieren, wenn sie nicht mehr im Garten arbeiten kann. Sie wird sich womöglich auf andere Weise damit beschäftigen (z. B. indem sie Bücher von schönen Gärten anschaut).

Das Leben und Gestalten der Daseinsthemen gehört zu unserer Selbstverantwortung, da sie zu unseren Bedürfnissen gehören. Aber auch in der Mitverantwortung sind sie von Bedeutung. Wissen wir von den Daseinsthemen anderer Menschen, dann können wir sie besser verstehen und auf sie eingehen. Das Interesse an den Daseinsthemen der anderen hilft auch im Arbeitsalltag. So kann z. B. im Umgang mit einem fußballbegeisterten Kollegen die Möglichkeit für zwischenmenschlichen Kontakt im Arbeitsalltag gegeben sein. Wir können Interesse zeigen und empathisch auf ihn zugehen.

Auch wenn das Daseinsthema nicht kontinuierlich fortgeführt wird, bleibt es dennoch bestehen und ist ein wichtiger Teil des Lebens. Denken Sie an die Gärtnerin. Es ist ein großes Potenzial zum Kompensieren (ausgleichen, ersetzen) gegeben, wenn einem Daseinsthema nicht mehr in gewohnter Weise nachgegangen werden kann. Einen sehr beeindruckenden Fall einer solchen Kompensation finden wir bei dem Maler Alexej von Jawlensky (1864–1941), der an rheumatoider Arthritis mit Lähmungserscheinungen, vor allem in den Händen, später auch in den Beinen erkrankt war. Er entwickelte eine Methode, durch die er trotz seiner teils massiven körperlichen Einschränkungen weiterhin malen konnte. Mit einfachsten Mitteln, im kleinen Format mit langen, durchgehenden Pinselstrichen auf Malpapier oder Karton gebracht, konnte Jawlensky bis zur vollständigen Lähmung im Jahr 1938 noch hunderte Arbeiten realisieren.

Natur als Daseinsthema

Für die meisten Menschen spielt die Natur eine wichtige Rolle in ihrem Leben. Hier verbringen sie z. B. gerne ihre Freizeit oder sie bringen die Natur in Form von Pflanzen in ihre vier Wände. Nachrichten über Naturzerstörungen machen sie betroffen. In der Natur kann der Mensch Entspannung finden. Sich mit diesem Daseinsthema gerade im Älterwerden näher zu beschäftigen und sich Zeit hierfür zu nehmen ist für das Älterwerden zu empfehlen. Die Natur konfrontiert uns mit ständigem Wandel von Kommen und Gehen. Die Betrachtung und Erforschung der oft wunderschönen Prozesse kann uns auch im eigenen Prozess des natürlichen Älterwerdens helfen. Geburt, Dasein und Sterben kann so als Teil des Lebens immer mehr verinnerlicht werden. Und: Auch hier kann Sinn gefunden werden.

Das sagen Berufstätige 45+

„In der Natur kann man gut Ruhe finden und zu sich selbst hinfühlen, vielleicht weil es weniger Einflüsse von außen sind. Deswegen fühle ich mich so wohl in der Natur. Da kommen mir Gedanken in den Kopf, wo ich hier im Alltag überhaupt nicht drüber nachdenke. Erstmal das Abschalten, das ist ja das Schwerste. Runterkommen. Man denkt ja, dass man immer was tun muss! Aber in der Natur ist Ruhe. Keine anderen Menschen, keine Autos. Mal nichts von Menschen Hand Geschaffenes."

Durch unsere Daseinsthemen können wir bewusst Freude gestalten und erleben (Abschn. 2.6, Handlungsfeld 13). Wenn wir uns Zeit für sie nehmen, kann Lebensqualität und Sinn empfunden werden. Vielleicht kann uns hier auch noch ein Wunsch erfüllt werden. Der dankbare Blick zurück auf gelebte Daseinsthemen kann zu einer zufriedenen Stimmung – auch oder gerade im Alter – beitragen.

Die Themen, die uns „ans Herz gehen", gehören zu uns, sind ein Teil von uns und ihre Gestaltung oder auch Veränderungen fordern uns immer wieder heraus.

Merken Sie sich für die zweite Lebenshälfte

In persönlichen Lebensthemen stecken wichtige Möglichkeiten für das gute Älterwerden! Betrachten Sie in Ihrer Selbstverantwortung die Themen, die Ihnen über Ihr Leben hinweg besonders am Herzen gelegen haben. Welche Erfahrungen haben Sie hier gesammelt? Wie können Sie sie auch noch im Älterwerden für sich gut leben – vielleicht in veränderter Form? Was können Sie neu gestalten? Welchen Einsatz benötigt das von Ihnen? Was können Sie tun, was (weg) lassen, um weiterzukommen? Pflegen Sie Ihre Daseinsthemen als wichtigen Teil Ihrer Identität und Lebensqualität.

2.2.2.3 Generativität – etwas weitergeben und hinterlassen

„Für mich ist es heute ein tolles Gefühl, wenn jüngere Kollegen zuhören und an meinen Erfahrungen Interesse haben." Kennen Sie dieses Gefühl auch?

Wie bereits beschrieben: Mit zunehmendem Alter tragen wir einen gut gefüllten Rucksack an Erfahrungen mit uns. Dieses Potenzial (vgl. Abschn. 2.2.2.1) soll nicht nur uns selbst helfen. Mehr und mehr entwickeln die meisten Menschen im Älterwerden das Bedürfnis, ihr Wissen weiterzugeben und dementsprechend etwas zu hinterlassen. Entsteht dabei ein gutes Gefühl von Zusammengehörigkeit, ist Generativität (Erikson 1966) gegeben.

Es ist das Bedürfnis, einen Beitrag über das eigene Leben hinaus zu leisten. Generatives Verhalten ist mitverantwortliches Verhalten (Abschn. 2.5 und 2.6). Es kann im familiären, beruflichen als auch im breiteren gesellschaftlichen Leben verwirklicht werden. Der Entwicklungspsychologe Erik Homburger Erikson zählt dazu nicht nur eigene Kinder zu zeugen und für sie zu sorgen, er zählt dazu auch das Unterrichten, die Künste und Wissenschaften und soziales Engagement. Also alles, was für zukünftige Generationen „brauchbar" sein könnte. Stagnation ist das Gegenteil von Generativität. Man stagniert, entwickelt sich nicht weiter, wenn man sich nur um sich selbst kümmert und um niemanden sonst. Die Folge ist meist, dass andere uns ablehnen und wir andere. Niemand ist so wichtig wie wir selbst. Aber auch ein Zuviel an Generativität ist nicht ratsam, denn dadurch vernachlässigt man sich selbst zum Wohle anderer. Gelingt eine Balance, hat man die Fähigkeit zur Fürsorge, ohne sich selbst dabei aus den Augen zu verlieren.

Das sagen Berufstätige 45+

„Die eigene Lebenserfahrung kann man nutzen und im positiven Sinn weitergeben. Nicht als Besserwisser, nicht als Veränderungshindernis. Erfahrungen sollten wir wertfrei weitergeben. Nicht so, dass es das Beste war. Die Dinge verändern sich. Unsere Erfahrungen sollten wir so weitergeben, dass sich die Facetten des anderen ein bisschen verbreitern können. Der Gesprächspartner kann dann damit machen, was er will.

Das ist es, was mir an älteren Leuten gefällt: Wenn sie ihre Erfahrungen nicht so weitergeben: ‚Du musst!' oder: ‚Man soll!' oder: ‚Früher hätte man das so gemacht!', sondern wenn sie das als Gedankenerweiterung weitergeben können. Das finde ich gut."

Wir brauchen die Älteren!

Haben Sie sich schon einmal überlegt, was passiert, wenn die vielen Babyboomer und angrenzenden Generationen in das hohe und verletzliche Alter kommen? Dann wird es in unserer Gesellschaft nicht nur viel mehr

Menschen geben, die auf Hilfe angewiesen sind, sondern dann wird es auch wesentlich weniger Menschen geben, die helfen und unterstützen können. Die älteren Menschen, die bisher viel soziales Engagement geleistet haben und damit eine wichtige Stütze für unsere Gesellschaft waren, sind dann vielfach selbst auf Unterstützung angewiesen. Der demografische Wandel (vgl. Abschn. 2.1.1) macht deutlich, dass es die Jüngeren nicht alleine schaffen werden, die gesellschaftlichen Herausforderungen zu stemmen.

Daher wird es gerade für die Babyboomer und angrenzenden Generationen darum gehen, in ihrem Ruhestand auch über ihr generatives Potenzial nachzudenken. Und das nicht nur mitverantwortlich, sondern auch selbstverantwortlich. Denn es soll eine Aufgabe sein, die zu ihnen passt und die ihnen guttut.

Denkanstoß

Warum tun wir etwas für uns selbst, wenn wir etwas für andere tun?
Was würden Sie unterstreichen? Was würden Sie ergänzen?

- Wir fördern dabei eine oder mehrere Säulen des gesunden Lebens und Älterwerdens (z. B. soziales Wohlbefinden, geistige Aktivität, eine Aufgabe haben)
- Wir fördern das Erleben von Sinn
- Wir schaffen Ausgleich bei Unterforderung (z.B. im Ruhestand)
- Wir erhalten neue Perspektiven und sammeln neue Erfahrungen
- Wir erhalten die Möglichkeit etwas zurückzugeben, wenn wir ein glückliches Leben haben
- …

Das Gefühl der Zusammengehörigkeit, das durch generatives Verhalten entstehen kann, ist für den Menschen wichtiger als vielfach angenommen. Studien zeigen, dass für Mensch kaum etwas so wichtig ist wie das Gefühl, gebraucht zu werden und ein Teil der Gemeinschaft zu sein. Das Gefühl der Nutzlosigkeit – das in unserer modernen Gesellschaft immer häufiger ältere Menschen befällt – kann Menschen in tiefe Krisen stürzen.

Können wir helfen, dann fühlen wir uns gebraucht. Setzen wir uns für andere ein, dann gehören wir dazu. Fragen wir uns, was wir tun können, um die jeweilige Situation insgesamt zu verbessern, tun wir nicht nur etwas für andere, sondern auch für uns selbst. Wir spüren Selbstwirksamkeit und Zugehörigkeit. In diesem Sinne aktiv zu sein, ist für Ältere umso wichtiger, als die Lebensphase nach dem Erwerbsleben mehrere Jahrzehnte andauern kann – und das bei oft bester Gesundheit. Gerade soziales Engagement ist geeignet, denn das „Gefühl, ‚gebraucht zu werden', hält fit und macht glücklich" (Eva Kuhn, E./Berlin-Institut o. J.).

Natürlich bestehen gerade unter den Älteren soziale und gesundheitliche Ungleichheiten (Abschn. 2.1.2.3). Doch auch Menschen mit körperlichen Einschränkungen können helfen und aktiv werden. Es gibt viele Möglichkeiten für Teilhabe und sinnstiftende Aufgaben. Im generativen Tun können sich Ältere fit halten. Kopf, Körper und soziale Kontakte können gefördert werden und für ein gesundes und „produktives" Alter sorgen.

Generativität kann in vielen Bereichen gelebt werden, z. B. durch Unterstützung für Kinder und Jugendliche (z. B. Nachhilfe oder Vorlese-Oma bzw. -Opa in einer Bücherei) oder Ältere im Alltag (Vorlesen aus einer Zeitung, gemeinsame Spaziergänge, kulturelle Unternehmungen). Engagement in der Gesellschaft bedeutet dann in diesem Zusammenhang das Eingehen von Verbindungen und das Übernehmen von Verantwortung – ohne dass damit eine rechtliche Verbindlichkeit einhergehen muss. Die Unterstützung durch Familie, Nachbarn, Gemeinde und andere Gruppen ist im Hinblick auf unsere gesellschaftliche Entwicklung (demografischer Wandel) zunehmend gefragt. Weitere Information zu ehrenamtlichem Engagement finden Sie in Abschn. 4.3.4.

Das sagen Berufstätige 45+
„Wenn ich körperlich nicht mehr so fit bin, wünsche ich mir, dass ich durch andere Aktivitäten meine Schwerpunkte noch versetzen kann. Man kann Vorlesen im Kindergarten, Unterstützung geben im Pflegeheim. Man kann auch noch im Rollstuhl hingeschoben werden und vorlesen, wenn man das möchte."

Generativität im Arbeitsleben
Auch im Arbeitsleben wird für die Babyboomer und die angrenzenden Generationen Generativität immer wichtiger. Treten sie in naher Zukunft in großer Anzahl in den Ruhestand, wird den Unternehmen und Organisationen viel Wissen verlorengehen. Aus deren Sicht wird es daher immer wichtiger, das aktuelle Wissen zu erhalten. Dazu müssen die Älteren, die am Ende des Berufslebens stehen, es weitergeben. Das wird nur gelingen, wenn sie ihre Nachfolger nicht als Konkurrenten betrachten. Umso mehr sollten die Rahmenbedingungen in den Organisationen generatives Verhalten nicht nur zulassen, sondern selbst fördern. So braucht es bspw. Raum und Zeit für die Wissensweitergabe. Auch die Bildung von Generationentandems kann unter-

stützend wirken. Mehr zu generativem Verhalten von Berufstätigen finden Sie in Abschn. 4.2.1. und 4.3.2.

Merken Sie sich für die zweite Lebenshälfte

Generativität ist eines der besonders wichtigen Potenziale im Älterwerden! Es geht darum, etwas für die Nachfolgenden weiterzugeben und zu hinterlassen. Generativität kann als Aufgabe entdeckt werden. Generative Menschen leben häufig gesund und länger und haben eine positive Lebenshaltung. Generative Menschen kreisen weniger um sich selbst und achten auf die Balance ihrer Selbst- und Mitverantwortung. Überlegen Sie sich immer wieder, wo und wie Sie sich positiv einbringen können. Bleiben Sie offen für die vielen Möglichkeiten der Generativität.

2.2.2.4 Das Leben sortieren

Unser eigenes Leben zu sortieren ist im Älterwerden nicht nur ein wichtiges Potenzial, sondern auch in der Umsetzung für das gute Älterwerden von Bedeutung. Den meisten Menschen gelingt dabei der positive Rückblick.

Je länger wir leben, desto mehr Vergangenheit haben wir in uns. Damit gewinnen die Fragen *Wo war ich?* und *Was weiß ich?* zunehmend an Bedeutung; die Antworten darauf fallen ausführlicher aus als in jungen Jahren. Der reiche Schatz an Erfahrungen wird sortiert und gerade das Positive wird hervorgehoben (siehe auch Zufriedenheitsparadoxon, vgl. Abschn. 2.2.2.5). Die Vergangenheit, die bis in die Gegenwart reicht und unser Leben heute beeinflusst, spielt eine große Rolle für unser Selbstbild und den Sinn, den wir unserem Leben geben. Die Zukunft wird kürzer. Die Endlichkeit wird mehr und mehr bewusst. Jüngere Menschen hingegen haben noch eine lange Zukunft vor sich. Ihre Ziele richten sich daher auch eher auf die Zeit aus, die noch vor ihnen liegt, wie z. B. Ausbildung oder Familie. Von den Älteren wurden diese Ziele in der Regel bereits erreicht. Die Kinder sind aus dem Haus, im Beruf müssen wir uns nicht mehr anderen beweisen. Daher folgt ab etwa dem fünfzigsten. Lebensjahr für viele Menschen eine Lebensphase, in der weniger Zwang herrscht und mehr Zeit zur Verfügung steht. Einen Überblick über die Zeitdimensionen von jüngeren und älteren Menschen sowie damit verbundene Ziele und Fragen bietet Abb. 2.1.

Daher ist es ratsam, einmal innezuhalten und Bilanz zu ziehen: Woraus habe ich gelernt? Wie kann ich meine gesammelten Erfahrungen sortieren und für die zweite Lebenshälfte nutzen? Was ist wesentlich?

Der Entwicklungspsychologe Eric Homburger Erikson sieht als Ziel des späten Erwachsenenalters das Erreichen der sogenannten „Ich-Integrität". Das bedeutet, dass wir alles, was da war, alles was uns ausmacht, in unserem

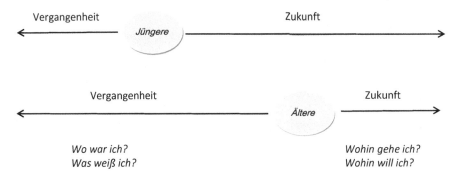

Abb. 2.1 Zeitdimensionen und Ziele von Jüngeren und Älteren. (Quelle: eigene Darstellung)

Rückblick anschauen und annehmen. Wir akzeptieren unser ganzes Leben so, wie es war. Das, was uns gelungen ist und das, was uns nicht gelungen ist. Das, wo wir reich beschenkt wurden, und das, wo wir Mangel erlebt haben. Das, wo wir dazugehört haben, und das, wo wir uns ausgegrenzt fühlten. Das, was fließende Veränderung in unserem Leben war, und das, wo wir schwere Brüche erlebt haben. Das alles zu integrieren ist keine einfache Arbeit. Biografiearbeit kann auf diesem Weg zu einem wichtigen Helfer werden.

Wenn wir alten Menschen begegnen, die vermehrt über ihr Leben erzählen, hängt das oft damit zusammen, dass sie ihr eigenes Leben (unbewusst) sortieren möchten. Im Erzählen kann das gelingen. Das Wesentliche wird nochmal ausgesprochen und reflektiert. Wo war es schwer? Wo war es leicht? Wo hatte ich Mangel? Wo hatte ich Fülle? Das gelebte und ungelebte Leben zu akzeptieren, bedeutet das eigene Leben als stimmig wahrzunehmen und eines Tages in diesem Frieden loslassen zu können.

Was Sie tun können

Denken Sie jetzt immer öfter an die Vergangenheit? Was fällt Ihnen da besonders ein? Was war schön? Was war schwer? Was gilt es noch an Schwerem anzunehmen (integrieren)? Welche unerfüllten Wünsche möchten Sie verwirklichen? Wovon müssen Sie sich verabschieden? Gibt es etwas, womit Sie Frieden schließen möchten? Gibt es etwas aus Ihrer Jugend, das Sie möglicherweise verklären, nach dem Sie sich immer wieder zurücksehnen? Ist es möglich, dieses Gefühl in dankbares Loslassen umzuwandeln? Wie haben Sie Ihr Leben sortiert?

Nehmen Sie sich Zeit für diese Fragen. Vielleicht möchten Sie Ihre Gedanken festhalten und niederschreiben. So können Sie Ihre schönen Erinnerungen festhalten und wachhalten.

Vielleicht möchten Sie sich auch mit Gleichaltrigen zu diesen Fragen austauschen und damit auf neue Ideen kommen.

Diese Form der Biografiearbeit kann für das gute Altern hilfreich sein.

Rückblick auf die eigene Jugend

Beim Sortieren unseres Lebens kann auch die eigene Jugend nochmal betrachtet werden. Bestimmt erinnern wir uns: Die wenigsten von uns waren nur pflichtbewusst und gut strukturiert. „Die Jugend von heute" ist in anderen Zeiten aufgewachsen, in denen die Gleichung „Alter = Autorität" nicht mehr im gleichen Maße wie früher gilt. Ihr oft selbstbewusstes Auftreten gegenüber Älteren ist daher nicht zwangsläufig respektlos, sondern eher Ausdruck ihrer kulturellen und sozialen Prägung. Die Erinnerungen können uns helfen, Verständnis für die jungen Menschen von heute zu gewinnen und ihnen mit Offenheit zu begegnen.

Im Hinblick auf die Generationensolidarität gewinnt das Verständnis zwischen Jung und Alt an Bedeutung! Denn wir sind aufeinander angewiesen (vgl. Abschn. 2.2.2.3). Der Zusammenhalt zwischen den Generationen funktioniert Umfragen nach in Familie und Arbeitswelt am besten. Die positiven Erfahrungen können wir womöglich auf andere Bereiche übertragen. Achten wir daher auch immer wieder auf unsere Worte, wenn wir über „die Jugend" sprechen. Pauschalisierungen sollten vermieden werden. Im Konfliktfall können wir uns als lebenserfahrener Mensch überlegen, ob wir nicht den ersten Schritt auf den Jüngeren zugehen können.

Weitere Informationen zum Miteinander der Generationen erhalten Sie in Abschn. 3.1.1.3.

Denkanstoß

Versetzen wir uns doch noch einmal in unsere jungen Jahre hinein und fragen uns:

- Wie war ich in meinen jungen Jahren?
- Welche Kleidung habe ich getragen, welche Ausdrücke habe ich benutzt, welche Musik habe ich gehört, über die sich die Älteren womöglich aufgeregt haben?
- An welcher Stelle war ich leichtsinnig und unbeschwert? Wo war ich wild und ungestüm?
- Was habe ich mir vom Leben gewünscht und erhofft?
- Was waren meine Träume?
- Wie haben die Älteren auf mich gewirkt, die alles besser wussten?
- Wann wurden die Älteren für mich zum Vorbild?
- Wann begegnete ich den Älteren auf Augenhöhe, was haben sie dazu beigetragen, was ich?

Sie können in Ihrem privaten und beruflichen Umfeld Austausch, Verständnis und Solidarität zwischen den Generationen fördern. Vielleicht helfen Ihnen dabei die oben gestellten Fragen.

Sich selbst und anderen verzeihen

Wenn wir zurückblicken, stoßen die meisten von uns auch auf Verletzungen, die uns durch andere zugefügt wurden oder auch auf eigenes Fehlverhalten zurückzuführen sind. Beides kann sehr belastend sein. Im Sortieren kann das eine oder andere besser verstanden, akzeptiert und aufgelöst werden. Für diesen positiven Prozess kann man einiges tun.

Sich selbst und anderen verzeihen hängt miteinander zusammen. Denn es heißt: Wer sich selbst nicht verzeihen kann, kann auch anderen nicht verzeihen. Nur wenn wir akzeptieren, dass wir Menschen mit Schwächen sind, können wir auch anderen Schwächen und Fehler zugestehen.

Die Psychoanalytikerin Luise Reddemann (2007) beschreibt, dass Verzeihen immer auch von einem Perspektivwechsel begleitet ist: weg vom Vergangenen, hin zum Gegenwärtigen. Der schwierigste Teil, um sich selbst verzeihen zu können, ist das Anerkennen, dass etwas schlimm ist. Wenn man bspw. jemanden betrogen hat, so Reddemann, sei es notwendig sich zunächst erst einmal das ganze Ausmaß einzugestehen und die eigenen Motive dafür zu untersuchen. Der nächste Schritt sei anzuerkennen, dass man sich in der gegebenen Situation nicht anders verhalten konnte. Oft, so Reddemann, wollen wir nicht davon loslassen, dass wir auch anders hätten handeln können. Daher soll die Haltung zum Verzeihen in folgende Richtung gehen: „Es ist traurig, dass ich fähig war, mich so zu verhalten. Aber so bin (war) ich eben." Gleichzeitig ist es sehr wichtig zu begreifen, dass man mehr als das ist! „Ich bin auch jemand, der liebevoll sein kann, gefühlvoll und so weiter." Es ist wichtig, sich als Ganzes zu sehen. Das Sich-selbst-Verzeihen schließt immer das Versprechen ein, sich ändern zu wollen. Ist nach Wut und Trauer (über mich oder die Situation) eine gewisse Ruhe eingekehrt, ist man in der Lage sich selbst zu verzeihen. Erst der eigenen Person und dann dem anderen. Dabei können Rituale helfen, gefühlte Schuld loszuwerden. Jeder kann für sich suchen, was da zu ihm passt. Professor Luise Reddemann (2007), die sich als Psychoanalytikerin intensiv mit dem bildhaften Denken (Imagination) auseinandersetzt, nennt Beispiele für solche Rituale: „Viele machen etwas mit Wasser. Manche konkret, die versenken dann einen Stein im See oder setzen ein kleines Boot ins Wasser, manche imaginieren es nur. Andere schreiben dem Opfer einen Brief, schreiben da alles hinein und verbrennen dann den Brief."

Verzeihen, Versöhnen, Vergeben (vgl. Riehl-Emde 2014)

Verzeihen heißt, dass eine verzeihliche Tat toleriert werden kann. Verzeihen bedeutet auch einen Verzicht auf Ausgleich. Die Person, der etwas verziehen wird, ist in den Prozess einbezogen. Allerdings kann eine reale Trennung die Folge sein.

Versöhnen erfordert mindestens zwei Personen, die miteinander neu anfangen wollen oder den Wunsch haben, ihre Beziehung fortzusetzen. Eine Versöhnung kann das Ergebnis einer Vergebung sein.

Vergeben bezieht sich anders als das Verzeihen auf Unverzeihliches. Sie setzt Schuld voraus und ist durch eine verletzte Person gegeben. Sie verzichtet sowohl auf den Schuldvorwurf als auch auf Ausgleich oder Wiedergutmachung. Vergebung ist auch gegenüber Verstorbenen oder nicht mehr erreichbaren Personen von Bedeutung.

Verzeihen, Versöhnen und Vergeben bedeutet nicht, dass wir vergessen. Schwere Situationen können uns auch noch nach vielen Jahren belasten. Aus diesem Grund können wir uns, obwohl wir einem Menschen verziehen haben, dennoch dafür entscheiden, Distanz zu wahren oder Freundschaften aufzugeben.

Das eigene Leben zu sortieren bedeutet also nicht nur, die von außen gegebenen Erlebnisse und Erfahrungen zu betrachten. Es bedeutet auch, das eigene Verhalten, die eigenen Stärken und Schwächen in den Blick zu nehmen. Letztlich geht es darum, dass wir am Abend in den Spiegel sehen können. Darum, dass wir den Tag hindurch nicht nur um unsere eigene Freude, unseren eigenen Erfolg und unser eigenes Leben gekreist sind, sondern auch auf andere Menschen geachtet haben. Das kann vieles beinhalten und sich auf Personen im näheren oder weiteren Umfeld beziehen. Haben wir uns um Verständnis für die anderen bemüht, haben wir ihnen zugehört? Haben wir uns für andere eingesetzt, und sei es nur eine geringfügige Hilfe. Haben wir die Menschen, denen wir begegnet sind, Wertschätzung entgegengebracht?

Wer in seinem Leben Raum schafft für die Mitverantwortung für andere, hat größere Chancen, am (Lebens-)Abend vor dem Spiegel einem zufriedeneren, glücklicheren Gesicht entgegenzublicken. Wir können sagen, dass wir uns aktiv für andere eingesetzt haben, weil wir in einer glücklichen Lebenssituation waren und genügend Kraft hatten.

Im Zusammenhang mit dem Potenzial des Sortierens ist auch die Fähigkeit gegeben, das Leben besser zu verstehen und daraus ein stabileres Bewusstsein über uns selbst zu erhalten. Durch die verschiedensten Erlebnisse und Begegnungen, die wir erfahren haben, verstehen wir uns selbst und die Welt besser. Die einstige Unsicherheit der Jugend ist oftmals verschwunden. Vielleicht sind wir an manchen Stellen langsamer geworden und vergessen auch hier und da etwas, aber im Inneren ist ein erweitertes Selbst-Bewusstsein, das oftmals Kraft und Zufriedenheit für die späte Lebensphase schenkt.

Beim Zurückblicken und Sortieren können wir unser Leben mit seinen Höhen und Tiefen annehmen. Wir integrieren das, was war. So können wir durch selbst- und mitverantwortliches Verhalten später einmal sagen: Mein Leben war vielleicht nicht immer leicht. Aber es war gut.

> **Merken Sie sich für die zweite Lebenshälfte**
>
> Da die eigene Vergangenheit immer umfangreicher wird, ist das Sortieren des eigenen Lebens eines der wichtigen Potenziale im Älterwerden! Wenn Sie zurückblicken, betrachten Sie das Schöne und Wertvolle. Versuchen Sie auch das Schwere in Ihrem Leben zu akzeptieren und als Teil Ihres Lebens zu begreifen. Versuchen Sie Frieden zu schließen.

2.2.2.5   Zufriedenheit und Freude Raum geben

Ein weiteres besonderes Potenzial der Älteren ist die Zufriedenheit. Aber können wir wirklich mit zunehmendem Alter glücklicher werden? Glück ist ein relativer Begriff. Wilhelm Schmid beispielsweise spricht von drei Arten des Glücks (vgl. Abschn. 4.2.3.2). Besondere Bedeutung misst er dem Glück der Fülle bei. Hier werden Freude und Leid als Teil des Lebens betrachtet. Gerade im Älterwerden kann das Glück der Fülle neu betrachtet und gelebt werden, denn hier sind Chancen und Herausforderungen gegeben. Im „erfahrenden" Rückblick und im Annehmen der natürlichen Alternsprozesse kann innere Zufriedenheit entstehen.

Zufriedenheitsparadoxon

Ist das möglich, Zufriedenheit trotz Abbau und Verlusten? Der Mensch ist vielleicht eines der anpassungsfähigsten Wesen überhaupt und es erstaunt immer wieder, was er alles bewältigen kann. Gerade die Älteren und Alten mit den unterschiedlichsten und teils schweren Biografien machen das deutlich. Wir können guten Mutes in das Alter gehen. Manches, vor dem wir Angst haben, werden wir vielleicht besser tragen können, als wir es uns im Moment noch vorstellen können.

Lebenszufriedenheit wird unter anderem durch den Deutschen Alterssurvey, eine bundesweite, repräsentative Quer- und Längsschnittbefragung von Personen in der zweiten Lebenshälfte (d. h. 40 Jahre und älter) untersucht. Verändert sich die Lebenszufriedenheit, können hierfür veränderte Lebensbedingungen, aber auch veränderte Bewertungsmaßstäbe verantwortlich sein (BMFSFJ 2000). Grund ist, dass wir unterschiedliche Ziele, Werte und Vergleichsmaßstäbe haben, anhand derer sie wir das Leben bewerten.

Mit dem „Zufriedenheitsparadox" (medizinische Lebensqualitätsforschung) bzw. dem „Wohlbefindensparadox" (Sozialwissenschaft) ist gemeint, dass sich objektiv negative Lebensumstände in relativ geringem Ausmaß auf die subjektive Lebensqualität niederschlagen. Auch wenn das Wohlbefinden in den mittleren Jahren oft seinen Tiefpunkt erreicht, lassen sich die meisten Menschen davon nicht lähmen. Ist die „Talsohle" durchschritten, nimmt die Lebenszufriedenheit zu und das psychische Wohlbefinden wächst. Das erscheint zunächst paradox, denn tatsächlich verringern sich ja mit den Jahren die körperlichen Ressourcen, ändern sich die kognitiven Fähigkeiten und kommt es oft auch zu Verlusten im sozialen Leben. Dass das psychische Wohlbefinden wieder steigt oder oft auf einem hohen Niveau stabil bleibt, liegt an der Lebenserfahrung und an den durchlebten Krisen. Menschen lernen im Laufe ihrer Biografie, sodass sie gelassener werden. Sie passen ihre Ansprüche den Möglichkeiten an. Ältere sind insofern oft weniger illusionsbehaftet und dafür realistischer (vgl. Perrig-Chiello 2012).

Das sagen Berufstätige 45+
„Manche Dinge gewinnen an Bedeutung und andere verlieren an Bedeutung. Das ist eine positive Entwicklung. Dass man die Dinge von einer anderen Perspektive sehen kann."

„Mein Mutter ist jetzt über 80. Kürzlich hat sie zu mir gesagt: ‚Weißt du, mit dem Alter ist es ja auch ganz schön. Ich muss jetzt gar nichts mehr müssen!'"

Glücksforscher (Blanchflower und Oswald 2007) zeigen, dass zu Anfang der zweiten Lebenshälfte zwischen 40 und 50 zunächst ein Tief in der Glückskurve erscheinen kann. Menschen ziehen Bilanz und fragen sich: Was war? Was ist? und Was ist noch möglich? Neben dem Schönen wird auch das Schwere oder Unerreichte bewusster: Das habe ich mir immer gewünscht, aber nicht erreicht! Das habe ich zwar erreicht, mir aber nicht so vorgestellt! Oder: Da war ich früher mit Begeisterung dabei, heute finde ich es nicht mehr so spannend. Der Blick in die Zukunft ist in dieser Phase oft noch unsicher. Was kommt da? Welche Ziele habe ich noch? Was wird Alter für mich bedeuten? War es das jetzt? Einige Türen scheinen nun verschlossen zu sein, von den Türen, die sich öffnen können, hat man noch keine rechte Ahnung.

Wie in Abschn. 2.1.2.2 gezeigt wurde, können zu Anfang der zweiten Lebenshälfte unruhige Zeiten gegeben sein. Durch die nachdenklichen Phasen können sich aber oftmals kreative Ideen und Schaffenskraft entwickeln. Von Bedeutung wird hier das Gefühl der Verantwortung sein. Sowohl für sich selbst als auch für andere (vgl. Abschn. 2.5 und 2.6). Menschen, die nicht resignieren, sondern sich den (persönlichen) Lebensfragen stellen, können zu Sinn und positiven Veränderungen finden, die dem Alter angemessen sind. Der Mensch zeigt sich mit seinem unerschöpflichen Potenzial des Lösungen-Suchens und lebenslangen Lernens. Beim Suchen findet er häufig neue Aufgaben, die der neuen Lebenssituation entsprechen und neue Erfüllung bringt. Schritt für Schritt entdeckt er neue Aufgaben für das reifere Alter, in dem dann vieles einfacher scheint.

So kann nach einer nachdenklichen Phase, die auch Stimmungstiefs bereithalten kann, die Glückskurve wieder ansteigen. Möglicherweise braucht es sogar das Tief, in dem man nachdenklich wird, um daraus schließlich mit Kreativität und Kraft sein Leben verantwortlich in die Hand zu nehmen. Besonders glücklich im Älterwerden sind Menschen, die eine Aufgabe haben und auch für andere etwas tun (Kuhn o. J.). Ebenso ist körperliches und geistiges Wohlbefinden sowie ein gutes soziales Umfeld ausschlaggebend. In Abschn. 2.4 werden wir uns mit den fünf Säulen des guten Älterwerdens noch ausgiebiger beschäftigen.

Glück ist beeinflussbar. Wir haben heute andere Möglichkeiten als früher und können das Älterwerden aktiv gestalten. Hierbei geht es um die innere Einstellung und kongretes Handeln. Auch Menschen mit gesundheitlichen Beschwerden und Behinderungen zeigen uns heute immer wieder, dass sie aktiv am Leben teilnehmen und viele Möglichkeiten für sich entdecken. Dennoch dürfen wir nicht die persönlichen und sozialen Grenzen aus dem Blick verlieren (vgl. Abschn. 2.1.2.3 Soziale und gesundheitliche Ungleichheit). Freude zu suchen und das Glück der Fülle zu finden, hat übrigens etwas mit Selbstfreundschaft zu tun. Philosoph der Lebenskunst, Wilhelm Schmid, zeigt uns, dass der Selbstfreund gegen den Perfektionismus immun und sich von seiner „Nichtperfektion" nicht gekränkt fühlt. Es kommt auf die Balancen an.

Möchten Sie mehr über die „Selbstfreundschaft" lesen?

- „Selbstfreundschaft": Mein bester Freund. Lebenskunst: Wilhelm Schmid rät zur „Selbstfreundschaft". Eine Rezension von Franz Schuh (aus: Die Zeit Nr. 31/2018)
- „Selbstfreundschaft. Wie das Leben leichter wird" von Wilhelm Schmid (2018)

Denkanstoß

Machen Sie sich immer wieder bewusst. Älterwerden ist keine Katastrophe, sondern ein natürlicher Prozess. Auch wenn an manchen Stellen Abbau oder Verluste gegeben sind, können freudvolle Momente gestaltet werden. Möchten Sie gleich damit anfangen?

Dann überlegen Sie doch einmal, wo Sie Freude empfinden? Welcher Ort fällt Ihnen spontan ein? Welchen Menschen sind Sie mit Freude verbunden? Wie fühlt sich das an? Mit welchem Daseinsthema (Abschn. 2.2.2.2) ist das möglicherweise verbunden? Welche Ideen haben Sie, um mehr Freude in Ihr Leben zu bringen? Werden Sie kreativ bei der Gestaltung von Freude.

Auch der kritische Blick auf das eigene Klagen oder Meckern kann sinnvoll sein. Oft handelt es sich dabei um (jetzt) unveränderbare Situationen. Oder es sind Eigenschaften von Menschen, die uns stören, die wir aber besser konstruktiv angehen, indem wir bspw. Ich-Botschaften (Abschn. 3.1.3) nutzen. Ver(sch)wenden wir zu viel Zeit auf die Betrachtung unserer Probleme, bleibt weniger Raum für Freude (vgl. Abschn. 2.4.5).

Wo und wie können Sie stille Zufriedenheit suchen und pflegen? Ein Spaziergang im Wald, eine Entspannungsübung (Abschn. 4.2.2.2). Oftmals ist es hilfreich die neuen Ideen auszuprobieren und dann – hat man etwas gefunden, das zu einem passt – zu pflegen und regelmäßig in den eigenen Alltag einzubauen.

In diesem Zusammenhang ist auch das Potenzial der Gelassenheit zu nennen. Gelassenheit wird gerade den Älteren zugeschrieben. Kennen Sie das von sich selbst: Da, wo Sie sich früher noch stark aufgeregt haben, bleiben Sie heute ruhig und gehen souverän damit um. Dadurch sind Ihnen mehr Momente der Freude und inneren Zufriedenheit gegeben. In Abschn. 4.2.3 wird auf den Unterschied zwischen Freude und Zufriedenheit hingewiesen. Mehr zum Thema Gelassenheit finden Sie in Abschn. 4.2.2.5.

Merken Sie sich für die zweite Lebenshälfte

Zufriedenheit ist eines der wichtigen Potenziale im Älterwerden! Selbstverantwortung und Mitverantwortung (Abschn. 2.5) sind für die Zufriedenheit in der zweiten Lebenshälfte maßgeblich entscheidend. Überlegen Sie, wie Sie Ihr Erfahrungswissen (Abschn. 2.2.2.1) nutzen und Ihre generativen Bedürfnisse (Abschn. 2.2.2.3, 4.2.1, 4.3.2) in Ihrem Leben weiterentwickeln und zu Ihrer Zufriedenheit gestalten können. Werden Sie dabei kreativ und schauen sich offen um.

Auch der Rückblick (vgl. Abschn. 2.2.2.4) auf Ihr Leben wird Einfluss auf Ihre Zufriedenheit im Alter haben. Überlegen Sie daher immer wieder, wofür Sie dankbar sind.

Suchen Sie immer wieder nach kleinen Momenten der Freude, die Sie in Ihren Alltag bringen können?

2.2.2.6   Mit Belastungen umgehen

Sie haben richtig gelesen: Mit Belastungen und Schwerem im eigenen Leben umzugehen, ist ein Potenzial, das mit zunehmendem Alter immer mehr als Fähigkeit genutzt werden kann. Grund hierfür ist unser Erfahrungswissen. Das kann alltägliche Belastungen wie den Umgang mit der schnelllebigen Zeit und den ständigen Veränderungen betreffen (siehe Kasten unten). Aber auch große Verluste und Grenzsituationen können von den Älteren meist besser bewältigt werden. Wir haben nämlich im Laufe unseres Lebens gelernt, dass das Leben nicht immer rundläuft. Wünsche sind nicht in Erfüllung gegangen, durch Verluste wurden möglicherweise schwere Krisen durchlebt. Obwohl man dachte, *jetzt geht's nicht mehr*, hat man dann doch noch eine Menge Kraft aufgebracht. Ist wieder aufgestanden, hat weitergemacht und irgendwie wurde es dann mit der Zeit auch wieder besser. Vielleicht wurde es sogar wieder richtig gut. Häufig hat man individuelle Strategien entwickelt, wie man mit Belastungen umgehen kann. Dieses Wissen kann später helfen. Die Fähigkeit, mit Schwerem umzugehen ist sehr wertvoll, denn Krisen gehören zum Leben dazu. Und diese Fähigkeit ist für das Älterwerden von besonderer Bedeutung, denn in der zweiten Lebenshälfte können Verluste häufiger eintreffen. Interessant ist auch, dass die meisten Menschen im reifen Alter trotzdem nicht weniger Lebensqualität haben (vgl. Abschn. 2.2.2.5).

Guter Umgang mit Veränderungen

Das Potenzial „Mit-Belastungen-umgehen" zeigt sich auch im Umgang mit alltäglichen Belastungen, z. B. in der sich rasant verändernden Arbeitswelt, in der oftmals eine erhöhte Arbeitsdichte gegeben ist.

Können ältere Berufstätige damit umgehen?

Auf der einen Seite sind die Älteren von früher noch ein ganz anderes Arbeitstempo gewohnt. Sie wurden in dieser Hinsicht nicht so „trainiert" wie die Jüngeren. Auch ihr technisches Verständnis ist meist nicht wie das der Jüngeren. Trotzdem helfen ihnen viele andere Potenziale, die im Älterwerden gegeben sind, beim Umgang mit der schnelllebigen Zeit:

Gelassenheit: Nach dem Motto: „Ein Schritt nach dem anderen, mehr kann man nicht tun. Aufregen lohnt sich nicht. Das verschwendet nur Energie."

Überblick: Menschen können in ihren Erfahrungsgebieten meist Wichtiges von Unwichtigem besser unterscheiden. Eine wertvolle Strategie in der digitalen Beschleunigung heißt übrigens: Was kann ich weglassen?

Grenzen setzen: Die Fähigkeit Nein zu sagen und die eigenen Grenzen zu kennen: „Jetzt gehe ich nach Hause und bleibe nicht länger im Büro. Ich weiß, dass es für heute genug ist." Oder dem Vorgesetzten sagen: „Diese Aufgabe ist in dem vorgegebenen Zeitraum leider nicht zu lösen. Da ist das Team überfordert."

Bewussten Ausgleich schaffen: Ältere wissen oft besser, was ihnen gut tut. Sie passen ihre Pausen ihren Bedürfnissen an. Viele entdecken bspw. im Älterwerden die Natur neu. Sie stellen fest, dass hier eine wohltuende Entschleunigung möglich ist.

Hilfe holen: Häufig verstehen die Älteren die technischen Veränderungen nicht so schnell wie die Jüngeren. Die älteren Berufstätigen, mit denen ich spreche, zeigen mir immer wieder: Die meisten lassen sich nicht davon aus der Ruhe bringen. Sie fragen nach und holen sich Hilfe. Gerne auch bei den Jüngeren. Dabei sind sie oftmals begeistert, wie schnell und kompetent die Jüngeren das technische Problem verstehen und lösen.

Die psychische Widerstandsfähigkeit (vgl. Abschn. 4.2.2.2 Resilienz) ist die Fähigkeit, Krisen zu bewältigen und durch zur Verfügung stehende Ressourcen handlungsfähig zu bleiben. In der Psychotherapie sind Ressourcen innere Potenziale eines Menschen und betreffen z. B. Fähigkeiten, Fertigkeiten, Kenntnisse, Geschicke, Erfahrungen, Talente, Neigungen und Stärken, die oftmals gar nicht bewusst sind. Sie können als Kraftquellen genutzt werden und Heilungsprozesse fördern. Einen Überblick über Ressourcen, die sich im Laufe des Lebens verändern können, finden Sie in Abb. 2.2.

Es gibt Ressourcen, von deren Vorhandensein man gar nichts weiß und die man erst in einer konkreten Situation entdeckt. Das Schöne: Indem wir uns aktiv mit unserer Selbst- und Mitverantwortung (Abschn. 2.5 und 2.6) ausei-nandersetzen, lernen wir zugleich, unsere Ressourcen bestmöglich einzusetzen.

Manchmal können uns unsere Ressourcen aber auch in eine Zwickmühle bringen, weil gegensätzliche Gefühle und Gedanken entstehen. Während uns beispielsweise unser Durchhaltevermögen eingibt, noch länger an einer Sache dranzubleiben, sagt uns unser Erfahrungswissen oder unsere emotionale Intelligenz, dass es uns guttun würde, doch lieber aufzuhören. Der eine Teil von uns will den Weg nach vorne gehen der andere Teil von uns will stehen-bleiben. Diese Widersprüchlichkeit gehört zur menschlichen Grunderfahrung. Leider gibt es keine pauschale Lösung, wir müssen immer wieder in der kon-kreten Situation überlegen, was für uns besser ist.

Persönliche Ressourcen	Familiäre und soziale Ressourcen	Berufliche Ressourcen	Materielle Ressourcen	Gesellschaftliche Ressourcen
• körperliche und seelische Gesundheit • körperliche und geistige Leistungsfähigkeit • Humor • ein ausgeglichenes Temperament • Durchhaltevermögen • seelische Widerstandsfähigkeit • Erfahrung und Wissen • Bildung • handwerkliches Geschick • Interessen und Hobbys • Ehrenamt • Naturbewusstsein • Konfliktfähigkeit • Kommunikationsgeschick • Fähigkeit, Anerkennung anzunehmen • Autonomie • schöne Erinnerungen und Dankbarkeit • positives Selbstwertgefühl • Neugier und Offenheit • …	• soziale Beziehungen • vertraute Bezugsperson(en) • gegenseitige Wertschätzung und Unterstützung • klare Kommunikation innerhalb der Familie • konstruktive Konfliktlösungsmöglichkeiten • Freude an gemeinsamen Unternehmungen • Haustiere • unterstützende Familienmitglieder • familiäres Netzwerk • soziale Unterstützung und Förderung • positive Freundschafts-beziehungen • harmonische Paarbeziehung • Nachbarschaftskontakte • Kontakt mit der Kirchengemeinde • Mitgliedschaft und Engagement in einem Verein • guter Arzt • …	• Arbeitsklima • Entscheidungsspielräume • Zeit • Regeln und Strukturen • Wertschätzung von Kollegen und Vorgesetzten • angemessener Leistungsstandard • Förderung von Kompetenzen und Fähigkeiten • positive Herausforderungen • Raum für Entspannung • betriebsinterne Angebote (z. B. Werksarzt, Sozial und Mitarbeiterberatung, Schulungen, Fortbildungen) • Naturnähe (für Pausengestaltung) • Angebote für körperliche und geistige Fitness • …	• Arbeitsplatz • monatliches Einkommen • (kleines) Vermögen • Auto • nur geringe oder keine Schulden • Lage und Qualität der Wohnung • Garten • …	• soziales Sicherungssystem • soziale und kulturelle Angebote • Möglichkeiten der gesellschaftlichen Teilhabe • Einflussmöglichkeit im demokratischen System • gesellschaftliche Anerkennung von Diversität • …

Abb. 2.2 Ressourcen. (Quelle: Schröder-Kunz 2019)

Im Alter gilt es einzelne Ressourcen zu erhalten oder auch wieder aufzubauen. So kann das Leben selbst- und mitverantwortlich gestaltet werden, die eigene Entwicklung beeinflusst werden und der eine oder andere Verlust auch ausgeglichen werden.

Was Sie tun können

Überlegen Sie immer wieder in den verschiedensten Situationen, was Ihre Ressourcen sind. Die Betrachtung der eigenen Ressourcen ist eine Möglichkeit, dem Alter und seinen Anforderungen positiv entgegenzusehen.

Das Zufriedenheitsparadoxon (vgl. Abschn. 2.2.2.5) zeigt, dass Menschen im Älterwerden viele Ressourcen zur Verfügung stehen!

Auch wenn ältere Menschen das Potenzial haben, mit Belastung umzugehen, bedeutet das nicht, dass sie nicht auch mal traurig sind oder aufgrund von Verlusten in schwere Krisen kommen. Daher braucht es auch den Raum für Traurigkeit. Näheres zum Thema Verletzlichkeit in der zweiten Lebenshälfte erfahren Sie in Abschn. 2.3.

Merken Sie sich für die zweite Lebenshälfte

Belastungen und Verluste gehören zum Leben dazu. Damit umzugehen gehört zu den wichtigen Potenzialen im Älterwerden! Trauen Sie sich Ihre Entwicklungsmöglichkeit auch in Krisen zu. Achten Sie auf Ihre Ressourcen!

2.2.2.7 Lebenslanges Lernen gestalten

Lernen heißt nichts anderes, als geistige, körperliche und soziale Kenntnisse, Fähigkeiten und Fertigkeiten zu erwerben. Das geschieht absichtlich oder beiläufig. Die Fähigkeit zu lernen ist eine Voraussetzung für Bildung, also ein reflektiertes Verhältnis zu sich, zu den anderen und zur Welt. In einer komplexen, schnelllebigen Zeit ist es wichtig, sich an die Gegebenheiten des Lebens anzupassen. Nur dann ist es möglich, in der Umwelt sinnvoll zu agieren und sie gegebenenfalls im eigenen Interesse zu verändern.

Lebenslanges Lernen lenkt nun den Blick weg von der einzelnen Lebensphase hin zum gesamten Lebenslauf. Lernprozesse beziehen sich damit auf das gesamte Leben. Die Lernaktivität wird zeitlich unbeschränkt. Aber auch die Inhalte werden umfassender: In späteren Jahren bieten alle Lebensbereiche vielfältige Lerninhalte, die Teil des lebenslangen Lernens werden können (vgl. Himmelsbach 2015). Werden wir älter, gilt es, das sich verändernde eigene

Leben zu verstehen und Verantwortung für es zu übernehmen. Dazu brauchen wir Wissen zu den jeweiligen Gestaltungsspielräumen. Vor der Frage, was zu tun ist, steht die Frage, was überhaupt getan werden kann. Wissen ermöglicht es dem Menschen, sich reflektiert zu entscheiden und zu handeln. Dazu gehört auch das Wissen um die eigene Biografie oder zu gesundheitlichen Aspekten. Lebenslanges Lernen schließt in einer Gesellschaft des langen Lebens das Verständnis für die Potenziale des Alters und die damit verbundenen Gestaltungsmöglichkeiten mit ein.

Kommen wir um das lebenslange Lernen im Grunde gar nicht herum, gibt es doch einige Faktoren, die darauf Einfluss nehmen, wie erfolgreich es sein wird. Relevant sind Bildungsinteressen und Bildungsaktivitäten, aber auch Mut und, hat man mit dem Lernen einmal begonnen, das Üben. Auch entsprechende Angebote der verschiedenen Einrichtungen der Erwachsenenbildung sind erforderlich.

Denkanstoß

Woraus ergibt sich Ihrer Meinung nach eine Verpflichtung zum lebenslangen Lernen? Lesen Sie sich die o. g. Ausführung hierzu durch. In welchen Lebensbereichen ist Ihres Erachtens Lernen von besonderer Bedeutung? An welcher Stelle möchten Sie wie lernen? Was können Sie aktiv in die Hand nehmen?

Gerade im Älterwerden ist es für viele Menschen wichtig, das Lernen neu zu begreifen. Es geht nicht mehr darum, wie einst in der Schule schweren – oftmals gefühlt langweiligen – Stoff in sich hineinzubüffeln, sondern darum, das Leben mit seinen verschiedensten Facetten und seiner heute rasanten Entwicklung zu begreifen. Dieses Lernen kann sowohl das Berufs- als auch das Privatleben betreffen. Durch Offenheit und Interesse entstehen konstruktive Fragen, wie z. B.: Wie machen das die Jüngeren? Wie packen Sie das Problem an? Was kann ich aus meinem Erfahrungsschatz dazu beitragen, sodass sich Altes und Neues verbindet? Mit dieser inneren Haltung können Jüngere und Ältere voneinander lernen, sich gegenseitig bereichern und eine neue Produktivität kann entstehen.

Nutzen wir unser Potenzial des lebenslangen Lernens im Älterwerden, tun wir zudem etwas für unsere geistige Fitness (vgl. Abschn. 2.4.2), welcher in der zweite Lebenshälfte noch viel mehr Bedeutung beigemessen werden muss.

Gene D. Cohen, Professor für Gesundheitswissenschaften und Psychiatrie, sieht das menschliche Gehirn in gewisser Weise als Fundament eines Hauses. Es ist der körperliche Unterbau unseres Geistes, unserer Persönlichkeit und unseres Identitätsempfindens. Er schreibt: „Das Gehirn passt sich im Laufe des Älterwerdens an. Es entwickelt sich weiter, es wird immer komplexer und in sich geschlossener. Zugleich wächst unsere Psyche. Einsichtsfähigkeit, emotionale Stabilität, Wissen, Kreativität und die Fähigkeit des Selbstausdrucks entwickeln sich mit den Jahren weiter." (Cohen 2009)

Aber können denn Ältere noch lernen? Eindeutig: Ja! Wie und warum das so ist, erfahren Sie in Abschn. 4.2.1, in dem es um Kompetenz in der zweiten Lebenshälfte geht.

Merken Sie sich für die zweite Lebenshälfte

Lernen hört nie auf! Lernen ist eines der wichtigen Potenziale im Älterwerden! Gehen Sie mit Offenheit und Interesse durch das Leben und lernen Sie jeden Tag.

Die Kraft der Potenziale

Möglicherweise denken Sie: Diese Potenziale sind ja schön und gut, aber echte Höchstleistungen sind im Alter nicht mehr möglich. Weit gefehlt, wie die folgenden Beispiele zeigen:

- Die Engländerin Helen Tew überquerte im Jahre 2000 mit 89 Jahren in einem Segelboot den Atlantik. 11 Monate war sie unterwegs. Sie erfüllte sich diesen Traum, nachdem sie 70 Jahre davon geträumt hatte. Sie starb 2004 im Alter von 92 Jahren.
- Der 70-jährige Japaner Takao Arayama bezwang im Jahre 2003 die 8850 Höhenmeter des Mount Everest.
- Der schwedische Sportschütze Oscar Swahn (1848–1927) gewann mit 72 Jahren bei den Olympischen Spielen die Silbermedaille im Mannschaftsschießen auf laufenden Rotwildscheiben und ist bis heute der älteste Medaillengewinner bei Olympia.
- Guiseppe Verdi war 77 Jahre jung, als er mit der Oper Falstaff begann.
- Die eigentliche Karriere von Theodor Fontane begann erst im Alter von 60 Jahren. Hier schrieb er seine bekanntesten Werke wie Effi Briest oder Stechlin.
- Galileo brachte sein letztes Buch mit 74 Jahren heraus.
- Johann Sebastian Bach litt in den letzten Jahren seines Lebens an Diabetes und verlor im letzten Lebensjahr fast vollständig sein Augenlicht. Dennoch brachte Bach in diesem letzten Jahr unter anderem die h-Moll-Messe und die Kunst der Fuge zum Abschluss.
- Andy Warhol schuf im Jahr 1987 im Alter von 61 Jahren vor seinem überraschenden Tod „Das letzte Abendmahl" von Leonardo da Vinci auf neue Weise.

Das sagen Berufstätige 45+

„Ich kenne ältere Menschen, die hatten irgendwann nochmal Ideen und wurden aktiv. Je nachdem, wie sie körperlich und geistig fit waren. Da staunt man schon manchmal!"

Das zeigt: Auch und gerade im höheren Alter können die körperlichen, geistigen und kreativen Potenziale zu Bestleistungen anspornen. Die Verwirklichung von körperlichen und kreativen Fähigkeiten dieser besonderen Art benötigt Willenskraft und Stärke. Oft sind Menschen aufgrund ihrer seelisch-geistigen Erfahrungen erst im Alter zu solchen Leistungen fähig.

2.3   Verletzlichkeit und Krisen in der zweiten Lebenshälfte

Für ein gutes Leben und Arbeiten in der zweiten Lebenshälfte ist auch der Umgang mit Schwerem ein wesentlicher Aspekt. In diesem Kapitel gehen wir der Frage nach, wie mit Krisen und Grenzsituationen, mit Leid, Trauer und Verlusten im Alter umgegangen werden kann.

In Abschn. 2.2 haben wir über die vielen Potenziale in der zweiten Lebenshälfte nachgedacht. Es sind viele Gewinne gegeben. Aber was ist mit den Verlusten? Muss man nicht aufpassen, dass man das Alter nicht schönredet? Wie gehen wir mit unseren traurigen Momenten um? Nur weil wir das Potenzial haben, mit Belastungen umzugehen, bedeutet das ja nicht, dass wir nicht auch schwere Momente oder Zeiten haben, in denen wir den Kummer hautnah spüren. Wollen Sie dieses Kapitel überspringen? Warum das wahrscheinlich vielen Lesern so geht, erfahren Sie unter Abschn. 2.3.2, in dem ich vom Umgang mit Leid in der modernen Zeit schreibe. Gleichzeitig möchte ich mit diesem Kapitel Mut machen, auch zu den schweren Seiten im Leben hinzuschauen und hierzu an einer inneren Haltung (Abschn. 2.4.5) zu arbeiten.

Über das ganze Leben hinweg ist der Mensch immer wieder mit kleineren oder größeren Krisen konfrontiert. Entwicklungspsychologen halten diese Krisen für wichtig, denn die Identität des Menschen entwickelt sich gerade durch Krisen und Grenzsituationen. Menschen in der zweiten Lebenshälfte sind i. d. R. irgendwann einmal verletzt, verlassen und enttäuscht worden. Sie haben Verluste erlitten und bewältigt und dabei Strategien entwickelt, um mit Schwerem umzugehen, vielleicht, indem sie Freude bewusst leben und auch Leid annehmen (vgl. Abschn. 2.6 Handlungsfeld 13) oder indem sie innerlich Grenzen setzen oder etwas aufgeben (vgl. Abschn. 2.6 Handlungsfeld 7).

Die gelernten Bewältigungsstrategien gewinnen im Alter an Bedeutung, denn in der späten Lebensphase wird der Mensch mit neuen Anforderungen konfrontiert. Hierzu zählen insbesondere körperliche und geistige Einschränkungen, der Verlust nahestehender Menschen und das Bewusstwerden der eigenen Endlichkeit. Gerade zu Beginn der zweiten Lebenshälfte werden Menschen häufiger durch ihre hochbetagten Eltern mit der Verletzlichkeit im Alter konfrontiert. Im Umgang damit sind Selbst- und Mitverantwortung von Bedeutung.

Belastungen und Krisen spielen nicht nur im Privat- sondern auch im Arbeitsleben eine Rolle, so z.B. durch psychische Überforderung im Beruf – ein Punkt, auf den wir unten in Abschn. 4.2.2.2 noch eingehen werden.

2.3.1 Einschränkungen und Verluste als Teil des Lebens

Traurigkeit und Melancholie
Das Wissen, dass Freude und Leid zum Leben dazugehören, ist ein wichtiger Baustein im Umgang mit Belastungen. Das „Leid" annehmen bedeutet auch, dass der Mensch die Traurigkeit zulassen darf und soll. Auch sie ist ein Teil seines Lebens. Der Philosoph Wilhelm Schmid bringt es auf den Punkt:

> Die unangenehme Wahrheit ist, dass die Menschen in einer Gesellschaft zu jeder beliebigen Zeit nicht nur glücklich, sondern auch unglücklich sind. Wenn unglücklich, dann stellt sich die Frage: Wo sind eigentlich Räume fürs Unglücklichsein zu finden? […] Der Glücksdiskurs […] schreibt implizit diese Norm vor: „Du musst glücklich sein, sonst lohnt sich dein Leben eigentlich gar nicht mehr!"

Zur Fülle des Lebens gehört also nicht nur das Glücklichsein, das Wohlgefühl, sondern auch das Unglücklichsein (das keinesfalls mit der Krankheit Depression gleichzusetzen ist). Unglücklichsein und Melancholie sind keine Krankheiten. Daher kann es hier nicht um Heilung gehen, eher ist diese Dimension des Menschseins zu pflegen. Das Leben von „Unglücklichsein" ist dabei immer eine selbst- und mitverantwortliche Frage.

Traurigkeit und Melancholie kann es auch unabhängig von schweren Krisen und Verlusten geben – beispielsweise in Momenten, in denen wir die Stille und das Für-uns-sein pflegen.

Dauerhafte Melancholie belastet jedoch unsere Mitmenschen und uns selbst. Daher sind wir auch immer wieder gefordert, den Raum der Traurigkeit zu verlassen. Wenn wir nur um uns selbst und unsere schweren Gedanken kreisen, kommt es zur Stagnation. So ist es sinnvoll, trotz schwerer Gedanken immer wieder Mut zu fassen. Das bedeutet, dass wir uns mit Gestaltungskraft dem Alltag zuwenden und angenehme Momente genießen. Das sind wichtige Aspekte für ein gesundes Leben – und sie sollten als innere Haltung gepflegt werden (vgl. Abschn. 2.4.5).

In der Mitverantwortung sind wir danach gefordert, auch unserem Gegenüber seine Traurigkeit zuzugestehen. Aber es auch darin zu fördern, aus der Traurigkeit wieder rauszugehen. Ich bin da, wenn du weinst. Und ich bin da, um dich immer wieder auf die Schönheit des Lebens und deine Gestaltungskraft (vgl. Abschn. 2.6 Handlungsfeld 4) aufmerksam zu machen. Das soll nicht als „Zwangsbeglückung" verstanden werden, sondern als verantwortliches Handeln in dem Wissen (vgl. Abschn. 2.6 Handlungsfeld 1) und Fühlen (Abschn. 2.6 Handlungsfeld 3), dass Freude und Leid Teil des Lebens (Abschn. 2.6 Handlungsfeld 13) sind.

Körperliche Verletzlichkeit
Während unserer Lebenszeit ist unser Körper den vielfältigsten Belastungen ausgesetzt. Es ist seiner enormen Regenerationsfähigkeit geschuldet, dass wir überhaupt so alt werden können. Im Laufe der Zeit nimmt diese jedoch ab und wir werden als Senioren häufig mit verschiedenen Einschränkungen konfrontiert. Nicht nur sichtbar nach außen, auch spürbar für uns selbst macht sich das Alter dabei bemerkbar. Meist vollzieht sich dieser Prozess schleichend, sodass wir die Einschränkung erst nach einiger Zeit erkennen.

Eines steht jedoch fest: Der Alterungsprozess ist in vielen Punkten irreversibel. Das bedeutet, dass einmal degenerierte Bereiche unseres Körpers nicht mehr von alleine wieder in den ursprünglichen Zustand zurückkehren können. Ein Jungbrunnen oder der legendäre Stein der Weisen – welche für ewige Jugend sorgen sollen – sind bis heute nicht gefunden worden. Allerdings können wir durch einen gesunden Lebenswandel einiges dafür tun, dass die körperlichen Einschränkungen nur langsam voranschreiten oder erst spät eintreten.

Körperliche Anzeichen des Alterns
Keine Frage: Am Körper lässt sich das Alter eines Menschen meist leicht erkennen. Die Haut wird faltig und bekommt Altersflecken, die Haare werden grau oder weiß, die Sinneswahrnehmungen werden getrübt, viele Menschen brauchen im reiferen Alter eine (Lese-)Brille oder ein Hörgerät.

Im Alter nimmt zudem die Muskelmasse ab, was sich auf unsere Kraft und auf die Beweglichkeit auswirkt. Selbst mit intensivem Training fällt es schwerer als in jungen Jahren, Muskelmasse aufzubauen. Weil auch die Wände von Blutgefäßen an Elastizität verlieren und sich oft verengen, werden die Organe im Alter schlechter durchblutet. Manches lässt sich durch einen gesunden Lebenswandel (vgl. Abschn. 2.4) aufschieben, aber ganz aufhalten lässt sich der natürliche Prozess des Alterns nicht. Wir können nicht erwarten, dass unser Körper immer „funktioniert".

Gerade im Älterwerden sind Einschränkungen und Verluste möglich. Es gilt mit diesen umzugehen. Wurde schon im Laufe des Lebens über Pole wie

Gesundheit und Krankheit oder Freude und Leid reflektiert, kann das eine wichtige Basis für die Bewältigung von Einschränkungen sein. Das Bewusstsein für den eigenen Körper und seine Natur kann durch verschiedene Übungen (z. B. Denkanstoß in Kap. 2 und 3) gestärkt werden. Einschränkungen und Krankheiten werden häufig als etwas sehr Persönliches, ja Intimes wahrgenommen. Da gerät etwas außer Kontrolle. Der Körper „funktioniert" nicht mehr wie gewünscht, er wird fremd. Manch einer fühlt sich von seinem Körper im Stich gelassen. Daher ist es immer wieder wichtig, unserem Körper mit Achtsamkeit zu begegnen.

Erkrankungen im Freundes- und Familienkreis
Erkrankungen oder andere Vorfälle im nahen Umfeld können für Menschen in der zweiten Lebenshälfte äußerst belastend sein. Während man früher im Freundeskreis noch fröhlich zusammensaß, kommen nun öfters auch belastende Themen und Sorgen zur Sprache. Manchen wird dabei die eigene Ohnmacht im Umgang mit Leid deutlich. Was kann ich meiner Freundin sagen? Wie kann ich meinen Freund unterstützen? Wie kann ich sie aufmuntern, zugleich aber ihre Probleme ernst nehmen? In meinen Gesprächen mit Menschen in schweren Lebenssituationen stelle ich immer wieder fest, dass das Zuhören und Nichtschönreden sehr wichtig sein kann. Der Traurigkeit darf Ausdruck gegeben werden. Das erlaubt es dem anderen, sich in seinem Kummer verstanden und angenommen zu fühlen. Oft habe ich erlebt, dass nach Gesprächen, die von Trauer und Anteilnahme geprägt waren, alle Seiten wieder mehr Kraft für Freude hatten und sogar miteinander lachen konnten.
Erleben wir Erkrankungen und Leid in der Familie oder im Freundeskreis, kann es wichtig sein, dass wir uns selbst auch etwas zutrauen. Anfängliche Hemmschwellen lassen sich oft bald überwinden. Auch wenn die Situation anfangs fremd ist, wird es mit der Zeit für die meisten Menschen einfacher, und oft geht man gestärkt aus einem Gespräch heraus, das man zunächst lieber vermeiden wollte. Solche Erfahrungen sind wichtig, und sie bringen uns weiter. In ihnen lernen wir den Umgang mit Menschen in leidvollen Situationen.
Dabei geht es nicht darum, Lösungen zu bieten. Manchmal sollten wir den betroffenen Freund oder Angehörigen einfach nur fragen: Was tut dir gut? Was kann ich für dich tun? Willst du darüber sprechen? So kann den Betroffenen geholfen werden, ihre Sprachlosigkeit zu überwinden.
Im Umgang mit Leid sind wir in unserer Selbstverantwortung und Mitverantwortung gefordert. Wir können einen solchen Umgang durchaus lernen und uns dabei stets weiterentwickeln – und gerade im Hinblick auf die älter werdende Gesellschaft ist das notwendig (vgl. Abschn. 2.1.2.2 und 2.6).

Mehr Informationen zum Umgang mit Erkrankungen und Leid bei hochbetagten Eltern erfahren Sie in Abschn. 3.1.1.1.

Vergesslichkeit und Demenz

In meinen Gesprächen mit älteren Berufstätigen werde ich auch immer wieder zum Thema Vergesslichkeit und Demenz gefragt. Mit Blick auf den demografischen Wandel und die damit verbundenen Herausforderungen soll das Thema an dieser Stelle zumindest kurz angesprochen werden.

Gleich vorab: Gedächtnisstörungen sind noch lange keine Demenz! Die Verknüpfungen zwischen einzelnen Gedächtnisinhalten ändern sich ständig, neues Wissen wird eingebaut, alte Informationen werden überarbeitet oder in den Hintergrund gedrängt. Unser Gedächtnis wird von vielen Faktoren beeinflusst: Umgebung, Emotionen, Stress, Erschöpfung, Flüssigkeitsmangel, Krankheiten und Medikamente sind Beispiele hierfür. Alkohol und Drogen können das Gedächtnis nicht nur kurzfristig trüben, sondern das Gehirn auch dauerhaft schädigen.

Zudem können wir durch unseren Lebensstil einiges gegen Gedächtnisstörungen tun: gesunde Ernährung, körperliche Bewegung, Alkohol nur in Maßen genießen, geistige Anregung und Kontakt mit anderen Menschen sind dabei von Bedeutung (vgl. Abschn. 2.4.1 bis 2.4.3). Gezielte Entspannungsübungen (Abschn. 4.2.2.2) können beim Stressabbau helfen.

Demenz ist nach ICD 10 (Internationale statistische Klassifikation der Krankheiten und verwandter Gesundheitsprobleme) ein Syndrom als Folge einer meist chronischen oder fortschreitenden Krankheit des Gehirns mit Störung vieler höherer kortikaler Funktionen, einschließlich Gedächtnis, Denken, Orientierung, Auffassung, Rechnen, Lernfähigkeit, Sprache und Urteilsvermögen. Für die nonverbale (nicht sprachliche) Kommunikation bleiben Menschen mit Demenz aber auch im Spätstadium offen. Das bedeutet, sie können auch Verärgerung oder Ungeduld, die ihnen entgegengebracht wird, sehr sensibel wahrnehmen.

Oftmals fällt Menschen der Umgang mit Demenzerkrankten schwer: Sie sind überfordert und wissen nicht, wie sie reagieren sollen. Rollen und Muster innerhalb der Familie verändern sich teilweise drastisch. In jedem Fall gilt: Es gibt nicht die eine Lösung. Aber es gibt Möglichkeiten, mitverantwortliches Handeln gegenüber Menschen mit Demenz zu leben. Dazu bedarf es des Wissens über deren Bedürfnisse.

Der englische Sozialpsychologe und Psychogerontologe Tom Kitwood beschreibt, dass „Menschen mit Demenz ein sehr starkes, unverhülltes und beinahe kindliches Verlangen nach Liebe zeigen". Darunter nennt er fünf zentrale Bedürfnisse: 1. Demenzkranke wünschen sich Sicherheit und Vertrautheit. 2. Jeder Mensch sehnt sich danach, Teil einer Gruppe zu sein. 3. Menschen haben das Bedürfnis zu wissen, wer sie sind, sowohl im Erkennen als auch im Fühlen. 4. Demenz ist mit vielfältigen Verlusten verbunden, dadurch besteht das Verlangen nach Trost. 5. Auch bei Menschen mit Demenz besteht der Antrieb, etwas bewirken zu wollen und die Wirkung des eigenen Handelns zu spüren, um nicht in Langeweile oder Apathie zu verfallen.

Der richtige Umgang mit den Ressourcen, der Würde und den Fähigkeiten von Menschen mit Demenz ist daher von großer Bedeutung. Die Ressourcen demenzkranker Menschen werden oft unterschätzt. Möchten wir mit Menschen mit Demenz kommunizieren, sind wir immer wieder gefordert, uns anzupassen. Was möchten sie uns sagen? Was bewegt sie? Wenn wir uns einlassen, kann Lebensqualität und Freude auch bei Menschen mit Demenz entstehen.

Das Wohlbefinden von Menschen mit Demenz wird aber auch von der Gestaltung des Alltags beeinflusst. Wenn möglich, sollte auf die Wünsche und Vorlieben eingegangen werden.

In einer Studie wurde die emotionale Verarbeitung von Menschen mit Demenz untersucht. Dabei konnte gezeigt werden, dass auch demenzerkrankte Menschen ein hohes Maß an emotionalen Kompetenzen besitzen. Diese Erkenntnis macht deutlich, dass ein würdevoller und respektvoller Umgang mit Demenzerkrankten absolut wichtig und notwendig ist, auch wenn das manches Mal schwerfällt, gerade wenn die Defizite zunehmen (Blessing et al. 2013).

Möchten Sie mehr zum Thema lesen?

Möchten Sie mehr zum Umgang mit Menschen mit Demenz erfahren? Dann empfehle ich Ihnen folgende Bücher:

- „Alzheimer-Kranke betreuen. Das Wichtigste über Umgang und Pflege – Wie Angehörige mit der Situation besser zurechtkommen – Mit vielen praktischen Tipps für den Alltag. Von Günter Krämer (2001) Trias/Thieme-Verlag.
- „Der alte König in seinem Exil" von Arno Geiger (2011) dtv.

Sterben, Tod und Trauer

Ältere Berufstätige werden häufiger als in jungen Jahren mit dem Thema Endlichkeit konfrontiert. Eltern sterben oder im Freundes- und Bekanntenkreis treten lebensbedrohliche Erkrankungen auf. Damit verbunden ist auch die Trauer um den Verlust eines geliebten Menschen.

Seit vielen Jahren begleite ich als Hospizhelferin[4] Menschen im Sterben und erlebe, dass Angehörige im Umgang mit Sterben, Tod und Trauer manches Mal überfordert sind. Für Sterbende kann es aber bedeutsam sein, dass ihre ihnen nahestehenden Menschen die Endlichkeit als Teil des Lebens begreifen. Das Loslassen fordert alle Seiten.

Die Auseinandersetzung mit dem Tod umfasst auch die Frage, welche lebensverlängernden Maßnahmen sinnvoll und im Einzelfall gewünscht sind. Nicht alles, was medizinisch möglich ist, sollte auch tatsächlich durchgeführt werden. Hier scheint gerade ein Umdenken stattzufinden: War eine Auseinandersetzung mit medizinethischen Entscheidungen früher eher die Ausnahme, wird sie heute von Ärzten, Patienten und Angehörigen zunehmend in den Blick genommen.

Bei den ethischen Herausforderungen gilt es immer wieder die verschiedenen Lebenseinstellungen und Wertüberzeugungen in unserer Gesellschaft zu berücksichtigen. Medizinethische Prinzipien wie das Wohlergehen des Patienten (Maßnahmen, die die Lebenserwartung und/oder die Lebensqualität des Patienten verbessern) oder des Nichtschadens (sorgfältige Abwägung von Nutzen und Schaden für den Patienten) sowie des Respekts vor der Autonomie (nur diejenigen Maßnahmen dürfen durchgeführt werden, denen der Patient nach angemessener Aufklärung selbst zugestimmt hat) sind von den verschiedenen Seiten abzuwägen (vgl. Jox 2013). So ist das „Schicksal" gewissermaßen in die eigene Hand zu nehmen.

Tipp

Für den Fall, dass der Patient selbst nicht mehr entscheidungsfähig ist, werden Patientenverfügungen empfohlen. Broschüren und Formulare hierzu sind im Internet abrufbar.

Möchten Sie mehr zum Thema Patientenverfügung lesen?

Dann empfehle ich Ihnen folgenden Link:

„Patientenverfügung. Leiden – Krankheit – Sterben. Wie bestimme ich, was medizinisch unternommen werden soll, wenn ich entscheidungsunfähig bin?" vom Bundesministerium der Justiz und für Verbraucherschutz. https://www.bmjv.de/SharedDocs/Publikationen/DE/Patientenverfuegung.pdf;jsessionid=F9260D01B0DD27FB04A3072BAB48848A.1_cid289?__blob=publicationFile&v=29

---

[4] Die Hospizbewegung entwickelt sich seit Ende der 1960er-Jahre und trägt zur Verbesserung der Situation Sterbender und ihrer Angehörigen bei. Ihr Ziel ist es, das Sterben wieder als wichtigen Teil des Lebens in das öffentliche Bewusstsein zu rufen und damit den Sterbenden und ihren Angehörigen die Achtung ihrer Würde zu ermöglichen.

Arthur Imhof, Schweizer Historiker und Demograf, weist auf das Problem hin, dass der Mensch von heute auf der einen Seite ein langes Leben möchte, auf der anderen Seite aber sich den raschen Tod wünscht. In der Hospizarbeit erfahre ich immer wieder, dass jeder Mensch auf seine Art stirbt. Manches Mal denke ich dabei an die Worte des Dirigenten Yehudi Menuhin: „Im idealen Fall, glaube ich, kommt das Sterben also zu einer Zeit, zu der es fällig ist. Und dann ist es nur ein kontinuierlicher Übergang irgendeiner Art, den wir nicht verstehen, auf den wir uns aber Zeit unseres Lebens vorbereiten konnten" (in Kruse 2007). Wir können Sterbende begleiten und ihnen helfen, wenn wir in der mitverantwortlichen Haltung ihre Bedürfnisse, Werte und Möglichkeiten respektieren. Auch das stille Da-Sein kann ein wichtiger Teil bei der Begleitung eines Sterbenden sein.

Die meisten Menschen haben eine gewisse Angst vor dem Tod. Es ist die Unsicherheit über das, was uns erwartet und über das, was wir verlassen. Abschiede von geliebten Menschen, von unserem eigenen Körper, kurz von der Welt, wie wir sie kennen. Wenn die Angst vor dem Tod immer wieder die Lebensfreude nimmt, können Gespräche mit einem Hospizdienst, Beratungen und Therapeuten helfen. Allein das oftmals noch vorhandene Tabuthema und die wahrgenommene Ohnmacht auszusprechen kann guttun. Auch wenn niemand die Sorgen komplett wegzaubern kann, so können sie doch in gesunde Bahnen gelenkt werden und gemeinsam überlegt werden, was im Hier und Jetzt hilfreich ist (vgl. auch Abschn. 2.6, *Selbst- und Mitverantwortung reflektieren und lernen*).

Die Trauer um nahestehende Menschen ist ein wichtiges Thema, das in einer älter werdenden Gesellschaft an Bedeutung gewinnt. Leider wird es immer noch häufig verdrängt oder es zeigt sich eine gewisse Ohnmacht im Umgang mit Trauer. Gründe dafür liegen oftmals im Umgang mit Leid in der modernen Zeit (vgl. Abschn. 2.3.2). Margarete Mitscherlich-Nielsen hat sich auch als Psychoanalytikerin intensiv mit der Trauer am Beispiel der nationalsozialistischen Vergangenheit Deutschlands beschäftigt. Sie schreibt: „Wenn Trauer und Erinnerung verdrängt werden, verliert ein Mensch oder auch ein Volk den Zugang zum eigenen Innenleben. […] Von Gefühlen, die verdrängt werden, kann man sich nicht lösen. Die Folge ist, dass Ideale, Bindungen und Verhaltensweisen, die längst nicht mehr ‚aktuell' sind, untergründig bestehen bleiben. Eine Auseinandersetzung mit ihnen findet nicht statt, das Tor zur Gegenwart bleibt verschlossen, die Offenheit für neue Erfahrungen und neues Denken ist eingeschränkt." (Mitscherlich-Nielsen 2010)

Trauerarbeit kann neue Perspektiven aufzeigen und Lernprozesse in Gang setzen. Oft hilft es, sich bewusst zu machen, dass es auch in Zeiten tiefster Trauer Freude oder Zufriedenheit geben kann und geben sollte, auch wenn es zunächst meist nur für kurze Momente möglich ist. Bei der Verarbeitung des seelischen Schmerzes spielt neben den Gefühlen, denen man sich ausgesetzt sieht, auch das Verhalten eine große Rolle: Wir können den Verlust eines geliebten Menschen nicht rückgängig machen, wir können nur versuchen, das eigene weitere Leben bestmöglich zu gestalten. Anfangs erscheint das oft unmöglich, langfristig ist es aber ein wichtiger Teil unserer Selbstverantwortung.

Trauer ist durch kulturelle Erwartungen geprägt. Die Rituale der Gesellschaft helfen, den Tod eines Menschen zu bewältigen; sie geben Orientierung und vermitteln das Gefühl, in einer Gemeinschaft geborgen zu sein. Hilfreich kann es z. B. sein, im Familienkreis regelmäßig oder in bestimmter Form der oder des Verstorbenen zu gedenken.

Oft können ältere Menschen sich nach dem Tod des Partners kein neues Leben aufbauen. Gerade bei ihnen ist die soziale Unterstützung für die Trauerbewältigung von großer Bedeutung. Trost und Unterstützung durch den inneren Kern der Familie spielen zu Anfang eine große Rolle, die eigenen Kinder sind in dieser Situation sehr wichtig. Später können dann auch wieder Beziehungen zu Personen außerhalb der Familie größeren Raum einnehmen. So lässt sich schließlich allmählich ein Weg finden, als alleinstehende Person zu leben. Der Verlust wird zunehmend nicht permanent, sondern situativ empfunden (Schmitt und Re 2004). Das Wissen um solche Zusammenhänge kann für erwachsene Kinder bei der Begleitung ihrer verwitweten Eltern wichtig sein. Durch die notwendige Hilfestellung in der ersten Zeit können sie ein weitgehend unabhängiges Leben des verbliebenen Elternteils nach dem schweren und bleibenden Verlust fördern.

Das Wissen um die möglichen Trauerphasen führt oft zu einem besseren Verständnis des trauernden Elternteils und hilft bei der Trauerbegleitung. Es nicht wahrhaben wollen, aufbrechende Emotionen, der Prozess des Suchens und sich Trennens und schließlich der Schritt für Schritt sich herausbildende neue Selbst- und Weltbezug – viele Reaktionen sind in der Trauer möglich. Die Phasen laufen nicht immer gleich ab, sie können sich mischen, einander ablösen, von unterschiedlichem Gewicht sein. Sie unterliegen keiner zeitlichen Begrenzung, denn die Art und Weise der Trauerarbeit und Trauerbewältigung hängt von der Persönlichkeit des Betroffenen und auch von seiner Beziehung zu dem Verlorenen ab (Specht-Tomannn und Tropper 2008).

Für Berufstätige ist die Unterstützung der Eltern in einer solchen Lebenslage häufig eine große Belastung. Hinzu kommt die persönliche Betroffenheit, die lähmend wirken kann. Daher ist es oft hilfreich, rechtzeitig nach unterstützenden Angeboten für Angehörige zu suchen, um die schwere Herausforderung nicht alleine bewältigen zu müssen und die Kraft für eine gute Beziehung zu den Eltern zu erhalten.

Wenn Sie mehr zum Thema lesen möchten

- „Zeit der Trauer" von Verena Kast (2009)
- „Hinübergehen. Was beim Sterben geschieht. Annäherungen an letzte Wahrheiten unseres Lebens" von Monika Renz (2018)
- Auf der folgenden Homepage der Johanniter werden die Trauerphasen von Verena Kast mit möglichen Hilfen in dieser Phase kurz und übersichtlich vorgestellt: https://www.johanniter.de/dienstleistungen/betreuung/trauerbegleitung-von-kindern-und-jugendlichen-lacrima/lacrima-in-mittelfranken/service-wissen/wissen/trauerphasen-nach-verena-kast/

2.3.2   Umgang mit Belastungen und Krisen

Umgang mit Leid in der modernen Zeit
Früher verursachten Kriege, Hunger, schlechte medizinische Versorgung oder mangelnde Pflege oft körperliches Leid. Körperliche Gebrechen oder Erkrankungen waren alltäglicher und sichtbarer Teil des Lebens. An vielen Stellen wurden Menschen mit „rauen Sitten" und Gewaltbereitschaft konfrontiert. Der Glaube an schützende und übermächtige Gewalten und an ein Jenseits war gegeben. Die meisten Menschen hatten das Vertrauen in einen Gott, der alles richtet (Elias 1982).

Im Zuge des Zivilisationsprozesses kam es zu Veränderungen. Bakterielle Infektionskrankheiten sind heute durch die Medizin nicht mehr tödlich, die Säuglingssterblichkeit ist zurückgegangen. So kam es im Laufe der Zeit zu einer Änderung der Haltung des Menschen zum Leid. Das Leben heute ist vorhersehbarer geworden: Die Absicherung gegen gröbere Schicksalsschläge und Krankheiten hat eine hohe Bedeutung. Ein hohes Maß an Vorsicht (Handy, Helm etc.) und Sicherheitsmaßnahmen gehören in unsere Zeit. Wir leben in einer Gesellschaft, die nach Sicherheit strebt und es sich zum Ziel gesetzt hat, Leid zu vermeiden. Das ist eine große soziale Errungenschaft, die nicht nur zu schätzen, sondern auch weiter zu pflegen ist. Gleichzeitig birgt sie die Gefahr, dass Menschen verlernen, mit Leid umzugehen. Da körperliche Vitalität einen hohen Stellenwert besitzt und der Anblick von Leid ungewohnter, fremder geworden ist, lassen sich Menschen von sichtbarer Leistungsabnahme häufig sehr beeindrucken.

Der Anblick eines älteren, gebrechlichen Menschen oder gar eines Sterbenden macht vielen Angst. „Das ist unwürdig", „Das ist Leid" sind Aussagen, die ein oftmals nur natürliches Geschehen des Menschseins aus dem Blick verlieren. Doch Leid ist subjektiv und der Betroffene leidet möglicherweise gar nicht so, wie wir es uns vorstellen. Vielleicht ist die Veränderung oder der Anblick nur fremd und das macht Angst. Letztlich müssen wir uns immer wieder fragen, ob der Betroffene denn wirklich so empfindet, wie wir es annehmen. Dabei ist das Wissen zum Zufriedenheitsparadoxon im Alter (vgl. Abschn. 2.2.2.5) hilfreich.

Da wir dazu neigen, unsere Identität über unseren Körper auszudrücken, wenden wir uns im Alter von unserem Körper eher ab und entfremden uns von ihm (Peters 2013). Dem Körperbild wird große Aufmerksamkeit gegeben. Mode und subjektiv ästhetisches Empfinden ist im Alltag des Menschen präsent. Es wird geurteilt und bewertet. Die Werbung hat die Älteren zwar durchaus entdeckt, der Normalität oder gar Verletzlichkeit wird dabei jedoch wenig Raum gegeben. Dabei ist Altern ein natürlicher Prozess. Das zu akzeptieren, ja überhaupt zu begreifen, scheint in einer Zeit, in welcher der Mensch nicht nur seine natürliche Umgebung, sondern auch seine eigene Natur durch zahlreiche Eingriffe beeinflusst, schwieriger geworden. „Das Leben wird länger, das Sterben weiter hinausgeschoben." (Elias 1982) Daraus ergeben sich durchaus Chancen, es ist jedoch auch ein erhebliches Risiko damit verbunden, wenn aus den Augen gerät, dass Altern ein natürlicher Vorgang bei Lebewesen ist.

Wie das Älterwerden und Alter empfunden wird, ist individuell verschieden. Gerade in einer Zeit, in der Leistung, Perfektionismus, Vitalität, das äußere Erscheinungsbild und Selbstständigkeit einen hohen Stellenwert haben, kann das Alter für Menschen, die ihr Leben nach diesen Aspekten ausgerichtet haben, belastend sein. So gibt es individuelle Grenzen der Widerstandsfähigkeit, die auch als Zeichen unserer Zeit zu betrachten sind, auf die mitverantwortlich eingegangen werden sollte. Gerade die Generation der zukünftigen Älteren, so z. B. die Babyboomer, kann ihre eigenen Lebensvorstellungen und Muster dahingehend überprüfen und an einer inneren Haltung arbeiten, die auch die Verletzlichkeit als Teil des Lebens in den Blick nimmt.

Vorbild für die jüngere Generation

Die Generation der „Babyboomer" und der angrenzenden Jahrgänge steht für Veränderungsgeist. Es sind viele und daher haben sie großen Einfluss auf die Gesellschaft. Auch der Umgang mit Leid und Altersscham kann sich durch diese Generation verändern. Sie alle werden die späte Lebensphase gemeinsam erleben, wenn auch individuell verschieden. All das bietet die Chance, dass die vielen unterschiedlichen Themen, die damit in Zusammenhang stehen, offener verhandelt werden, anstatt aus Scham verschwiegen und tabuisiert zu werden. Ein neuer Umgang mit der Verletzlichkeit des Lebens kann entstehen – vielleicht ein gutes Vorbild für die Jüngeren.

Psychische Widerstandsfähigkeit (Resilienz) im Alter
Was das Alter angeht, welches mit erhöhten Anforderungen verbunden ist,
hilft es, sich klarzumachen, dass ein höheres Alter auch mit einem größeren
Erfahrungsschatz und meist größerer Widerstandsfähigkeit einhergeht. Unsere
Persönlichkeit bleibt stabil und kann sogar an Stärke hinzugewinnen.
Dementsprechend stehen Ältere auch häufig sehr krisenfest im Leben und
schwerwiegende Verluste scheinen sie oft auf erstaunliche Weise zu bewältigen.
Besonders bei Witwen ist häufig eine starke Kraft zu beobachten.
Nichtsdestotrotz kann es auch bei Älteren zu psychischer Kraftlosigkeit kom-
men. Sich mit der (eigenen) Widerstandskraft und Selbsterhaltung zu beschäf-
tigen ist auch im Hinblick auf die zweite Lebenshälfte sinnvoll.

Mit Hilfe von Abb. 2.3 können Sie über Ihre eigene Widerstandsfähigkeit
nachdenken und sich Ihre Kräfte bewusst machen, die Ihnen helfen, schwere
Situationen zu bewältigen. Dabei sollen auch die positiven Aspekte Ihres
Lebens in den Blick genommen werden. Setzen Sie im unten abgebildeten
Zeitstrahl Punkte für Höhen und besonders wertvolle Ereignisse sowie für
Tiefen und besonders schwere Ereignisse in Ihrem Leben. Markieren Sie diese
mit dazu passenden Symbolen oder Stichworten. Verbinden Sie nun die
Punkte, sodass eine Kurve aus Ihren persönlichen Höhen und Tiefen im
Leben entsteht. Was hat geholfen, die Lebenskrisen zu bewältigen? Was waren
Ihre Ressourcen? Bei welchen Ereignissen haben Sie besonders viel gelernt?

**Was können wir tun, wenn uns das Leben mit Belastungen und Krisen
konfrontiert?**
Das Alter steht in Verbindung mit neuen Anforderungen und fordert den
Menschen u. a. auf, mit Belastungen umzugehen.

Die folgenden Punkte stellen Gestaltungsmöglichkeiten dar und sind für
ein gutes Altern wesentlich.

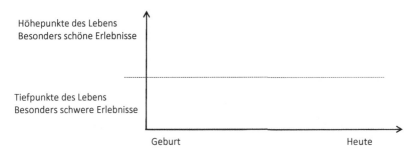

Abb. 2.3 Biografische Kurve. (Quelle: angelehnt an die *Biografische Kurve* aus
„Biografiearbeit mit Glaubensschätzen"; vgl. Frölich und Hedtmann 2013)

Zulassen und Annehmen

- Das *Leid als natürlichen Teil des Lebens begreifen.* Je früher sich der Mensch darüber bewusst wird, dass Leid ein natürlicher Teil des Lebens ist und dass Unsicherheiten zum Leben dazugehören, desto besser. Zudem kann das Wissen zu den Trauerphasen (vgl. Lesetipp in Abschn. 2.3.1 Sterben, Tod und Trauer) hilfreich sein.
- *Der Traurigkeit Raum geben.* Wie in Abschn. 2.3.1 bereits beschrieben, braucht es Raum für Traurigkeit, denn wie Wilhelm Schmid sagt: „Die unangenehme Wahrheit ist, dass die Menschen in einer Gesellschaft zu jeder beliebigen Zeit nicht nur glücklich, sondern auch unglücklich sind. Wenn unglücklich, dann stellt sich die Frage: Wo sind eigentlich Räume fürs Unglücklichsein zu finden?" Warum sollten wir also nicht auch mal traurig sein. „Schönreden" hilft meist nicht weiter. Unter Umständen kann das „Ach, das wird schon wieder" den Kummer sogar vertiefen, da man sich unverstanden und alleine fühlt. „Ja, du darfst traurig sein", ist also ein verantwortliches Verhalten sowohl für die eigene Person als auch für andere. D. h., auch die erlebte Ohnmacht ist Teil des Prozesses.

Denkanstoß

Wo sind Ihre Räume, um Traurigkeit zu leben? Zum Beispiel in der Natur, im Zusammensein mit nahestehenden Menschen, in einem bestimmten Zimmer zu Hause, im Gebet, im kreativen Schaffen ...?

- *Prozess akzeptieren und geduldig mit sich selbst sein.* Leid annehmen ist ein Prozess. Der Mensch ist keine Maschine, bei der der Notknopf: *„Ja, so ist es. Kein Problem!"*, bei einer plötzlich eintretenden Krise gedrückt werden kann. Er muss sich mit der neuen Situation erst einmal befassen und schwere Veränderungen betrauern. Das braucht Zeit.

Gestalten

- *Teilhabe ist wichtig.* Auch wenn viele Menschen in ihrem Schmerz (Leid) das Bedürfnis haben sich zurückzuziehen, ist das Miteinander wichtig, ja notwendig. Je länger der Rückzug anhält, desto schwieriger wird es, wieder auf andere zuzugehen. Eine Balance zwischen Rückzug und Aktivität, in der ein gutes Sozialleben stattfindet, ist sinnvoll. In schweren Zeiten sind Menschen, bei denen wir uns geborgen fühlen, denen wir vertrauen und bei denen wir uns so geben dürfen, wie wir sind, besonders wertvoll. Nicht umsonst neigen ältere Menschen dazu, ihre Kontakte nach emotionalem Wohlbefinden im Älterwerden auszuwählen und zu selektieren (weitere Erläuterung hierzu in Abschn. 2.4.3).

Denkanstoß

Wo und wie leben Sie Ihre privaten sozialen Kontakte? Bei wem fühlen Sie sich wohl? Warum fühlen Sie sich bei diesem Menschen wohl, wenn es Ihnen nicht gutgeht? Wie reagiert derjenige? Was vermittelt er Ihnen? Welchen Ihrer Bedürfnisse wird er gerecht?

• Befindet sich ein Mensch in einer Krise, können *Aufgaben* wichtig sein. Die Suche nach sinnvollen Tätigkeiten und Projekten kann maßgeblichen Einfluss auf das Wohlbefinden haben. Besonders im generativen Tun (Abschn. 2.2.2.3, 4.2.1, 4.3.2) und *Gebraucht-werden* kann der Mensch zu neuer Kraft finden. Das kann schon im ganz Kleinen stattfinden. Den Mut finden, sich etwas zuzutrauen und den Blick auf die eigenen Fähigkeiten zu lenken.

• *Freude, Wohlgefühl und Zufriedenheit* leben und gestalten. Freude und Wohlgefühl können wir auch in leidvollen Lebensphasen finden. Das eine schließt das andere nicht aus. Freude ist besonders in unseren Daseinsthemen möglich (Abschn. 2.2.2.2), da wo wir uns „zuhause" fühlen. Hier erleben wir Sinn.

• *Schöpferisches und kreatives Tun* wie Malen, Schreiben, Gestalten, Theater spielen, Tanzen etc. können wichtige Helfer bei Belastungen und Krisen sein. Die Möglichkeit, Probleme, Sorgen und Ängste in diesem Tun auszudrücken, kann zu einem Loslassen und einer Befreiung führen. Hierdurch kann verarbeitet werden und Heilung geschehen. Gefühle werden integriert. Zum anderen können die eigenen Talente dadurch erfahrbar und ein Gefühl der Stimmigkeit und des Wohlgefühls neben Schmerz und Trauer erlebt werden. Hat man durch das kreative Tun schließlich sogar ein Werk (z. B. ein Gemälde) in der Hand, kann damit eine schöne Erinnerung gegeben sein, die als kleine Kraftquelle dient.

Denkanstoß

Wo ist Ihre kreative Seite? Was möchten Sie vielleicht einmal ausprobieren oder weiter ausbauen? Wodurch haben Sie in Ihrer Kindheit Ihre gestalterische Kreativität ausgelebt? Könnte Ihnen das heute ggf. in einer schweren Situation helfen?

- Ist der Mensch auf Hilfe angewiesen, ist es wichtig, sich seiner *Abhängigkeit bewusst zu sein und Hilfe anzunehmen*. Dabei kann auch das Hilfe-annehmen mitverantwortlich gestaltet werden, z. B. durch das Aussprechen von Dank, Interesse am anderen (Helfenden) und gelebter *Selbstständigkeit* in den Bereichen, in denen es möglich ist. Die Balance zwischen aktiv werden und nicht aktiv werden des Sorgenden ist nicht leicht. Auch hier gibt es nicht DIE Lösung, sondern nur ein „Aushandeln" und in den Blick nehmen verschiedener Bedürfnisse und Vorstellungen. Auch die bewusst gelebte Freude im Miteinander kann zwischen Hilfe-Annehmenden und Hilfe-Gebenden wertvoll sein. Dies alles wirkt auf Helfende entlastend und stärkend. Die Hilfe wird leichter gegeben, das Miteinander kann positiv erlebt werden. Helfende können Kraft aus ihrer anstrengenden Arbeit ziehen, wenn sie entsprechende Wertschätzung erfahren.
- Das *Leid als Lehrer* begreifen. Häufig erleben wir, dass reflektierte und bewusste Menschen ihr Leid als Lehrer begreifen. So äußerte sich eine 53-jährige sportliche Frau im Zusammenhang mit einer schweren Knieverletzung, welche sie über viele Monate einschränkte: „Ich sitze mit meiner Stimmung in einer Achterbahn. Ganz schlimm, die Abhängigkeit! Ich beginne zu üben und trage aber noch schwer und ungelenk an den Werkzeugen." Mit Werkzeugen meint sie das Wissen zum Üben von gewissen menschlichen Eigenschaften wie Geduld, Langsamkeit ertragen und Hilfe annehmen. Das Knie wurde zum Lehrer, dem sie schlussendlich dankbar war. So kann sich der Mensch im Leid selbst begegnen und fragen: Was kann ich daran lernen? Was fällt mir besonders schwer? Wie kann ich loslassen und annehmen? Die Reflexion über solche Fragen kann Menschen zu neuen Erkenntnissen über die eigene Person verhelfen. Sie kommen sich sozusagen selbst ein Stückchen näher und empfinden diesen Prozess (neben dem Schweren) als Bereicherung.

Denkanstoß

Welche Erfahrungen haben Sie (vielleicht auch ergänzend zu den o. g. Punkten) in Bezug auf den Umgang mit Belastungen und Leid gemacht? Was hat Ihnen geholfen? Vielleicht möchten Sie Ihre Gedanken und Erinnerungen notieren. Ihre Erinnerungen und Bewältigungsstrategien können Ihnen auch später einmal helfen, wenn es darum geht, mit Belastungen umzugehen.

Das Potenzial des Alters: Vorbild für die Jüngeren auch im Schweren

Ältere Menschen haben das Potenzial, als Vorbild für die Jüngeren zu fungieren. In der Aktivität und der oben beschriebenen Generativität können sie dies verwirklichen. Aber auch in ihrem Umgang mit Verlusten können sie zu Vorbildern werden. Ältere Menschen haben aufgrund ihrer vielfältigen Erfahrung das Potenzial, mit Verlusten und Belastungen (Krisen und Grenzsituation) umzugehen. Gespräche über Krankheiten können wichtig sein, aber ebenso belastend auf andere wirken. Auch hier ist die Balance von Selbst- und Mitverantwortung der Älteren gefragt. Auch wenn Arztbesuche und Therapien den Alltag bestimmen, sollten sie versuchen, sich für weiter reichende Gesprächsthemen zu öffnen. Sowohl in Bezug auf die Gestaltung des eigenen Lebens, aber auch in Bezug auf die jüngeren Menschen, welche Alter nicht nur in Verbindung mit Krankheit vorgelebt bekommen sollen. Denn Alter ist mehr, als nur Verluste zu erleben!

Das sagen Berufstätige 45+

„Meine Mutter hat das jetzt auch geschafft: Sie kann immer noch schlecht gehen und hat damit abgeschlossen. Sie geht wieder auf Feierlichkeiten. Das eben, was für sie geht. Sie hatte sich eine Zeitlang völlig zurückgezogen. Sie ist aus der Phase wieder raus. Die Phase war wichtig, um zu erkennen: Man verliert zwar etwas, aber man kann lernen, damit umzugehen. Es geht dann doch weiter. Und zwar auch nicht besonders schlecht."

„Ich habe Gebrechlichkeit schon am eigenen Leibe erfahren. Ich hatte dadurch natürlich auch eine ganze Reihe von Einschränkungen hinzunehmen. Z. Zt. fühle ich mich gut und möchte weiterarbeiten. Ich weiß, wie das ist, wenn man gar nicht mehr kann. Man wird schon nachdenklicher. Ja, ich habe mich in dieser Krankphase, wo ich nicht gearbeitet habe, viel mit mir selber beschäftigt und auch mit möglichen Gründen, die zur Krankheit geführt haben. Und ich konnte ganz gute Lösungen finden. Das Aufarbeiten einiger persönlicher Anliegen und Themen hat mir eine große Befreiung gegeben. Ich habe eigentlich viele Dinge in meinem Leben neu bewerten können. Und diese Neubewertung hat zu einer noch größeren Gelassenheit geführt."

Möchten Sie mehr zum Thema lesen?

Möchten Sie mehr zu den Gestaltungsmöglichkeiten in Krisen und schweren Lebenssituationen erfahren? Dann empfehle ich Ihnen folgendes Buch:

„Lebenskrisen werden Lebenschancen. Wendepunkte des Lebens aktiv gestalten." von Verena Kast (2013)

2.4   Die fünf Säulen des gesunden Lebens und Älterwerdens

Was ist Gesundheit?

Ein Modell, das die Entstehung von Gesundheit (Salutogenese) beschreibt wurde von dem Soziologieprofessor Aaron Antonovsky entwickelt. Danach stellen absolute Gesundheit und absolute Krankheit zwei Pole auf einer Skala dar, die nie hundertprozentig erreicht werden. Jeder Mensch befindet sich jederzeit in einem bestimmten Abstand von diesen Extremen. Gesundheit ist also nicht als Zustand, sondern als Prozess zu verstehen (vgl. Antonovsky 1997).

Somit sind wir immer sowohl gesund als auch krank. Das heißt, auch in Zeiten der Krankheit können und sollten wir auf unsere gesunden Anteile achten. So können wir unsere Lebensqualität, die maßgeblich von unserem (subjektiven) Gefühl beeinflusst wird, auch in schweren Zeiten positiv beeinflussen. Für unsere körperliche und seelische Gesundheit können wir viel tun.

Wie gesund wir älter werden oder im Alter sind, wird beileibe nicht nur vom Geburtsdatum beeinflusst. Wir können eine Menge für unsere gesunde Entwicklung über das Leben hinweg tun. Die Leistungsfähigkeit im Alter hängt neben genetischen Faktoren und dem individuellen Lebensstil von arbeitsbedingten Einflüssen ab (vgl. Bundesanstalt für Arbeitsschutz und Arbeitsmedizin (BAuA 2017)). Da wir einen Großteil unserer Lebenszeit bei der Arbeit verbringen, ist das nicht verwunderlich. Risikoberufe sind für die gesunde Entwicklung vor allem solche, in denen viel schwere körperliche Arbeit geleistet werden muss und nur wenig Entscheidungsspielraum gegeben ist (vgl. BAuA 2017). Dabei zeigen sich die Auswirkungen nicht gesundheitsgerecht gestalteter Arbeit nur schleichend und über mehrere Jahre hinweg.

So sind wir gefordert, die Gesundheit in unserem (Berufs-)Alltag immer wieder selbst- und mitverantwortlich zu fokussieren und entsprechend zu handeln. Es geht um die gesunde Selbststeuerung, das gesunde Miteinander in der Zusammenarbeit und gesundheitsfördernde Rahmenbedingungen.

Säulen

Nicht nur die Älteren, sondern schon die ganz Jungen sollten sich mit dem gesunden Älterwerden beschäftigen. In der Verantwortung für die eigene Person und den eigenen Körper sollte sich jeder Wissen zu einer gesunden Lebensführung aneignen und danach so gut wie möglich handeln. Eine ständige Selbstüberwachung und Selbstoptimierung ist dabei nicht erstrebenswert! Bereits in Kindergarten und Schule kann ein Bewusstsein für die gesunde und selbstverantwortliche Lebensführung gestärkt werden.

Wie alt wir werden, ist nicht nur von unseren Genen, sondern auch von den Umwelteinflüssen und Zellveränderungen abhängig. An den beiden letzten Punkten können wir ansetzen. Schädliche Umwelteinflüssen sind beispielsweise Stress, wenig Schlaf, ungesunde Ernährung, Medikamente, Umweltschadstoffe und Gifte (z. B. Nikotin).

Viele Zellen wachsen und vermehren sich nicht mehr mit zunehmendem Alter. Zudem nimmt die Leistungsfähigkeit der Zellen ab. Das ist ein natürlicher Prozess. Dennoch können wir einiges dafür tun, um ihn zu verlangsamen und Risikofaktoren auszuschalten, zum Beispiel, indem wir uns ausgewogen und gesund ernähren, uns viel bewegen und eine positive Lebenseinstellung pflegen.

Für die gesunde Entwicklung des Menschen ist neben Körper (1), Kopf (2) und sozialen Kontakten (3) auch die Arbeit (4) und die innere Haltung zum Leben (5) entscheidend. Ich nenne sie die fünf Säulen des gesunden Lebens und Älterwerdens. Sie sollten von allen Generationen berücksichtigt werden. Die *fünf Säulen des gesunden Lebens* stehen miteinander in Verbindung und beeinflussen einander gegenseitig. Sprechen wir von Gesundheit, geht es dabei auch immer um das rechte Maß: So sollte immer wieder auf ein ausgewogenes Verhältnis von Aktivität und Ruhe geachtet werden – und zwar im Hinblick auf alle Säulen. Ein Zuviel an körperlicher oder geistiger Tätigkeit kann genauso schädlich sein wie ein Zuwenig. Pausen sind wichtig für die physische und psychische Regeneration. Auch eine Balance zwischen Geselligkeit (Mit-anderen-sein) und Alleinsein (Mit-sich-sein) sowie zwischen Tun (Arbeiten) und Nichtstun (Müßiggang) ist von Bedeutung.

Welche Bedeutung haben die fünf Säulen für Ihren (Berufs-)Alltag? Betrachten wir sie auf den folgenden Seiten genauer.

2.4.1 Säule 1 – Körper

Unser Körper verändert sich in der zweiten Lebenshälfte. Wir entdecken immer mehr Falten, sind schneller aus der Puste, hier und da tun die Knochen weh. Je älter wir werden, desto mehr wird spürbar: Ein älter werdender gesunder Körper ist nicht selbstverständlich. Wir erleben es an uns selbst oder im Bekanntenkreis: „Einschläge" kommen immer häufiger. Daher benötigt unser Körper jetzt mehr Aufmerksamkeit. Es ist eine Chance, nochmal ganz neu zu ihm hinzufühlen und ihm wertschätzend zu begegnen.

Jetzt benötigt unser Körper ganzheitliche Pflege

Die frühere Musikgruppe Wise Guys singt in ihrem „Geburtstagsständchen" über das *gepflegte Älterwerden.* Was ist damit gemeint? Was denken wir selbst über ein gepflegtes Älterwerden? Ist es unser Aussehen, das möglichst gut, vielleicht sogar jugendlich rüberkommen soll? Oder darf auch die Ausstrahlung des Älterseins gezeigt werden? Bedeutet es, dass ich mich nicht vernachlässige, sondern auf mich achte? Achte ich zum Beispiel darauf, dass meine Haut jetzt mit ausreichend Nährstoffen versorgt wird? Fühle ich mich zuhause in meinem Körper?

Auch die Ernährung hat einen wichtigen Einfluss auf Haut, Haare und unsere Nägel. Nun soll es in diesem Buch nicht um Ernährungsberatung oder Kosmetik gehen. Vielmehr soll es um die innere Haltung zu unserem Körper gehen. Wir können ihm jetzt in der zweiten Lebenshälfte mit besonderer Achtsamkeit begegnen. Nehmen wir uns beispielsweise Zeit bei der Pflege? Freuen wir uns über das, was er alles kann, was er ganz selbstverständlich Tag für Tag leistet und was er uns über die Jahre geschenkt hat? Erlauben wir ihm, dass er auch müde werden darf? Gönnen wir ihm die nötige Erholung, wenn wir ihn gefordert und angestrengt haben?

Tipp

Schauen Sie morgens manchmal in den Spiegel und denken missmutig: „Ich werde alt!" Auch wenn das Alter heute immer mehr von seiner schönen Seite entdeckt wird, die meisten von uns favorisieren immer noch die jugendliche Ausstrahlung. „Ich werde alt" ist eine Aussage, die man – neutral gesehen – als richtig bezeichnen kann. Ist jedoch Missmut, Traurigkeit oder gar Verzweiflung dabei gegeben, gilt es genauer hinzuschauen. Es ist schade, wenn eine einseitig negative Betonung dabei gegeben ist. Was Alter ist und wie viele Potenziale und Möglichkeiten damit verbunden sind, wird ausführlich in diesem Buch beschrieben. Und beim Blick in den Spiegel in Verbindung mit schweren Gedanken können Sie ab sofort Folgendes üben: Neben einer gewissen Wehmut über das, was verlorengeht, darf und sollte Freude und Dankbarkeit stehen. Üben Sie daher beim Blick in den Spiegel, die Veränderung zu be-JA-hen. Zum Beispiel so: Lächeln Sie sich zu und sagen Sie laut: JA, ich werde älter! Ich DARF älter werden! Älterwerden bedeutet Chance und Herausforderung zugleich. Ich bin gespannt, was mich noch erwartet und will meinen Anteil zum Gelingen beitragen."

Das sagt die Hirnforscherin Jessica Sänger zum Lächeln und Lachen: „(...) es hilft tatsächlich auch, dass man einfach nur grinst, ohne einen Grund. Weil diese Bewegungen im Gesicht durch die Muskeln an das Gehirn die Nachricht senden: ‚Hey, ich lächle', und das Gehirn sendet ein bisschen von diesem Botenstoff aus, der uns glücklich macht. Das hat schon einen positiven Effekt."

Denkanstoß

Wie nehmen Sie Ihren Körper im Älterwerden wahr? Wo erleben Sie „Gewinne"? Wissen Sie, was Ihrem Körper guttut oder auch, was er nicht verträgt? Hat sich das Bewusstsein zu Ihrem Körper im Laufe Ihres Lebens verändert? Möchten Sie in Zukunft mehr auf ihn achten? Zum Beispiel während der täglichen Körperpflege? Hier können Sie auch Achtsamkeit und Dankbarkeit üben.

Lust auf Bewegung

Körperlich und geistig beweglich bleiben, dieser Wunsch ist nicht immer ganz leicht umzusetzen. Manchmal fehlt schlichtweg die Zeit und manchmal fehlt uns die rechte Lust. Körperliche Bewegung wird mit zunehmendem Alter immer wichtiger. Nur so kann Veränderungen bspw. von Muskulatur und Knochen entgegengewirkt werden.

Manche von uns sind Bewegungsmenschen und mit großer Freude an dieser Stelle aktiv. Andere müssen sich hierzu mehr oder weniger quälen. Freude an Bewegung können wir gerade dann finden, wenn wir nicht nur das notwendige Wissen über die Notwendigkeit von körperlicher Betätigung haben, sondern auch, wenn wir einmal gut in uns hineinhören und überlegen, worauf wir Lust haben und was unseren Bedürfnissen entspricht. Die Frage der Selbstverantwortung (vgl. Abschn. 2.5) bringt uns auch an dieser Stelle weiter: Was sind meine Bedürfnisse hinsichtlich Bewegung? Welche Fähigkeiten habe ich an dieser Stelle?

Widerstreitende Gefühle können in uns auftreten: „Ich muss etwas für mich tun!" und „Ich habe jetzt keine Lust, Sport zu treiben". Das sind Gedanken, die die meisten von uns kennen. Das achtsame Erspüren zwischen Zuviel und Zuwenig kann hilfreich sein. In dieser Achtsamkeit geben wir unserem Körper einen besonders hohen Stellenwert. Wir wissen, dass Gesundheit etwas ist, für das wir selbst in vielerlei Hinsicht verantwortlich sind. Wenn wir uns Gesundheit wünschen, tun wir oft so, wie wenn das etwas von außen Gegebenes ist. Aber letztlich liegt es gerade in unserer eigenen Hand, etwas für unsere Gesundheit zu tun. Unseren Körper zu pflegen und zu erhalten, kann im Älterwerden eine wohltuende Aufgabe sein. Es geht um die liebevolle Sorge um uns selbst. Nicht als Zwang, sondern aus einem inneren Antrieb heraus. Dabei ist weder übertriebener Ehrgeiz noch Selbstoptimierung gegeben. Ziel ist ein Grundwissen zu Bewegung, Ernährung und gesunder Lebensführung und das Handeln zwischen gesunder Disziplin und einer gewissen Gelassenheit.

Beachten Sie: Der permanente Blick auf unseren Körper, unseren Lebensstil und das eigene Befinden kann zu Leistungsdruck führen. Eine sogenannte

Selbstoptimierung hat nichts mit der in diesem Buch beschriebenen Selbst-verantwortung zu tun. Bei manchen von uns kann das auch in Demotivation umschlagen. Wir erfahren die von außen geforderte Selbstbetrachtung mög-licherweise als „Gesundheitsdiktatur". Nach anfänglichem Schwung machen wir erst mal gar nichts mehr. Daher fragen Sie sich immer wieder: Was tut mir gut und bereitet Freude. Auch kleine Rituale, wie z. B. die Morgengymnastik im Bett, können hilfreich sein.

Das Wichtigste in Kürze (Schröder-Kunz 2019)

- *Jeden Tag rund eine halbe Stunde (Ausdauer-)Sport mit anschließender Erholung* sind optimal (vgl. Schwarzer 2015). Gelenkschonende Sportarten gewinnen mit zunehmendem Alter an Bedeutung – wie z. B. Schwimmen, Walken oder Radfahren. Achten Sie auf ausreichend Regeneration nach der Anstrengung.
- *Ausdauertraining ist jetzt wichtiger als Krafttraining,* denn es beeinflusst das Herzkreislaufsystem positiv. Gemeinsam mit der richtigen Ernährung kann es zudem das Gewicht reduzieren und Diabetes verhindern oder sich zumindest günstig darauf auswirken. Zudem aktivieren wir durch körper-liches Ausdauertraining auch das Gehirn. Hier überschneiden sich die Säulen 1 und 2 (Abschn. 2.4.2).
- *Bewegung im Alltag* ist neben dem gezielten Sport wichtig: Anstatt des Aufzugs besser Treppen steigen, Garten- oder Hausarbeit nutzen, um sich fit zu halten. Möglichst alle Muskeln sollten immer wieder gefordert werden. Auch Dehnung und Beweglichkeit sind förderlich. Hier ist Yoga empfeh-lenswert. Wer einen sitzenden Lebensstil hat, sollte sich zwischendurch immer wieder insgesamt mindestens 30 Minuten und mehr kräftig bewe-gen. So können auch Nachteile des sitzenden Arbeitens kompensiert werden.
- *Eine positive innere Haltung zu körperlicher Anstrengung* (Abschn. 2.4.5). Wer Bewegung als lästige Pflicht empfindet, neigt zu Vermeidungsstrategien (innerer Schweinehund, s. u.) und tut sich selbst keinen Gefallen.
- *Balance aus Aktivität und Ruhe anstreben.* Bewegung ist wichtig, aber ebenso die anschließende Regeneration, die im Alter zunehmend an Bedeutung gewinnt (vgl. Abschn. 4.2.2.1 und 4.2.2.2).

Der innere Schweinehund
Bewegungsmuffel kennen den sogenannten inneren Schweinehund. Wie kann man ihn überwinden? Und was steckt überhaupt dahinter?

Es handelt sich hierbei um *Vermeidungstendenzen gegenüber unserer Selbst-verantwortung.* Sie rühren meist daher, dass mehrere Bedürfnisse in uns mit-einander konkurrieren.

- Welche Prioritäten sehen wir?: Ist in unserem Alltag nur wenig Zeit zur freien Gestaltung gegeben, hetzen wir von einem Termin zum anderen, dann möchten wir in unserer freien Zeit nicht ausgerechnet Sport machen. Dann möchten wir viel lieber mit der Familie oder Freunden zusammensein oder liebgewonnenen Hobbys nachgehen.
- Die zeitliche Orientierung kann eine weitere Rolle spielen: Auch wenn wir wissen, dass zu wenig Bewegung langfristige Folgen mit sich bringt, liegen uns oft die Gegenwart und unsere aktuellen Bedürfnisse schlichtweg näher als die Zukunft. „Jetzt habe ich keine Lust auf Bewegung" und „Morgen ist auch noch ein Tag" kann dann zu ständigem Aufschieben führen. Umso wichtiger ist es, diesem verständlichen Bedürfnis mit Selbstverantwortung zu begegnen. D. h., eine Bewegungsart zu finden, die unseren Bedürfnissen entspricht und auf die wir uns freuen.
- Negative Erfahrungen in der Vergangenheit können sich ebenfalls auf unser Verhalten auswirken: Zum Beispiel sind manches Mal schlechte Noten im früheren Sportunterricht oder sportliche Misserfolge in Gruppen Grund dafür, dass wir die negativen Erfahrungen auf heute übertragen oder dass wir uns zu wenig zutrauen. Gerade dann ist es notwendig, selbst gut hin zu spüren, welche Form der Bewegung sinnvoll ist. In solch einer Situation ist es besonders wichtig, den Leistungsgedanken zu überprüfen und sich in der Bewegung frei davon zu machen. Eine leichte Gymnastik, freies Tanzen oder Yoga können bspw. gute Anfänge für freudvolle Bewegung im Alltag sein.

Vermeidungstendenzen sind in vielen Menschen gegeben und können mit dem Älterwerden, wenn Bewegung schwerer fällt, sogar zunehmen. Sich das bewusst zu machen, die Ursachen zu verstehen und darauf aufbauend nach neuen Möglichkeiten zu suchen, die zu uns passen und uns selbst motivieren, ist dann von Bedeutung. Der folgende Denkanstoß soll helfen, diese *Fragen zur Selbstverantwortung* zu beantworten.

Welche der oben genannten Vermeidungsstrategien erkennen Sie an sich selbst wieder, wenn es um Bewegung geht? Versuchen Sie mit Blick auf Ihre Selbstverantwortung, Antworten auf folgende Fragen zu finden (vgl. Schröder-Kunz 2019):

- Warum ist Bewegung wichtig? Warum brauche ich mehr Bewegung?
- Was hält mich davon ab, Sport zu treiben (z. B. Erinnerung an schlechte Sportnote in der Schule, Gefühl der Unsportlichkeit, Überlastung im Alltag)?
- Welche Gewohnheiten und Rituale finde ich für die Übung im Alltag (z. B. Treppe ins Büro nehmen, beim Zähneputzen auf einem Bein balancieren)?
- Welcher Sport ist für mich geeignet? Was könnte ich ausprobieren?

- Wie kann ich mich mental unterstützen (Selbstsuggestion: positive, klare, sich wiederholende Formulierung)?
- Was hilft mir, meinen Vorsatz zu realisieren (z. B. Zeitmanagement → feste Termine; Kosten → „Ich habe für den Kurs bezahlt, jetzt gehe ich auch hin!"; soziale Kontakte → feste Verabredung zum Sport)?
- Wann empfinde ich Freude an der Bewegung? An welchen Stellen fühlt sich mein Körper gut an? Welches Wohlgefühl erlebe ich nach der Bewegung?
- Welche Ziele sind für mich realistisch? Welche kleineren Teilziele kann ich mir stecken?
- Wie kann ich mich belohnen (z. B. gutes Körpergefühl genießen, sich selbst loben, sich etwas gönnen, geselliges Beisammensein nach dem Sport)?

Verbinden Sie körperliche Betätigungen mit schönen Ereignissen und bringen Sie dadurch Freude in Ihr Leben. Wenn Sie sich regelmäßig bewegen, kann die körperliche Aktivität zur (liebgewonnenen) Gewohnheit werden.

Tipp

Damit Ihre Vorsätze auch umgesetzt werden, können sechs Schritte helfen:

1. Stärken Sie Ihr Bewusstsein dafür, dass Bewegung wichtig ist. Beschäftigen Sie sich hierzu mir dem Thema.
2. Treffen Sie Entscheidungen, wie Sie sich in Zukunft mehr bewegen wollen. Achten Sie dabei auf realistische Ziele. Denken Sie zugleich mit Freude an Ihr Ziel. Selbstsuggestion kann hier sehr hilfreich sein. Sagen Sie sich beispielsweise schon beim Aufstehen: Ich freue mich darauf, heute meinen Körper beim Spaziergang zu spüren und zu stärken.
3. Setzen Sie sich kleine, erreichbare Ziele.
4. Schreiben Sie Ihre Vorhaben und neuen Gewohnheiten auf.
5. Belohnen Sie sich mit kleinen Dingen. Die Freude darauf kann während der Anstrengung hilfreich sein. Haben Sie bereits eine längere Strecke zurückgelegt, klopfen Sie sich ruhig auf die Schulter und loben Sie sich: „Gut gemacht!" Denn Sie tun es für sich.
6. Und wenn Sie dann Erfolg haben, steigern Sie das Ziel leicht.

Regeneration und Schlaf (Schröder-Kunz 2019)
Eine ausgewogene Mischung von Aktivität und Ruhe ist für unsere Gesundheit wichtig. Zu viel körperliche Bewegung ohne die entsprechende Regeneration ist genauso ungesund wie zu wenig Bewegung. Zu einer gesunden Lebensweise – und zwar in jedem Lebensalter – gehört daher auch ausreichend Raum, um sich auszuruhen (vgl. Abschn. 4.2.2.1 und 4.2.2.2).

Ein wichtiger Faktor der Regeneration ist der Schlaf. Dieses Thema gewinnt seit einigen Jahren enorm an Brisanz.

Laut „DAK Gesundheitsreport 2017" gibt es von 2010 bis 2017 bei Schlafstörungen einen Anstieg von 66 Prozent. Da sich längerfristige Schlafprobleme nachhaltig auf die Gesundheit auswirken können, beispielsweise das Risiko für Depression oder eine Angststörung zunimmt, muss das Problem ernst genommen werden. Jeder zweite Betroffene bekämpft die Schlaflosigkeit allerdings auf eigene Faust mit Schlafmitteln, die rezeptfrei in der Apotheke oder im Drogeriemarkt erhältlich sind (vgl. DAK 2017).

Möchten Sie wissen, wie es um Ihren Schlaf bestellt ist? Dann können Ihnen die folgenden Fragen weiterhelfen.

- Haben Sie längerfristig Ein- oder Durchschlafprobleme?
- Wenn ja, worin liegen die Ursachen für diese Probleme? Können Sie Risikofaktoren in Ihrem Berufsleben (z. B. Überlastung, hoher Leistungs- oder Termindruck, viele Überstunden, Nachtschichten oder dauerhafte Erreichbarkeit auch nach Feierabend) oder in Ihrem Privatleben (z. B. zu viel abendliche Computer-, Smartphone- oder Fernsehnutzung, Vermischung von Schlafzimmer und Büro durch Laptop etc.) ausmachen?
- Gibt es Stellschrauben, an denen Sie persönlich drehen können, um Ihr Schlafverhalten zu verbessern?

Hilfe finden Sie oftmals auch durch Ihre Krankenkassen. Mediziner geben Tipps rund um die Themen Schlaf und Schlafstörungen. Alternativ gibt es auch auf der Homepage der DAK zahlreiche Informationen: www.dak. de/schlaf.

Ernährung

Ein weiterer wichtiger Faktor, um gesund zu bleiben, ist eine ausgewogene Ernährung. Sie wirkt sich auch auf die Art, wie wir altern, auf unsere Leistung und auf unser Wohlbefinden aus und ist daher ein Thema für alle Generationen. Die Deutsche Gesellschaft für Ernährung (DGE o. J.) hat zehn Regeln für eine genussvolle und ausgewogene Ernährung formuliert, die aktuellen wissenschaftlichen Erkenntnissen entsprechen. Kurz gefasst besagen sie Folgendes:

- abwechslungsreiche Ernährung mit Schwerpunkt auf pflanzlichen Lebensmitteln
- fünf Mal am Tag Obst und Gemüse (mindestens drei Handvoll Gemüse und zwei Handvoll Obst täglich)
- Vollkornprodukte wählen

- Milch und Milchprodukte täglich, Fisch ein- bis zweimal pro Woche, Fleisch und Wurst nicht mehr als 600 Gramm pro Woche
- pflanzliche Öle vorziehen, versteckte ungesunde Fette in Lebensmitteln meiden
- Zucker und Salz (auch in Getränken) meiden, lieber mit Kräutern würzen
- rund 1,5 Liter Flüssigkeit pro Tag, am besten Wasser oder ungesüßten Tee trinken
- Essen schonend zubereiten, dabei wenig Wasser und wenig Fett verwenden
- achtsam essen, d. h. langsam und mit Genuss
- auf das Gewicht achten und in Bewegung bleiben

Diese zehn Regeln sind unter https://www.dge.de/ernaehrungspraxis/vollwertige-ernaehrung/10-regeln-der-dge/ auch als PDF-Dokument, Poster und als Faltblatt erhältlich.

Zudem sollte mit zunehmendem Alter aber auch das veränderte Ernährungsbedürfnis des Körpers beachtet werden. Die altersbedingte Abnahme der Muskelmasse bewirkt bspw., dass der tägliche Kalorienbedarf sinkt. Der Tagesbedarf an Proteinen und Vitaminen bleibt jedoch gleich oder steigt sogar leicht an.

Möchten Sie mehr zum Thema lesen?

Möchten Sie mehr zur richtigen Ernährung in der zweiten Lebenshälfte oder am Arbeitsplatz lesen? Dann empfehle ich Ihnen folgende Links:

- Essen und Trinken in der zweiten Lebenshälfte - aus der Sicht der DGE (https://www.bagso.de/publikationen/bagsonachrichten/archiv/2002-03/02-03-11.html)
- Essen am Arbeitsplatz und in der Kantine (Tipps der DGE) https://www.dge.de/ernaehrungspraxis/bevoelkerungsgruppen/berufstaetige/essen-am-arbeitsplatz-und-in-der-kantine/

Verzicht

Auch das Thema Verzicht und Maß halten ist für unseren Körper wichtig. So bedeutet eine gesunde Ernährung nicht nur, das Richtige zu essen, sondern auch das Falsche wegzulassen und Grenzen zu setzen (vgl. Abschn. 2.6, Handlungsfeld 7). Eine ausgewogene Ernährung ist wichtig, sie sollte allerdings auch nur in Maßen zugeführt werden. Übergewichtige wissen meist: leicht ist das Abnehmen und der Verzicht nicht. Erst recht nicht im Alter 50plus. Das Problem ist vor allem dem Überfluss der westlichen Lebenswelt geschuldet. So kann das Bewusstsein zu Verzicht wichtiger sein als eine Diät. Sind wir an einer gesunden Lebensführung interessiert, kann eine Balance zwischen Maßhalten und Genießen entstehen. Das Fasten ist als Gestaltungselement des Lebens historisch in zahlreichen Kulturen belegt und kommt in vielfältigen Formen sowie in teilweise festgelegten Ritualen vor. Fragen wie diese können in unserem Leben immer wieder hilfreich sein: Kann ich in dieser Situation etwas sein lassen oder verzichten? Erkenne ich, wann Verzicht für meinen Körper sinnvoll ist? Kann ich Grenzen setzen und Nein sagen? Verzicht sollte in besonderem Maße bei Suchtmitteln geübt werden. Die Einstellung zu Verzicht kann im weitesten Sinne verstanden werden. So ist das Fasten beispielsweise längst mehr als ein religiöses Ritual. Es betrifft nicht nur die Ernährung, sondern auch Konsumgewohnheiten wie z. B. das Fernsehen oder die Smartphonenutzung. Es geht darum im Überfluss nicht jedem Bedürfnis nachzugehen und selbstbestimmt etwas „nicht zu brauchen". Durch bewussten Verzicht kann auch das Selbstvertrauen und die Willenskraft gestärkt werden.

Das sagen Berufstätige 45+

„Man sollte sich bewusst machen, dass es auch die einfachen Dinge sind, die lebenswert sind. Ich denke, das Verzicht üben kommt im Älterwerden auch von alleine."

Denkanstoß

- Wann haben Sie in Ihrem Leben schon einmal freiwillig und bewusst auf etwas verzichtet?
- Welche Erfahrungen haben Sie damit gemacht?
- Was hat Ihnen geholfen?

Sucht in der zweiten Lebenshälfte

Sucht findet oft lange Zeit im Verborgenen statt. Alkohol, Medikamente mit Suchtpotenzial und Tabak gefährden die Gesundheit und das Wohlbefinden von Millionen älterer Frauen und Männer. Im Hinblick auf die demografische Entwicklung wird die Zahl der Betroffenen in den nächsten Jahren noch stark zunehmen.

Welche Folgen der fortgesetzte Substanzkonsum für den betroffenen Menschen hat, wird oft nicht erkannt. Die Abnahme der geistigen und körperlichen Leistungsfähigkeit, eine erhöhte Anfälligkeit für Infektionen, anhaltende Müdigkeit oder Schwindelanfälle werden fälschlicherweise auf das zunehmende Alter geschoben. Tatsächlich sind es aber häufig Folgeschäden des Konsums. Ein Substanzkonsum, der viele Jahre unproblematisch erschien, kann mit zunehmendem Alter schwerwiegende Folgen haben, da der anfälliger wird.

Sucht im Alter ist oft lange Zeit im Verborgenen gegeben oder wird von Angehörigen und Bekannten mehr oder weniger hingenommen. Medikamente können unauffällig eingenommen werden. Alkohol ist vielfach „salonfähig" und man hat sich an den erhöhten Konsum über die Zeit gewöhnt. Rauchen wird bei Älteren von vielen als etwas akzeptiert, das nun eben auch nichts mehr ausmacht.

„Das lohnt sich nicht mehr" ist das häufigste Argument, selbst wenn Suchtprobleme wahrgenommen werden. Dadurch wird eine angemessene Beratung und Behandlung verhindert. Dass das Vorurteil nicht haltbar ist zeigt sich, da es bei Konsumeinschränkung meist innerhalb kurzer Zeit zu einer deutlichen Steigerung des Wohlbefindens kommt (Deutsche Hauptstelle für Suchtfragen e.V. 2015).

Meist fällt es älteren Menschen schwer, sich beraten oder behandeln zu lassen, wenn solche Probleme auftreten. Denn das kommt einem Eingeständnis der eigenen Abhängigkeit gleich, was mit Scham oder Kränkung verbunden ist. Viele glauben gerade im Alter, es komme nur auf den Willen an, merken aber doch, dass sie auf Hilfe angewiesen sind. Sie wünschen sich Unterstützung, haben aber Schwierigkeiten, sie aktiv einzufordern oder dieses Bedürfnis deutlich zu signalisieren. Hier könnte sich mit der Zeit eine Änderung ergeben, da die Menschen, die nun älter werden, eher bereit sind, psychosoziale Hilfe in Anspruch zu nehmen, als das noch bei den vorangehenden Generationen der Fall war. Das zeigt sich an einer allmählich größer werdenden Nachfrage nach entsprechender Beratung und Therapie auch unabhängig von Suchtproblemen.

2.4.2   Säule 2 – Kopf und Psyche

Dieser wichtigen Säule wird im Älterwerden häufig zu wenig Beachtung geschenkt. Die geistige Fitness ist im Hinblick auf das lange Leben enorm wichtig und sollte besonders nach dem Berufsleben in den Blick genommen werden. Dabei reicht einseitiges Training nicht aus. Es benötigt Herausforderungen von den verschiedensten Seiten.

Regelmäßig den „Geist ins Schwitzen kommen lassen" (Cohen) und Herausforderungen wählen ist wichtig. Kognitives Training ist übrigens – neben Ernährung, Bewegung und einem regen sozialen Leben – einer der wichtigsten Bausteine, um einer Demenz vorzubeugen.

Denkanstoß
Es gibt sehr viele Möglichkeiten, etwas für seinen Kopf zu tun! Was passt zu Ihnen? Was können Sie sich jetzt schon oder nach dem Berufsleben vorstellen? Ist Ihr Gehirntraining vielseitig? Wird es auch mal herausfordernd und Sie müssen sich anstrengen? Ergänzen Sie gerne!

- Etwas Neues lernen oder weiterlernen (Sprachen, Studium)
- Unterrichten, lehren und dozieren (Nachhilfe, Dozententätigkeit)
- Lesen
- Kochen mit neuen Rezepten und kreativen Experimenten
- Auf die Ernährung achten. Brainfood, z. B. durch Obst, Gemüse, Hülsenfrüchte und Getreide, Fisch (Omega-3-Fettsäuren)
- Tanzen (Schon eine Stunde Tanz pro Woche kann bei Senioren Aufmerksamkeit, Gedächtnis und Reaktionsfähigkeit verbessern.)
- politisches Engagement
- Nebenberuf
- qualifizierte Gespräche und Diskussionen (Literaturkreis etc.)
- Wirtschaftspaten
- Kurzzeitexperten
- Schachkurs
- Spiele (Skat, Bridge etc.)
- Sport (ab 40 Min.)
- Meditation
- Achtsamkeit üben (Achtsamkeitskurse)
- Gedächtnistraining bspw. durch Kurse oder Apps
- Planen und organisieren (Reisen, Vereinsfeste etc.)

Nach geistig anstrengenden Aufgaben und Herausforderungen sollten Sie regenerieren. Ruhe, Stille und Müßiggang sind schöne Möglichkeiten hierfür. Aber auch Sport oder ein Spaziergang im Wald kann guttun. Wie regeneriert sich Ihr Kopf am besten?

Kleines Denktraining

Wenn wir uns fokussieren, tun wir etwas für unser Gehirn. Eine kleine Übung hierzu ist das „Zeitung auf dem Kopf"-Training. Möchten Sie es einmal ausprobieren? Dann drehen Sie einen Zeitungsartikel auf den Kopf. Nehmen Sie einen Stift zur Hand und markieren Sie zwei bis drei Minuten lang alle „e". So schnell und konzentriert, wie Sie können. Es geht nicht darum, alle Buchstaben zu finden, sondern zu lernen, wie man sich fokussiert.

Möchten Sie mehr über Gehirntraining lesen?

- „Gedächtnistraining: Mit Gehirntraining zum leistungsfähigen Gedächtnis" von Peter Fuchs (2018)
- „Express-Gehirntraining: Übungen und Rätsel zur Steigerung der Denkleistung" von Gareth Moore (2016)
- „Gedächtnistraining: Theoretische und praktische Grundlagen" von Helga Schloffer (2010)

Was bedeutet das: *Geistig fit sein*? Wenn wir an geistige Fähigkeiten denken, fallen uns sicher zuerst schnelles Lernen und ein gutes Gedächtnis ein. Beides sind wichtige Aspekte geistiger Fitness, doch es gehört noch mehr dazu: beispielsweise die Fähigkeiten, Informationen aufmerksam wahrzunehmen, sich ein eigenes Urteil zu bilden, kreativ zu sein und vom Besonderen auf das Allgemeine schließen zu können.

Geistige Fitness ist für ein gesundes und gutes Leben unverzichtbar. Daher sind wir alle dazu angehalten, unser Gehirn immer wieder zu fordern. Das beste Training besteht darin, immer wieder unterschiedliche Dinge zu erleben und zu tun. Wer immer nur Kreuzworträtsel löst oder Knobelspiele spielt, trainiert das Gehirn lediglich einseitig. Abwechslung macht also nicht nur Spaß, sondern auch geistig fit. Über- und Unterforderung sind dabei aber nicht hilfreich. Das perfekte Gehirnjogging strengt uns ein wenig, aber nicht über alle Maßen an.

Wo Anspannung ist, darf die Entspannung nicht fehlen. Genauso wichtig wie die geistige Forderung ist es daher, immer wieder auch Pause zu machen und einfach mal „abzuschalten". Wie wichtig Entspannung, Ausgleich und Auftanken für die geistige und körperliche Gesundheit des Menschen sind, kann man kaum überschätzen.

Zu einem gesunden Geist gehört auch eine widerstandsfähige Psyche. Die psychische Widerstandsfähigkeit nennt man fachsprachlich Resilienz. Sie ist bei jedem Menschen unterschiedlich ausgeprägt, deshalb reagieren wir unterschiedlich (stark) auf Krisensituationen und Belastungen. Sie ist allerdings keine unveränderliche Gegebenheit, sondern lässt sich trainieren. Die geistige Gesundheit hat aber auch mit den Herausforderungen im Berufsleben zu tun. Daher widme ich mich im Abschn. 4.2.2.2 dem Spannungsfeld zwischen geistigem Training und psychischer Belastung. Hier finden Sie auch Denkanstöße zu Stress etc.

2.4.3   Säule 3 – soziale Kontakte

Menschen sind „Beziehungswesen". Schon der menschliche Säugling ist vollkommen in Abhängigkeit von anderen. Erst sehr langsam ist er in der Lage, allein zu laufen und nach vielen Jahren selbstständig für sich zu sorgen. Diese Grunderfahrung des In-Beziehung-sein fühlen wir ein Leben lang. Ein gutes soziales Netz bietet uns Halt und ist ein wichtiger Motor im Alltag. Ein positiver Austausch ist für unser Wohlbefinden von großer Bedeutung. Wir erhalten z. B. neue Anregungen und sehen andere Perspektiven, fühlen uns unterstützt, beruhigt, getröstet oder können zusammen lachen. Auch das Geben in Beziehungen spendet Kraft, denn wir fühlen uns miteinander verbunden und haben das Gefühl, etwas Sinnvolles zu tun, wenn wir helfen können. Tatsächlich belegen Studien den Einfluss sozialer Bindungen auf unsere Gesundheit und die Lebensdauer.

In der zweiten Lebenshälfte nehmen die weniger nahen Beziehungen eher ab, während die Anzahl der sehr nahen Beziehungen konstant bleibt. Grund dafür ist auch, dass wir im Älterwerden emotional selektieren, d. h. Kontakte suchen, bei denen wir Wohlbefinden und Vertrauen spüren und gegebenenfalls auch Unterstützung erhalten (Sozioemotionale Selektivitätstheorie, Carstensen 2006).

So gewinnen mit zunehmendem Alter Beziehungen zu vertrauten Menschen immer mehr an Bedeutung. In diese Beziehungen investieren wir dann viel Zeit und Kraft. Beziehungen zu Menschen, die uns nicht so wichtig sind, geben wir leichter auf als Jüngere. Jugendliche und junge Erwachsene setzen dagegen oft auf ein großes soziales Netzwerk aus (lockeren) Freunden. Das zeigt: Auch wenn menschliche Nähe ein Grundbedürfnis des Menschen ist, gibt es Unterschiede in der Art, wie wir den Wunsch nach Kommunikation, Austausch und Nähe befriedigen.

Durch das gefühlsmäßige „Mitschwingen" ist Beziehungsfähigkeit erst möglich. Es richtet sich auf die andere Person (Fremdempathie) und auf die eigene Person (Selbstempathie). Mit anderen Worten: Es ist im Umgang mit anderen auch notwendig, in sich selbst hineinzuhören und unterscheiden zu können, was für uns in der Begegnung mit anderen wichtig ist.

Soziale Kontakte sind übrigens auch hinsichtlich unserer geistigen Fitness (vgl. Säule 2) von Bedeutung. Durch den Kontakt mit anderen sind wir immer wieder gefordert, uns auf die Worte des Gegenübers einzustellen, zu reagieren und Worte zu formulieren. So sind soziale Kontakte für das gesunde Leben und Älterwerden nicht zu unterschätzen. Mehr hierzu erfahren Sie in Kap. 4, in dem es um das miteinander Arbeiten in der zweiten Lebenshälfte geht.

2.4.4   Säule 4 – Arbeit

Wer arbeitet, hat eine Aufgabe[5] im Leben, kann die eigenen Fähigkeiten einsetzen und den Kopf – und unter Umständen auch den Körper – fit halten. Arbeit gehört zu den großen Sinnquellen unseres Lebens. Daher gehört sie zu einem gesunden Leben und Älterwerden dazu. Hier zeigt sich, wie eng die einzelnen Säulen miteinander in Verbindung stehen. Das wird gerade im Älterwerden unterschätzt. Warum Arbeit und eine Aufgabe, in der man sich gebraucht fühlt,

---

[5] Natürlich kann man auch erfüllende Aufgaben und Arbeit im Leben haben, die nicht mit dem Beruf zusammenhängen (z. B. Ehrenamt, Kindererziehung etc.). Da es in diesem Buch aber vornehmlich um das Arbeitsleben geht, wird dieser Aspekt hier weitgehend ausgeklammert.

wichtig sind, wird noch später erläutert. Um Dopplungen zu vermeiden, ist dieser Abschnitt bewusst kurz gefasst. Mehr zur Säule 4 finden Sie in Abschn. 4.2.2.4.

Das sagen Berufstätige 45+
> *„Ganz ohne das Arbeiten geht es nicht. Wenn man nichts macht, wird man alt. Wer rastet, der rostet. Ich merke es ja auch so, im Winter wenn nichts los ist und man nichts macht. Dann wir man so schlapp, man hängt so rum. "*

2.4.5   Säule 5 – innere Haltung

Manche Menschen wirken innerlich strahlend und zufrieden, andere machen den Eindruck, als wäre das Leben nur eine Qual für sie und alles wäre Ihnen zuwider. Dabei sind es oft nicht die äußeren Umstände, die den Unterschied ausmachen; häufig sind diese unterschiedlichen Charaktere von den gleichen Herausforderungen betroffen. Es ist die innere Haltung, die sich auf unsere Gesundheit und auf unser Äußeres auswirkt. Psychosomatische Prozesse und das Gesundheitsverhalten spielen eine wichtige Rolle. Selbstverantwortung heißt nicht zuletzt, eine gesundheitsfördernde geistige Einstellung dem eigenen Leben gegenüber zu entwickeln. Für diese innere Haltung sind Werte ausschlaggebend, die den eigenen Handlungen, Zielsetzungen, Aussagen und Urteilen zugrunde liegen.

Innere Haltung als sich selbsterfüllende Prophezeiung
Wie eine Studie zu Vorurteilen gegenüber dem Alter eindrucksvoll belegt, wirkt sich eine positive Haltung positiv auf das eigene Leben aus (vgl. BMFSFJ 2012). Denn wer ein negatives Bild vom Alter hat, der hat gute Chancen, dass, ist er selbst erst einmal älter, seine körperliche und geistige Leistungsfähigkeit dem entspricht.

Was bedeutet das für Sie im Älterwerden?

Unser Bild vom Alter kann und sollte immer wieder gut reflektiert werden, sodass wir nicht mit einer einseitig negativen Einstellung über das Alter durch das Leben gehen. Dazu gehört auch das Bewusstsein zu Gestaltungskraft und Entfaltungsspielräumen, die den meisten von uns gegeben sind. Im Hinblick darauf sollten wir aber auch mitverantwortlich an jene denke, die noch weitere Präventionsangebote benötigen und denen weniger Möglichkeiten zur Entfaltung zur Verfügung stehen (vgl. Abschn. 2.1.2.3 soziale Ungleichheit). Um an der inneren Haltung zu Alter und Älterwerden zu arbeiten, dienen die Übungen in diesem Buch.

Optimismus als „Gesundheitsquelle"

Eine optimistische Lebenseinstellung lohnt sich. Eine Studie des belgischen Gesundheitsministeriums zeigt: Wenn wir jammern und schimpfen, um Stress abzubauen, passiert in unserem Körper das Gegenteil: Das Hormon Cortisol wird freigesetzt, das in Verbindung mit Stress krank machen kann. Das Risiko für Diabetes, Fettleibigkeit und Herzinfarkt nimmt zu, wenn wir viel klagen (vgl. Meyer-Feist 2018). Es gibt eher positive und eher pessimistische Menschen unter uns. Die Big Five (vgl. Abschn. 3.1.3) zeigen, dass die Muster in uns ab einem gewissen Alter nicht mehr so leicht zu verändern sind. Dennoch: Auch kleine Schritte sind Schritte. Jeder kann an seiner inneren Haltung arbeiten und trägt hierfür selbst Verantwortung.

Was Sie tun können

Freude in kleinen Dingen und Dankbarkeit pflegen:
Was gibt uns Kraft? Manchmal sind es die ganz kleinen Dinge. Da, wo wir Freude und Wohlgefühl erleben, können wir meist Kraft tanken und sei es auch nur im ganz Kleinen. Wir könne es uns zur Gewohnheit machen den frohen Momenten im Alltag geistig und körperlich nachzuspüren: Einen Moment innehalten und bewusst genießen. Hilfreich kann auch ein Zeitsprung und die Erinnerung sein: Bei welcher Gelegenheit haben Sie als Kind Freude und Wohlgefühl empfunden. Zum Beispiel, wenn die Mutter oder Oma ihr Leibgericht gekocht hat? Denken Sie an etwas, was nicht in Verbindung mit einer äußeren Bewertung (wie eine Schulnote) steht. Schreiben Sie drei Dinge auf, die Ihnen einfallen.
Dankbarkeit ist nicht nur eine Tugend, sondern auch ein wertvoller Helfer. Forschungsarbeiten zu Dankbarkeit zeigen, dass sich dankbare Menschen subjektiv besser fühlen, glücklicher und weniger depressiv sind. Zudem weisen sie weniger Stress und mehr Zufriedenheit in ihren sozialen Beziehungen auf und haben mehr positive Möglichkeiten, mit den Schwierigkeiten in ihrem Leben umzugehen. *Dankbarkeit im Kleinen* kann auch in leidvollen Situationen erlebt und gelebt werden.
Wofür sind Sie dankbar?
Es heißt, Dankbarkeit ist eine Tugend des Alters. Sicherlich gibt es viele kleine und große Dinge, für die Sie Dankbarkeit empfinden. Vielleicht möchten Sie Ihre Dankbarkeit noch bewusster leben, auch an Tagen, an denen scheinbar alles schieflief. Wenn ja, denken Sie jeden Abend vor dem Schlafengehen über „drei Dinge" nach, für die Sie an diesem Tag dankbar sind.

Lebensgestaltung und Handlungsfelder der Verantwortung

Wir müssen uns bewusst damit auseinandersetzen, wie wir selbst- und mitverantwortlich leben und handeln wollen. Wie in Abschn. 2.6 noch genauer erläutert wird, habe ich auf Basis von vielen Gesprächen mit Berufstätigen im

Alter von 45 Jahren und älter 14 Handlungsfelder der Verantwortung ausfindig gemacht (vgl. Schröder-Kunz 2016). In Bezug auf die innere Haltung sind fünf Handlungsfelder besonders relevant: Lebensgestaltung (4), Verzicht/Grenzen (7), Akzeptanz von Vielfalt (8), Bewusstsein für Polaritäten (12) sowie gelebte Freude und Annahme von Leid (13).

- *Lebensgestaltung*: Jeder Mensch zieht Energie und Lebensfreude aus bestimmten Kraftquellen (Familie, Freunde, Ehrenamt, Glaube etc.). Verantwortliche Lebensgestaltung bedeutet zum Beispiel, sich Zeit und Raum für die individuellen Kraftquellen zu nehmen, Begabungen und Talente zu leben und Freude an kleinen Dingen zu fördern. Das ist eine wichtige Voraussetzung für selbst- und mitverantwortliches Handeln, also für die Kraft, die wir für uns und andere aufbringen können. Geisteshaltungen wie Offenheit und Mut begünstigen dies.
- *Grenzen setzen*: Wir genießen heute eine Freiheit wie kaum jemals zuvor. Uns stehen unzählige Möglichkeiten offen: Das beginnt bei der Wahl der Konfitüre im Supermarkt und endet bei der Frage der individuellen Lebensgestaltung. Diese Freiheit ist ein großes Glück, doch sie kann auch überfordern. Daher ist es ausgesprochen wichtig, auch Grenzen zu ziehen und aktiv Verzicht zu üben, wenn uns etwas überfordert oder nicht guttut. Es ist nicht nur möglich, sondern absolut notwendig, auch einmal Nein zu sich selbst oder zu anderen zu sagen. Beispielsweise wenn uns andere um einen Gefallen bitten, den wir nicht selbstverantwortlich erfüllen können (z. B. Wochenendschicht übernehmen oder alleine die Pflege der Eltern übernehmen). Uns selbst gegenüber, wenn wir Ansprüche an uns stellen, die wir nicht erfüllen können (z. B. „Ich muss jeden Tag mindestens eine Stunde Sport machen, zugleich immer frisch für meine Familie kochen, mindestens einmal pro Woche mit meiner Freundin telefonieren und bei der Arbeit immer Höchstleistungen liefern").
- *Spannungsfelder akzeptieren*: Allzu oft schlummern Bedürfnisse in uns, die einander widersprechen. Wir möchten beispielsweise die Steuererklärung abschließen, um das Gefühl zu haben, diese Aufgabe endlich erledigt zu haben. Zugleich lockt das Sofa und nur allzu gern möchten wir die Füße hochlegen und uns entspannen. Was tun? Diese und ähnliche Situationen kennen wir alle. Diese Polaritäten gehören zum Leben dazu. Zu einer selbst- und mitverantwortlichen inneren Haltung gehört es, sich bewusst zu machen, dass sich solche Spannungsfelder nicht vermeiden lassen. Die Polaritäten sind übrigens häufig auch in unseren Stärken beziehungsweise Schwächen gegeben. Eine unserer Schwächen kann sich in anderen Lebensbereichen als Stärke herauskristallisieren.

- *Unabänderliches Leid annehmen*: Auch Unglück und Leid gehören zum menschlichen Leben. Wer hartnäckig dagegen ankämpft und stattdessen nur danach strebt, Glücksmomente zu sammeln, muss geradezu zwangsläufig unglücklich werden. Gerade im reiferen Alter ist dieses Handlungsfeld besonders wichtig.

Inwiefern können wir unsere Gefühle, Erwartungen, Ängste u. a. so beeinflussen, dass ein gutes Leben möglich ist? Wie kann es trotz widersprüchlicher Bedürfnisse, Normen und Werte doch zu einer selbstverantwortlichen Lebensweise kommen? Diese Fragen zur Kunst der Lebensgestaltung können (in diesem Buch) nicht abschließend beantwortet werden. Der Schlüssel liegt darin, kontinuierlich daran zu arbeiten. Lebensgestaltung kann nie passiv sein und ist ein fortwährender Prozess. Wer sich mehr damit beschäftigen möchte, kann nach Literatur zur Lebenskunst Ausschau halten. Empfehlen möchte ich die Schriften des Philosophen Wilhelm Schmid, der sich mit reflektierter Lebenskunst, der Fülle des Glücks und Gelassenheit beschäftigt (siehe Literaturverzeichnis).

Neben der Reflexion über das gute Leben und Älterwerden können wir unsere Vorstellungskraft nutzen, um zu einer positive Einstellung und Lebensqualität im Älterwerden zu finden. Die Psychoanalytikerin Luise Reddemann beschreibt in verschiedenen Publikationen eindrucksvoll, wie Imagination als heilsame Kraft wirken kann. So kann auch der Schatz innerer Bilder im Älterwerden gepflegt und gefördert werden (vgl. Reddemann et al. 2013).

2.5 Mit Freiheit und Verantwortung die zweite Lebenshälfte gestalten

Die vielen Facetten des Älterwerdens wurden auf den vorangegangenen Seiten deutlich: Älter werden bedeutet stetige Entwicklung, Raum für Gestaltung, faszinierende Fähigkeiten, die Herausforderung, mit Schwerem umzugehen und ein erweiterter Blick auf unsere ganzheitliche Gesundheit. Die zweite Lebenshälfte kann in unserer Gesellschaft so frei und den eigenen Bedürfnissen entsprechend gestaltet werden wie nie zuvor. Freiheit geht aber immer auch mit Verantwortung einher. Verantwortung meint hier allerdings nicht, dass wir uns selbst mit erhobenem Zeigefinger drohen, bloß nichts falsch zu machen. Vielmehr geht es um die innere Motivation, das zu tun, was für uns und für andere richtig ist. Wenn von außen gute Bedingungen gegeben sind, fällt uns verantwortliches Handeln leichter. Neue Herausforderungen ohne Unterstützung von außen bedeuten: Der Mensch muss selbst neue Antworten geben.

Hier kommen die beiden Kategorien der Selbst- und Mitverantwortung ins Spiel.

Sie geben Orientierung für das gute Handeln. Es geht um eine positive innere Haltung mit dem Ziel eines ethischen, guten Lebens. Selbstverantwortung und Mitverantwortung sind ethische Kategorien (Kruse 2005).

Selbstverantwortung

Selbstverantwortung ist *die Fähigkeit, das eigene Leben gut zu gestalten*. „Gut" meint hier, dass das Leben den eigenen Bedürfnissen, Normen und Werten entspricht (vgl. Kruse 2005). Selbstverantwortung bedeutet also, dass sich der Einzelne damit beschäftigt, was ein gutes und gelungenes Leben für ihn ausmacht. Dazu muss er sich bewusst mit seiner Lebenssituation und seiner Persönlichkeit auseinandersetzen.

Es geht aber auch darum, sich bewusst zu machen, was dem eigenen Handeln und den persönlichen Entscheidungen zugrunde liegt. Selbstverantwortung umfasst die Reflexion einzelner Situationen, die „Deutung" des eigenen Lebens und die Beschäftigung mit der Frage „Wer bin ich" (Kruse 2005).

Fragen der Selbstverantwortung sind zum Beispiel (Schröder-Kunz 2019):

- Welche Bedürfnisse habe ich?
- In welcher Lebenssituation befinde ich mich?
- Was kann ich für mich selbst tun, ohne die anderen dabei aus dem Blick zu verlieren?
- Wie kann ich in Zeiten des doppelten Wandels (Veränderung durch Älterwerden und Arbeitsleben) gut leben?
- Was kann und soll ich tun, wenn die Welt um mich herum scheinbar immer komplexer, schneller und unruhiger wird?
- Welche Anforderungen stellen andere an mich?
- Was kann ich tun, wenn mich die Anforderungen überfordern?
- Wie fühle ich mich, wenn ich über- oder unterfordert bin?
- Wie kann ich mit problematischen Rahmenbedingungen umgehen?
- Welche Normen und Werte sind mir wichtig?
- Wie lebe ich meine Werte? Bleibe ich ihnen treu?
- Welchen Werten gebe ich in einer speziellen Situation Vorrang?
- Welche Werte sind mir im Zusammenleben und Zusammenarbeiten wichtig?
- Wie kann ich zur Ruhe kommen und Kraft tanken? Was tut mir gut?
- Welchen Stellenwert hat Gesundheit für mich? Was kann ich dafür tun?
- Wie ist es um meine sozialen Kontakte bestellt?

Fragen zur Selbstverantwortung im Beruf sind beispielsweise:

- Was bereitet mir in meiner Tätigkeit Freude?
- Woraus schöpfe ich Kraft, wenn ich überlastet bin? Was tut mir dann gut?
- Womit bin ich im Arbeitsleben unzufrieden?
- Was kann ich daran verändern, was muss ich (vorläufig) akzeptieren?
- Was kann ich aus schwierigen Situationen im Berufsleben lernen?
- Kann ich auch in problematischen Arbeits situationen gelassen bleiben und trotzdem Sinn finden, ohne zu hohe Erwartungen zu haben?

Allein an diesen Fragen stellen wir fest: *Eine alleingültige Antwort* gibt es meist nicht. Wir werden nicht *die* Antwort auf diese Fragen finden und im Lösungen-Suchen werden wir auch nicht ein neuer Mensch. Es geht eher darum, die eigene Entwicklung positiv zu fördern und das Leben da, wo es möglich ist, zu gestalten. Häufig kann der Schlüssel zum guten und sinnerfüllten Leben auch im Kleinen und Einfachen liegen.

Diese Fragen bedeuten nicht, dass sich der Mensch ständig nur um sich selbst dreht. Doch ein Gespür für sich selbst zu bekommen kann in der Tat sehr wichtig sein. Viele Menschen erhalten dieses Gespür im Laufe ihres Lebens ganz von selbst. In einer schwierigen Situation mit neuen Anforderungen können die oben gestellten Fragen nochmal besonders wichtig werden. In diesem Buch finden Sie viele Anregungen hierzu.

Übrigens: Selbstverantwortung hat nichts mit Egoismus zu tun. Während wir uns im egoistischen Verhalten vorrangig mit unseren eigenen Interessen beschäftigen, ohne dabei Rücksicht auf die Ansprüche anderer zu nehmen (z. B. Vordrängeln an der Supermarktkasse), geht es bei der Selbstverantwortung zwar um die Erfüllung unserer Bedürfnisse und Wünsche, jedoch im gesunden Maß und mit Blick auf unsere Mitmenschen. In unserer Selbstverantwortung können wir also auch einmal zurückstecken und dem anderen den Vortritt lassen. Da Selbst- und Mitverantwortung zusammengehören, ist es Ziel, die Bedürfnisse von uns selbst, aber auch die der anderen in den Blick zu nehmen.

Eng mit der Frage „Was soll ich tun?" ist die Frage „Wer will ich sein?" verbunden. Es geht zunächst darum, was wir für uns als wünschenswert und als Ziel ansehen. Allerdings darf man dabei nicht stehenbleiben. Im nächsten Schritt gilt es zu überprüfen, inwiefern es realistisch ist und was umgesetzt werden kann. Denn oft führen allzu hohe Erwartungen zu Enttäuschungen.

Denkanstoß

Was verstehen Sie unter Selbstverantwortung?

Das sagen Berufstätige 45+

„Natürlich, man hat eine Verantwortung gegenüber anderen Menschen. Aber ich denke, man hat auch ein großes Stück Verantwortung gegenüber sich selbst. Dass man nämlich sich selbst schützt und kräftig hält, auch geistig fit bleibt. Dass man gut mit sich selber umgehen kann."

„Unter Selbstverantwortung verstehe ich ganz klar, dass ich respektvoll mit der Schöpfung umgehe. Das betrifft natürlich auch meinen Körper. Aber nicht zuerst, weil der sowieso vergänglich ist. Aber Selbstverantwortung heißt auch: Ich glaube an die Vielseitigkeit der Talente der Menschen! Und: Ich lebe meine Talente!"

„Ich muss nicht jemanden haben, der mir sagt: „Sitz gerade." Ich kann das selber tun. Ich kann selber sehen, dass ich keine Rückenschmerzen kriege, indem ich mich ab und zu von meinem stundenlangem PC-Arbeiten erhebe und was mache."

Mitverantwortung

Genauso wichtig wie die Selbstverantwortung ist die Mitverantwortung: die *Fähigkeit, sich in andere hineinzuversetzen, etwas für andere – im nahen oder fernen Umfeld – zu tun, einen Beitrag für die Gesellschaft zu leisten* (vgl. Kruse 2005).

Wir alle stehen in Beziehung zu anderen: zu Freunden, zur Familie, zu Arbeitskollegen, Vorgesetzten, Kollegen, Nachbarn und Bekannten. Unser Handeln wirkt sich auf unser Umfeld aus. Daher tragen wir auch automatisch Mitverantwortung für andere.

Wenn wir uns in jemand anderen hineinversetzen, bedeutet das, dass wir seine Bedürfnisse kennen und berücksichtigen und wissen, welche Normen und Werte ihm wichtig sind. Wir betrachten seine Fähigkeiten und Kompetenzen. Kann er damit etwa die gestellte Arbeitsaufgabe lösen? Oder benötigt er Hilfe von außen (z. B. von uns)? Unsere Erwartungen an den anderen passen sich mitverantwortlich an die Möglichkeiten des Gegenübers an. Wir haben den Wunsch und das Ziel, die (Lebens-)Situation des Gegenübers zu verstehen und aus unserer eigenen Perspektive hinauszutreten. In diesem mitverantwortlichen Verhalten können wir auch eine Bereicherung in der eigenen Entwicklung und Selbstverantwortung erleben.

Es gehört aber auch zur Mitverantwortung, den anderen in seiner Selbstverantwortung zu sehen. Dann heißt es auch mal nicht einzugreifen, wenn ein jüngerer Mensch eine Entscheidung trifft, die wir aufgrund unserer Erfahrungen anders treffen würden. Wir trauen dem anderen zu, in seiner Selbstverantwortung das zu tun, was für ihn und seine Entwicklung richtig ist.

Mitverantwortung bedeutet dabei auch ein gesundes Maß von Nähe oder Distanz. Wir respektieren, was für den anderen gut und wichtig ist. Selbst- und mitverantwortliche Beziehung bedeutet immer auch Weg und Veränderung. Gleichzeitig benötigen wir Geduld in diesem Veränderungs- und Lernprozess, denn oft genug geht uns die Veränderung nicht schnell genug.

Fragen der Mitverantwortung sind beispielsweise:

* In welcher Situation befindest du dich?
* Was hat dich geprägt?
* Was sind deine Bedürfnisse?
* Welche Erwartungen und Anforderungen werden an dich gestellt?
* Was wünschst du dir im Miteinander von mir?
* Wie können wir gut miteinander umgehen?

Im beruflichen Kontext lauten Fragen der Mitverantwortung unter anderem:

* Welche Fähigkeiten hat mein Kollege, Mitarbeiter oder Vorgesetzter?
* Wie kann Hilfe angeboten und angenommen werden?
* Welche Erwartungen habe ich an ihn? Sind meine Erwartungen realistisch?
* Wann sollte ich Rücksicht auf ihn nehmen?
* Wie können wir im Konfliktfall gut und konstruktiv miteinander umgehen?
* Wie erleben wir einander als Generationen?
* Was hat den Kollegen, Mitarbeiter oder auch Vorgesetzten im (Arbeits-) Leben geprägt?

Warum lohnt es sich, sich intensiv mit der Selbst- und Mitverantwortung auseinanderzusetzen?
Selbstverantwortung und Mitverantwortung sind Schlüsselkompetenzen. Es sind Sphären, in denen wir uns täglich bewegen. Oft tun wir das unbewusst. Gleichzeitig sollten wir wissen, wie wir, ganz konkret und bewusst, damit umgehen können.

Selbst- und mitverantwortliches Verhalten bedeutet zunächst, dass wir bereit sind, unser Leben und Arbeiten zu reflektieren. Ein solches Nachdenken kann die Grundlage sein, dass wir beides, unser Leben und unser Arbeiten, als etwas verstehen, das wir gestalten können. Die Möglichkeiten dazu mögen nach Umständen und Umweltbedingungen verschieden sein, aber die Einsicht, dass wir prinzipiell unsere Angelegenheit in die eigene Hand nehmen können und nicht nur von Äußerem abhängig sind, ist schon der erste Schritt und weitet den Horizont.

Die Beschäftigung mit den Fragen der Selbstverantwortung kann ein wichtiger Weg der Selbststärkung sein. Indem sich der Einzelne selbst besser kennenlernt, kann er besser mit sich umgehen. Er findet eine gesunde Distanz zu sich selbst. Der realistische Blick wird geübt, Stärken und Schwächen werden als etwas dem Menschen natürlich Gegebenes angenommen. So lassen sich konkrete Gestaltungsmöglichkeiten finden, und es wird deutlicher, wo es sinnvoll ist, sich Hilfe zu holen. Zu hohe Erwartungen an die eigene oder andere Person werden vermieden, Grenzen rechtzeitig gesetzt bzw. akzeptiert. In der Selbstverantwortung sorgt sich der Mensch auf kluge Weise um sich selbst; er bemüht sich um eine gesunde Lebensführung, ohne eine Selbstoptimierung anzustreben. Er ist weniger schnell erschöpft und hat seltener das Gefühl, ausgebrannt zu sein.

Die Welt wird komplexer, klassische Rollenbilder und Traditionen lösen sich auf. Die Frage „Was soll ich tun?" ist immer schwerer zu beantworten. Eine Pluralisierung der Lebensstile, wie wir sie heute feststellen, lässt Selbstverwirklichung und Vielfalt zu; sie ermöglicht Freiheit in nie da gewesener Form. Mit den Veränderungen und dem Fortschritt sind aber auch gewohnte Werte und Hilfen für unsere Lebensführung verloren gegangen. Auf der einen Seite wurde ein einengendes Korsett gesprengt, auf der anderen Seite sind neue Zwänge hinzugekommen.

Durch scheinbar unendliche Möglichkeiten und Angebote in unserem Leben lässt sich das eigene Handeln oft kaum noch überblicken. Die Bandbreite an Antworten erzeugt manchmal einander widersprechende Gefühle. Ein einfaches Beispiel: Ein oder zwei Generationen vor uns wurden in vielen Haushalten Erdbeeren im Garten angepflanzt. Im Frühsommer wurde Marmelade daraus zubereitet. Beim Geschäft um die Ecke, in das man zu Fuß ging, hat man den notwendigen Gelierzucker gekauft. Wahlmöglichkeiten gab es bei keinem der erforderlichen Schritte. Weniger Freiheiten bedeutete oft auch weniger Verantwortung, die sich in der zeitgemäßen Pflichterfüllung, weniger in Entscheidungen erschöpfte. Heute verbergen sich hinter Produktions- und Kaufprozessen deutlich mehr und weiter reichende Fragen. Es gibt häufig nicht mehr *die* Lösung für den Einzelnen. Verantwortung hat an Bedeutung gewonnen und muss neu in den Blick genommen werden.

Die Beschäftigung mit Selbstverantwortung und Mitverantwortung kann dabei helfen, eine gute Entscheidung zu treffen. Beide in ihrem Zusammenhang bilden die Basis. Sie bedeuten eine Reflexion und die Erkenntnis, dass es Gestaltungsmöglichkeiten gibt. Dabei werden bisherige Antworten neu in den Blick genommen, verschiedene Seiten werden betrachtet, Widersprüche wahrgenommen und immer wieder nach Antworten gesucht. Das Bewusstsein des Einzelnen kann sich auf viele andere übertragen und Veränderungen in Politik, Produktion etc. anstoßen. Verantwortung bedeutet häufig Mühe und Anstrengung. Da sie jedoch mit dem Ziel des guten Lebens verbunden ist, wird sie in diesem Buch nicht als belastende Pflicht verstanden. Sie wird zu einer Lebenshaltung, die die Zufriedenheit und letzlich die eigene Entspannung fördert.

Um Verantwortung tragen zu können, benötigt der Einzelne aber auch die entsprechenden Rahmenbedingungen. So sind Unternehmen und Organisationen immer wieder gefordert, „Umwelten" zu schaffen, in denen sich der Einzelne verantwortlich entwickeln und handeln kann.

Verantwortung, die wir wollen

Zum einen ist Verantwortung durch äußere Einflüsse wie Umwelt, Technik, Globalisierung, alternde Gesellschaft etc. gegeben. Darüber darf jedoch nicht übersehen werden, dass auch ein innerer Verantwortungswandel stattfinden muss. Verantwortung soll nicht nur als eine Verpflichtung verstanden werden, die das Individuum trifft, sondern sie muss neu von innen heraus gewollt sein, muss als etwas Positives und Zielführendes verstanden und empfunden werden. Beispielsweise ist es erforderlich, dass Verantwortung für die Umwelt im tiefen Bewusstsein, im Fühlen und Ergriffensein aufscheint und damit als intrinsisches Motiv wirkt. Ein „Verinnerlichen" von normativen Ansprüchen, das ein gutes, friedliches Eigen- und Gemeinwohl im Blick hat und auch die nächsten Generationen einbezieht, kann schließlich zu nachhaltigen, verantwortlichen Handlungen führen. Das englische Wort für Verantwortung, „responsibility", beinhaltet „ability", Fähigkeit, und „response", Antwort. Verantwortung lässt sich so als die Fähigkeit betrachten, auf das Leben und seine Herausforderungen zu antworten. Um Antworten zu finden, muss der Mensch immer wieder fragen: „Was soll ich tun?" (Schröder-Kunz 2016)

Selbstverantwortung und Mitverantwortung in Balance (Schröder-Kunz 2019)

Selbst- und Mitverantwortung können nie ganz unabhängig voneinander betrachtet werden. Sie stehen immer in einem bestimmten Verhältnis zueinander. Wie dieses Verhältnis aussieht, ist allerdings stark abhängig von der jeweiligen Situation. Mitverantwortung kann ein Teil der Selbstverantwortung sein. In manchen Situationen handeln wir zugleich selbst- und mitverantwortlich. Doch manchmal widersprechen einander die beiden Verantwortungsdimensionen auch. Dann müssen wir einen Kompromiss suchen.

Niemand kann uns vorschreiben, wie wir leben und wer wir sein sollen. Diese Freiheit ist ein unglaubliches Geschenk, doch wir sollten dabei die Bedürfnisse anderer nicht aus dem Blick verlieren, wenn wir unsere eigenen Ziele verfolgen. Wir sollten immer darauf achten, dass möglichst ein Gleichgewicht zwischen Selbstverantwortung und Mitverantwortung herrscht. Das Verhältnis der beiden muss stets neu ausbalanciert werden(Abb. 2.4). Die Arbeit an ihnen ist nie abgeschlossen. Sie kann zu unserer Reifung und Entwicklung beitragen.

Selbstverantwortung und Mitverantwortung zu leben bedeutet oft ein stetes Bemühen. Dabei ist es nicht immer damit getan, eingefahrene Verhaltensweisen zu verändern. Das wird besonders deutlich, wenn schwere Rahmenbedingungen gegeben sind. Es macht z. B. einen großen Unterschied, ob man Mitgefühl in ruhiger Umgebung mit gleichgesinnten Menschen entwickelt oder unter den rauen Bedingungen des (Arbeits-)Alltags. Daher sollten Unternehmen verstärkt über altersgerechte Arbeitsbedingungen nachdenken, die die gesunde Entwicklung und das gute Miteinander aller Generationen fördert (vgl. Schröder-Kunz 2019).

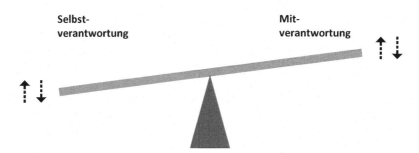

Abb. 2.4 Die Balance von Selbstverantwortung und Mitverantwortung als stetige Arbeit. (Quelle: Schröder-Kunz 2019)

Praxisbeispiel: Selbstverantwortung und Mitverantwortung in Balance

Nach einem Sturz muss die hochbetagte Mutter einer berufstätigen Frau dauerhaft gepflegt werden. Mutter und Tochter sind sich einig, dass die Pflegebedürftige zuhause versorgt wird und nicht in eine entsprechende Einrichtung einzieht. Doch die Mutter möchte keine fremde Pflegekraft in ihrem Haushalt. Daher reduziert die Tochter die Zahl ihrer Arbeitsstunden, um sich selbst um sie zu kümmern. Ihr bleibt neben dem Beruf ausschließlich Zeit für die Hilfe und Unterstützung der Erkrankten. Ihre eigenen Bedürfnisse, zum Beispiel regelmäßig Sport zu treiben und sich mit Freunden zu treffen, unterdrückt sie. Anfangs ist das für sie in Ordnung. Doch mit der Zeit merkt sie, wie sehr sie unter dieser Situation leidet.

Der Mutter hat sie von ihren Bedürfnissen und nachlassenden Kräfte erzählt, woraufhin diese Verständnis zeigt und sich nun bemüht, auch fremde Hilfe anzunehmen. Die Tochter sucht einen ambulanten Pflegedienst, der einmal täglich nach ihrer Mutter schaut. Zusätzlich lässt sie mehrmals pro Woche Essen auf Rädern kommen und nimmt sich an drei Tagen Zeit für ihre Freunde und Hobbys und Freunde. Sie kann nun wieder konzentrierter arbeiten und ist ihrer Mutter gegenüber viel ausgeglichener.

Das Konzept der Selbstverantwortung und Mitverantwortung kann zu einem inneren ethischen Kompass werden. Ich muss mich nicht bewegen, weil es vernünftig ist, sondern ich mich bewegen will. Es ist eine innere Haltung (Abschn. 2.4.5), in der ich mich auf die Suche nach dem guten Leben begebe.

In der Selbstverantwortung geht es nicht darum, dass uns jemand von außen sagt: *„Beweg dich! Das ist wichtig für dich!"*, sondern wir haben uns damit auseinandergesetzt, warum es wichtig ist, haben es verstanden, verinnerlicht und suchen nun nach Möglichkeiten, die zu uns passen. Ebenso ist es mit der Mitverantwortung: Wir wissen, dass soziale Kontakte für uns wichtig sind. Ob im Privaten oder im Arbeitsleben. In diesem Wissen überlegen wir immer wieder, was wir für ein gutes Miteinander tun können. Auch hier begeben wir uns sozusagen auf die Suche.

Wie kommen wir zu dieser inneren Haltung der Selbstverantwortung und Mitverantwortung? Zunächst braucht es ein Basiswissen und Verstehen des

Konzepts der Selbst- und Mitverantwortung. Dazu dient dieses Buch. So kann die Verantwortung durch Wissen zu Selbstreflexion und empathisches Auf-an-dere-zugehen geübt werden. In den Kap. 3 und 4 erhalten Sie hierzu viele Anregungen. Wollen wir Selbst- und Mitverantwortung in dem hier beschrie-benen Sinn üben, müssen wir uns immer wieder Zeit, z. B. zur Selbstreflexion und Zum-anderen-hinfühlen nehmen. Anregungen und Hilfen von außen können helfen. So gibt es bspw. Kurse zur guten Kommunikation für mitver-antwortliches Verhalten. Auch meine ethische Begleitung kann helfen.

Wenn wir selbst- und mitverantwortlich leben wollen, benötigen wir eine innere Haltung, in der wir lernen und üben wollen. Auch hier handelt es sich um einen Prozess.

Selbst- und mitverantwortliches Verhalten ist immer auch von unserer Stimmungslage und der Emotionalität in einer Situation abhängig. Nicht immer können wir gleichermaßen selbst- und/oder mitverantwortlich denken und han-deln. Als ethische Kategorien lassen sie auch das Scheitern zu bzw. nehmen es als Teil des Lebens, ohne aber den Verantwortungsgedanken je aufzugeben.

Denkanstoß

Beschäftigen Sie sich mit den Fragen der Selbst- und Mitverantwortung. An wel-cher Stelle möchten Sie verstärkt auf Ihre Selbstverantwortung achten? Bei der Mitverantwortung möchten Sie vielleicht an eine konkrete Person denken. Notieren Sie Ihre Antworten. Wiederholen Sie diese Aufgabe, wenn Sie das Buch fertiggelesen haben? Hat sich etwas verändert?

2.6   14 Handlungsfelder der Verantwortung

Was denken Arbeitnehmer über Selbst- und Mitverantwortung und wie beantworten sie die zentrale Verantwortungsfrage „Was soll ich tun?" im Hinblick auf den Wandel des Arbeitslebens und das Älterwerden? Hierzu habe ich zwischen 2013 und 2015 mit vielen Beschäftigten im Alter von 45 Jahren und älter Gespräche geführt (vgl. Schröder-Kunz 2016).

Es ließen sich 14 Handlungsfelder ableiten, wie Menschen ethisch verant-wortlich leben können. Diese stehen häufig miteinander in Verbindung und beeinflussen einander gegenseitig. Die 14 Handlungsfelder kann man wiede-rum vier übergeordneten Gruppen zuordnen:

I. **Kognition und seelisch-geistiges Bewusstsein**

Aneignen von Wissen (lebenslanges Lernen)
Reflexion
Zulassen von Gefühlen

II. Handeln und Tun

Gestaltung des (Arbeits-)Lebens
Aktivität und Ruhe
Achtsamkeit
Verzicht und Grenzen

III. Verantwortung in der Begegnung

Akzeptanz von Vielfalt
gute Kommunikation
Ehrlichkeit und Verlässlichkeit
Weitergabe von Erfahrung und Wissen (Generativität)

IV. Verantwortung im Spannungsfeld des Lebens

Akzeptanz der Polaritäten des Lebens und der damit verbundenen Spannungsfelder
Freude vs. Leid
Selbstbestimmung vs. Fremdbestimmung bzw. Abhängigkeit

Wie sich die 14 Handlungsfelder gestalten lassen und inwiefern Sie andere darin mitverantwortlich unterstützen können, ist Gegenstand von Kap. 2, 3 und 4.

Denkanstoß (Schröder-Kunz 2019)
Wenn Sie mehr auf Ihre Selbst- und Mitverantwortung achten möchten, gibt es dazu ein hilfreiches Verfahren. Schreiben Sie dazu eine konkrete Situation aus Ihrem Privat- oder Berufsleben auf, die Sie in diesem Zusammenhang in den Blick nehmen möchten. Im Folgenden finden sich die 14 Handlungsfelder mit zugehörigen Fragen. Überlegen Sie, welche von diesen zu Ihrem Beispiel passen. Notieren Sie auch die ausgewählten Fragen – und schon haben Sie eine gute Grundlage, um die Situation zu analysieren und zu mehr Selbst- und Mitverantwortung zu gelangen. Vielleicht möchten Sie weitere Fragen ergänzen. Manchmal ist auch der Austausch mit einem nahestehenden Menschen hilfreich. Verschiedene Anregungen zu den 14 Handlungsfeldern finden Sie zudem in diesem Buch.

1. **Aneignen von Wissen:** Weiß ich genug, um diese Situation richtig einschätzen zu können? Frage ich um Rat, wenn mir Informationen fehlen? Verstehe ich mein Verhalten in dieser Situation? Erkenne ich meine

typischen Handlungsmuster (werde ich z. B. laut oder weiche ich aus)? Weiß ich genug über die beteiligten Personen? Frage ich nach, wenn mir Informationen fehlen?

2. **Reflexion:** Nutze ich mein Wissen, um die Situation von den verschiedenen Seiten zu betrachten? Versetze ich mich in andere hinein? Vermeide ich Pauschalurteile? Hinterfrage ich meine innere Haltung?

3. **Zulassen von Gefühlen:** Bemerke ich, welche Gefühle durch die Situation entstehen? Kann ich unangenehme Gefühle zulassen? Durchschaue ich meine „Gefühlsmuster"? Bin ich bereit, daran zu arbeiten? Finde ich emotionalen Ausgleich?

4. **Gestaltung des (Arbeits-)Lebens:** Erkenne ich, dass ich der Situation nicht hilflos ausgeliefert bin? Erkenne ich meine Handlungsoptionen? Inwiefern werde ich selbst aktiv, um die Situation zu verbessern? Suche ich nach Hilfe, wenn es erfoderlich ist?

5. **Aktivität und Ruhe:** Finde ich in dieser Situation ein Gleichgewicht zwischen Aktivität und Ruhe? Wo will ich noch aktiver handeln? Wie kann ich am besten entspannen (konkrete Übungen, Techniken, Rituale)?

6. **Achtsamkeit:** Kann ich in dieser Situation achtsam sein (wahrnehmen, ohne zu werten)? Ist es mir möglich einen Schritt zurück zu treten und zu versuchen die Situation von außen zu betrachten. Kann ich mich mit meinen spontanen Worten und Handlungen achtsam zurück halten?

7. **Verzicht und Grenzen:** Kann ich in dieser Situation loslassen, etwas sein lassen oder verzichten? Erkenne ich, wann Verzicht sinnvoll ist? Kann ich Grenzen setzen, Verantwortung abgeben und/oder Nein sagen?

8. **Akzeptanz von Vielfalt:** Erkenne ich, dass die Beteiligten unterschiedliche Werte, Bedürfnisse und Fähigkeiten haben? Akzeptiere ich diese Vielfalt? Bin ich tolerant genug?

9. **Gute Kommunikation:** Kann ich in dieser Situation gut kommunizieren? Formuliere ich Ich-Botschaften? Höre ich aktiv zu? Stelle ich konstruktive und einfühlsame Fragen? Vermeide ich Vorwürfe?

10. **Ehrlichkeit und Verlässlichkeit:** Bin ich in dieser Situation offen und verlässlich? Verhalte ich mich meinen Mitmenschen gegenüber wertschätzend? Kommuniziere ich meine Bedürfnisse?

11. **Weitergabe von Erfahrung und Wissen:** Gebe ich mein Wissen und meine Erfahrungen ohne Selbsterhöhung und erhobenen Zeigefinger weiter? Sehe ich in der Wissensweitergabe die Bedüfnisse meines Gegenübers? Bin ich bereit, auch meinem Gegenüber zuzuhören und von ihm zu lernen?

12. **Akzeptanz der Polaritäten des Lebens:** Akzeptiere ich, dass es in dieser Situation Spannungsfelder gibt? Nehme ich sie als natürlichen Teil des Lebens an? Betrachte ich (innere) Konflikte als Chance? Versuche ich, Probleme konstruktiv zu lösen und Kompromisse zu schließen?

13. **Freude vs. Leid:** Akzeptiere ich Freude und Leid als natürliche Bestandteile des Lebens? Integriere ich das Schwere oder verdränge ich es? Erkenne ich auch positive Aspekte in der Situation? Bemühe ich mich in schwierigen Situationen einen Ausgleich zu schaffen und auch das Schöne in meinem Leben nicht aus dem Blick zu verlieren? Kann ich unabänderliches Leid annehmen? Gebe ich mir Raum für Traurigkeit?

14. **Selbstbestimmung vs. Fremdbestimmung:** Kann ich in dieser Situation selbstständig handeln? Kann ich damit umgehen, wenn ich (teilweise) fremdbestimmt oder von anderen abhängig bin? Kann ich Hilfe annehmen? Wie ist der Hilfe-Gebende betroffen und kann er seiner Selbstverantwortung noch gerecht werden?

Verantwortung im Älterwerden konkret

Anhand der oben aufgeführten Handlungsfelder lässt sich besser zeigen, was Verantwortung im Älterwerden bedeutet. So können wir erst dann über das Alter und das Älterwerden nachdenken und es reflektieren, wenn wir ausreichend Wissen dazu gesammelt haben. Ist das der Fall, lassen sich beispielsweise Pauschalisierungen besser vermeiden. Vorurteilen gegnüber dem Alter können wir mit differenziertem Wissen und Denken begegnen. Zum einen wissen wir dann, dass Ältere eine Menge Potenziale haben, können aber auch die verletzliche Seite berücksichtigen. Auf der emotionalen Ebene des Älterwerdens werden wir für unsere eigene Entwicklung offener und können auch die Gestaltungsmöglichkeiten besser erkennen. Wir sehen Belastungen, aber auch unsere Stärken: Verluste werden nicht verdrängt, aber unsere Stärken und Ressourcen stehen uns hilfreich zur Seite. Beides kann aktiv gestaltet werden, zum Beispiel durch bewusste Aktivität und Ruhe oder indem wir unsere Begegnungen durch gute Kommunikation verantwortungsvoll gestalten.

Verantwortung im Berufsleben konkret

Was für das Privatleben gilt, trifft auch auf das Berufsleben zu: Alle Beschäftigten – von den Fachabteilungen bis zur Unternehmensspitze – sollten verantwortlich handeln. Als Mitarbeiter und Kollege sollten Sie im Sinne der Selbstverantwortung die eigenen Bedürfnisse erkennen und den anderen gegenüber deutlich machen. Umgekehrt sollten Sie die Bedürfnisse der Kollegen und der Vorgesetzten nicht übergehen. Führungskräfte und die Geschäftsführung müssen, soll dies gelingen, mitverantwortlich die entsprechenden Rahmenbedingungen schaffen. Zugleich ist es wichtig, die Grenzen der Selbstverantwortung aufzuzeigen und klar zu signalisieren, wenn etwas nicht machbar ist. Immer wieder gilt es, Kompromisse zu finden. Dass dabei auch Spannungen auftreten, ist nicht überraschend. Um entsprechende

Frustrationen auszuhalten, kann eine innere Haltung eingeübt werden, ohne dass die Selbstverantwortung aus dem Blick gerät.

Das Bewusstsein für Selbst- und Mitverantwortung ist besonders dann wichtig, wenn tiefgreifende Veränderungen in einer Organisation anstehen und für Verunsicherung sorgen. So können wir im Wandel flexibel bleiben, und es eröffnen sich unter Umständen neue Handlungsspielräume. Die 14 Handlungsfelder bieten daher auch gerade für die Arbeit der Zukunft wichtige Anhaltspunkte (Schröder-Kunz 2019).

Selbst- und Mitverantwortung reflektieren und lernen

Wie eingangs beschrieben, ist verantwortliches Leben nicht einfach. Es gibt Situationen, da denken wir nach und kommen doch zu keiner rechten Lösung. Gerade in einer schwierigen Situation oder in einer Phase des Umbruchs kann es sehr helfen, wenn man Unterstützung von außen hat.

Niemand muss das alleine schaffen.

Daher begleite und unterstütze ich Menschen, die sich mit den Themen Selbst- und Mitverantwortung in einer spezifischen Situation näher beschäftigen möchten. Verantwortung geht hierbei mit der inneren Motivation, das eigene Leben gut zu gestalten, einher. Die Reflexion zu den 14 Handlungsfeldern der Verantwortung kann helfen. Dabei werden die persönlichen Ressourcen in den Blick genommen und Kraftquellen ausfindig gemacht.

Themen, die für viele Menschen in der zweiten Lebenshälfte an Bedeutung gewinnen, sind beispielsweise die Akzeptanz des eigenen Älterwerdens, der Übergang in den Ruhestand, eine schwere Krankheit oder der Verlust eines nahen Menschen. Auch allgemeine Lebensfragen wie Glück und Sinn können in der zweiten Lebenshälfte an Bedeutung gewinnen. Aber auch der konstruktive und verantwortliche Umgang mit anderen ist ein wichtiger Aspekt meiner Begleitung und Beratung: Dabei werden Beziehungen in einer Gruppe (System) betrachtet.

In meinen Begleitungen wird Zeit und Raum gegeben, um über Lebensthemen nachzudenken, hin zu spüren und Handlungsfelder zu erkennen.

Denkanstoß

Hat sich beim Lesen dieses Kapitels etwas in Ihnen verändert? Was ist Ihnen neu? Wo möchten Sie möglicherweise konkret ansetzen?

Literatur

Antonovsky, A. (1997). *Salutogenese – Zur Entmystifizierung der Gesundheit.* Tübingen: Deutsche Gesellschaft für Verhaltenstherapie.
Ausilio, G., Baszenski, N., Teipel, J., Lennings, F., Neuhaus, R., Sandrock, S., & Stowasser, S. (2015). Handlungsfeld „Arbeit gestalten". In IfAA (Hrsg.), *Leistungsfähigkeit im Betrieb* (S. 91–132). Berlin: Springer.

Baltes, B., Lindenberger, U., Staudinger, U. (1995). Die zwei Gesichter der Intelligenz im Alter. Spektrum der Wissenschaft 10/1995, Seite 52. http://library.mpib-berlin.mpg.de/ft/pb/PB_Zwei_1995.pdf.

Bär, M. (2010). Sinn im Angesicht der Alzheimerdemenz – Ein phänomenologischexistenzieller Zugang zum Verständnis demenzieller Erkrankung. In A. Kruse (Hrsg.), *Lebensqualität bei Demenz* (S. 249–260). Heidelberg: AKA.

Beck, H. (2017). Darum wirken Naturgeräusche so entspannend. https://www.geo.de/magazine/geo-magazin/16810-rtkl-hirnforschung-darum-wirken-naturgeraeusche-so-entspannend. Zugegriffen am 03.08.2018.

Blanchflower und Oswald. (2007). Hypertension and happiness across nations. Working Paper 12934. http://www.nber.org/papers/w12934. Zugegriffen am 12.02.2019.

Blessing, A., Rosenstil, B., Dammann, G., & Zöllig, J. (2013). Gefühlte Erinnerungen – Emotionales Lernen bei Menschen mit Demenz. In S. Forstmeier (Hrsg.), *Trauer*. Psychotherapie im Alter 4/10.Jg.2013. Psychosozial.

Brandtstädter, J., & Renner, G. (1990). Tenacious goal pursuit and flexible goal adjustment: Explication and age-related analysis of assimilative and accommodative strategies of coping. *Psychology and Aging, 5*, 58–67.

Bundesanstalt für Arbeitsschutz und Arbeitsmedizin (BAuA). (2017). Alterns- und altersgerechte Arbeitsgestaltung Grundlagen und Handlungsfelder für die Praxis. https://www.baua.de/DE/Angebote/Publikationen/Praxis/Arbeitsgestaltung.pdf. Zugegriffen am 01.08.2018.

Bundesministerin der Justiz und für Verbraucherschutz (BMJV). (2018). Patientenverfügung Leiden – Krankheit – Sterben. Wie bestimme ich, was medizinisch unternommen werden soll, wenn ich entscheidungsunfähig bin? https://www.bmjv.de/SharedDocs/Publikationen/DE/Patientenverfuegung.pdf;jsessionid=1BCBA48146E41CD939C8E332CF94A0FA.1_cid334?__blob=publicationFile&v=29. Zugegriffen am 12.12.2018.

Bundesministerium für Bildung und Forschung. (2013). Themenheft-Wissenschaftsjahr-2013-Demografischer-Wandel. https://www.wissenschaftsjahr.de/2013/fileadmin/prelaunch.wissenschaftsjahr-2013/content_de/Presse/Themenheft-Wissenschaftsjahr-2013-Demografischer-Wandel.pdf. Zugegriffen am 09.08.2015

Bundesministerium für Familie, Senioren, Frauen und Jugend (BMFSF). (2017). Siebter Altenbericht. Sorge und Mitverantwortung in der Kommune – Aufbau und Sicherung zukunftsfähiger Gemeinschaften und Stellungnahme der Bundesregierung. https://www.bmfsfj.de/blob/120144/2a5de459ec4984cb2f83739785c908d6/7%2D%2Daltenbericht%2D%2D-bundestagsdrucksache-data.pdf. Zugegriffen am 18.08.2018.

Bundesministerium für Familie, Senioren, Frauen und Jugend (BMFSFJ). (2005). Fünfter Bericht zur Lage der älteren Generation. Potenziale des Alters in Wirtschaft und Gesellschaft – Der Beitrag älterer Menschen zum Zusammenhalt der Generationen. Bonn. www.bmfsfj.de/RedaktionBMFSFJ/Abteilung3/Pdf-Anlagen/fuenfter-altenbericht,property=pdf,bereich=,rwb=true.pdf. Zugegriffen am 07.09.2018.

Bundesministerium für Familie, Senioren, Frauen und Jugend (BMFSFJ). (2010). Sechster Bericht zur Lage der älteren Generation in der Bundesrepublik Deutschland. Altersbilder in der Gesellschaft. Bonn. www.bmfsfj.de/RedaktionBMFSFJ/Pressestelle/Pdf-Anlagen/sechster-altenbericht,property=pdf,bereich=bmfsfj,sprache=de,rwb=true.pdf. Zugegriffen am 07.09.2018.

Bundesministerium für Familie, Senioren, Frauen und Jugend (BMFSFJ). (2012). Dokumentation der Konferenz „Altersbilder im Wandel". https://www.bmfsfj.de/blob/93260/8ce220c299df2385d5cd8f343a0c1747/altersbilder-im-wandel-data.pdf. Zugegriffen am 02.08.2018.

Bundesministeriums für Familie, Senioren, Frauen und Jugend (BMFSFJ). (2000). *Die zweite Lebenshälfte – Psychologische Perspektiven. Ergebnisse des Alters-Survey.* Band 195 Schriftenreihe des Bundesministeriums für Familie, Senioren, Frauen und Jugend. Stuttgart: W. Kohlhammer. https://www.bmfsfj.de/blob/95200/d883643d815327442b2ffc7287c36772/prm-7801-sr-band-195-data.pdf. Zugegriffen am 05.06.2018.

Carstensen, L. L. (2006). The influence of a sense of time on human development. Science, 30, 1913–1915.

Cohen, G. D. (2009). *Geistige Fitness im Alter – so bleiben Sie vital und kreativ.* München: Deutscher Taschenbuch.

DAK. (2017). Müdes Deutschland: Schlafstörungen steigen deutlich an. DAK-Gesundheitsreport 2017: 80 Prozent der Erwerbstätigen schlafen schlecht [17.03.2017]. https://www.dak.de/dak/bundes-themen/muedes-deutschland-schlafstoerungen-steigen-deutlich-an-1885310.html. Zugegriffen am 02.08.2018.

Das Demographie Netzwerk (ddn). (o. J.). Fakten zum demographischen Wandel. https://www.demographie-netzwerk.de/praxis/fakten/. Zugegriffen am 31.07.2018.

Deutsche Hauptstelle für Suchtfragen e. V. (2015). Suchtprobleme im Alter. Informationen und Praxishilfen für Fachkräfte und Ehrenamtliche im Sozial-, Gesundheits- und Bildungswesen. http://www.dhs.de/fileadmin/user_upload/pdf/Broschueren/Suchtprobleme_im_Alter.pdf. Zugegriffen am 06.07.2018.

Deutsches Institut für Altersvorsorge DIA (2016). Altersbilder passen nicht in Schubladen. https://www.dia-vorsorge.de/demographie/altersbilder-passen-nicht-in-schubladen. Zugegriffen am 30.11.2018.

Deutsches Institut für Altersvorsorge DIA (2018). Alt bleibt jung: was Senioren bewegt. https://www.dia-vorsorge.de/demographie/alt-bleibt-jung-was-senioren-bewegt/. Zugegriffen am 30.11.2018.

Ehret, S. (2008). „Ich werde wieder lebendig." Personale Geschehensordnung und Daseinsthematische Begleitung bei Menschen mit Demenz. Dissertation, Universität Heidelberg.

Elias, N. (1982). *Über die Einsamkeit der Sterbenden in unseren Tagen.* Frankfurt: Suhrkamp.

Erikson, E. H. (1966). *Identität und Lebenszyklus.* Suhrkamp: Frankfurt a. M.

Erikson, E. H. (o. J.). Menschliche Entwicklungsstufen nach Erikson (Tabellarische Kurzfassung). www.ploecher.de/2006/12-PA-G1-06/Erikson-Tabelle-gesamt.pdf. Zugegriffen am 05.07.2018.

Europäische Kommission. (1995). Lehren und Lernen. Auf dem Weg zur kognitiven Gesellschaft. Weißbuch zur allgemeinen und beruflichen Bildung. http://europa. eu/documents/comm/white_papers/pdf/com95_590_de.pdf. Zugegriffen am 25.08.2018.

Focus online. (2014). Lachen: Durch Botenstoffe zum Glücksgefühl. https://www. focus.de/gesundheit/diverses/gesundheit-lachen-durch-botenstoffe-zum-gluecksgefuehl_id_3817371.html. Zugegriffen am 30.01.2019.

Focus Psychologie. (2005). Von wegen Altersstarrsinn! https://www.focus.de/gesundheit/news/psychologie_aid_93844.html. Zugegriffen am 30.11.2018.

Franke, J., & Wetzel, M. (2016). Länger zufrieden arbeiten? Qualität und Ausgestaltung von Erwerbstätigkeit in der zweiten Lebenshälfte. In Deutsches Zentrum für Altersfragen (Hrsg.), *Altern im Wandel: Zwei Jahrzehnte Deutscher Alterssurvey* (S. 43–60). Berlin: Deutsches Zentrum für Altersfragen.

Frankl, V. E. (1987). *Ärztliche Seelsorge*. Frankfurt am Main: Fischer.

Fries, J. F. (2005). The Compression of Morbidity. https://onlinelibrary.wiley.com/doi/epdf/10.1111/j.1468-0009.2005.00401.x. Zugegriffen am 16.05.2017.

Frölich, M., & Hedtmann, B. (2013). *Biografiearbeit mit Glaubensschätzen – Anleitung für kreative Senioren- und Konfirmandenstunden*. Göttingen: Vandenhoeck & Ruprecht.

Gadamer, H.-G. (1993). *Über die Verborgenheit der Gesundheit*. Frankfurt/M: Suhrkamp.

Geiger, A. (2011). *Der alte König in seinem Exil*. München: Hanser.

Goleman, D. (2011). *Emotionale Intelligenz*. München: dtv.

Groll, T. (2011). Entspannung: Kurze Pausen richtig nutzen. https://www.zeit.de/karriere/beruf/2011-07/entspannung-pausen-tipps. Zugegriffen am 03.08.2018.

Havighurst, R. J. (1948/1872). *Developmental tasks and education*. New York: McKay.

Herschbach, P. (2002). Das „Zufriedenheitsparadox" in der Lebensqualitätsforschung. Wovon hängt unser Wohlbefinden ab? *Psychother Psychosom Med Psychologie, 52*(3/4), 141–150.

Himmelsbach, I. (2015). Bildung im Alter im Kontext des dritten und vierten Lebensalters – Narrationen und Narrative. *Zeitschrift für Weiterbildungsforschung – Report, 38*(1), 83–97. https://www.die-bonn.de/doks/zfw/2015-gerontologie-01.pdf. Zugegriffen am 12.02.2019.

Höfling, V. (2013). Achtsamkeit – Entspannung als angenehme Nebenwirkung. Interview in Spiegel online. www.spiegel.de/gesundheit/ernaehrung/achtsamkeit-entspannt-auf-den-eigenen-koerper-hoeren-a-885658.html. Zugegriffen am 07.07.2015.

Jaspers, K. (1971). *Einführung in die Philosophie*. München: Piper.

Jaspers, K. (1973). *Philosophie II: Existenzerhellung*. Berlin: Springer.

Jonas, H. (1979). *Das Prinzip Verantwortung – Versuch einer Ethik für die technologische Zivilisation*. Frankfurt/M.: Insel.

Jox, R. (2013). Ethik in der Medizin. Ethische Grundlagen medizinischer Behandlungsentscheidungen – Auftaktartikel zur Serie. *Bayerisches Ärzteblatt, 9/2013.* https://www.researchgate.net/publication/257407097_Ethik_in_der_Medizin_Ethische_Grundlagen_medizinischer_Behandlungsentscheidungen_-_Auftaktartikel_zur_Serie. Zugegriffen am 12.02.2019.

Karteikarte.com. (o. J). Essential 12: Altern als plastischer Prozess mit Grenzen. https://www.karteikarte.com/card/1541584/002-19-essential-12-plastischer-prozess-mit-grenzen. Zugegriffen am 21.02.2019.

Kast, V. (1990). *Trauern. Phasen und Chancen des psychischen Prozesses.* Stuttgart: Kreuz.

Kast, V. (1994). *Sich einlassen und loslassen. Neue Lebensmöglichkeiten bei Trauer und Trennung.* Freiburg: Herder.

Kast, V. (2013). *Lebenskrisen werden Lebenschancen: Wendepunkte des Lebens aktiv gestalten.* Freiburg im Breisgau: Herder.

Kitwood, T. (2004). *Demenz. Der Personen-zentrierte Ansatz im Umgang mit verwirrten Menschen* (3. erweiterte Aufl.). Deutschsprachige Ausgabe, hrsg. von C. Müller-Hergl. Bern: Hans Huber.

Kliegel, M., & Martin, M. (2010). *Psychologische Grundlagen der Gerontologie.* Stuttgart: Kohlhammer.

Korte, M. (2014) *Jung im Kopf: Erstaunliche Einsichten der Gehirnforschung in das Älterwerden.* München: Pantheon.

Krämer, G. (2001). *Alzheimer Kranke betreuen. Das Wichtigste über Umgang und Pflege – Wie Angehörige mit der Situation besser zurechtkommen – Mit vielen praktischen Tipps für den Alltag.* Stuttgart: Trias/Thieme.

Kruse, A. (2005). Selbstständigkeit, Selbstverantwortung, bewusst angenommene Abhängigkeit und Mitverantwortung als Kategorien einer Ethik des Alters. *Zeitschrift für Gerontologie und Geriatrie, 38,* 223–237.

Kruse, A. (2007). *Das letzte Lebensjahr. Zur körperlichen, psychischen und sozialen Situation des alten Menschen am Ende seines Lebens* (Bd. 21). Stuttgart: Kohlhammer.

Kruse, A., & Wahl, H. W. (2010). *Zukunft Altern – Individuelle und gesellschaftliche Weichenstellungen.* Heidelberg: Spektrum Akademischer.

Kühn, F. (2017). Die demografische Entwicklung in Deutschland. https://www.bpb.de/politik/innenpolitik/demografischer-wandel/196911/fertilitaet-mortalitaet-migration. Zugegriffen am 31.07.2018.

Kuhn, E./Berlin-Institut. (o. J.). Rezension zu „Wir brauchen euch!". https://www.berlin-institut.org/publikationen/rezensionen/wir-brauchen-euch.html. Zugegriffen am 12.02.2019.

Leipold, B. (2012). *Lebenslanges Lernen und Bildung im Alter.* Stuttgart: Kohlhammer.

Maintz, G. (2003). Leistungsfähigkeit älterer Arbeitnehmer – Abschied vom Defizitmodell. In B. Badura, H. Schellschmitt & C. Vetter (Hrsg.), Fehlzeiten-Report 2002. *Demographischer Wandel: Herausforderung für die betriebliche Personal- und Gesundheitspolitik* (S. 43–55). Berlin: Springer.

Max-Planck-Institut für Bildungsforschung. (2013). Presseinformation: Jung und Alt im Vergleich: Wer zeigt die zuverlässigeren Leistungen. https://www.mpib-berlin.mpg.de/sites/default/files/press/presseinformation_0.pdf. Zugegriffen am 11.02.2019.

Meyer-Feist, A. (2018). 30 Tage ohne Klage [18.01.2018]. http://www.deutschland-funkkultur.de/gute-laune-aktion-in-belgien-30-tage-ohne-klage.2165.de. html?dram:article_id=408559. Zugegriffen am 03.08.2018.

Mitscherlich-Nielsen, M. (2010). *Die Radikalität des Alters: Einsichten einer Psychoanalytikerin* (S. 238). Frankfurt/M: Fischer.

Mühlenbrock, I. (2017). *Alterns- und altersgerechte Arbeitsgestaltung – Grundlagen und Handlungsfelder für die Praxis. Herausgeber: Bundesanstalt für Arbeitsschutz und Arbeitsmedizin (BAuA)*. Bönen: Kettler.

Nager, F. (1997). *Gesundheit, Krankheit, Heilung, Tod*. Luzern: Stiftung Akademie 91.

Oswald, W. D. (2014). *Aktiv gegen Demenz: Fit und selbstständig bis ins hohe Alter mit dem SimA® Gedächtnis- und Psychomotoriktraining* (2. Aufl.). Göttingen: Hogrefe.

Perrig-Chiello. (2012). Das Tal des Lebens. *Zeit online (Psychologie)*. https://www.zeit.de/zeit-wissen/2012/04/Midlife-Crisis. Zugegriffen am 12.03.2018.

Peters, M. (2013). Alter und Identität in Zeiten der Postmoderne. *Psychotherapie im Alter, 10*(3), 309–323. Gießen: Psychosozial.

Reddemann, L. (2007). Interview mit Georg Cadeggianini: „Verzeihen heißt zu akzeptieren, dass ich als Mensch Fehler mache." *BRIGITTE Heft* 26/07. https://www.brigitte.de/liebe/persoenlichkeit/verzeihen%2D%2Dkein-mensch-ist-ohne-schuld-10113504.html. Zugegriffen am 27.12.2018.

Reddemann, L., et al. (2013). *Imagination als heilsame Kraft im Alter*. Stuttgart: Klett-Cotta.

Rentsch, T. (2012). Ethik des Alterns: Perspektiven eines gelingenden Lebens. In A. Kruse et al. (Hrsg.), *Gutes Leben im hohen Alter*. Heidelberg: AKA.

Renz, M. (2018). *Hinübergehen. Was beim Sterben geschieht. Annäherungen an letzte Wahrheiten unseres Lebens*. Freiburg: Herder.

Riehl-Emde, A. (2014). *Wenn alte Liebe doch mal rostet*. Stuttgart: Kohlhammer.

Rosenmayr, L. (2006). Schöpferisch altern: Neue Konzepte für neue Entwicklungen; Aus: Erfahrungswissen der Älteren – ein Gewinn für alle Generationen. Bericht zur 5. Fachtagung des Bundesmodellprogramms „Erfahrungswissen für Initiativen", Berlin 2006. www.efi-programm.de/.../fachtagung/berlin06/Rosenmayr%20Vortrag.pdf. Zugegriffen am 20.01.2012.

Rost, D. (2004). Jetzt hab ich's kapiert! Wer glaubt, im Alter verlieren wir den Verstand, irrt. In mancher Hinsicht werden wir sogar intelligenter. Zitiert in: Intelligenzforschung, Die Zeit: Von Ulrike Meyer-Timpe. https://www.zeit.de/zeit-wissen/2014/06/alter-intelligenz. Zugegriffen am 11.02.2019.

Schmid, W. (2013). Glück und seine Bedeutung für die Wirtschaft. https://www.romanherzoginstitut.de/publikationen/detail/download/glueck-und-seine-bedeutung-fuer-die-wirtschaft.html. Zugegriffen am 16.08.2018.

Schmid, W. (2018). *Selbstfreundschaft. Wie das Leben leichter wird*. Berlin: Insel.

Schmitt, E. (2004). Aktives Altern, Leistungseinbußen, soziale Ungleichheit und Altersbilder – Ein Beitrag zum Verständnis von Resilienz und Vulnerabilität im höheren Erwachsenenalter. *Zeitschrift für Gerontologie und Geriatrie, 37*(4), 290.

Schmitt, M., & Re, S. (2004). Partnerschaft im Alter. In A. Kruse & M. Martin (Hrsg.), *Enzyklopädie der Gerontologie – Alternsprozess in multidisziplinärer Sicht*. Bern: Hans Huber.

Schnabel, U. (2018). Die Kraft der großen Sache – Manche suchen verzweifelt nach dem Sinn im Leben, anderen ist er schlicht egal, wie psychologische Studien zeigen. Doch was macht „Sinn" überhaupt aus, und in welcher Situation erlebt man ihn? *Die Zeit*, N1, Dezember 2018, Wissen, S. 35–36.

Schröder-Kunz, S. (2015). Schulungsunterlagen: GUTES Leben und Arbeiten der Generationen – Ein Arbeitsbuch für Mitarbeiter im Schichtbetrieb.

Schröder-Kunz, S. (2016). Selbstverantwortung und Mitverantwortung bei älteren Arbeitnehmern in der sich verändernden Arbeitswelt. (bislang unveröffentlicht)

Schröder-Kunz, S. (2019). *Generationen (gut) führen. Altersgerechte Arbeitsgestaltung für alle Mitarbeitergenerationen*. Wiesbaden: Springer Gabler.

Schwarzer, J. (2015). Die Fehler der dicken Deutschen [22.02.2015]. http://www. handelsblatt.com/technik/medizin/sport-und-gesunde-ernaehrung-die-fehler-der-dicken-deutschen/11383748-all.html. Zugegriffen am 02.08.2018.

Schuh, F. (2018). „Mein bester Freund" Lebenskunst: Wilhelm Schmid rät zur „Selbstfreundschaft". *Die Zeit*, Nr. 31/2018. https://www.zeit.de/2018/31/selbst-freundschaft-wilhelm-schmid-lebenskunst-philosophie-ratgeber-buch. Zugegriffen am 12.02.2019.

Specht-Tomannn, M., & Tropper, D. (2008). *Bis zuletzt an deiner Seite: Begleitung und Pflege schwerkranker und sterbender Menschen*. München: mvg.

Statistisches Bundesamt. (2015). *Bevölkerung Deutschlands bis 2060 – 13. koordinierte Bevölkerungsvorausberechnung*. Wiesbaden: Statistisches Bundesamt.

Staudinger, U. M. (2005). Lebenserfahrung, Lebenssinn und Weisheit. In S.-H. Filipp & U. M. Staudinger (Hrsg.), *Entwicklungspsychologie des mittleren und höheren Erwachsenenalters* (Enzyklopädie der Psychologie, Bd. 6). Göttingen: Hogrefe.

Tagesspiegel. (28.07.2010). Soziale Kontakte verlängern das Leben. https://www. tagesspiegel.de/wissen/studie-ueber-einsamkeit-soziale-kontakte-verlaen-gern-das-leben/1892120.html. Zugegriffen am 26.08.2018

Tesch-Römer, C. (2010). *Soziale Beziehungen alter Menschen*. Stuttgart: Kohlhammer.

Tesch-Römer, C., & Wurm, S. (2009). *In Gesundheit und Krankheit im Alter – Beiträge zur Gesundheitsberichterstattung des Bundes*. Herausgeber: Karin Böhm, Statistisches Bundesamt Clemens Tesch-Römer, Deutsches Zentrum für Altersfragen Thomas Ziese, Robert Koch-Institut. www.destatis.de/GPStatistik/servlets/MCRFileNodeServlet/DEMonografie_derivate_00000153/Gesundheit_und_Krankheit_im_Alter.pdf;jsessionid=756BDD3B1DEDADFFE9C-287CA17413B89. Zugegriffen am 08.08.2013.

Tomasello Michael. (2011). Im tiefsten Sinne sind wir soziale Wesen. www.faz.net/aktuell/feuilleton/michael-tomasello-im-gespraech-im-tiefsten-sinne-sind-wir-so-ziale-wesen-11538645.html. Zugegriffen am 03.02. 2012.

Tomasik, M. (2015). Wie unsere Sicht aufs Älterwerden unser eigenes Altern beeinflusst; Universität Zürich UZH. www.psychologie.uzh.ch/fachrichtungen/lifespan/erleben/berichte/altern.html. Zugegriffen am 03.02.2016.

Vogel, C. et al (2019). Frauen und Männer in der zweiten Lebenshälfte. Älterwerden im sozialen Wandel. https://www.dza.de/fileadmin/dza/pdf/Frauen_und_Maenner_in_der_zweiten_Lebenshaelfte.pdf. Zugegriffen am 25.05.2019.

Wahl, H.-W., & Elsässer, V. (2016). Menschliche Entwicklung und ihre Gestaltbarkeit: Beiträge der Entwicklungspsychologie. In K. Sonntag (Hrsg.), *Personalentwicklung in Organisationen. Psychologische Grundlagen, Methoden und Strategien* (S. 39–64). 4., vollständig überarbeitete und erweiterte Auflage. Göttingen: Hogrefe.

Wirtschaftspsychologie aktuell. (16.12.2014). Unbewusst trainierte Altersbilder machen fit. https://www.wirtschaftspsychologie-aktuell.de/lernen/lernen-20141216-becca-levy-unbewusst-trainierte-altersbilder-machen-fit.html. Zugegriffen am 03.08.2018.

3

Miteinander leben und arbeiten in der zweiten Lebenshälfte

Zusammenfassung Niemand lebt für sich alleine – und das ist gut so, denn der Mensch ist ein soziales Wesen. Der Kontakt mit Menschen, die uns wichtig sind, ist eine wichtige Kraftquelle. Doch der Kontakt zu anderen birgt immer auch Konfliktpotenzial.

Wie sich soziale Beziehungen im Älterwerden verändern, ist Gegenstand dieses Kapitels. Dabei werden berufliche und private Beziehungen getrennt betrachtet. Unter anderem geht es um die Fragen: Was macht gute Kommunikation aus? Sollten wir unser Verhalten und Kommunizieren überdenken? Wie können wir uns im Miteinander weiterentwickeln und dabei lernen? Wie können wir mit Menschen umgehen, die sehr anders sind als wir? Anhand zahlreicher Denkanstöße finden Sie eigene Lösungen, die Sie in verschiedenen Übungen umsetzen können.

„Geteiltes Leid ist halbes Leid. Geteilte Freude ist doppelte Freude." Diese Volksweisheiten bringen etwas ganz Wesentliches auf den Punkt: Der Mensch ist ein soziales Wesen. Er möchte Teil einer Gruppe sein. Er möchte geliebt und respektiert werden.

Soziale Kontakte sind daher eine wichtige Kraftquelle. Gute Beziehungen sind extrem wichtig für unsere geistige und körperliche Gesundheit sowie für das gesunde Älterwerden (Abschn. 2.4). Im Kreis unserer Liebsten fühlen wir

© Springer Fachmedien Wiesbaden GmbH, ein Teil von Springer Nature 2019
S. Schröder-Kunz, *Gutes Leben und Arbeiten in der zweiten Lebenshälfte*,
https://doi.org/10.1007/978-3-658-25362-2_3

uns akzeptiert und verstanden, wir können wichtige Erfahrungen miteinander teilen, uns gemeinsam freuen oder einander Trost spenden. Der Austausch mit anderen kann uns auch bereichern, uns eine neue Sicht auf die Welt vermitteln.

Zugleich trifft die Feststellung des Sprachwissenschaftlers Friedemann Schulz von Thun zu: „Menschen, die miteinander zu schaffen haben, machen einander zu schaffen." Der Austausch mit anderen kann auch eine Quelle für Ärger oder Konflikte sein. Gerade wenn wir Kontakt zu Menschen haben, die sehr anders sind als wir, kann es leicht zu Missverständnissen kommen. Vor allem im Berufsleben haben wir es mit sehr unterschiedlichen Menschen zu tun. Hier ist es besonders wichtig, Toleranz und Verständnis zu üben, dem anderen mit Respekt zu begegnen, seine Bedürfnisse zu sehen und die eigenen Erwartungen an das kollegiale Umfeld immer wieder zu überprüfen. Das ist nicht immer leicht. Daher finden Sie in Abschn. 3.2 viele Tipps, Übungen und Anregungen, wie das berufliche Miteinander gelingen kann. Ein besonderer Fokus liegt auf dem Austausch der Generationen (Abschn. 3.2.3.2), der für alle Beteiligten sehr bereichernd sein und die Arbeit in altersgemischten Teams besonders produktiv machen kann.

Laut einer Studie leben Menschen, die geben, länger
Eine Studie, die bei verheirateten, älteren Paaren die Vorhersage der Sterblichkeit in Bezug auf Geben oder Nehmen untersucht hat, zeigte „dass diejenigen, die sehr viel emotionale Unterstützung an Freunde, Verwandte und Nachbarn weitergaben sowie ihre Partner unterstützten, länger lebten. Selbst nach Ausschluss von anderen Einflüssen, die das Leben verlängern, wie Gesundheit oder die Qualität von Beziehungen, hatte Geben immer noch einen Effekt darauf, wie lange die Personen lebten. Der Einfluss des Nehmens bzw. Habens auf die Lebensdauer war im Vergleich dazu gering. Aufgabe aktueller und künftiger Forschung ist es, die Prozesse zu untersuchen, warum eigentlich das Geben so positiv auf die Gebenden zurückwirkt". (Mustafic, o. J.)

Das Alter(n) wirkt sich auch auf unsere privaten Beziehungen aus: „Im Verlauf des Lebens sind wir in ein Netz sozialer Beziehungen eingebettet: zu Eltern, Freunden, Partnern, Kindern und Nachbarn. Dieses Netz verändert sich mit dem Älterwerden." (Tesch-Römer 2010) Was verändert sich in der Beziehung zu unseren hochbetagten und gegebenenfalls pflegebedürftigen Eltern? Wie wirkt es sich auf eine Partnerschaft aus, wenn einer oder beide in Ruhestand gehen? Inwiefern verändern sich private Beziehungen im Alter? Diese und weitere Fragen stehen im Fokus von Abschn. 3.1.

3.1 Private Beziehungen in der zweiten Lebenshälfte

3.1.1 Beziehungen zu Eltern, Partner, Kindern und Freunden

Du und ich, wie fühlt sich das an? Begegnest du mir auf Augenhöhe? Bist du respektvoll und wertschätzend zu mir? Hörst du mir zu? Bist du an mir interessiert? Auch an meinen Erfahrungen? Hilfst du mir, wenn es notwendig ist? Das sind Fragen, die wir uns – meist unbewusst – in unseren Beziehungen und Begegnungen immer wieder stellen.

Familie und Partner sind für uns häufig die am meisten nahestehenden Menschen. Familie prägt Kinder und deren Entwicklung. Mehrere Generationen – heute meist zwei – leben über eine längere Zeit zusammen. Kinder bekommen Raum, um sich zu entwickeln und zu wachsen und gleichzeitig Geborgenheit zu erfahren. Aus diesen Erfahrungen schöpfen sie ihre Fähigkeiten, Verhalten und Angewohnheiten. Familie ist immer auch Teil der eigenen Identität und beeinflusst im Erwachsenenalter das Selbstbild. In der Familie erleben Kinder die ersten persönlichen Bindungen mit vielen Emotionen. Man trifft sich zu Familienbesuchen oder -festen und man überträgt die Familienerfahrung später häufig auf den eigenen Lebens- und Ehepartner. Familie bedeutet fürsorgliche Strukturen (sowohl in materieller als auch emotionaler Hinsicht) und kann gleichzeitig auch kranken oder alten Familienangehörigen ein schützendes Umfeld sichern.

Aber Familie hat sich auch gewandelt. Sie wird nicht mehr als eine statische, auf Dauer festgeschriebene und mit klaren Rollen versehene Sozialform angesehen. Heute gibt es die verschiedensten Formen von Familien oder familienähnlichen Beziehungen mit den unterschiedlichsten Lebensstilen. Dennoch ist die Familie im Zuge gesellschaftlichen Wandels nicht insgesamt brüchig geworden (Tesch-Römer 2010). Die Solidarität der Generationen ist erhalten geblieben, auch wenn sie heute aufgrund der verschiedenen Lebensformen und Lebensorte vielfältiger gelebt wird. Menschen streben nach wie vor eine gewisse Ausgewogenheit in Bezug auf gegenseitige Unterstützung an. Zwar investieren Eltern mehr in ihre Kinder, als diese ihnen zurückgeben können, aber trotzdem sind beide Seiten immer wieder dazu bereit, sich gegenseitig zu unterstützen: die Eltern ihre jungen oder erwachsenen Kindern, die Kinder ihre alternden Eltern. Familie ist eine erstaunlich widerstandsfähige Institution innerhalb der modernen, sich rasch verändernden Gesellschaft (Tesch-Römer 2010).

In jeder Familie gibt es ein Nebeneinander von gegensätzlichen Gefühlen, Gedanken und Aussagen. Wie sich Familienmitglieder bei Meinungsverschiedenheiten verhalten, ist sehr unterschiedlich. Vielleicht können sie trotz verschiedener Ansichten einen Konsens finden oder sich in einer „reifen Entwicklung" gegenseitig die Freiheit lassen, unterschiedlicher Meinung zu sein. Möglicherweise stehen sie trotz Abneigung oder kontroverser Ansichten widerwillig zusammen oder sie trennen und lösen sich im Streit voneinander (Tesch-Römer 2010): „Wenn es Familien gelingt, mit Ambivalenzen so umzugehen, dass sie weiterhin zusammenstehen, gibt es zwei Möglichkeiten: Entweder sie tun dies auf altbekannte und bewährte Weise (Solidarität), oder sie gestehen sich zu, eigenständige Lösungen zu finden (Emanzipation)." Eine Beziehung ist dann ambivalent, wenn sie sowohl als gut als auch als schlecht, gleichzeitig aufreibend und befriedigend empfunden wird (Tesch-Römer 2010). Diese Muster lassen sich vielfach in familiären Strukturen erkennen: „Kinder möchten gleichzeitig unabhängig sein – und sich als geborgen erleben. Eltern möchten für ihre Kinder da sein – und sie gleichzeitig zu selbstständigen Personen machen." (Tesch-Römer 2010)

So sind in einer Familie in der Regel Menschen miteinander vereint, die nahezu bedingungslos zueinanderhalten. Auch wenn an verschiedenen Stellen Erwartungen nicht erfüllt werden, so bleibt man doch beieinander: „Gerade der Mensch, den wir am meisten lieben, kann uns maßlos ärgern und zutiefst verletzen." (Tesch-Römer 2010) Ein solches Hin- und Hergerissensein geht oft mit einem „Zusammenraufen" einher und funktioniert bei Familie immer wieder auf erstaunliche Weise, gerade in Bezug auf Eltern-Kind-Beziehungen.

Auf den folgenden Seiten werde ich auf die Beziehungen eingehen, die in der zweiten Lebenshälfte von Bedeutung sind, aber auch Veränderungen mit sich bringen.

3.1.1.1   Hochbetagte Eltern

Berufstätige in der zweiten Lebenshälfte werden häufiger mit der Sorge um ihre hochbetagten Eltern konfrontiert. Hier ist nicht nur eine organisatorische Belastung gegeben, sondern auch eine emotionale. Die Veränderung der Kind-Eltern-Rolle, die Konfrontation mit der Verletzlichkeit der Eltern, das Gefühl der Verantwortung, der Wunsch, noch gemeinsam schöne Momente zu gestalten, aber auch das Bewusstsein zur Endlichkeit und dem damit verbundenen Abschied kann zu einer neuen Eltern-Kind-Phase gehören, die Chance und Herausforderung zugleich darstellt.

Hochbetagte Kriegskinder

Was bewegte und prägte die heute ältere Generation, die in der Regel die Babyboomer aufgezogen hat? Es sind die Menschen, die im zweiten Weltkrieg noch Kinder waren. Daher werden sie auch Kriegskinder genannt. Der Krieg hinterließ 1,8 Millionen Witwen und 2,5 Millionen Halbwaisen in Deutschland (Radebold 2000). Vermutlich wurden 14 Millionen Menschen vertrieben. Kinder erlebten langfristige oder dauerhafte väterliche Abwesenheit, Bombenangriffe und Ausbombung, Flucht, Vertreibung, Heimatverlust sowie Aufwachsen in einer teils feindselig eingestellten Umwelt mit starken sozialen und materiellen Einschränkungen. Im Nachkriegsdeutschland wurde über das Erlebte meist nicht gesprochen. Die erlittenen Verluste und Grausamkeiten wurden nicht betrauert. Die kollektive Sprachlosigkeit fand ihr Ventil im Blick nach vorne. Anpassen, aufbauen und Sicherheit schaffen war die Devise. Der Kasseler Psychoanalytiker Hartmut Radebold schreibt, dass quasi alle Jahrgänge ab etwa 1914 von Kriegseinflüssen und Kriegsfolgen betroffen sind. Denn die Erfahrungen und die damit verbundenen Verhaltensweisen werden meist an die nachfolgenden Generationen weitergegeben.

Circa 20 bis 25 Prozent der damaligen Kinder/Jugendlichen (geboren zwischen 1929 und 1945) wuchsen Schätzungen zufolge unter dauerhaft beschädigten familiären, sozialen und materiellen Bedingungen auf, weitere 25 bis 30 Prozent unter lange anhaltenden vergleichbaren Bedingungen. Dagegen erlebten offenbar 40 bis 45 Prozent der damaligen Kinder und Jugendlichen keinerlei Einschränkungen – entsprechend erinnern sie sich an eine abenteuerliche Zeit mit vielen Freiräumen. Das verdeutlicht auch die Heterogenität unter den Kriegskindern. Viele der heute etwa 80- bis 100-jährigen Menschen tragen seit Jahrzehnten Bilder vom Krieg in sich. Erinnerungen, die schon längst vergessen schienen, über die möglicherweise nie gesprochen wurde, kehren manches Mal im Alter zurück. Um diese Generation verstehen zu können, müssen die individuellen Erfahrungen im Krieg miteinbezogen werden. Verhaltensweisen, wie z. B. nichts wegwerfen können, immer alles aufessen, sofort zum Aufbruch bereit sein oder vorsichtige und skeptische Einstellungen gegenüber der Umwelt bis hin zu distanziertem Verhalten auch in nahen Beziehungen, können in den schweren Kindheitserfahrungen wurzeln. Manches Mal war auch ein distanziertes Verhalten und „innere Unerreichbarkeit" durch die Kriegskinder als Eltern gegenüber ihren Kindern („Kriegsenkel") – den heutigen Jahrgängen 1950 bis 1975 – gegeben. Hierdurch werden manche Beziehungen bis heute beeinflusst und zeigen sich bspw. in Verunsicherungen oder Konflikten.

Veränderte Rollen

Wie oben beschrieben, hat Familie für die meisten Menschen einen hohen Stellenwert. Während früher die Kinder von ihren Eltern abhängig waren, dreht sich dieses Verhältnis später oftmals um. Eltern benötigen immer mehr Hilfe und Unterstützung. Das geht mit einer veränderten Rollenverteilung zwischen erwachsenen Kindern und hochbetagten Eltern einher.

Kinder erleben ihre Eltern in der Regel über einen lange Zeit hinweg als aktiv, stark, selbstständig und oftmals als Ratgeber. Vieles davon ändert sich, wenn Eltern älter werden. An kleinen Anzeichen wie dem langsameren Schritt, dem mühsameren Treppensteigen, dem immer lauter gestellten Fernseher, die Bitte um Hilfe oder dem Nachlassen des Gedächtnisses sind erste Veränderungen spürbar. Nach und nach verändern sich die Beziehung und das Miteinander. Während man früher noch fröhliche Unternehmungen miteinander gestaltete, wird jetzt vieles beschwerlicher und muss auf die Bedürfnisse der Eltern angepasst werden. Die bisher gelebte (und häufig auch geliebte) Kind-Rolle muss an vielen Stellen aufgegeben werden, was nicht bedeutet, dass die alte Rolle gänzlich aufgegeben werden muss. So kann z. B. der Vater immer noch der Ratgeber in verschiedenen Momenten sein, auch wenn er in alltäglichen Geschäften weniger weiß als die jüngere Generation. Die Mutter kann noch immer die Person sein, bei der man diese besondere Wärme der früheren Kindheit spürt, auch wenn man sich im Laufe der Zeit immer mehr um sie kümmert. Die alte vertraute Rolle der Kindheit für einen Moment wieder einzunehmen, bedeutet manches Mal, gut hinzuhören und hin zu spüren. Denn in der Mutter ist noch immer die Mutter. Im Vater noch immer der Vater. Die Liebe zu den Kindern bleibt bei den meisten Eltern bis zum Tod unverändert. „Weißt du noch …"-Erinnerungen können das Miteinander bereichern und Dankbarkeit für die familiäre Bindung spüren lassen. Bei Alt und Jung.

Natürlich haben die bislang erfahrenen Beziehungsmuster zwischen Kindern und Eltern einen Einfluss darauf, wie die Begegnung in einer fürsorgenden und abhängigen Situation erlebt wird. Manchmal spitzen sich die Probleme zu, manches Mal lösen sie sich auf. Auch hier können wir als erwachsene Kinder durch selbst- und mitverantwortliches Verhalten zu einer guten Begegnung beitragen.

Die meisten älteren Menschen wünschen sich sowohl Nähe als auch Distanz. So wird heute zum Beispiel trotz getrennter Wohnungen dennoch gerne viel Kontakt zu den Familienmitgliedern gewünscht.

Selbstverantwortung und Mitverantwortung

Folgende Aussagen von erwachsenen Kindern über ihre Eltern begegnen mir immer wieder: „Meine Mutter jammert so viel, nichts kann man ihr recht machen." „Mein Vater will keine Patientenverfügung machen" „… ist misstrauisch", „ … will nicht ins Heim", „… kommt mit dem Umzug in das Heim nicht zurecht", „… ist aggressiv (gegen Pfleger, Zimmernachbarn, mich …)", „Ich fühle mich schuldig, dass ich meine Mutter abschiebe", „Es ist für mich eine große Belastung, ins Heim zu gehen und meinen Vater zu besuchen." Allein diese Aussagen machen deutlich, wie belastend die Beziehung zu den Eltern und die Verantwortung für sie, die auf Hilfe angewiesen sind, sein können.

Die Beschäftigung mit Selbst- und Mitverantwortung kann verschiedene Handlungsfelder aufzeigen. Indem wir beispielsweise mit Achtsamkeit unseren Eltern begegnen (Abschn. 2.6, Handlungsfeld 6), gut kommunizieren (Handlungsfeld 9) oder Freude neben dem Schweren gestalten (Handlungsfeld 13). Auf den Umgang mit Belastendem und Schwerem wird näher in Abschn. 2.3 eingegangen. Auch eine ethische Begleitung (Abschn. 2.6, Selbst- und Mitverantwortung reflektieren und lernen) kann hilfreich sein und konkrete Situationen in den Blick nehmen, sodass Lösungen gefunden werden.

Auch wenn wir gerne unseren hochbetagten Eltern helfen, kann es zu (inneren) Konflikten kommen: Wie kann ich meinen Beruf und den Wunsch, mich um meine Eltern zu kümmern miteinander vereinbaren? Wie weit soll, kann und will ich in meiner Mitverantwortung gehen? Was ist mit meiner Selbstverantwortung? Was kommt nun in meinem Leben zu kurz? Muss ich allen Erwartungen meiner Eltern gerecht werden? Wo und wie kann ich ihre Selbstständigkeit fördern und unterstützen? Wie gehe ich mit ihnen um, wenn sie immer mehr vergessen und ich mir nicht mehr sicher bin, ob sie ihren Alltag alleine bewältigen können? Wo sind die Grenzen? Gibt es die überhaupt? Welche Sicherheiten sind gegeben oder sollten gestaltet werden? Wo sind wir gefordert loszulassen? Gerade weil wir diese Fragen meist nicht abschließend beantworten können, werden wir im Umgang mit unseren Eltern auch immer wieder Fehler machen. Auch dieses Bewusstsein gehört zu unserer Selbstverantwortung und Mitverantwortung.

Hochbetagte sind keine Kinder

Während wir Kinder auf den Weg in die Welt begleiten und ihnen zeigen, welche Herausforderungen das Leben mit sich bringt, sind wir bei unseren hochbetagten Eltern gefordert, sie als lebenserfahrene Menschen zu betrachten und sie mit ihren Werten und Bedürfnissen, die sie im Laufe des Lebens verinnerlicht haben, aus der Welt hinauszubegleiten. Achtsamkeit ist hier von Bedeutung. Eltern, auch die mit kognitiven Einschränkungen, müssen immer wieder in Entscheidungen miteinbezogen werden. Hochbetagte dürfen nicht wie Kinder behandelt werden!

Erwachsene Kinder können immer wieder auf die Potenziale (vgl. Abschn. 2.2.2) ihrer Eltern achten und sie fördern. Der folgende Denkanstoß kann hierbei helfen:

Denkanstoß

- Suchen Sie immer wieder nach kleinen Momenten der Freude, die Sie in Ihren Alltag bringen können. Was bereitet Ihren Eltern Vergnügen? Welches tägliche Ritual tut ihnen gut? Was waren die Daseinsthemen (Abschn. 2.2.2.2) über das Leben hinweg und inwiefern kann durch sie heute in veränderter Form Freude gefördert werden? Wie können Sie Freude im Miteinander gestalten (vgl. Abschn. 3.1.3)?
- Erzählen Ihre Eltern viel von der Vergangenheit? Dahinter steckt womöglich der (unbewusste) Wunsch, das eigene Leben zu sortieren. Wenn Sie gemeinsam zurückblicken, betrachten Sie das Schöne und Wertvolle. Wofür sind Ihre Eltern dankbar? Sind Ihre Eltern bereit, auch über das Schwere zu sprechen? Hier ist Vorsicht bei traumatisierten Kriegskindern gefordert. Möglicherweise gelingt es auch, das Leid zu akzeptieren, es als Teil des Lebens zu begreifen und so das Schwere Schritt für Schritt loszulassen.
- Welches Erfahrungswissen (Abschn. 2.2.2.1) geben Ihre Eltern heute noch an Sie weiter? Was werden sie hinterlassen? Ein Backrezept der Mutter? Einen weisen Rat des Vaters? Den grünen Daumen und einen Tipp zur Gartenpflege? Sprechen Sie aus, was Sie Wertvolles von Ihren Eltern erhalten haben und machen Sie deutlich, dass Ihre Eltern in Ihnen weiterleben. Vielleicht haben Ihre Eltern auch außerhalb des familiären Umfeldes etwas für das Allgemeinwohl beigetragen. Holen Sie die Erinnerungen gemeinsam hervor.
- Woran haben Ihre Eltern Interesse? Wo möchten sie noch (unbewusst) lernen und sich entwickeln? Inwiefern nehmen sie aktiv und mit Interesse am Leben teil? Können Sie sie in dem Potenzial des lebenslangen Lernens unterstützen? (vgl. Abschn. 2.2.2.7)

In der mitverantwortlichen Begleitung der Eltern ist immer wieder auf die eigene Selbstverantwortung zu achten. Dadurch kann die Begegnung neben der Anstrengung auch Bereicherung und Glück (vgl. Abschn. 4.2.3.2) bedeuten.

Hilfe geben und Selbstständigkeit fördern

Erwachsene Kinder haben in der Regel den Wunsch, die Eltern in der späten Lebensphase zu begleiten und zu unterstützen. Die liebevolle Fürsorge braucht nicht nur Zeit, sondern auch Wissen über die Potenziale und die Verletzlichkeit im Alter (Abschn. 2.2 und 2.3). Zwischen Hilfe geben und Hilfe überstülpen ist oftmals ein schmaler Grat, der immer wieder in den Blick genommen werden muss. Ältere Menschen möchten in der Regel trotz zunehmender Abhängigkeit solange wie möglich ihre Selbstständigkeit in den verschiedensten Bereichen bewahren. „Das kannst du nicht mehr" oder „Das ist zu gefährlich" sind Aussagen von erwachsenen Kindern, die immer wieder überprüft werden sollten. Eltern – auch die mit kognitiven Einschränkungen – sollten in Entscheidungen miteinbezogen werden. Auch im Falle einer rechtlichen Betreuung sollten alle notwendigen Maßnahmen, wenn möglich, besprochen werden. Was traut sich die Mutter noch zu? An welcher Stelle benötigt sie vielleicht etwas länger, kommt aber trotzdem ans Ziel? Gerade bei zunehmender Abhängigkeit sind wir gefordert, über Produktivität, Leistung und den „Wert der Langsamkeit" (Rentsch 2016) neu nachzudenken. Auch der Wunsch nach Sicherheit ist zu überdenken. Wir werden unsere Eltern nicht vor allem schützen können. Lebensqualität kann maßgeblich davon beeinflusst werden, inwieweit Hochbetagte trotz Abhängigkeit noch in ihrer Selbstständigkeit unterstützt werden. Vieles darf angeboten, jedoch nicht übergestülpt werden oder gar zur Entmündigung führen. Die Selbstständigkeit ist noch an vielen Stellen möglich und ein wichtiges Potenzial des *guten* Alterns bis hin zum Lebensende.

Die Unterstützung der Stärken und Kräfte kann bspw. durch folgende Worte gefördert werden: „Ich traue dir zu, dass du …", „Ich sehe deine Stärke in …", „Ich schätze deine …" Hierdurch wird das Zutrauen in die Älteren gezeigt. Es kann frühzeitig in der Begleitung der gebrechlicher werdenden Eltern vermittelt werden.

Auch die Kommunikation über die Einschränkungen und die damit verbundenen Herausforderungen kann wichtig sein. Sie gestaltet sich jedoch gerade dann schwierig, wenn in der Familie bislang nur wenig über die verletzlichen Seiten des Lebens gesprochen wurde oder allein das Wohlfühlglück (Abschn. 4.2.3.2) gefördert wurde. Wie Verletzlichkeit und Leid in das Leben integriert werden können, erfahren Sie an verschiedenen Stellen dieses Buches. Auf Belastungen und Krisen wird gesondert in Abschn. 2.3 eingegangen.

Manche Älteren erleben die zunehmende Abhängigkeit als Kränkung, andere haben Sorge, dass sie zur Last fallen. In die Rolle des Hilfe-Annehmenden und Hilfe-Gebenden können Menschen in der Regel hineinwachsen. Wie dieser Prozess durchlebt wird, ist in besonderem Maße von der Persönlichkeit und den Rahmenbedingungen der betroffenen Menschen beeinflusst. Selbstbestimmung und Selbstverantwortung der Eltern sind wichtige Aspekte, die Kinder im Blick haben sollten, damit keine Überfürsorge entsteht.

Auch das sollten wir in unserer Sorge um die hochbetagten Eltern bedenken: Trotz liebevoller Fürsorge kann es bei Älteren zu psychischer Erschöpfung kommen und der Lebensmut verloren gehen. Dann gilt es genau hinzuschauen, was dieser Haltung zugrunde liegt: Ist es das Annehmen der Endlichkeit („Es ist an der Zeit zu gehen.") oder eine verzweifelte Resignation? Hier sind begleitende Kinder gefordert, die Bedürfnisse, Werte und Fähigkeiten der Hochbetagten zu betrachten. Der lebenserfahrene alte Mensch sollte so gut wie möglich in „seiner Welt" abgeholt und es sollte ihm mit Wertschätzung begegnet werden. So kann ein friedliches Loslassen von allen Seiten unterstützt werden.

Zwischen „in Watte packen" und loslassen

Viele der Babyboomer und angrenzenden Generationen sind sowohl leistungsorientiert als auch lösungsorientiert groß geworden. Werden die Eltern schwächer und erleben Verluste, fühlen wir uns manches Mal ohnmächtig im Zuschauen des äußeren Weniger-Werdens. Sehen wir den traurigen Blick, den Schmerz, die Hilflosigkeit unserer Eltern, würden wir gerne Lösungen für die Eltern finden, für die wir uns mehr und mehr verantwortlich fühlen. Wir möchten das Bestmögliche für sie tun, damit sie sicher und gut älter werden können. „Am liebsten würde ich meine Eltern in Watte packen", sagte einmal eine berufstätige Frau zu mir und berichtete von ihrem Gefühl der Ohnmacht in der Begleitung ihrer Eltern. Gleichzeitig wusste sie, dass der Prozess hin zur Endlichkeit unabwendbar ist und sie sich selbst immer wieder daran erinnern müsse loszulassen. Dieses Spannungsfeld an gegensätzlichen Gefühlen und Gedanken ist Teil des Lebens. In unserer Selbstverantwortung und Mitverantwortung (Abschn. 2.6, Handlungsfeld 12) können wir uns das immer wieder bewusst machen. In dieser inneren Haltung finden wir manches Mal schließlich auch Trost.

Möchten Sie mehr Wissen zum Umgang mit Ihren Eltern haben? Dann können die verschiedenen Denkanstöße aus Kap. 2 und Abschn. 3.1 hilfreich sein.

Denkanstoß

Hilfreich können auch folgende Fragen sein. Dabei geht es häufig nicht um *die* Antwort und nicht um die eine Lösung, sondern um den Prozess der Selbst- und Mitverantwortung, der nie endgültig abgeschlossen werden kann. Auch das Wissen zu den „Phasen der menschlichen Reaktion auf Krisen" (vgl. Abschn. 2.3.2) kann unterstützend wirken.

- Wer bist du in deinem Leid? (Welche schweren Gefühle beobachte ich bei dir?)
- Was möchtest du tun? (Welche Bedürfnisse und Wünsche wecken die Gefühle in dir?)
- Was kannst du (noch) tun? (Was sind deine Ressourcen? Abschn. 2.2.2.6)

- Was willst du, was ich für dich tue? (Vorsicht vor „Hilfe überstülpen")
- Was kann ich für dich tun? Was ist mir möglich, auch mit Blick auf meine Selbstverantwortung?
- Wie empfindest du dein Älterwerden? Als etwas Natürliches? Oder betrachtest du es eher wie eine Krankheit? (siehe Kasten unten *Natur als Helfer im Älterwerden*)
- Wie kannst du deine Verluste und den damit verbundenen Prozess annehmen? (Abschn. 2.3.2)
- Wo kannst du oder können wir gemeinsam Freude und Wohlgefühl finden und gestalten? (Abschn. 3.1.3)
- Warum fällt es mir schwer, dein natürliches Älterwerden auszuhalten? Was macht mir Angst?

Natur als Helfer im Älterwerden

In der Natur erleben wir ein ständiges Kommen und Gehen. Die natürlichen Prozesse zu beobachten und auf unser eigenes menschliches Leben zu übertragen, kann hilfreich sein. Das Bewusstsein für die „Natur des Alterns" sollte dabei hinsichtlich der Verletzlichkeit, aber auch der Potenziale in den Blick genommen werden. Im Gespräch mit unseren Eltern können wir immer wieder darauf hinweisen und dadurch auch unser eigenes Wissen zu Lebensphasen, Lebensabschnitten und der Endlichkeit schärfen. Im Umgang mit älteren Menschen erlebe ich immer wieder deren besondere Nähe zur Natur. Häufig kann ich eine innere Ruhe und Freude spüren, wenn sie eine Blume anschauen oder ein Tier beobachten. Gerade wenn eine Entfremdung zu den eigenen natürlichen Prozessen des Älterwerdens gegeben ist, kann die Natur ein wichtiger Helfer sein.

Übrigens tragen auch die hochbetagten Eltern gegenüber ihren oftmals stark belasteten Kindern Mitverantwortung. Sie können sich fragen: Was kann ich noch alleine tun? Wo kann ich mir von außerhalb Hilfe und Unterstützung holen oder offen für die Angebote sein? Zeige ich meine Dankbarkeit? Bin ich an den Problemen und Lebensthemen meiner Kinder interessiert oder werden meine Belastungen zum einzigen Thema unserer Beziehung? Wie können wir Freude im Miteinander gestalten. Mit diesen Fragen sollten sich auch die Babyboomer und „neuen" Alten (vgl. Abschn. 2.1.1) heute schon beschäftigen, damit sie später einmal ihren Kindern mitverantwortlich begegnen. So können sie zum Vorbild für das reife Alter werden. Denn gerade wenn es in unserer Gesellschaft immer mehr Menschen gibt, die auf Hilfe angewiesen sind, wird es darum gehen, frühzeitig eine innere Haltung zur Selbst- und Mitverantwortung auch in abhängigen Situationen zu entwickeln. Klar ist heute schon: Die Jüngeren werden später einmal die Sorge um die vielen hochbetagten Babyboomer nicht alleine stemmen können (vgl. Abschn. 2.1.1).

Übrigens: Entgegen der landläufigen Meinung, dass sich Menschen im Alter nicht mehr verändern, ist durchaus auch in sehr reifen Jahren noch Entwicklung möglich. Das kann auch die Beziehung zwischen Eltern und Kindern bereichern.

Das sagen Berufstätige 45+
„Meine Eltern denken jetzt moderner als früher, als sie selbst noch jung waren. Ich erlebe sie heute anders. Früher führten sie eine Art ‚Scheuklappendasein' mit klassischer Rollenverteilung, wie das in den 1970er-Jahren üblich war. Heute sind sie anders. Das freut mich. "

Anregungen und Hilfen für das Alter

Benötigen Sie zur Unterstützung Ihrer hochbetagten Eltern weitere Informationen? Im Internet erhalten Sie Informationen rund um das Thema Senioren und Alter. Zum Beispiel Senioren-Organisationen, Seniorenreisen, Verbände und Interessengemeinschaften, Studienführer für Ältere, Informationen zu Seniorenkreisen, Mehrgenerationenhäuser, Nachbarschaftshilfe, Unterstützung für ein langes Leben zu Hause, Unterstützung für pflegende Angehörige, Pflegestützpunkte, Hausnotruf, offener Mittagstisch und Essen auf Rädern, ambulante Hilfe zu Hause, Tagespflege, Alltagsbegleiter, Patientenverfügung und Vorsorgevollmacht, Hospiz und Sterbebegleitung, Trauerbegleitung etc.
Geben Sie einfach das gewünschte Stichwort (ggf. mit Ihrem Wohnort) in eine Suchmaschine im Internet (Google, Yahoo etc.) ein. In der Regel informieren Sie mehrere Anbieter.

Pflege und Betreuung

Die meisten Menschen in Deutschland pflegen ihre Angehörigen zuhause (rund 70 Prozent). Pflegende sind in erste Linie Frauen – Ehefrauen, Töchtern und Schwiegertöchter. Zusätzliche Hilfe von Pflegediensten erhält nur ein knappes Drittel dieser Hilfsbereiten.

Meist sind es nicht nur die körperlichen und emotionalen Belastungen, die durch Pflege gegeben sind, sondern oft auch hohe Kosten, „Papierkram" und Fragen zum praktischen Alltag. Die Fürsorge sollte nicht zur Überforderung werden. Es gilt immer wieder auf ein gutes Maß von Selbstverantwortung und Mitverantwortung zu achten.

Wer die Betreuung und Pflege von Angehörigen übernimmt, kann und sollte sich frühzeitig um Hilfe bemühen: andere Familienmitglieder, ehrenamtliche Helfer, Pflegedienste, Essen auf Rädern etc. Zudem bieten Sozialstationen und Krankenkassen Kurse zur Heimpflege an. Auch Selbsthilfegruppen pflegender Angehöriger können eine Stütze sein.

Ist bei Ihren Angehörigen Pflegbedarf gegeben, können Sie sich an einen Pflegestützpunkt wenden. Pflegestützpunkte sind örtliche Auskunfts- und Beratungsstellen rund um das Thema Pflege und richten sich an Pflegebedürftige bzw. deren Angehörige. Ihre Aufgaben sind nicht nur die umfassende sowie unabhängige Auskunft und Beratung zu den Rechten und Pflichten, sondern auch die Koordinierung der wohnortnahen Versorgung und Betreuung einschließlich der Hilfestellung bei der Inanspruchnahme der Leistungen. Auch die Vernetzung aufeinander abgestimmter pflegerischer und sozialer Versorgungs- und Betreuungsangebote gehört zum Aufgabenbereich von Pflegstützpunkten.

Pflege sollte nicht zu einer rein belastenden Situation und ständigen Überforderung werden. Für beide Seiten ist es nicht gut, wenn häusliche Pflege aus reinem Pflichtbewusstsein übernommen wird. Zumindest in den Städten gibt es viele Entlastungsmöglichkeiten: Mehrgenerationenhäuser, Betreutes Wohnen, Pflegeheime, Sozialstationen, Tageszentren oder Wohngemeinschaft für Menschen mit Demenz.

In meinen Gesprächen mit älteren Berufstätigen erlebe ich auch immer wieder, wie bereichernd das Hilfe-Geben und Unterstützen der eigenen Eltern sein kann. Es wird erzählt, dass man sich neu begegnet und kennenlernt. Das Sich-Kümmern dürfen, Anteil nehmen, Dankbarkeit spüren, stellt häufig einen schönen Ausgleich für die Anstrengung und Mühe dar. Auch im Rückblick auf die Sorge um und Hilfe für bereits verstorbene Eltern wird die oftmals herausfordernde Zeit als besonders intensiv und für die eigene Entwicklung als bereichernd empfunden.

Schließlich können das Sterben der Eltern und das Trauern um sie ein Umbruch und ein großer Verlust in der zweiten Lebenshälfte sein. Dazu kommt häufig, dass man sich um den verbliebenen Elternteil verstärkt kümmern muss. Wie Sie mit diesen Belastungen umgehen können, erfahren Sie in Abschn. 2.3.2.

3.1.1.2 Partnerschaft

Die zweite große Kraftquelle des menschlichen Miteinanders (neben der Familie) ist die Partnerschaft. Gerade wenn Paare lange zusammen sind, haben sich Alltagsroutinen und Gewohnheiten entwickelt, die als angenehm oder auch als eintönig empfunden werden können. Grund genug, um immer wieder genau hinzuschauen, wo die Partnerschaft Kraft und Ruhe gibt und wo es möglicherweise Verbesserungsbedarf gibt.

Das, was in einer Partnerschaft als besonders wichtig erachtet wird, verändert sich im Laufe des Lebens: Anfangs spielen sexuelle Attraktivität und große Gefühle eine herausragende Rolle. Mit der Zeit werden gegenseitige Unterstützung, Treue und emotionale Sicherheit immer wichtiger (vgl. Schmitt und Re 2004).

Denkanstoß

Was war Ihr schönstes Erlebnis mit Ihrem Partner? Woran erinnern Sie sich gerne? Wie haben Sie Ihren Partner in dieser Situation wahrgenommen?

Unstrittig ist der positive Effekt einer glücklichen Partnerschaft. Etwas verkürzt gesagt: Wer in einer guten Partnerschaft lebt, ist seelisch gesünder und glücklicher und kann besser mit Krisensituationen umgehen (vgl. Riehl-Emde 2014). Und auch wenn die Zahl der Konflikte im Laufe des gemeinsamen Lebens nicht abnimmt, gehen ältere Menschen tendenziell gelassener mit Streitereien und Konfliktsituationen um (vgl. Tesch-Römer 2010). Ein guter Grund, sich auf das gemeinsame Alter zu freuen.

Die Partnerschaft fordert mit zunehmenden Alter allerdings auch das Bewusstsein für Nähe und Distanz sowie Selbstständigkeit und Abhängigkeit (vgl. Abschn. 2.6, Handlungsfeld 14). Es ist oft hilfreich, darüber nachzudenken, inwiefern die alten Muster der Partnerschaft für beide noch richtig sind oder ob eine kreative Veränderung der Partnerschaft guttut.

Das sagen Berufstätige 45+

Denken Sie, dass sich Beziehungen durch das Älterwerden verändern? *„Ja. Die Beziehung zu meiner Frau ist stärker geworden. Sie ist intensiver geworden. Früher war sie durch die jugendliche Liebe dominiert. Heute ist sie reifer. Wir sind beide reifer geworden. Auch in unserem gegenseitigen Wahrnehmen. Im Umgehen mit unseren Schwächen.“*

Auch in der Zweisamkeit können Gefühle der Einsamkeit entstehen, wenn die Bedürfnisse nach Nähe und Distanz bei den Partnern unterschiedlich ausgeprägt sind. Gehen beide offen miteinander um und möchten an der Beziehung arbeiten, können folgende Fragen helfen: Wie können wir uns wieder annähern? Wie können wir offen und ehrlich miteinander kommunizieren? Was benötigen wir selbst, was braucht der jeweils andere? Gerade wenn Paare schon sehr lange zusammen sind, glauben sie manchmal, alles über den anderen zu wissen. Dabei übersehen sie möglicherweise die tatsächlichen Wünsche und Bedürfnisse des anderen. Im schlimmsten Fall entsteht dann das Gefühl der Entfremdung. Deshalb gilt es – sich selbst, aber auch den anderen – zu fragen: Was wissen wir wirklich über die Bedürfnisse des Menschen, mit dem wir (möglicherweise schon seit mehreren Jahrzehnten) zusammenleben?

Nähe und Distanz ist ein bedeutsames Thema in der Partnerschaft. Der Franziskanermönch und Buchautor Helmut Schlegel beschreibt das Üben von Nähe und Distanz als eine der zentralen menschlichen Aufgaben:"

> „Das Gelingen unserer Beziehungen basiert auf einer gesunden Spannung zwischen Nähe und Distanz. Üben kann ich, dass ich nach innen spüre und mein Nähe-Bedürfnis auf seine Realisierungsmöglichkeiten abklopfe. Dabei ist genauso Rücksicht zu nehmen auf das Nähe-Bedürfnis des oder der Menschen, deren Zuneigung ich suche. Üben kann ich auch das offene Gespräch über meine Gefühle und Bedürfnisse. Üben kann ich, auf dem Weg der Annäherung geduldige und behutsame Schritte des Vertrauens zu tun. Nähe kann auch überrumpeln und überfordern. Sie muss organisch wachsen. […] Üben kann ich, ein gesundes Maß an Distanz nicht als bedrohlich, sondern als Bereicherung zu erfahren. Üben kann ich, die Stunden des Alleinseins zu kultivieren und mit mir allein glücklich zu sein. Üben kann ich, mich selbst als den mir am nächsten stehenden Menschen anzunehmen. Üben kann ich auch, unangenehme Distanzen auszuhalten, ihren Schmerz zu verkraften und in Stärke zu transformieren. […]
> Faszination und Eros bergen immer auch Enttäuschungen in sich. Diese sind sogar notwendig, um Illusionen und Projektionen aufzulösen und eine Beziehung auf den Boden der nüchternen Wirklichkeit zu stellen. Allzu hohe Erwartungen müssen auf eine Ebene gebracht werden, auf der die Partner sein dürfen, wie sie wirklich sind, und einander nichts vormachen müssen. Die Scherben der Enttäuschung tun weh, aber sie öffnen den Raum für konkret lebbare Beziehungen." (Schlegel 2014)

Auch Krisen gehören zu langjährigen Partnerschaften dazu. Sie können viele Gründe haben und sich daraus ergeben, dass die jeweiligen Bedürfnisse der Partner nicht (mehr) zueinanderpassen, dass der Alltag zu viel Routine und zu wenig Abwechslung bietet, dass man den anderen unter Umständen als selbstverständlich betrachtet und dieser sich nicht mehr wertgeschätzt fühlt. Doch in einer Krise steckt immer auch eine Chance. Die Partner lernen sich in ihr (noch) besser kennen. Eine überstandene Krise kann Narben hinterlassen, aber auch zu einer neuen partnerschaftlichen Begegnung führen, die sich durch Offenheit und Lebendigkeit auszeichnet.

Umgang mit Umbrüchen – Partnerschaft neu definieren

Eine wichtige Veränderung und Zäsur in einer Partnerschaft bildet oft der Auszug der Kinder. Sind die Kinder noch klein, konzentrieren sich die Partner meist auf ihre Rolle als Eltern. Wenn mit dem Auszug der Kinder diese Rolle wegfällt, müssen sich viele Paare erst wieder neu aufeinander einstellen. Es droht ein „Empty-Nest-Syndrom". Doch dieser Umbruch in die „nachelterliche Gefährtenschaft" (Schmitt 2009) kann genauso gut als beglückender Neustart erlebt werden: Beide Partner haben nun mehr Zeit füreinander, sie können gemeinsame Hobbys suchen und Routinen durchbrechen. Hier kann es wichtig sein, miteinander über Wünsche, Befürchtungen und Erwartungen zu sprechen.

Übung

Überlegen Sie zunächst für sich (Selbstverantwortung): Wie fühlen Sie sich angesichts der neuen Situation? Welche Hoffnungen haben Sie für die kommende Zeit? Welche Befürchtungen hegen Sie? Was müssten Sie tun, damit sich Ihre Hoffnungen erfüllen? Wie könnten Sie vermeiden, dass sich Ihre Befürchtungen bewahrheiten? Gibt es alte Gewohnheiten in der Beziehung, die Sie ablegen möchten? Haben Sie den Wunsch, etwas Neues auszuprobieren?

Tauschen Sie sich anschließend mit Ihrem Partner aus. Formulieren Sie dazu Ich-Botschaften und hören Sie dem anderen aktiv zu (vgl. Abschn. 3.1.3). Nehmen Sie die Sorgen und Wünsche des Partners ernst, auch das ist ein wichtiger Aspekt der Mitverantwortung. So kann die Beziehung, auch nachdem die Kinder aus dem Haus sind, gestaltet werden. Viele Paare schaffen es Schritt für Schritt, die neue Zweisamkeit zu erleben und zu genießen.

Ein zweiter großer Umbruch findet statt, wenn einer oder beide Partner in den Ruhestand gehen (vgl. Abschn. 4.3.4). Während es zuvor einen geregelten Tagesablauf gab, fällt dieses Gerüst nun weg. Stattdessen gibt es nun viel unverplante Zeit, die (möglichst sinnvoll) gefüllt werden sollte. Wenn jemand sehr aktiv im Beruf war und wenige Hobbys oder andere Aufgaben hatte, droht er in ein Loch zu fallen. Viele Neu-Pensionäre schmieden vorab große Pläne – zum Beispiel besondere Reiseziele zu entdecken oder endlich eine überfällige Renovierungsarbeit durchzuführen – doch einige fragen sich schon nach Kurzem, ob das wirklich tagesfüllend ist. Die Aufgabenverteilung, die während des Berufslebens klar geregelt war, wird nun möglicherweise hinfällig und daher infrage gestellt. Das kann sich auch auf die Partnerschaft auswirken.

Der Rentenbeginn kann eine Partnerschaft daher durchaus „durchschütteln", doch er kann genauso gut eine Chance sein, sich in der Partnerschaft neu zu entdecken und noch enger zusammenzuwachsen.

Wesentliche Bereiche, in denen die Partnerschaft im Ruhestand neu gefordert ist

- Bereitschaft, neu aufeinander zuzugehen
- Rollen (z. B. Hausfrau, Geldverdiener) neu anschauen und ggf. aushandeln
- Beziehungsmuster überprüfen
- Nähe und Distanz leben

- Bedürfnisse kommunizieren
- Konflikte akzeptieren und lösen
- Soziale Kontakte über Partnerschaft hinaus aufbauen oder pflegen
- Eigene und gemeinsame Aufgaben suchen
- Umgang mit Einschränkungen und Verlusten

Das sagen Berufstätige 45+

„Hobbys wird jeder seine eigenen behalten, denke ich. Und wir haben auch viele gemeinsame Dinge, die wir gerne gemeinsam machen. Aber wir werden nicht die Hobbys aufgeben. Das würde uns isolieren, wenn wir nur noch alles gemeinsam machen würden. Dann kommt man in diese Richtung: Man sieht sich nur selbst als Paar. Um wirklich offen zu sein oder zu bleiben, braucht man die entsprechenden Kontakte oder Gesellschaft über die Partnerschaft hinaus."

Auch hier ist es wichtig, miteinander zu kommunizieren und einen gemeinsamen Weg zu finden.

Übung

Überlegen Sie zunächst jeder für sich, welche Aufgaben Sie in Zukunft angehen möchten, die Sie persönlich bereichern oder die Sie als sinnvoll erachten (Selbstverantwortung).

Überlegen Sie anschließend in Ihrer Selbst- und Mitverantwortung, was Ihnen als Paar Freude bereitet und welche gemeinsamen Unternehmungen oder schönen Rituale Sie einführen möchten, z. B.:

- regelmäßige kulturelle Unternehmungen (Theaterabo, Museumsbesuche etc.),
- gemeinsame sportliche Betätigungen (Wandern, Tanzkurs etc.),
- gemeinsame Erinnerungen wiederaufleben lassen (Fotoalben durchschauen etc.),
- ehrenamtliche Tätigkeiten finden,
- …

Wichtig ist, dass Sie Ihre Erwartungen nicht zu hoch stecken. Es geht nicht darum, möglichst viele neue Hobbys zu beginnen, sondern darum, einen individuellen Weg zu finden, der zu Ihnen beiden passt.

Möchten Sie sich mehr Gedanken darüber machen, wie Sie Freude im Miteinander gestalten können, dann lesen Sie Abschn. 3.1.3.

Ein dritter Umbruch, der sich allerdings schleichender vollzieht als die ersten beiden, sind die natürlichen altersbedingten Einschränkungen und Verluste und die Frage, wie wir damit umgehen. Das beginnt mit dem sichtbaren Altern: In einer Gesellschaft, in der Jugendlichkeit als Schönheitsideal angesehen wird, empfinden viele Menschen das Altern als Verlust der Attraktivität. Das kann eine Beziehung verändern. Aber auch die körperlichen Einschränkungen, die mit den Jahren zunehmen, können sich auf eine Partnerschaft auswirken. Beispielsweise kann aus einer einstmals leidenschaftlichen Liebe eine warme Fürsorge werden. Eine lange Partnerschaft, die verständnisvoll den jeweils anderen im Älterwerden begleitet, ist etwas ganz Wertvolles.

Was einer Partnerschaft guttut
Nach den Studien von Schmitt (2009) sind folgende Punkte für eine Partnerschaft wertvoll:

- Toleranz/Verständnis
- Vertrauen/Offenheit
- Liebe
- gute Konfliktlösung
- gemeinsame Lebensbereiche (vgl. Abschn. 2.2.2.2 Daseinsthemen)
- Solidarität und Unterstützung
- Kinder und Enkel
- Möglichkeiten der persönlichen Entwicklung durch die Partnerschaft
- Treue

Denkanstoß

Was verstehen Sie unter einer wertschätzenden Begegnung in der Partnerschaft? Manchmal ist es hilfreich, zunächst spontan ein paar Worte hierzu niederzuschreiben. Im Anschluss kann darüber in Ruhe nachgedacht werden. Eine schöne Übung, die auch als Paar durchgeführt werden kann.

Wenn Sie für Ihre Beziehung etwas tun möchten, helfen möglicherweise die folgenden ersten kleinen Überlegungen und Handlungen:

- Begegnen Sie Ihrem Partner liebevoll und freundlich. Achten Sie auf einen Morgen- und Abendgruß. Wenn Sie fragen: *„Wie geht es dir?"* oder *„Wie war dein Tag?"*, hören Sie auch wirklich zu und beschäftigen sich gedanklich nicht schon mit anderen Dingen. Achten Sie darauf, was Ihr Partner jetzt braucht.
- Überprüfen Sie Ihr eigenes Tun und Lassen. Was erwarten Sie möglicherweise als Gegenleistung? Was geben Sie ganz ohne Erwartungen? Wann geben oder schenken Sie etwas, ohne eine Gegenleistung zu erwarten?
- Probieren Sie einmal folgende Übung aus: Sagen Sie sich gegenseitig drei Eigenschaften, die Sie am anderen besonders schätzen.

Doch wie immer gilt: Es gibt keine Patentrezepte. So können Partnerschaften individuell sehr verschieden gelebt werden und aufgrund von Toleranz und Wertschätzung als sinnvoll und gut erlebt werden, auch wenn weniger kommuniziert wird oder weniger Gemeinsamkeiten vorhanden sind. Letztlich gilt: Die Chemie muss stimmen. Das Wohlgefühl muss gegeben sein. Dabei kann auch ein Bewusstsein zum Thema Einsamkeit hilfreich sein: Der Mensch ist letztlich immer auch auf sich selbst angewiesen. Auch in einer Partnerschaft können Gefühle der Einsamkeit mehr oder weniger stark ausgeprägt sein – es existiert hier eine große Bandbreite. Die Akzeptanz, dass gewisse Dinge (Einstellungen) auch in einer noch so verständnisvollen Partnerschaft nicht geteilt werden können, ist für das Gelingen der Partnerschaft von Bedeutung.

> **Tipp**
>
> Das Thema Partnerschaft ist ein weites Feld, auf das hier nicht in aller Ausführlichkeit eingegangen werden kann. Wer sich weiterführend mit diesem Thema beschäftigen möchte, dem kann ich den Artikel „Partnerschaft – Ein Leben mit dir. Paare, Freunde, Partner: Was ist das Geheimnis langer Beziehungen?" von Jana Simon (2008) empfehlen.
> Ein weiterer Literaturtipp:
> „Was glückliche Paare richtig machen" von C. Thiel (2007). Frankfurt: Campus

Erotische Liebe

In der körperlichen Liebe ist die Balance von Selbst- und Mitverantwortung von besonderer Bedeutung, da sie unseren persönlichsten und intimsten Bereich betrifft!

Über Sexualität im Alter wird kaum gesprochen – auch wenn es langsam enttabuisiert wird. Vor allem jüngere Menschen gehen davon aus, dass erotische Liebe im Alter kein Thema mehr sei – weil die körperlichen Funktionen nachlassen oder ältere Menschen weniger Lust empfänden als junge. Doch die Wirklichkeit sieht anders aus.[1] Studien zeigen, dass die sexuelle Aktivität im Alter davon abhängt, ob die Partner sexuell interessiert sind, wie sie in jungen Jahren mit Sexualität sozialisiert wurden und wie lange eine Beziehung besteht. Menschen, die zeitlebens gerne sexuell aktiv waren, verlieren auch im Alter nicht das Interesse daran (vgl. Riehl-Emde 2014).

Altersbedingte körperliche Veränderungen (Verlangsamung der sexuellen Reaktionsfähigkeit des Mannes, sinkender Testosteronspiegel, geringere genitale Reaktion bei der Frau) beeinflussen zwar auch das Sexualleben, doch das bedeutet nicht, dass keine sexuelle Aktivität mehr möglich ist.

Das sexuelle Interesse lässt nicht nach, lediglich die Ausdrucksformen verändern sich. Das Bedürfnis nach Zärtlichkeit und Berührungen (nicht nur sexueller Natur) nimmt grundsätzlich im Alter zu, und in langjährigen Beziehungen ist Geschlechtsverkehr eher Ausdruck von und Wunsch nach Nähe, Zuneigung, Vertrauen und Einfühlungsvermögen (vgl. Bruchhaus Steinert 2014).

---

[1] Mittlerweile gibt es „Aufklärungs"bücher für Erwachsene (z. B. von Ann-Marlene Henning), welche der Tabuisierung entgegenwirken sollen.

Das sagen Berufstätige 45+
„Trotz meiner Erkrankung wird Zärtlichkeit und Nähe für uns immer eine wichtige Rolle spielen. Manches wird auch intensiver. Man nimmt es anders wahr. Aber man muss offen miteinander umgehen. Man muss sich gegenseitig unterstützen. Man braucht da Offenheit auch in dem Tabuthema."
„Beziehungen können im Alter reifer werden. Sie werden intensiver. Sie werden unter Umständen körperlich weniger hastig. Und sie werden angenehmer. Das Verständnis wird anders. Die Sicht auf die Dinge wird anders, auch auf Konflikte. Das ändert sich alles."
„Beziehungen sind im Älterwerden weniger körperbetont. Aber Wesen verschmelzen. Wir denken das Gleiche. Wir können uns gegenseitig aus Sachen rausholen. Wir sind auf einer Wellenlänge."

Wie ältere Menschen ihre Sexualität ausleben und bewerten, ist auch Kopfsache: Manche Männer sehen die körperlichen Veränderungen als Kränkung ihrer Männlichkeit; manche Frauen, die sich an dem gängigen Schönheitsideal der jugendlichen Makellosigkeit orientieren, empfinden ihren reiferen Körper als weniger anziehend und ziehen sich deshalb sexuell zurück. Der Umgang mit dem „Problem" ist dabei oft wichtiger als die Veränderungen selbst (vgl. Riehl-Emde 2014).

Männer sind also gut beraten, die verschiedenen Aspekte der Männlichkeit frühzeitig in den Blick zu nehmen und zu überlegen, was Männlichkeit bedeutet. Auch die verschiedenen Möglichkeiten von körperlicher Begegnung und Zärtlichkeit, sind im Hinblick auf die Wünsche der Partnerin zu betrachten. Frauen sind gut beraten, sich liebevoll mit ihrem älter werdenden Körper zu beschäftigen und die beobachtbaren natürlichen Veränderungen anzunehmen. Hierbei ist die Wertschätzung des Partners von Bedeutung.

Hier kommen wieder die 14 Handlungsfelder der Selbst- und Mitverantwortung (vgl. Abschn. 2.6) zum Tragen: Wie kann ich Unveränderliches akzeptieren (Handlungsfeld 12)? Wie kann ich das Wissen um meine eigenen Bedürfnisse und um die des Partners gut leben (Handlungsfeld 2 und 3)? Wie kann ich Achtsamkeit üben, ohne innerlich zu werten (Handlungsfeld 6)? Kommuniziere ich meine Bedürfnisse und auch meine Sorgen/Befürchtungen verständlich und ehrlich an meinen Partner (Handlungsfeld 9)?

Allgemein lässt sich beobachten, dass körperliche Bedürfnisse in einer Beziehung nur selten von beiden Partnern über die Zeit hinweg identisch sind. Das bedeutet auch, dass Bedürfnisse zurückgestellt werden müssen, wenn der andere diese nicht teilen kann. Gerade in der sexuellen Intimität ist ein Gleichklang der Bedürfnisse wertvoll und kann enorm bereichernd für eine Beziehung sein. Sexuelle Intimität in diesem Sinn ist jedoch oftmals noch eine große Unbekannte, d. h. Paare wissen über die gegenseitigen Bedürfnisse und Wünsche meist wenig. Eine Studie des Projektes Theratalk (Teilnahme von 2330 heterosexuellen Paaren) zeigt, dass nur 35 Prozent der Männer und nur 44 Prozent der Frauen ihre sexuellen Wünsche erfüllt bekommen. Grund dafür sei, dass sie nichts von den Wünschen des anderen wissen. „Lebenslanges Lernen" ist also auch in dem körperlichen Miteinander möglich.

Die sexuelle Intimität ist sehr verletzlich und hat Einfluss auf die ganze Beziehung. In der sexuellen Intimität können die Pole Freude und Leid nah nebeneinander wirken: Möglicherweise unterdrückt ein Partner dem anderen zuliebe – oder weil er das Gefühl hat, dass Sex zu einer Partnerschaft eben dazugehört – regelmäßig sein eigenes „Nichtwollen", empfindet diesen aber eher als Belastung. Hierdurch entstehen Muster, welche gerade im Älterwerden belastend wirken können. „Eigentlich hat mir das noch nie so richtig gefallen" sind Aussagen, die erst viele Jahre später zum Vorschein kommen können. Verletzungen sind die Folge, denn der Wunsch, dass der andere einen sieht, wurde womöglich lange nicht erfüllt. Auch die Vorstellung, dass der andere über die Jahre ehrlich seine Wünsche geäußert hat, wird im Nachhinein als Trugschluss entlarvt (Tesch-Römer 2010). Hier kann es schwierig sein, einen Kompromiss zu finden.

Natürlich gibt es auch im sexuellen Miteinander nicht DIE Lösung. Ein wichtiger Schlüssel kann der offene Austausch über die jeweiligen Bedürfnisse sein. Aber allein schon aufeinander zuzugehen, ohne sie ausdrücklich zu thematisieren, kann eine wichtige Rolle spielen. Wir kennen unseren Partner oft schon lange und haben dadurch die Fähigkeit, seine Bedürfnisse zu erspüren. Dazu müssen wir allerdings mit allen Sinnen genau „hinfühlen". Im besten Fall entsteht so eine wert- und genussvolle, wenn auch veränderte Sexualität im Alter, die für beide Seiten befriedigend ist.

Viele Paare konzentrieren sich aber auch auf andere wertvolle gemeinsame Lebensbereiche. Eine neue Dimension der Tiefe kann entstehen. Der Schlüssel zu guter Sexualität im Alter liegt in einem erweiterten Verständnis von Sexualität: Intimität, Zärtlichkeit, Geborgenheit – und nicht einfach nur der mechanische Akt des Geschlechtsverkehrs.

Denkanstoß

Welche Erwartungen haben Sie im Hinblick auf Zärtlichkeit und Sexualität an Ihren Partner? Kann er sie erfüllen? Haben Sie das Thema schon angesprochen und kommuniziert? Gibt es Erwartungen, von denen Sie sich möglicherweise verabschieden sollten? Was können Sie tun, um mit den unerfüllten Wünschen umzugehen? Was ist wertvoll und schön in Ihrer Partnerschaft, sodass auch hier die Belastung und der Mangel als Teil des Lebens (Abschn. 2.6 Handlungsfeld 13) angenommen werden kann. Wie können Sie mehr Freude in Ihr gemeinsames Leben bringen?

Übrigens: Wie oft Partner miteinander schlafen, hängt eher vom Stadium der Beziehung als vom Alter ab: „Frisch Verliebte haben häufiger Sex miteinander als Menschen, die in einer langjährigen Beziehung leben. Das gilt auch für ältere Paare. Partner, die sich mit 60 Jahren neu verlieben, haben häufiger Sex miteinander als junge Paare, die schon fünf Jahre zusammen sind" (Bruchhaus Steinert 2014).

Denkanstoß

Welche Werte sind in Ihrer Partnerschaft außer der körperlichen Nähe gegeben? Sind z. B. Verständnis, Vertrautheit, Offenheit, Liebe, gute Konfliktlösung, gemeinsame Lebensbereiche oder gegenseitige Unterstützung vorhanden? Diese wertvollen Punkte sind im gemeinsamen Älterwerden häufig von größerer Bedeutung.

Die oben aufgeführten Themen einer Partnerschaft können nur kurze Anstöße geben. Wenn Sie ein Gebiet besonders interessiert und Sie bei sich Handlungsbedarf sehen, informieren Sie sich weiter. Manches ist als eingefahrenes Muster in unserer Persönlichkeit und unserer Beziehung gegeben. Es braucht dann häufig Gespräche, Übung und Geduld, damit eine positive Veränderung von beiden Seiten erlebt wird. Kurse werden zu den verschiedensten Themen angeboten.

3.1.1.3   Kontakte zu jüngeren Menschen

Studien ergeben, dass Menschen einer Altersgruppe häufig unter sich bleiben. Das ist aus mehreren Gründen schade. Wer Kontakt zu anderen Generationen pflegt, kann die Welt aus einer anderen Perspektive sehen und dadurch eine Bereicherung erfahren. Im Kontakt mit Jüngeren können wir unser Wissen und Können weitergeben (Generativität) und damit einen entscheidenden Beitrag zu einem bereichernden Miteinander leisten. Zudem können die Begegnungen zwischen Jung und Alt das gegenseitige Verständnis fördern und im besten Fall differenzierte Altersbilder bei den Jüngeren schaffen, sodass sie die Potenziale sehen, aber auch die Verletzlichkeit, auf die ggf. Rücksicht genommen werden muss (vgl. Bayerisches Staatsministerium für Arbeit und Sozialordnung, Familie und Frauen 2012).

Dabei kommen Strukturen und Maßnahmen, die den Älteren eine gewisse Unterstützung bieten – sei das im Gesundheitswesen und in anderen Dienstleistungen, im Bereich des Wohnens und der Nachbarschaft oder auch im öffentlichen Raum – auch allen anderen Altersgruppen zugute. Oft wird übersehen, dass viele Bedürfnisse bei Jüngeren und Älteren übereinstimmen. Das sollte allerdings nicht dazu führen, dass altersspezifische Bedürfnisse aus dem Blick geraten oder gar gegeneinander ausgespielt werden. Eine generationenübergreifende Politik darf gerade nicht trennen, sondern muss zusammenführen (vgl. dazu den 7. Altenbericht 2017). Umso mehr lohnt es sich also, auf andere Generationen zuzugehen, sich mit ihnen auseinanderzusetzen und, falls vorhanden, Vorurteile abzubauen.

Da für viele jüngere Menschen Faktenwissen mehr zählt als Lebenserfahrung, haben es Ältere manchmal schwer, ihr Wissen weiterzugeben. Ein guter Rat wird zwar gehört, muss deswegen aber noch nicht übernommen werden – eine Einstellung, die älteren Menschen im Vergleich zu ihrer eigenen Jugendzeit vielleicht fremd, bisweilen respektlos vorkommt. Allzu leicht neigen wir dann dazu, jüngere Generation abzuwerten oder ihnen ihre Einstellung vorzuwerfen. Doch gerade hier ist Verständnis gefragt. Möglicherweise ist ihr Verhalten auf Erfahrungen und Prägungen zurückzuführen, die die eigene Generation so nicht erlebt hat. Im intergenerationellen Austausch können also Missverständnisse genauso wie Bereicherung entstehen.

Das sagen Berufstätige 45+
„Im Zusammensein mit den Jüngeren spüre ich manchmal neue Lebensenergien in mir. Jüngere sind meist noch so neugierig, so enthusiastisch, so offen für Ihren Weg, den sie noch vor sich haben. Wenn sie dann einem Älteren begegnen, der Sie auf diesem Weg inspiriert oder ihnen Ideen gibt, sodass sie einen Schritt ihres Weges weiterkommen, kann das für beide Seiten unglaublich bereichernd sein. Noch sind sie unschlüssig, was die Zukunft bringen wird. Öffnet sich da eine Tür durch ein Gespräch mit einem Älteren, können Sie dankbar, voller Konzentration und Begeisterung reagieren.“

Im Austausch mit den Jüngeren ist es besonders wichtig, dass wir nicht mit erhobenem Zeigefinger auftreten, sondern den Austausch auf Augenhöhe suchen. Wer mit Interesse und Offenheit in ein Gespräch mit Jüngeren geht und erst mal zuhört, kann oft viel mehr weitergeben als jemand, der von oben herab belehrt. So können wir uns immer wieder fragen: Was wissen wir über die jüngere Generation? Was beschäftigt sie, vielleicht auch im Hinblick auf das Zusammenleben mit den Älteren?

Damit sich die verschiedenen Generationen verstehen, kann es hilfreich sein, etwas über deren Prägung und die Zeit zu erfahren, in der sie aufgewachsen sind. Um Wissen hierzu zu erhalten, bietet sich der direkte Austausch an. Denn die Menschen einer Generation haben ja nicht alle das Gleiche erfahren. Letztlich gilt es immer, den Einzelnen in seiner Persönlichkeit und mit seinen Erfahrungen in den Blick zu nehmen. Menschen sind unterschiedlich, sie haben – je nach sozialem Umfeld, Erziehung, genetischer Veranlagung etc. – verschiedene Vorlieben, Eigenschaften, Bedürfnisse, Werte und Einstellungen. Doch Menschen werden durchaus von bestimmten Lebensumständen, politischen, technologischen, sozialen und gesellschaftlichen Rahmenbedingungen geprägt. Das Konzept der Generationen (Schröder-Kunz 2019) hat den Vorteil, dass sich typische Lebenslagen beschreiben und grobe Zuordnungen vornehmen lassen. Darauf aufbauend können Verständnis und ein gutes Miteinander gelebt werden.

> Wie schön und gesund es sein kann, wenn Generationen aufeindertreffen zeigte auch die VOX-Doku „Wir sind klein und ihr seid alt". Hier verbrachten zehn quirlige Kindergartenkinder im Alter von vier Jahren Zeit mit zehn Senioren, die in einem Altenheim leben. Jung und Alt begegneten sich dabei sechs Wochen lang in einem Activity Room und stellten sich dort gemeinsamen Herausforderungen. Kinder und Senioren wuchsen mehr und mehr zusammen. Psychologen, Altersforscher und Mediziner begleiteten das Experiment und stellten fest, dass immense medizinische Fortschritte bei der älteren Generation gegeben waren: Die Senioren waren nicht nur besser drauf, sondern auch merklich gesünder und beweglicher. (https://www.vox.de/cms/sendungen/wir-sind-klein-und-ihr-seid-alt.html)

Solidarität der Generationen

Das sagen Berufstätige 45+
Altersbilder sind in unserer Gesellschaft häufig negativ besetzt. Was denken Sie, können ältere Menschen selbst tun, um das zu verändern? *„Oh, das ist schwierig, weil das Problem ist, dass die Alten über die Jungen und die Jungen über die Alten reden. Aber wie oft reden sie miteinander? Wenn sie miteinander sprechen, entwickelt sich Verständnis füreinander. Und es entwickelt sich auch Verständnis für die Probleme!"*

In der deutschen Sozialgeschichte ist die Idee des „Generationenvertrags" von großer Bedeutung. Hierbei wird die Gesellschaft als Solidargemeinschaft begriffen, die den sozialen Frieden zwischen den Generationen sichern soll. Die zentrale Frage lautet: Wie können ältere Menschen, die nicht mehr erwerbsfähig sind, von den jüngeren Erwerbstätigen unterstützt werden, ohne dass die junge Generation dabei selbst in finanzielle Not gerät? Die entsprechende Verteilung ist die Aufgabe der jeweiligen sozialen Sicherungssysteme. Für das Bundesfinanzministerium ist der Generationenvertrag die Grundlage für das Rentensystem, bei dem Beitragszahler und Rentenbezieher einander gegenüberstehen. Dabei darf nicht übersehen werden, dass es sich um eine wechselseitige Solidarität handelt, denn jede Generation durchläuft drei Stadien. Im ersten müssen wir als Heranwachsende unsere Erwerbsfähigkeit erst noch erlangen. Im zweiten sorgen wir als Erwerbstätige für die heranwachsende, aber auch für die ältere, nicht mehr erwerbsfähige Generation. Im dritten gehören wir dann zu den Rentnern und sind wiederum auf die Leistungen der dann Erwerbstätigen angewiesen. Ob nun als zwei- oder dreiseitiges Verhältnis, stets geht es darum, die Solidarität zwischen den Generationen zu stärken. Dazu ist es erforderlich, die Regelungen der oft als undurchschaubar empfundenen Sozialversicherungssysteme verständlich offenzulegen (Tesch-Römer 2010).

Es muss immer mehr gefragt werden, welche Ressourcen den älteren Menschen zur Verfügung stehen und was sie aus eigener Kraft leisten können. Es wird zunehmend um gegenseitige Unterstützung gehen. Hierdurch können auch vielfach positive Werte für die Älteren geschaffen werden, da Generativität und Teilhabe dabei erfahrbar werden können. Mitverantwortung, die unter anderem einen Beitrag für die Gesellschaft aufweist, kann zukünftig noch mehr in das Bewusstsein der Älteren dringen, immer auch unter dem Aspekt der Selbstverantwortung.

Es wird also zukünftig darum gehen zu schauen: Wer kann was leisten? Welche Ressourcen sind einzelnen Bürgern gegeben, unabhängig von ihrem Alter. Altersgrenzen müssen im Zuge der Generationensolidarität aufgeweicht werden. So sollte auch Älteren, welche noch arbeiten wollen und gebraucht werden, Möglichkeiten hierzu gegeben werden. Eine neue Offenheit sowie kreative Lösungsmöglichkeiten sind gefordert.

Denkanstoß

Brauchen Generationen mehr Wissen übereinander, um im Sinne der Generationensolidarität wertschätzend aufeinander zuzugehen? Was würden Sie den jungen Menschen über Ihre eigene Generation erzählen?

Möchten Sie sich mehr Gedanken darüber machen, wie Sie Freude im Miteinander gestalten können, dann lesen Sie Abschn. 3.1.3.

Anlässlich der Auftaktveranstaltung zum „Europäischen Jahr für aktives Altern und Solidarität zwischen den Generationen 2012" stellte Andreas Hoff, Professor für Soziale Gerontologie, im Rahmen seinen Vortrages *Solidarität zwischen den Generationen* folgende Thesen auf:
Thesen zur Zukunft der Generationensolidarität:

- Generationensolidarität wird nicht „aussterben" – sie wird sich verändern, sich den veränderten gesellschaftlichen Bedingungen anpassen
- In zukünftigen Generationen wird intergenerationale Kommunikation via Internet selbstverständlich sein
- Senioren der Zukunft werden über weniger Geld verfügen – auch das wird zu veränderten Interaktionsformen führen

- Intergenerationale Interaktion in der Familie wird seltener werden, dafür aber umso intensiver zwischen mehr Älteren und weniger Jüngeren
- Generationensolidarität wird auch stärker außerhalb der Familie, in nicht auf Verwandtschaft basierenden Interaktionsformen gelebt werden
- Ehrenamtlich organisierte Generationenprojekte werden noch zahlreicher und noch wichtiger werden (Wer wird sie initiieren? Ältere, mittlere oder jüngere Generation – oder alle?)

3.1.1.4   Freunde und Nachbarn

Freunde sind wertvoll. Freundschaften verändern sich aber auch manches Mal über das Leben hinweg. Freundschaften werden geschlossen und beendet. Freunde sind auch im Alter ein wichtiger Teil des sozialen Netzes einer Person. Langjährige und enge Freundschaften gehören zu den stabilsten Verbindungen im Leben. Gemeinsame Interessen und Aktivitäten werden mit Freunden geteilt. Rat oder Trost wird bei Freunden gefunden (Tesch-Römer 2010).

Im Unterschied zu Freunden ist die Beziehung zu Nachbarn meist nicht so eng. Man erwidert Freundlichkeiten und ist zu praktischen Alltagshilfen bereit (Tesch-Römer 2010). Nachbarschaftsbeziehungen gewinnen im höheren Alter an Bedeutung, gerade wenn Menschen weniger mobil sind und schon länger in ihrem Wohnviertel leben.

Bei Freunden und Nachbarn geht es in der Regel weniger um tiefgreifende und langfristige Unterstützungen (z. B. Pflege) (Tesch-Römer 2010). Daher ist meist auch der Wunsch gegeben, dass die Beziehungen nicht überstrapaziert werden.

Die Bedeutung von Freunden und Nachbarn wird aber für alte Menschen in Zukunft möglicherweise ansteigen. Unter den „neuen Alten" (vgl. Abschn. 2.1.1) wird es mehr Menschen geben, die kinderlos bleiben oder deren Kinder weiter weg wohnen. Freunde und Nachbarn können damit eine neue Rolle und Aufgabe erhalten. Die gegenseitige Unterstützung kann durch innovative Projekte (z. B. Generationenhäuser, Selbsthilfegenossenschaften) gefördert werden.

Denkanstoß

Wie pflegen Sie Ihre Freundschaften und Nachbarschaften? Suchen Sie nach Ideen und Möglichkeiten, Ihre Kontakte zu fördern und zu pflegen? Im Internet finden Sie viele Ideen hierzu. Beispiele sind Straßen- und Hoffeste oder Treffen zum Singen, Kochen, (Karten-)Spielen etc. Gemeinsames Schaffen und Tun kann Begegnungen bereichern und stärken.

Möchten Sie sich mehr Gedanken darüber machen, wie Sie Freude im Miteinander gestalten können, dann lesen Sie Abschn. 3.1.3.

Tipp

Von Kindesbeinen an vergleichen wir uns mit anderen Menschen. Wer rennt schneller, weiter? Wer ist schöner, größer, mutiger? Auch im Älterwerden vergleichen sich Menschen miteinander. In der Regel fühlen sich Menschen 5 bis 10 Jahre jünger als ihr tatsächliches biologisches Alter. Auch im Umgang mit anderen Menschen betrachten sie ihr Alter und das der anderen: „Mensch, ist der alt geworden", stellt jemand nach einem Klassentreffen fest. Diese Aussagen kennt wohl jeder. Gerade im Hinblick auf unsere eigenes Alter und die Stellung der Alten in der Gesellschaft sollten wir uns bewusst machen, dass solche Aussagen negative Altersbilder fördern. Hilfreich wäre es, wenn wir daran arbeiten, eher die Reife eines Menschen zu betrachten und uns weniger vom Körperbild beeindrucken zu lassen. Hier ist jeder gefordert.

Durch Ihr Bewusstsein zu mitverantwortlichem Verhalten (vgl. Abschn. 2.5) und den Wunsch, anderen Menschen empathisch zu begegnen, können Sie an Ihrem ganzheitlichen Menschenbild arbeiten. Übungen und Denkanstöße zur mitverantwortlichen Kommunikation (vgl. Abschn. 3.1.3) finden Sie auf den folgenden Seiten in diesem Kapitel.

3.1.2 Was beeinflusst (private) Beziehungen im Alter?

Das sagen Berufstätige 45+

„Früher, als ich noch jünger war, hatte ich viel mehr Kontakte. Jetzt sucht man sich seine Freunde aus. Da geht es ganz viel um Wertschätzung. Oft wird es intensiver. Ich bin wählerischer geworden: Mit wem bin ich gerne zusammen?!"

In diesem Abschnitt finden Sie wichtige Informationen für die Begegnung und Kommunikation mit anderen Menschen. Sie bilden eine wichtige Grundlage für das gute Zusammenleben und Zusammenarbeiten.

Je nach Interesse oder auch Handlungsbedarf sollten Sie Möglichkeiten in Anspruch nehmen, sich weiter zu informieren. In vielen Fällen ist es hilfreich, Kurse zu besuchen, um bestimmte Vorgehensweisen (z. B. aktives Zuhören oder gewaltfreie Kommunikation) zu *üben*. Es finden sich Angebote von privaten Anbietern, den Krankenkassen, Volkshochschulen und anderen Institutionen.

Bindungen in der Kindheit

Unsere Erfahrungen mit Bindung in der Kindheit haben Einfluss auf unsere Beziehungen im Alter (Bindungstheorie Tesch-Römer 2010). So ist zum Beispiel die Beziehung zu den Eltern für die weitere Entwicklung eines Kindes von Bedeutung.

Das Bedürfnis nach Bindung ist angeboren und für ein Kind fast so notwendig wie das Bedürfnis nach Nahrung. Eine „sichere Bindung" des Kindes an seine Eltern ist ein wichtiges Fundament für seine weitere Entwicklung.

Eine Bindungsperson ist „weiser und stärker" und gibt dem Kind psychische Sicherheit. Dazu gehören Fürsorge, Schutz, Wertschätzung, Trost, Unterstützung und behutsame Herausforderungen. Durch Geborgenheit, Sicherheit und Zugehörigkeit in der Kindheit kann sich ein Mensch entspannen, entfalten und wachsen. Wohlgefühl entsteht durch das „Ja des Sein-Dürfens" (Buber 1978). Möglicherweise ist das auch eine wichtige Basis für das „Ja des Altwerden-Dürfens".

Emotionales Selektieren im Älterwerden

Jugendliche und junge Erwachsene haben häufig ein sehr großes soziales Netzwerk aus Freunden und Familienmitgliedern. Sie sind meist in Kontakt mit den verschiedensten Personen und Gruppen. Hier befriedigen sie nicht nur das menschliche Bedürfnis nach Nähe und Kommunikation. Auch ihr Wunsch, die Welt zu entdecken kann dabei gestillt werden. Ihr Interesse an Menschen ist unter anderem mit ihren Lebenszielen wie Beruf, Familiengründung etc. verbunden. Durch das Zusammentreffen mit neuen Menschen lernen sie sich auch selbst besser kennen. Man vergleicht sich mit dem anderen, erhält Rückmeldungen, spürt wie man in der Gruppe wirkt etc. (vgl. Tesch-Römer 2010)

Bei Menschen in der zweiten Lebenshälfte werden die sozialen Netzwerke meist kleiner. Oft handelt es sich dabei um bewusste Entscheidungen für nahestehende Menschen, mit denen man gut auskommt und gemeinsame Interessen teilt (Sozioemotionale Selektivitätstheorie, Carstensen 2006). So wird die Veränderung auch nicht als belastend erlebt. Wer ist mir vertraut? Auf wen kann ich mich verlassen? Mit wem fühle ich mich wohl? Wer teilt meine Normen und Werte? Wer sieht mich so wie ich bin? All das sind (unbewusste) Fragen, die dazu führen, dass wir in der zweiten Lebenshälfte selektieren. Wir geben manche Kontakte auf. Andere pflegen wir ganz bewusst. Das Selektieren und Auswählen unserer Kontakte hängt Studien zufolge nicht nur mit dem Alter zusammen, sondern auch mit unserer Zukunftsperspektive. Wird die eigene Zeit als begrenzt erlebt – das kann auch bei schwer erkrankten jungen Menschen sein – konzentrieren wir uns auf die Beziehungen, die uns wichtig sind und in denen wir uns wohlfühlen (Carstensen 2006).

Im höheren Alter schließlich werden Menschen damit konfrontiert, dass immer mehr Freunde und Angehörige sterben. Diese Verlusterfahrungen können auch zur Isolation und Einsamkeit führen.

Gerade die „neuen Alten" (vgl. Abschn. 2.1.1) können neben ihren vertrauten Kontakten, in denen Wohlgefühl erlebt wird, versuchen für andere Menschen offenzubleiben. Nicht zuletzt, weil sie im Hinblick auf den demografischen Wandel gebraucht werden und noch viele Aufgaben auf sie warten. Dabei sind

Selbst- und Mitverantwortung gefragt (vgl. Abschn. 2.5). Unser Interesse an und unsere Offenheit für andere Menschen gewinnen zunehmend an Bedeutung.

Die bisherigen Ausführungen machen deutlich, wie wichtig private Beziehungen und Bindungen für den Menschen als Individuum und seine Entwicklung sowie für das gesellschaftliche Miteinander sind. Dass diese Interaktionen nicht immer frei von Konflikten und Problemen sind, kennt wohl jeder aus eigener Erfahrung. Daher soll es im folgenden Abschnitt darum gehen, wie das soziale Miteinander sinnstiftend und umsichtig gestaltet werden kann – besonders im Hinblick auf das Älterwerden und der damit einhergehenden Veränderung sozialer Beziehungsmuster.

3.1.3 Das Miteinander gestalten

Den anderen verstehen – Ich und Du
Erinnern wir uns: Selbstverantwortung ist die Fähigkeit, das Leben nach den eigenen Bedürfnissen, Normen und Werten zu leben. Mitverantwortung ist unter anderem die Fähigkeit, unser Gegenüber in seinen Bedürfnissen, Normen und Werten zu sehen und zu verstehen. Dies bedeutet, Bedürfnisse spielen in Beziehungen und im Verständnis füreinander immer eine wesentliche Rolle. Eines der bekanntesten Entwicklungsmodelle von Bedürfnissen wurde von dem Psychologen Abraham Harold Maslow formuliert. Seine „Bedürfnispyramide" umfasste zuletzt 8 Stufen:

1. Physiologische Bedürfnisse: Luft, Essen, Trinken, Schlaf, Wärme, Mutterliebe, Genuss …
2. Sicherheitsbedürfnisse: Schutz, Sicherheit, Regeln, Stabilität, Grenzen …
3. Soziale Bedürfnisse: Beziehungen, Zuneigung, Zugehörigkeit und Liebesbedürfnis, z. B. durch Familie, Freunde, Arbeitsgruppe …
4. Individualbedürfnisse: Wunsch nach (mentaler/körperlicher) Stärke, Erfolg, Unabhängigkeit und Freiheit, Wunsch nach Ansehen, Prestige, Wertschätzung, Achtung und Wichtigkeit …
5. Kognitive Bedürfnisse: Wissen, Bedeutung, Selbstwahrnehmung …
6. Ästhetische Bedürfnisse: Schönheit, Balance, Form …
7. Selbstverwirklichung: Bedürfnis, das zu werden, was einem anlagebedingt überhaupt möglich ist. Persönliches Wachstum, Erfüllung …
8. Transzendenz: anderen helfen bei Selbstverwirklichung. Suche nach Dimension oder nach etwas, das außerhalb des beobachtbaren Systems liegt (z. B. Gott) …

Nach Maslow bauen diese „niedrigeren" und „höheren" Bedürfnisse aufeinander auf, denn die „höheren" Bedürfnisse sind zwar nicht zum Überleben notwendig, aber unterscheiden den Mensch z. B. vom Tier. Daher erfolgt auch oftmals eine Unterscheidung zwischen Defizitbedürfnissen, die erfüllt werden müssen, damit der Mensch zufrieden ist und Wachstumsbedürfnissen, deren Erfüllung zu einer Bewertung des eigenen Lebens als glücklich führen kann.

Wenn wir unser Gegenüber verstehen wollen, vielleicht gerade in konfliktreichen Situationen, können wir uns fragen, welches Bedürfnis hinter seinem Verhalten steht. Die oben angeführten Bedürfnisse stehen miteinander in Beziehung. Bedürfnisse können sich wandeln und sind von Mensch zu Mensch verschieden. Vorgeschriebene und allgemeingültige Wege gibt es hier also nicht.

Denkanstoß

Denken Sie an einen Menschen aus Ihrer näheren Umgebung, den Sie häufig nicht verstehen oder bei dem Sie rätseln, warum er sich so und nicht anders verhält. Überlegen Sie, welches Bedürfnis möglicherweise hinter seinem Verhalten steckt.

Diese Übung können Sie auch bei allen anderen Menschen, die Ihnen begegnen, durchführen. Versuchen Sie weniger zu werten und dafür mehr zu verstehen (vgl. Abschn. 3.1.3).

Wie wir wissen, verändern sich die Bedürfnisse in den verschiedenen Lebensphasen. Ältere Menschen haben ein besonderes Bedürfnis danach, ihre Erfahrungen weiterzugeben, etwas zu hinterlassen (vgl. Abschn. 2.2.2.3) und gut mit den Anforderungen des Alters umzugehen (vgl. Abschn. 2.2.2.5). Sie konzentrieren sich stark auf gute und verlässliche Beziehungen, aus denen sie viel Kraft schöpfen, und vernachlässigen solche Kontakte, die ihnen nicht so viel bedeuten. Viele treibt der Wunsch um, ihr bisheriges Leben zu sortieren und ihm einen Sinn zu verleihen (vgl. Abschn. 2.2.2.4). Auch wenn – oder vielleicht gerade weil – das Berufsleben hinter ihnen liegt, sehnen sie sich danach, gebraucht zu werden und etwas Sinnvolles zu tun (vgl. Abschn. 2.4.4).

Denkanstoß

Ein älterer Mensch, dem Sie begegnen, erzählt immer wieder viel und ausschweifend von seinem täglichen Tagesablauf. Was steckt möglicherweise dahinter?

Ein anderer berichtet oft recht ausführlich oder fast ausschließlich von der früheren Zeit. Zum Abschluss heißt es dann häufig: „Damals war alles noch anders!" oder „Wir haben damals noch gewusst, wie ...!" Welches Bedürfnis steckt möglicherweise dahinter?

Wenn wir unsere Mitmenschen verstehen wollen, ist das Wissen über prägnante Persönlichkeitsunterschiede hilfreich. Dazu kann das Fünf-Faktoren-

Modell (FFM, auch die „Big Five" genannt, von Costa und McCrae) aus der Persönlichkeitspsychologie herangezogen werden. In diesem Modell werden fünf Hauptdimensionen vorgestellt, nach denen sich Persönlichkeiten unterscheiden lassen. Die Big Five erlauben eine Einordnung von Menschen auf den Skalen von Neurotizismus, Extraversion, Offenheit für Erfahrungen, Gewissenhaftigkeit und Verträglichkeit.

Langzeitstudien zum Altern der Persönlichkeit haben gezeigt, dass die entscheidenden Merkmale, die den Charakter eines Menschen ausmachen, im Laufe des Lebens relativ konstant bleiben, wenn sie sich einmal ab dem 30. Lebensjahr stabilisiert haben. Wie aber auch in der Kindheit die Ausprägung von bestimmten Persönlichkeitsmerkmalen zum einen genetisch bedingt ist und zum anderen von dem individuell wahrgenommenen sozialen Umfeld abhängt, so kann es auch im Alter aufgrund der großen Lebenserfahrung und durch eventuell veränderte soziale Umstände nochmals eine leichte Persönlichkeitsentwicklung geben. So sind Ältere oft etwas weniger anfällig für Stress, und die emotionale Labilität geht ein wenig zurück. Zugleich zeigen sie sich tendenziell weniger offen für Neues oder Abweichendes als in jüngeren Jahren (vgl. Kruse und Wahl 2010).

Das Wissen zu den Persönlichkeitstypen kann jedoch nicht nur im Hinblick auf das Verständnis für andere wichtig sein, sondern auch für unser eigenes Menschsein. Je besser wir uns kennen, desto eher können wir auch im Alter mit unseren Stärken und Schwächen umgehen. Daher sollen in Tab. 3.1 die einzelnen Persönlichkeitsmerkmale des Fünf-Faktoren-Modells etwas genauer vorgestellt werden.

Denkanstoß

Wie schätzen Sie sich selbst im Hinblick auf die o. g. Persönlichkeitstypen ein? Welche Ausprägungen erleben Sie bei Ihren Freunden, Verwandten oder Kollegen? Inwieweit hilft Ihnen das Wissen im Umgang mit Ihren Mitmenschen?

Wenn Sie mehr über das Thema wissen möchten, kann ich Ihnen unter anderem folgendes Buch empfehlen:

- „Big Five – Sich selbst und andere erkennen" von Thomas Saum-Aldehoff (2012)

Das Wissen über die Bedürfnisse und Persönlichkeitstypen kann uns helfen, in unseren sozialen Kontakten empathischer und damit mitverantwortlicher zu handeln. Dabei geht es auch immer wieder um die Art und Weise, wie wir kommunizieren. Im Folgenden sollen ein paar wichtige Kommunikationsstrategien aufgezeigt werden.

Tab. 3.1 Das Big-Five-Modell (vgl. Schröder-Kunz 2019)

	Stark ausgeprägt	Schwach ausgeprägt
Neurotizismus	ängstlich, unsicher, nervös, deprimiert, verlegen, emotional, leicht erregbar, empfindsam, verletzlich	ausgeglichen, emotional stabil, robust, selbstsicher, unempfindlich, ruhig
Extraversion	gesellig, gesprächig, aktiv, impulsiv, mitteilsam, lebhaft, kontaktfreudig, offen	introvertiert, reserviert, ernst, schüchtern, distanziert, still, ruhig, zurückhaltend
Offenheit für Erfahrungen	einfallsreich, aufgeschlossen, neugierig, geistreich, breit interessiert, wissbegierig	sachlich, praktisch, nüchtern, pragmatisch
Verträglichkeit	höflich, versöhnlich, hilfsbereit, konfliktscheu, entgegenkommend	kompetitiv, konfrontativ
Gewissenhaftigkeit	verlässlich, sorgfältig, verantwortungsbewusst, organisiert, zuverlässig, systematisch, selbstdiszipliniert	nachlässig, unsystematisch, sprunghaft, unbesonnen, chaotisch

Kommunikation als Vermittler zwischen Ich und Du

Kommunikation ist für uns etwas Alltägliches und Selbstverständliches. Sie ist von seiner ursprünglichen Bedeutung her eine Sozialhandlung. Menschen reagieren aufeinander, gehen miteinander um, beeinflussen und steuern einander. In den meisten Situationen hinterfragen wir die eigene Kommunikation nicht. Erst bei Missverständnissen wird die Art und Weise der Kommunikation genauer betrachtet. Sprachforscher sind sich einig: Worte beeinflussen tagtäglich, wie wir denken und handeln, was wir wahrnehmen und woran wir uns erinnern. Kommunikation ist ein großes Feld. Im Folgenden sollen drei Kommunikationsstrategien in Kürze vorgestellt werden, die im Alltag hilfreich sind.

Worte haben Macht auf das Alter

Unsere Worte über das Alter haben Einfluss auf das, was wir über das Alter denken. Sagen wir nur kurz dahin: „Alt werden ist schrecklich", reden wir im Zusammenhang mit Alter immer wieder von „Abbau", „Starrsinn" etc., werden Menschen in der späten Lebensphase weniger mit ihren Potenzialen, sondern mehr und mehr mit ihren Defiziten gesehen. Angst vor dem Alter wird geschürt. Daher sollten wir unsere Worte überdenken. Auch die Worte „Pflegefall", „Dementer" etc. können dazu führen, dass betroffene Menschen auf ihre Erkrankung reduziert werden. Ein Mensch ist aber nie nur dement und vergesslich. Er hat immer auch Potenziale und im weitesten Sinne auch Entwicklungsmöglichkeiten.

Ich-Botschaften

„Du lässt mich im Stich." – „Ich fühle mich von dir im Stich gelassen."

Betrachten Sie einmal die beiden Aussagen. Was haben sie gemeinsam? Wo liegen die Unterschiede? Wie wird der Angesprochene Ihrer Meinung nach auf die beiden Sätze reagieren?

Die Vermutung liegt nahe, dass sich der Adressat vom ersten Satz angegriffen fühlt, in eine Verteidigungshaltung gedrängt wird oder gleich zum Gegenangriff übergeht. Beim zweiten Satz dagegen wird er vermutlich nach den Gründen fragen – und schon entsteht ein Austausch, der im besten Fall zu einer baldigen Konfliktlösung führt.

Deshalb sollten wir vor allem in Konfliktsituationen, aber auch sonst darauf achten, dass wir unsere Meinungen und Gefühle in Ich-Botschaften ausdrücken. Damit das gelingt, müssen laut dem US-amerikanischen Psychologen Thomas Gordon (2012) drei wichtige Aspekte berücksichtigt werden.

1. Beschreiben Sie das Verhalten Ihres Gegenübers, das Sie ärgert oder verletzt in möglichst neutraler Weise und ohne Bewertung.
2. Benennen Sie die Wirkung des Verhaltens.
3. Beschreiben Sie das Gefühl, das das Verhalten in Ihnen auslöst.

Ein Beispiel: „Als ich angefangen habe, dir von meinem Tag zu erzählen, hast du dein Handy in die Hand genommen und darauf herumgetippt, sodass ich meine Erzählung unterbrochen habe. Ich fühle mich deshalb nicht ernst genommen und bin verletzt."

Ich-Botschaften sind auch bei der Technik des aktiven Zuhörens wichtig.

Aktives Zuhören

Wie wertvoll Zuhören sein kann, zeigt eine kleine Passage aus dem Buch Momo von Michael Ende: „Was die kleine Momo konnte wie kein anderer, das war zuhören. Das ist doch nichts Besonderes, wird nun vielleicht mancher Leser sagen, zuhören kann doch jeder. Aber das ist ein Irrtum. Wirklich zuhören können nur ganz wenige Menschen. Und so wie Momo sich aufs Zuhören verstand, war es ganz und gar einmalig. Momo konnte so zuhören, dass dummen Leuten plötzlich sehr gescheite Gedanken kamen. Nicht etwa, weil sie etwas sagte oder fragte, was den anderen auf solche Gedanken brachte, nein, sie saß nur da und hörte einfach zu, mit aller Aufmerksamkeit und aller Anteilnahme. Dabei schaute sie den anderen mit ihren großen, dunklen Augen an, und der Betreffende fühlte, wie in ihm auf einmal Gedanken auftauchten, von denen er nie geahnt hatte, dass sie in ihm steckten." (aus Michael Ende: „Momo" Stuttgart 1993)

Momos großartige Gabe, so aufmerksam und hingebungsvoll zuhören zu können, kennt die Kommunikationstheorie unter dem Begriff des „aktiven Zuhörens". Der US-amerikanische Psychologe und Psychotherapeut Carl Rogers war der Erste, der die Technik des aktiven Zuhörens in seiner Gesprächspsychotherapie einsetzte und beschrieb. Für Rogers war die Begegnung zwischen Zuhörer und Sprecher wichtig. Das heißt: Der Zuhörende versetzt sich in die Lage des Sprechenden und versucht herauszufinden, welche Absicht hinter dem Gesagten steckt. Dabei sind eine offene und empathische Grundhaltung und eine positive Einstellung dem anderen gegenüber essenziell.

Die folgenden Mittel eignen sich besonders gut, um aktiv zuzuhören:

- Sich auf das Gegenüber einlassen, konzentrieren und das mit der eigenen Körperhaltung ausdrücken
- Mit der eigenen Meinung zurückhaltend umgehen
- Nachfragen bei Unklarheiten
- Nicht unterbrechen, wenn das Gesagte nicht die eigene Meinung widerspiegelt, denn: Zuhören heißt nicht gutheißen
- Pausen aushalten, sie können ein Zeichen für Unklarheiten, Angst oder Ratlosigkeit sein
- Auf die eigenen Gefühle achten
- Die Gefühle des Partners erkennen und ansprechen
- Bestätigende kurze Äußerungen oder Laute von sich geben, um anzuzeigen, dass man zuhört
- Den Sprecher ausreden lassen
- Blickkontakt halten
- Sich durch Vorwürfe und Kritik nicht aus der Ruhe bringen lassen
- Sich innerlich in die Situation des anderen versetzen

Denkanstoß und Übung
Halten Sie das oben beschriebene aktive Zuhören für sinnvoll, stellen jedoch fest, dass es gar nicht so leicht ist, dieses Wissen in Ihren eigenen Alltag zu übertragen? Aktives Zuhören kann geübt werden – entweder in einem Seminar oder auch privat mit einem Übungspartner.

Suchen Sie sich einen Übungspartner und setzen Sie sich einander gegenüber. Halten Sie dabei Blickkontakt. Nun beginnt einer von Ihnen zu sprechen. Der Inhalt ist weniger wichtig, solange es sich nicht um heikle Themen (Vorwürfe, Angriffe, Kritik) handelt. Beschränken Sie sich anfangs auf einen längeren oder wenige kurze Sätze. Erzählen Sie beispielsweise von Ihrem letzten Urlaub.

Aufgabe des anderen ist es, inhaltlich das zu wiederholen, was Sie gesagt haben sodass erkennbar wird: Mein Gegenüber hat gut zugehört und verstanden was mir wichtig ist. Nach fünf bis zehn Minuten wird gewechselt. Im Anschluss sollten Sie kurz darüber sprechen, wie Sie diese Übung jeweils empfunden haben.

Mitverantwortliches Fragen

Geht es um die gute Kommunikation, dreht es sich auch immer wieder um das richtige Fragen. Ein mitverantwortliches Fragen hat das Ziel, den Gesprächspartner mit seinen Bedürfnissen zu sehen und gegebenenfalls zu unterstützen.

Möchten Sie Ihr Gegenüber besser kennenlernen, überlegen Sie während eines Gesprächs, was Sie wirklich interessiert und was seine Bedürfnisse und Werte sind. Im empathischen Fragen wird Neugier vermieden. Das notwendige Maß von Nähe und Distanz ist erforderlich. Mitverantwortliches Fragen kann dem Gegenüber helfen, sich selbst über die eigene Situation im Klaren zu werden.

Fragen kann für uns in der zweiten Lebenshälfte hilfreich sein, wenn wir gerne tiefere Gespräche und weniger Smalltalk, z. B. im Freundes- oder Bekanntenkreis führen möchten.

Ein Beispiel: „Ich denke zur Zeit viel über das Älterwerden nach. Wie geht es dir damit?" Berichtet Ihr Gegenüber viel über Negatives und äußert Ängste? Mit Fragen können Sie den Blick auf das Positive lenken: „Hast oder hattest du unter den älteren Menschen, die dir begegnet sind, Vorbilder? Was haben Sie getan? Was hat dir gefallen?"

Berichtet Ihr Gegenüber ausschließlich Positives und vermittelt „Ich hab auch im Älterwerden alles im Griff", sodass eine einseitig positive Sicht auf das Alter gegeben ist? Im Idealfall können Sie mit Fragen den Blick Ihres Gegenübers weiten: „ Was denkst du, wie kann man mit den Belastungen, die durch das Älterwerden gegeben sind, umgehen?" Vielleicht möchten Sie auch erst einmal ein Beispiel aus Ihrer eigenen Gedanken- und Gefühlswelt nennen.

Lassen Sie Ihrem Gesprächspartner ausreichend Zeit zum Nachdenken und Antworten und hören Sie zu. Geben Sie Rückmeldung, was Sie selbst aus dem Gespräch mitnehmen. So kann Ihr Gegenüber auch durch Ihre Offenheit nachdenken und sich womöglich selbst noch ein wenig mehr öffnen. Durch mitverantwortliches Fragen lernen Sie Menschen besser kennen, werden selbst zum Nachdenken angeregt und erweitern im Idealfall Ihren Horizont.

Freude im Miteinander gestalten

Freude, Humor, Wohlgefühl, zufrieden sein … wie schön, wenn wir das in der Begegnung mit anderen Menschen finden und spüren. Wir können einiges dafür tun!

Studien belegen, dass zufriedene Menschen nicht nur mehr Lebensqualität besitzen, sondern auch Belastungen besser bewältigen und länger leben. Freude gestalten ist ein wichtiges Handlungsfeld (Abschn. 2.6 Handlungsfeld 13) unserer Selbst- und Mitverantwortung. Sie ist die Fähigkeit des Menschen, Freude zu suchen, zu sehen, zu leben, zu erweitern und achtsam damit umzugehen. Es handelt sich um das Bewusstsein, dass auch da Freude empfunden werden kann, wo Einschränkungen gegeben sind und Menschen auf Hilfe angewiesen sind (vgl. Abschn. 2.6 Handlungsfeld 14 und Abschn. 4.2.3.2). Die bewusst gelebte Freude beschreibt weiterhin die Fähigkeit, Freude in sich selbst zu fühlen sowie bei anderen Menschen mitzufühlen (vgl. Schröder-Kunz 2016). „Ich freue mich mit dir!" – Wenn wir das aufrichtig zu unserem Gegenüber sagen können, ist das ein mitverantwortliches Verhalten. Kraft- und Sinnquellen können durch Freude gefunden werden.

Denkanstoß

Wo und wie können Sie Freude im Miteinander leben und damit etwas für Ihre Selbstverantwortung und Mitverantwortung tun? Lesen Sie die unten aufgeführten Punkte für *Freude und Wohlgefühl in sozialen Kontakten*. Kreuzen Sie an, auf was Sie zukünftig vermehrt achten möchten. Mit wem möchten Sie diese Punkte leben? Vielleicht haben Sie die Möglichkeit, sich mit der betroffenen Person hierüber auszutauschen. Möchten sie die folgende Liste ergänzen?

Beispiel für Freude und Wohlgefühl in sozialen Kontakten

- *Wertschätzung und frohes Miteinander.* Einen Beitrag zur positiven Stimmung im Miteinander leisten. Zum Beispiel durch ein einfaches Zulächeln, einen kleinen Spaß im passenden Moment und durch Humor. Ein freundliches Wort und Anerkennung geben.
- *Das gemeinsam Erreichte bewusst machen.* Für einen Moment innehalten und den Erfolg genießen oder sogar feiern. Warum ergibt das Erreichte Sinn? Was haben die beteiligten Personen dabei gelernt? Wofür sind sie dankbar. Meistens gibt es in längeren Partnerschaften, alten Freundschaften oder auch in einem Arbeitsteam etwas, das man gemeinsam geschafft hat und sich bewusst machen kann.

- *Schöne Momente gestalten und bewusst erleben.* Zum Beispiel eine gute Mahlzeit, eine Kulturveranstaltung, gemeinsam tanzen oder singen, sich gegenseitig vorlesen, gemeinsam Stille erleben etc. Schöne Momente können auch in schweren Lebenssituationen von Bedeutung sein. Hierdurch kann ein Ausgleich geschaffen und wieder Kraft getankt werden.
- *Entwicklung sehen.* Den anderen in seinen Veränderungen wahrnehmen und die Entwicklung wohlwollend beobachten. Das können auch natürliche Altersprozesse sein oder die Art und Weise, wie ein Mensch konstruktiv mit einer belastenden Situation umgeht (vgl. Abschn. 2.2.2.6).
- *Versöhnen.* Nach Streit sich wieder miteinander versöhnen und den anderen mit seinen Stärken und Schwächen akzeptieren (vgl. Abschn. 2.2.2.4 Verzeihen, Vergeben, Vergessen).
- *Neben Mangel auch die Fülle betrachten.* Meistens sind in Beziehungen zugleich Mangel und Fülle gegeben. Vielleicht kann man mit dem Freund oder einer Freundin schöne Unternehmungen erleben. Wenn man aber etwas tiefere Gespräche führen will, kommt nur wenig zurück. Ist in einem Bereich Freude und Fülle gegeben, kann auch der Mangel akzeptiert und die eigenen Erwartungen angepasst werden. Sich immer wieder die Schwäche des anderen vor Augen zu halten, kann den Blick auf die erfüllenden Momente und Freude verstellen.
- *Unterstützung geben und Selbstständigkeit fördern.* Wenn wir einem anderen Menschen Hilfe geben, sind wir immer wieder gefordert, seine Selbstständigkeit nicht aus dem Blick zu verlieren. Auch hier können wir uns die Möglichkeit zur Entwicklung des anderen bewusst machen und uns daran erfreuen. Das kann übrigens auch in ganz kleinen Dingen gegeben sein. Zum Beispiel die hochbetagte Mutter, die nur noch schwer selbstständig essen kann, aber das erste Mal bei einer Mahlzeit den Löffel wieder selbst halten kann. Weil wir ihr Zeit geben und sie geduldig ihren Weg finden lassen (vgl. Abschn. 2.6, Handlungsfeld 14).
- *Nähe und Zärtlichkeit leben.* Ein warmer Blick in die Augen, eine kurze wertschätzende Berührung, den Freund in die Arme nehmen, die Hand halten … Menschen benötigen immer wieder die sinnliche Erfahrung des Berührens und Berührt-Werdens. Hier kann viel Freude und Wohlgefühl erlebt werden. Achtsamkeit und ein gutes Maß an Nähe und Distanz sind dabei notwendig.

Das sagen Berufstätige 45+
„Man sagt, ich habe einen ‚grüne Daumen‘. Irgendwann hat mich ein Kollege angesprochen, ob ich nicht seiner kranken Pflanze helfen kann. Er hat sie mit in den Betrieb gebracht und ich hab sie in der Halle an einen geschützten Ort mit Licht

gestellt. Unser Chef war sofort einverstanden. Nach und nach haben immer mehr Kollegen ihre kranken oder aussortierten Pflanzen mitgebracht. Es ist eine grüne Oase entstanden, an der wir uns jetzt alle freuen. Sie tut gut im Arbeitsalltag!"

Haben Sie das Gefühl, dass im Miteinander mit Ihren Mitmenschen Freude eine zu geringe Rolle spielt? Sind möglicherweise Ihre Erwartungen zu hoch? Vielleicht hilft Ihnen hier das Wissen zu den Big Five (s. o.) weiter. Wenn die mangelnde Freude besonders im beruflichen Umfeld gegeben ist und Sie wenig Positives über Ihre Kollegen sagen können, sollten Sie einmal einen Blick in das Haus der Arbeitsfähigkeit (vgl. Abschn. 3.1.3) werfen und sich von den dort genannten Denkanstößen inspirieren lassen. Es kann hilfreich sein, sich mit Gesundheit, Kompetenz und Motivation von Kollegen auseinanderzusetzen, um den anderen besser zu verstehen. Dadurch können Erwartungen angepasst werden und das gute Miteinander kann besser gelingen.

Denkanstoß

Um mehr freudvolle Begegnungen im Privat- oder Berufsleben zu erfahren, kann es auch helfen, sich einmal ganz gezielt eine Person auszusuchen, mit der man sich intensiver beschäftigt: Welche Fähigkeiten hat sie? Was sind ihre Ressourcen (vgl. Abschn. 2.2.2.6)? Was mag ich an ihr? Was ist mir angenehm?

Konzentrieren Sie sich auf das Positive! Erinnern Sie sich selbst immer wieder daran, auch wenn negative Gedanken kommen. Möglicherweise hilft es auch, die positiven Dinge, die Ihnen auffallen, niederzuschreiben. Machen Sie diese kleine Übung drei Tage lang. Wenn auf Ihrer (gedanklichen) Liste mindestens 10 Punkte stehen, überlegen Sie, wie Sie diese Punkte in Ihr Miteinander positiv einbeziehen können. Ein anerkennendes Wort? Ein Talent, das Sie bei Ihrem Gegenüber entdeckt haben und für das Sie Interesse zeigen? Können Sie das Talent vielleicht mit einem Ihrer Talente gemeinsam nutzen? Werden Sie kreativ, wenn es um die Gestaltung gemeinsamer Freude geht!

Sorge um nahestehende Menschen

Neben der Freude gehört auch das Leid und Sorgen zum Leben dazu. In Abschn. 2.3 haben wir uns bereits mit dem Thema Krisen, Schwächen und Verletzlichkeit beschäftigt. Auch unsere Beziehungen sind manches Mal von Sorge oder traurigem Mitgefühl geprägt. Die Sorge um nahestehende Menschen ist ein bedeutsamer Wesenszug des Menschen. Durch die Sorge kann der Mensch sein Wesen verwirklichen (Ehret 2012).

Mit zunehmendem Alter wird der Mensch vermehrt mit „natürlichen" Verlusten konfrontiert (Kinder gehen aus dem Haus, Berufsaufgabe, hochbetagte Eltern mit vermehrten Einschränkungen, Eltern sterben, Krankheiten im nahen sozialen Umfeld etc.). Die Verluste werden von

Menschen unterschiedlich bewertet und bewältigt. Manches Mal sind damit neue Anforderungen verbunden, die uns mit der eigenen „Sorge"-Fähigkeit konfrontieren.

Bei der Sorge um einen geliebten Menschen ist die Balance von Selbst- und Mitverantwortung von besonderer Bedeutung. Neben der Verantwortung und dem Helfen für den anderen geht es auch immer wieder darum, dem anderen etwas zuzutrauen und ihn in seiner Selbstverantwortung zu sehen. Weitere Informationen hierzu finden Sie in Abschn. 3.1.1.1, in dem es um die Sorge um hochbetagte Eltern geht.

Denkanstoß

Wenn es in Ihrem Leben einen Menschen gibt, um den Sie sich sorgen, können möglicherweise folgende Fragen hilfreich sein: An welcher Stelle benötigt er Hilfe? Wo möchte er lieber selbstständig und alleine handeln beziehungsweise entscheiden? Was sind seine Bedürfnisse in der Situation? Was trauen Sie ihm zu? Achte ich beim Hilfe-Geben auf meine Selbstverantwortung und hole ich mir gegebenenfalls Unterstützung?

Konflikte gehören dazu

Konflikte gehören zum Leben dazu. Sie müssen nicht einmal schlecht sein. Doch die Art, wie mit ihnen umgegangen wird, kann oft zu großem Schaden führen. Konflikte entstehen, wenn Interessen, Zielsetzungen oder Wertvorstellungen von Personen oder Gruppen nicht miteinander vereinbar sind oder unvereinbar erscheinen. Konflikte haben eine unterschiedliche Struktur, werden von Gefühlen (etwa Wut) begleitet und kommen in einem konkreten Verhalten (z. B. Aggression) zum Ausdruck. Auch innerhalb von Organisationen kann es Konflikte geben. Sie können auf individuelle Wahrnehmungsunterschiede, begrenzte Ressourcen, die Organisationsstrukturen, wechselseitige Abhängigkeiten oder Rollenkonflikte zurückgehen. Sinnvoll ist es daher, Konflikte zu analysieren, um in Zukunft besser – und das heißt konstruktiver – mit ihnen umgehen zu können.

Denkanstoß

Denken Sie an eine Konfliktsituation, vielleicht auch aus Ihrem persönlichen Umfeld, und versuchen diese nach o. g. Ursachen zu analysieren. Warum ist der Konflikt ausgebrochen? Worum geht es in ihm? Was wollen die Beteiligten? Was stört Sie besonders an dem Konflikt? Wechseln Sie nun die Perspektive und versuchen Sie, den anderen und seine Motive zu verstehen. Welches Bedürfnis, welcher Mangel steckt möglicherweise hinter dem Verhalten?

Überprüfen Sie die Erwartungen der beteiligten Personen. Wenn Sie einige oder alle dieser Fragen beantwortet haben, überlegen Sie, was eventuell das nächste Mal besser gemacht werden kann. Möchten Sie diese Konfliktbetrachtung mit der betroffenen Person oder Gruppe reflektieren?

Tipp

In unseren Beziehungen und Begegnungen erleben wir immer wieder (innere) Konflikte. Unser Gegenüber verhält sich auf eine Art und Weise oder sagt etwas, sodass wir uns ärgern. Im Ärgern fangen wir an zu urteilen und zu bewerten. Oft behalten wir dies auch für uns, weil wir keinen Streit wollen oder es eigentlich nur einen Lappalie war.

Einer der wichtigsten Gedanken, die Sie im Miteinander mit anderen üben können, ist die Frage: Welches Bedürfnis steckt hinter dem Verhalten. Ursachenforschung statt Bewertung führt dazu, dass wir auf den anderen besser eingehen können. Manches führt zur Klärung. Die Begegnung wird produktiv. Möchten wir mit unserem Gegenüber über den Konflikt sprechen? Dann benutzen Sie am besten Ich-Botschaften.

Gewaltfreie Kommunikation

Das von Marshall B. Rosenberg entwickelte Konzept der gewaltfreien Kommunikation (GFK) ermöglicht Menschen, so miteinander umzugehen, dass der Kommunikationsfluss zu mehr Vertrauen und Freude am Leben führt. GFK kann sowohl bei der Kommunikation im Alltag als auch bei der friedlichen Konfliktlösung im persönlichen, beruflichen oder politischen Bereich hilfreich sein. Im Vordergrund steht nicht, andere Menschen zu einem bestimmten Handeln zu bewegen, sondern eine wertschätzende Beziehung zu entwickeln, die mehr Kooperation und gemeinsame Kreativität im Zusammenleben ermöglicht. Empathie ist nach Rosenberg eine Grundvoraussetzung gelingender Kommunikation. Damit ist die ethische Kategorie der Mitverantwortung angesprochen, die den anderen mit seinen Bedürfnissen, Normen und Werten wahrnimmt (vgl. Abschn. 2.5).

Wenn uns jemand mit Worten angreift, neigen wir dazu, uns zu verteidigen und „zurückzuschlagen". Doch das so entstehende Wortgefecht bringt meist keine der beiden Seiten ihrem Ziel näher, sondern belastet oder zerstört eher die Beziehung der Gesprächspartner, die plötzlich zu Gesprächsgegnern geworden sind.

Bei der gewaltfreien Kommunikation verzichtet man auf Angriffe und konzentriert sich auf die Gefühle und Bedürfnisse, die den oft unbedachten Äußerungen des anderen zu Grunde liegen.

In der gewaltfreien Kommunikation richtet sich die Aufmerksamkeit auf folgende Bestandteile bzw. Schritte:

1. *Beobachten* statt bewerten oder interpretieren.
2. *Gefühle* wahrnehmen und benennen.
3. *Bedürfnisse* wahr- und ernst nehmen.
4. Auf der Grundlage der Bedürfnisse klare und erfüllbare *Bitten* äußern.

Beim *Beobachten* geht es darum, das Handeln eines anderen zu beschreiben, ohne es gleich zu bewerten. Gelingt das, so weiß der andere, worauf man sich bezieht.

Die Beobachtung führt zu einem *Gefühl,* das mit einem oder mehreren *Bedürfnissen* zusammenhängt. Das können zum Beispiel Sicherheit, Verständnis, Kontakt oder Sinn sein. Ein Gefühl zu benennen kann wichtig sein, da es Einfühlung ermöglicht und so hilft, kreative Lösungen zu finden, die alle Beteiligten annehmen können.

Aus dem Bedürfnis heraus kann eine *Bitte* formuliert werden, die auf eine konkrete Handlung in der Gegenwart bzw. näheren Zukunft verweist. Bitten sind leichter zu erfüllen als Wünsche, die vergleichsweise ungenau sind, und haben so auch mehr Chancen auf Erfolg. Dazu sollten sie „positiv" formuliert werden: Man sollte also eher sagen, was man will, und nicht, was man nicht will.

Gewaltfreie Kommunikation bedeutet also, uns mit unseren Gefühlen und Bedürfnissen, die in unserer Bitte zum Ausdruck kommen, zu zeigen. Ebenso können wir dabei versuchen, die Bedürfnisse des Gesprächspartners zu erkunden und ihm so näherzukommen. Gelingt die gewaltfreie Kommunikation in diesem Sinne, entfaltet sie so ihre verbindende Kraft im Wechselspiel von Selbstmitteilung und Einfühlung.

Ein Formulierungsmuster, das laut Rosenberg hierbei helfen kann, ist folgender Satz: „Wenn ich (1) sehe, dann fühle ich (2), weil ich (3) brauche. Deshalb möchte ich jetzt gerne (4)." Hierdurch kann leichter eine Verbindung zum Gegenüber aufgebaut werden und eine lebensentfremdende Kommunikation vermieden werden.

Möchten Sie mehr zum Thema lesen?

Möchten Sie mehr zur gewaltfreien Kommunikation lesen? Dann empfehle ich Ihnen folgendes Buch:
„Gewaltfreie Kommunikation: Eine Sprache des Lebens" von Marshall B. Rosenberg (2016)

Leichter „Nein" sagen
Menschen, die schlecht „Nein" sagen können oder das Gefühl haben, sich in gewissen Situationen nicht genügend abzugrenzen, können mit Hilfe der folgenden Punkte in ihren Überlegungen weiterkommen:

* Warum kann ich so schwer „Nein" sagen? (Es kann viele Gründe geben, etwa Erziehung, schlechtes Gewissen, Verlustängste, Rücksicht auf Beziehungen, falsche Einschätzung des Arbeitsvolumens, ein „hilfsbereites" Selbstbild etc.).
* Was möchte ich wirklich? Und wie wichtig ist mir das? Oft reicht es schon aus, sich auf diese Weise innerlich zum Nein-sagen zu motivieren.
* Schüchterne Menschen können im Vorfeld aufschreiben, was sie sagen möchten. Das gibt Sicherheit. Außerdem fällt es so leichter, die Gedanken zu ordnen.
* Zur Vorbereitung auf das eigentliche Gespräch kann man die Situation mit einer unbeteiligten Person durchspielen. Außenstehende haben oft einen anderen Blickwinkel und können Tipps geben. Sie ermöglichen es auch, das Selbst- mit dem Fremdbild zu vergleichen.
* Habe ich das Gefühl, in einer Beziehung meist den Kürzeren zu ziehen? Dann sollte es grundsätzlich angesprochen werden. Häufig hat das Gegenüber gar nicht bemerkt, dass ein Ungleichgewicht besteht, und zeigt Verständnis.
* Hochsensiblen Menschen fällt es oft schwer, sich abgrenzen. Das kann sowohl eine Schwäche als auch eine Stärke sein. Denn hier zeigen sich eine größere Empfindsamkeit und mehr Einfühlungsvermögen. Hochsensibilität ist also Gabe und Aufgabe zugleich.

Was können Betroffene in der konkreten Situation tun?
Um Bedenkzeit bitten:
Wird jemand um etwas gebeten, kann er zunächst um Bedenkzeit bitten. Das schafft einen Puffer, um sich selbst Klarheit darüber zu verschaffen, ob man imstande ist, das Gewünschte zu tun, aber auch, ob man es tatsächlich überhaupt tun möchte. Zudem lässt sich erwägen, um was es genau geht und was es an Aufwand etc. mit sich bringt, wenn man der Bitte entspricht. Wichtig ist auch die Person des Bittenden – in der Bedenkzeit kann man sich die Beziehung zu ihr klarmachen und abwägen, was eine abschlägige Antwort an Konsequenzen mit sich bringen könnte.

Das freundliche „Nein":

Hat man sich entschlossen, Nein zu sagen, so ist es sinnvoll, seine Beweggründe zu nennen. Es macht es dem anderen einfacher, wenn er die sachlichen Gründe erfährt und den Grund der Ablehnung nicht in seiner eigenen Person sucht. Wer Nein sagt, muss sich zwar nicht rechtfertigen, es schafft aber eine bessere Basis, wenn man sein „Nein" begründet. Ebenso sollte man Verständnis für die Situation des anderen zeigen. Gerade in der Arbeitswelt, aber nicht nur da, lässt sich so die Anerkennung des anderen zum Ausdruck bringen. Das macht es ihm einfacher, das Nein zu akzeptieren. Möglich ist auch, nicht rundweg eine Bitte abzuschlagen, sondern eine Erfüllung für einen späteren Zeitpunkt oder unter anderen Umständen in Aussicht zu stellen. Ein Ausdruck von Zuwendung ist es, wenn man selbst Lösungsvorschläge macht.

Nicht immer wird es einem gelingen, all diese Punkte zu berücksichtigen, wenn man eine Bitte ablehnen möchte, und manche werden immer wieder Schwierigkeiten haben, Nein zu sagen. Allerdings können die einzelnen Ansätze des „freundlichen Neins" hier hilfreich sein und die selbstverantwortliche Entwicklung fördern.

Auch die Vorgeschichte der beteiligten Menschen kann eine Rolle spielen, wenn man anders handelt, als man eigentlich möchte – also JA statt NEIN sagt. Unser Zusammenleben wird durch ungeschriebene Gesetze geformt. Jede Beziehung entwickelt dabei ihre eigene Kultur mit bestimmten Ritualen und Rollen, die die beiden Partner übernehmen. Haben sich solche Muster einmal etabliert, sind sie auf beiden Seiten mit Erwartungen verbunden. Gerade konfliktscheue Menschen zögern, die Erwartungen des Gegenübers zu enttäuschen. Die Reaktion der Gegenseite muss ausgehalten werden. „Nein" sagen können ist wichtig für unseren Selbstschutz. Wenn wir keine Grenzen ziehen können, dann zahlen wir möglicherweise einen hohen Preis: Wir sind unzufrieden, erlauben anderen, über uns, unsere Energie und Zeit zu verfügen und sind womöglich dauerhaft überfordert, geraten in Stress etc. „Nein" sagen zu lernen, ohne Schuldgefühle dabei zu haben, bedeutet mehr, als einfach zu beschließen, irgendetwas nicht zu tun; „Nein" sagen zu lernen heißt, selbstverantwortliches Handeln und den eigenen Bedürfnissen Raum geben.

Die o. g. Gedanken zu Konflikten in Beziehungen können nur kurze Anstöße geben. Wenn Sie hier bei sich Handlungsbedarf sehen, informieren Sie sich weiter. Manches ist auch als „eingefahrenes Muster" in unserer

Persönlichkeit gefestigt und bedarf der Übung für einen Wandel. In Kursen können Sie üben, diese Muster aufzulösen.

In Abschn. 3.1 haben Sie festgestellt, dass Selbst- und Mitverantwortung in vielen Bereichen des Lebens und gerade in der Begegnung unter Menschen von Bedeutung sind. Damit wir uns selbst und anderen gegenüber verantwortlich handeln können, müssen wir zunächst einmal die jeweiligen Bedürfnisse erkennen: Was ist gut für mich? Was ist gut für dich?

Sie wissen auch, dass sich die Verantwortlichkeiten überschneiden oder miteinander in Konflikt stehen können. Möglicherweise ist etwas, das Sie in Ihrer Selbstverantwortung tun sollten, nicht mitverantwortlich – oder umgekehrt. Hier muss immer wieder eine Balance gesucht werden. Eine gute Balance zwischen Selbst- und Mitverantwortung in Beziehungen bedeutet, das „Du" in seinem Wesen wahrzunehmen und zu unterstützen und dabei das „Ich" nicht aus den Augen zu verlieren. Ein solches Gleichgewicht sollten wir in allen unseren Beziehungen suchen, es spielt aber auch gerade im Verhältnis zwischen den Generationen und hier nicht zuletzt im Arbeitsleben eine wichtige Rolle.

Verlässliche und positive Beziehungen im Alter gewinnen immer mehr an Bedeutung. Meist kristallisieren sich zu Beginn der zweiten Lebenshälfte bereits solche Beziehungen stärker heraus, die unter diesem Aspekt tragfähiger sind, während sie in jüngeren Jahren breiter gestreut waren. Zugleich ist es aber wichtig, sich selbst zu prüfen, wie man anderen gegenübertritt und auf sie zugeht. Gemeinsamkeiten ergeben sich oft nicht nur im Kreis der engeren Beziehungen, sondern auch darüber hinaus – und dies auch im Alter. Ehrenamtliches Engagement bietet hier Möglichkeiten, auch nach dem Berufsleben anderen aktiv zuzuhören, gemeinsame Interessen zu pflegen und Selbst- und Mitverantwortung in ein Gleichgewicht zu bringen.

3.2 Berufliche Beziehungen in der zweiten Lebenshälfte

Unsere Arbeit besteht zum einen aus der Aufgabe, die wir haben, zum anderen aber auch maßgeblich aus den sozialen Kontakten zu Kollegen, Vorgesetzten etc. Berufliche Beziehungen sind nicht immer einfach, denn es geht vor allem um die Sache und das Ziel. Emotionen und persönliche Anliegen haben hier oft wenig Raum. Wie gehe ich mit dem anderen um? Wo entsteht Miteinander? Erwarte ich zu viel von meinem Gegenüber? Wo ist Distanz notwendig? Wie gehe ich mit Menschen um, die anders sind als ich? Es ist wichtig, sich diese Fragen immer wieder zu stellen und eigene Antworten zu finden. In diesem Abschnitt finden Sie Anregungen.

3.2.1 Berufliche und private Beziehungen: Gemeinsamkeiten und Unterschiede

Wenn wir ans Berufsleben denken, denken wir oft zuerst an die Aufgaben und Tätigkeiten. Doch auch die sozialen Beziehungen zu Kollegen, Vorgesetzten, Mitarbeitern, Kunden und Auftraggebern, Projektpartnern und anderen Beteiligten sind entscheidend für unsere Arbeitszufriedenheit. Wie gut wir mit unseren Mitmenschen klarkommen, hängt von den anderen, aber natürlich auch von uns selbst ab. Daher sind wir gefordert, uns aktiv um ein gutes berufliches Miteinander zu bemühen.

Wir müssen uns auf unser Gegenüber einstellen, uns in es hineindenken, seine Erwartungen, Fähigkeiten, Einschränkungen berücksichtigen, Nachsicht üben, verständnisvoll sein. Das klingt nach Arbeit – und das ist es auch, aber: Es lohnt sich. Das zeigt exemplarisch eine Studie, die bei den beliebtesten Arbeitgebern des Vereinigten Königreichs durchgeführt wurde. Hier beschreiben 91 % der Angestellten ihre Firma als einen freundlichen Arbeitsplatz mit guten Möglichkeiten zur sozialen Interaktion. Wie wir während der Arbeit miteinander umgehen, hat außerdem Einfluss darauf, wie konstruktiv wir unsere Aufgaben lösen.

Daher handeln wir in hohem Maße selbstverantwortlich, wenn wir an den sozialen Beziehungen im Beruf arbeiten, positive Momente des Miteinanders schaffen sowie Lösungen bei Konflikten suchen und finden.

Denkanstoß

Bevor Sie sich weiter mit dem Thema berufliche Beziehungen beschäftigen, kann es sinnvoll sein, dass Sie die folgende Frage einmal für sich persönlich beantworten:

Worin liegt für Sie der Unterschied zwischen privaten und beruflichen Beziehungen?

(Sie können sich auch von den Aussagen von Berufstätigen 45+ weiter unten inspirieren lassen.)

Welchen Unterschied sehen Sie zwischen privaten und beruflichen Beziehungen?

Das sagen Berufstätige 45+

„Berufliche Beziehungen sind eher zweck- und sachgebunden und weniger emotional."

„Die Kollegen, die ich hier habe, die sind mir ans Herz gewachsen. Die werde ich vermissen, wenn ich in Rente gehe."
„Die beruflichen Beziehungen sind vielfältiger."
„Die Menschen im Privatleben kann man sich aussuchen, die im Berufsleben nicht."
„In der Regel ist man in privaten Beziehungen offener. In privaten Beziehungen bekommt man also auch ein ehrlicheres Feedback."
„In beruflichen Beziehungen besteht öfters zeitlicher Druck."
„Die Beziehungen im Beruf sind oft anstrengender. Hier muss man mehr Rücksicht nehmen."
„Im Beruf ist man manchmal 8 Stunden mit Fremden zusammen."
„Jüngere pflegen die beruflichen Kontakte noch mehr."
„In den beruflichen Beziehungen spielt auch immer wieder Macht eine Rolle."
„Mit den Kollegen bin ich viel mehr zusammen als mit meinen Beziehungen aus dem Privatleben. Irgendwo sind sie dann auch im Privatleben bei mir."
„Manchmal ergeben sich aus den beruflichen Beziehungen auch private Verbindungen. Dann verschwimmt der Unterschied."
„In beruflichen Beziehungen erlebt man die Abhängigkeit stärker. Man ist aufeinander angewiesen."

An den o. g. Aussagen erkennt man, berufliches Miteinander kann neben der Freude an gemeinsamer Leistung und gemeinsamen beruflichen Zielen auch anstrengend und herausfordernd sein. Der Umgang im beruflichen Umfeld ist daher sowohl für das eigene Wohlbefinden als auch für das Vorankommen in der Sache von großer Bedeutung. Es lohnt sich daran zu arbeiten, auch im Rahmen von Selbst- und Mitverantwortung.

> **Denkanstoß (Schröder-Kunz 2019)**
>
> Was bedeutet Zusammenarbeit für Sie? Kreuzen Sie alle Punkte an, die Ihrer Meinung nach wichtig sind, und ergänzen Sie:
>
> - gemeinsam ein Ziel erreichen
> - Gemeinschaftsarbeit
> - Erfahrungsaustausch
> - Arbeitsteilung
> - im Team Lösungen suchen
> - gemeinsamer Spaß an Leistung
> - verschiedene Fähigkeiten unter Kollegen ergänzen und sinnvoll einsetzen
> - …
>
> Überlegen Sie weiter: Was läuft aktuell in der Zusammenarbeit mit bzw. unter Ihnen und Ihren Kollegen gut? Wo erleben Sie Schwierigkeiten? Was wäre nötig, damit die Zusammenarbeit besser funktioniert? Was könnten Sie selbst dafür tun?

Wichtig oder unwichtig: Welchen Stellenwert wir dem sozialen Aspekt bei der Arbeit, einräumen, ist eine Frage der Persönlichkeit. Und unter Umständen eine des Alters.

Studien zeigen, dass oft die jüngeren Arbeitskollegen besonders großen Wert auf eine kollegiale Atmosphäre und auf eine Würdigung ihrer Leistungen legen. Für die mittlere Arbeitsgeneration scheint das berufliche Miteinander dagegen eher eine weniger große Rolle zu spielen – zumindest legen diverse Studienergebnissen das nahe. Für die älteren ist die gute Arbeitsatmosphäre dagegen wieder sehr wichtig. Dabei spielen Wertschätzung (Respekt) und die Möglichkeit Erfahrungswissen weiterzugeben (Generativität) eine größere Rolle. (Schröder-Kunz 2019)

3.2.2 Arbeitsfähigkeit und soziale Kompetenzen

Klar: Nur wer über bestimmte fachliche und soziale Kompetenzen verfügt, kann auch gut arbeiten. Weil niemand im luftleeren Raum handelt, gehört auch die soziale Kompetenz – also das, was gemeinhin als Soft Skills bezeichnet wird – zur Arbeitsfähigkeit (vgl. Stockwerk 2 im Haus der Arbeitsfähigkeit, Abschn. 4.1). Gemeint sind alle Einstellungen und Fähigkeiten, die das zwischenmenschliche Miteinander fördern. Beispielsweise gehört dazu die Fähigkeit, andere zu verstehen und angemessen zu reagieren (soziale Intelligenz). Aber auch Empathie, Konfliktfähigkeit, Kommunikationsgeschick und viele andere Soft Skills sind für das berufliche Miteinander entscheidend – und das in jeder Lebensphase.

Nutzen Sie daher gerne Fortbildungen oder Weiterbildungsangebote, bei denen Sie Ihre sozialen Kompetenzen weiter ausbauen oder konkret trainieren können. Selbst Menschen, die bereits ausgeprägte soziale Fähigkeiten haben, können davon profitieren.

Die eigenen Stärken und Schwächen kennen
Im Hinblick auf die Arbeitsfähigkeit kann es von Bedeutung sein, die eigenen Stärken und Schwächen zu kennen. So kann die Wahrnehmung für die eigene Person gestärkt werden und man kann Kollegen und Vorgesetzten besser erläutern, warum man etwas besonders gut kann oder noch Übung oder mehr Zeit benötigt.

Doch wie erkennen wir unsere Stärken? Die folgende Übung kann dabei helfen, Talente zu entdecken. Nehmen Sie sich dazu einen Notizblock und überlegen Sie in aller Ruhe, a) was Ihnen bei der Arbeit gut gelingt, b) bei welchen Aufgaben Sie in Ihrem Tun aufgehen, c) was Ihnen im menschlichen Miteinander leichtfällt.

Bitten Sie auch Freunde, Familienmitglieder oder Arbeitskollegen um eine Einschätzung, welche Stärken Sie ihrer Meinung nach haben. Außenstehende haben hier oft einen unverstellte(re)n Blick.

Auch das Erkennen und Akzeptieren eigener Grenzen (z. B. im Älterwerden) ist wichtig. So können Hilfen angenommen werden (z. B. schweres Heben bei der Arbeit) oder die Kompetenzen durch Fortbildung erweitert werden. Auch hier lohnt sich eine Reflexion: Gibt es etwas, das Ihnen früher leichter fiel als heute? Tun Sie sich bei etwas schwerer als Ihre Kollegen? Wie ließe sich Abhilfe schaffen?

Auch die eigenen Stärken und Schwächen im Umgang mit Kollegen, Mitarbeitern und Vorgesetzten sollten wir uns bewusst machen.

Überlegen Sie, was Ihre eigenen persönlichen Eigenarten sind. Versuchen Sie mit Ihren persönlichen Schwächen umzugehen. Vielleicht denken Sie dabei auch an den Umgang mit Konflikten im Team (Abschn. 3.1.3)? Wie wirken sie sich auf die kollegiale Zusammenarbeit aus? Falls sie das Miteinander belasten: Wie könnten Sie daran arbeiten (z. B. in einer Problemsituation erst einmal zehn Sekunden tief durchatmen, bevor Sie reagieren)? Trotzdem sollten Sie sich nicht verstellen. Bemühen Sie sich um Authentizität und verstecken Sie sich nicht hinter einer Rolle.

Erwartungen an unser berufliches Umfeld

Das Gelingen unserer (beruflichen) Beziehungen hängt immer auch mit unseren Erwartungen zusammen. Zu hohe Erwartungen führen schnell zu Enttäuschungen. Der junge Chef, der seinen reiferen Mitarbeiter mit zahlreichen komplexen, neuen, dicht getakteten Aufgaben überschüttet, wird möglicherweise ebenso enttäuscht wie der erfahrene Mitarbeiter, der von seinem neuen Azubi erwartet, kurzfristig einen fundierten Überblick über ein vielschichtiges Thema zu gewinnen.

Deshalb sollten wir im Arbeitsalltag immer wieder innehalten und uns fragen: Welche Erwartungen haben wir in Bezug auf einen Mitarbeiter, Kollegen oder Vorgesetzten? Kann er die gestellte Aufgabe überhaupt erfüllen? Kann er das leisten, was wir uns von ihm erhoffen? Lässt seine Arbeitsfähigkeit das zu (vgl. Abschn. 4.1)? Ist das, was wir erwarten, zeitlich und inhaltlich realistisch? Hat derjenige überhaupt die formale und fachliche Kompetenz, das zu tun, was wir erwarten? Welche Potenziale sind ihm in seiner Lebensphase gegeben?

In Abschn. 3.1.3 wurden die sogenannten *Big Five* beschrieben. Fünf Merkmale, die bei jedem Menschen unterschiedlich stark ausgeprägt sind: Neurotizismus, Extraversion, Offenheit für Erfahrungen, soziale Verträglichkeit und Gewissenhaftigkeit. Die Big Five lassen sich etwa zur Hälfte durch den Einfluss der Gene erklären. Auch das soziale Umfeld hat Einfluss. Ab dem 30. Lebensjahr sind sie relativ stabil. Das heißt: Dass sich an diesen Eigenschaften nach dem 30. Lebensjahr noch grundlegend etwas ändert, ist unwahrscheinlich. Auch hier müssen wir unsere Erwartungen hinterfragen und die Zusammenarbeit darauf abstimmen.

Nähe und Distanz

Kollege A nutzt Pausen immer wieder dazu, um Kollegen B von seinem Privatleben zu erzählen. Dabei kommt auch Vertrauliches zur Sprache. Er fühlt sich von B allerdings regelmäßig vor den Kopf gestoßen, der immer wieder abwiegelt, kaum reagiert und das Gespräch auf die berufliche Ebene zurückführt. Kollege B wiederum fühlt sich von A „bedrängt". Er mag A, aber sie sind schließlich keine Freunde, sondern Arbeitskollegen.

Diese und ähnliche Situationen kommen im Berufsleben immer wieder vor. Und auch hier gehört es zur Selbst- und Mitverantwortung, die eigenen Erwartungen hinsichtlich Nähe und Distanz selbst- und mitverantwortlich in den Blick zu nehmen, mit denen des Gegenübers abzugleichen und die jeweiligen Bedürfnisse zu berücksichtigen. Ein klärendes Gespräch kann helfen, sollte aber in jedem Fall behutsam geführt werden (vgl. Abschn. 3.1.3).

Werte als Basis eines guten Miteinanders

Klar ist: Nur wenn wir innere Werte und Normen haben, an denen wir uns orientieren, können wir gut miteinander leben und arbeiten. Einige sind für das Miteinander besonders wichtig. Deshalb sollten sie im Berufsleben besonders großen Stellenwert einnehmen und von allen Mitarbeitern und von Führungskräften selbst- und mitverantwortlich beachtet werden. Folgende Aspekte sind für ein gutes Arbeitsklima wichtig (INQA o. J.; Schröder-Kunz 2019):

- *Vertrauen und Selbstständigkeit:* Die Kollegen trauen sich untereinander zu, dass sie die vorgegebenen Arbeitsaufgaben auf ihre eigene Art und Weise gut lösen. Sie werden dazu ermutigt, selbstständig zu arbeiten. Dabei wird die Arbeitsfähigkeit (vgl. Abschn. 4.1) des Einzelnen berücksichtigt.
- *Respekt:* Wertschätzung und ein höflicher Umgang werden gepflegt. Gute Leistung und Engagement werden gesehen und positiv benannt. Jedem Beschäftigten wird deutlich, dass er als Mensch wichtig ist.
- *Verlässlichkeit:* Erwartungen werden klar formuliert. Verlässlichkeit wird hochgeschätzt.
- *Einbeziehung (Partizipation und Transparenz):* Kollegen beziehen sich in die Gestaltung der Prozesse untereinander ein. Ihr Wissen und Können wird geschätzt. Sie sind die Experten ihrer Arbeit. Über wichtige Entwicklungen hält man sich regelmäßig auf dem Laufenden. Es gibt Ansprechpartner für Fragen und zeitnahe Antworten. Es erfolgt ein regelmäßiger Austausch der Beschäftigten über ihre Erfahrungen bei der Arbeit.

- *Werte vermitteln, Werte leben*: Der Nutzen der Arbeit, welcher gegenüber Kunden und Gesellschaft gestiftet werden soll, wird vermittelt. Konflikte und Störfelder werden offen besprochen (bei Bedarf wird professionelle Hilfe eingeholt). Meinungen und Sichtweisen werden im konstruktiven Umfeld und nicht versteckt ausgetauscht.
- *Die Vielfalt unter den Kollegen ist allen bewusst.* Erwartungen werden dementsprechend angepasst. Vielfalt wird als Bereicherung gesehen (vgl. Abschn. 3.2.3).

Denkanstoß

Wie werden die o. g. Bausteine in Ihrem Team gelebt? Wo hakt es noch? Wie können Sie hierzu ins Gespräch kommen? Inwiefern können Sie als reiferer Mitarbeiter zum Vorbild werden?

Gute Kommunikation im Arbeitsumfeld
Wie bereits beschrieben, werden für reifere Menschen solche Beziehungen immer wichtiger, die ihnen guttun. Damit solche Beziehungen auch am Arbeitsplatz möglich werden und damit der soziale Aspekt bei der Arbeit nicht zum Stressfaktor wird, sollten Sie und Ihr Team darauf achten, gut zu kommunizieren.

Doch wie können sie miteinander kommunizieren in einer Arbeitswelt, in der Leistungsdruck und Unsicherheit herrschen, immer wieder neue Prozesse und Strukturen eingeführt werden, vieles nur noch digital abläuft, Differenzen gegeben sind und sich zudem auch noch alles radikal beschleunigt (vgl. Abschn. 4.1)?

Es gibt viele Möglichkeiten, im Großen und Kleinen auf ein gutes Miteinander zu achten. Ganz wesentlich ist der Respekt anderen gegenüber. Nur wenn wir anderen auf Augenhöhe begegnen, ist eine gute Zusammenarbeit möglich. Einige Methoden und Bausteine zur guten Kommunikation habe ich Ihnen in Abschn. 3.1.3 vorgestellt. Sie eignen sich natürlich genauso gut im Berufsalltag wie im Privatleben.

Ein gutes Arbeitsklima profitiert aber auch ganz wesentlich von angenehmen Momenten, beispielsweise durch kleine Rituale wie ein gemeinsames Frühstück oder Mittagessen, Abteilungsausflüge oder Weihnachtsfeiern. Auch bestimmte Ausdrucksformen der Höflichkeit (z. B. persönliche Begrüßung der Kollegen am Morgen, Gratulation zum Geburtstag) können für ein gutes Teamklima sorgen.

Denkanstoß

Möchten Sie das positive Miteinander in Ihrem Team unterstützen? Überlegen Sie, wie Sie gemeinsam gute Momente gestalten können. Dabei können folgende Fragen hilfreich sein: Was wünschen sich die Kollegen? Was ist realisierbar? Was ist bezahlbar? Was ist im zeitlichen Rahmen? Was ist sinnvoll?

Was halten Sie von folgenden Möglichkeiten? Haben Sie eigene Ideen? Was wird bei Ihnen schon umgesetzt? Ergänzen Sie bitte.

* Wir begrüßen uns morgens persönlich
* „Jour fixe" ist fester Bestandteil des Teams
* „Montag-Morgen-Frühstück"
* gemeinsames Mittagessen
* Abteilungsausflug ins Grüne
* Gemeinsamer Workshop für gute Zusammenarbeit (z. B. Generationenworkshop, Kommunikationstraining)
* Weihnachtsfeier
* Geburtstage feiern
* regelmäßige Supervision
* gemeinsamer Englischkurs
* …

Übrigens: Auch wenn ich meist über den Umgang unter *Kollegen* spreche, sind *Führungskräfte* immer mitgemeint – und zwar in zweifacher Weise. Zum einen tragen sie ebenfalls Verantwortung für ihre Teams und sollten einen Beitrag dazu leisten, dass der Umgangston gut ist und bleibt. Zum anderen tragen Beschäftigte auch Verantwortung gegenüber ihren Führungskräften. Hier ist Verständnis von beiden Seiten gefordert. Denn Führungskräfte – besonders in Sandwichpositionen und Bereichen, in denen häufig Umstrukturierungen erfolgen – haben heutzutage sehr große Herausforderungen zu bewältigen. Sind nur mangelnde Rahmenbedingungen und wenig Zeit zum Führen gegeben, können Führungskräfte ihren Mitarbeitern nicht in vollem Umfang gerecht werden. Führen in Form von „andere aufrichten" (Anselm Grün 2018) ist nur dann möglich, wenn der Vorgesetzte ausreichend Selbstverantwortung pflegt (vgl. Schröder-Kunz 2019).

Konflikte und Missverständnisse (Schröder-Kunz 2019)

Nicht immer gelingt uns die Zusammenarbeit: weil wir die Position des anderen nicht verstehen, weil wir aneinander vorbeireden oder weil wir andere

Ziele verfolgen als unser Gegenüber. Dann kommt es zum Konflikt. Doch Vorsicht: Nicht alles, was nach Konflikt aussieht, ist auch tatsächlich einer.

Hinter Interessensgegensätzen stehen oft verschiedene Werte, die zu unterschiedlichen Beurteilungen, Gefühlen und Zielen führen, aus denen die Konfliktparteien gegensätzliches Verhalten ableiten. Wenn kein solcher Interessengegensatz gefunden werden kann, handelt es sich oft lediglich um Missverständnisse aufgrund fehlender, falscher oder falsch verstandener Informationen. Prüfen Sie daher in einer konkreten Situation immer erst einmal, ob Ihr Gegenüber wirklich andere Interessen verfolgt, oder ob es sich nicht einfach „nur" um ein Missverständnis handelt, das ausgeräumt werden kann. Gerade dann sind die Techniken des aktiven Zuhörens und der gewaltfreien Kommunikation besonders wichtig und nützlich (Abschn. 3.1.3).

Teams können auch aktiv darüber sprechen, wie sie untereinander kommunizieren und ihr Miteinander gestalten wollen. Beispielsweise könnten Sie gemeinsam ein Leitbild erarbeiten. Das kann auch als präventive Maßnahme wirken, sodass Konflikte unter den Mitarbeitern erst gar nicht ausbrechen, sondern schon im Entstehen konstruktiv gelöst werden.

Im Leitbild können Ziele formuliert werden, die die Kollegen miteinander erreichen wollen. Hier lassen sich grundlegende Verhaltensweisen gegenüber und unter Beschäftigten festlegen. Dadurch können auch neue Kollegen direkt eingebunden werden. Dabei ist es wichtig, das Leitbild immer wieder neu zu betrachten, darüber zu sprechen und es ggf. immer wieder anzupassen.

In der Regel können Menschen – auch im Arbeitsalltag – ihre Konflikte untereinander klären. Manchmal sind Situationen jedoch so festgefahren und die Streitthemen treten immer wieder auf, dass Hilfe von außen erforderlich ist. Das kann die Führungskraft meist nicht alleine leisten. Dann sind Konfliktberatungen und Mediation eine gute Möglichkeit des Konfliktmanagements. Anbieter sind entweder Anlaufstellen innerhalb des Betriebes (z. B. Sozial- und Mitarbeiterberatung) oder externe Dienstleister und Kontaktstellen.

3.2.3 Diversität und Generationenvielfalt im Arbeitsalltag

Vielfalt ist in Unternehmen nicht nur ein wichtiger Erfolgsfaktor, sondern kann auch eine Bereicherung auf der menschlichen Ebene sein. Das Konzept Diversität kommt ursprünglich aus den USA. Diversität stand zunächst für die Herstellung von Chancengleichheit von Gruppen, die nach bestimmten Merkmalen benachteiligt werden. Ende der 1990er-Jahre wurde das Konzept auch von der Europäischen Union aufgenommen und als Leitbild verwendet.

Die Aspekte der Vielfalt sind seit 2006 in der deutschen Gesetzgebung im Allgemeinen Gleichbehandlungsgesetz berücksichtigt und sollen Personen vor Diskriminierung schützen.

Sich der Diversität bewusst werden, bedeutet zu verstehen und zu akzeptieren, dass sich Kollegen, Vorgesetzte und Mitarbeiter in unterschiedlichen Lebenssituationen befinden sowie aus unterschiedlichen sozialen und kulturellen Zusammenhängen kommen, die sich auf die gemeinsame Arbeit auswirken. Bei den Unterschieden handelt es sich zum einen um die äußerlich wahrnehmbaren Unterschiede (z. B. Geschlecht, Ethnie, Alter und Behinderung), zum anderen um subjektive Unterschiede wie die sexuelle Orientierung, Religion und Lebensstil (INQA 2009).

Da in diesem Buch der Fokus auf dem Thema Alter(n) liegt, möchte ich hier vor allem die Zusammenarbeit der diversen Generationen in den Blick nehmen.

Das *sagen Berufstätige 45+*
„In unserer Gesellschaft haben die Generationen oft gegenseitige Vorurteile. Wir sind in anderen Zeiten und mit anderen Werten erzogen werden. Aber das sind keine Probleme, die nicht zu lösen wären."

Alter und Altersbilder in der Arbeitswelt

Unter einem Altersbild versteht man die Vorstellungen, die sich ein Einzelner, aber auch eine Gesellschaft vom Alter, vom Altern und von älteren Menschen macht (BMFSFJ 2010).[2]

In unserer heutigen Gesellschaft ist das Altersbild tendenziell eher negativ. Jugendlichkeit und Jungsein gelten als erstrebenswerte Ideale, Alter(n) und Altsein werden dagegen mit Einschränkungen und Verlusten gleichgesetzt. Das ist nicht nur völlig verkürzt, sondern auch angesichts des demografischen Wandels ein verheerend demotivierendes Signal. Daher lohnt es sich, einige Aspekte unseres derzeitigen Altersbildes einmal auf den Prüfstand zu stellen:

Vorurteil: Ältere Berufstätige sind weniger produktiv als jüngere

Zahlreiche wissenschaftliche Untersuchungen zeigen, dass dieses Vorurteil nicht zutrifft. Ein älterer Mensch arbeitet nicht zwangsläufig unproduktiver oder schlechter. Vielmehr gibt es den sogenannten „alterstypischen

---

[2] Möchten Sie mehr zu dem Thema Altersbilder erfahren? Dann empfehle ich Ihnen den 6. Altenbericht. Er enthält eine sorgfältig recherchierte und fundierte Darlegung zu dem überaus komplexen Thema Altersbilder. Ein umfassender Teil wird den Altersbildern in der Arbeitswelt gewidmet, da sie im Rahmen der Herausforderungen des demografischen Wandels an Bedeutung gewinnen.

Leistungswandel". Das bedeutet, dass manche Talente, Fähigkeiten und Stärken besonders im reifen Alter hervortreten (z. B. Verantwortungsbewusst sein) und andere dafür im Alter abnehmen (z. B. Reaktionsgeschwindigkeit).

Das kann man ausnutzen, indem man die Tätigkeiten den alterstypischen Stärken anpasst: Ein reiferer Arbeitnehmer kann seine Talente beispielsweise besonders gut einsetzen, wenn es darum geht, in einer komplexen Situation einen Überblick zu behalten, Wichtiges von Unwichtigem zu unterscheiden und Ordnung in das Chaos zu bringen. Auch Aufgaben, bei denen es um Genauigkeit, Zuverlässigkeit und Urteilsvermögen geht, sind besonders gut bei älteren Arbeitnehmern aufgehoben. Dagegen kommt ein jüngerer Beschäftigter besser mit Aufgaben klar, die eine schnelle Reaktion erfordern oder sehr schnell unter Zeitdruck bearbeitet werden müssen. Bei der Konzentrations- und Merkfähigkeit oder Informationsaufnahme lassen sich dagegen keine altersbedingten Unterschiede ausmachen.

Vorurteil: Ältere Berufstätige lernen schlechter als jüngere
Weit verbreitet ist das Vorurteil, dass ältere Menschen schlechter lernen als jüngere. Es trifft allerdings nicht zu. Wenn Ältere sich mit dem Lernen schwertun, liegt das nicht an ihrem Alter, sondern an anderen Faktoren: Wenn beispielsweise jemand nach 30 Berufsjahren ohne kontinuierliche Weiterbildung etwas Neues lernen soll, tut er sich schwerer damit als ein Gleichaltriger, der in regelmäßigen Abständen Neues gelernt hat. Zudem lernen Ältere anders als Jüngere: nicht mehr so schnell, aber dafür tiefer (vgl. Abschn. 2.2.2.7).

Vorurteil: Ältere Berufstätige sind öfter krank als jüngere
Auch dieses Vorurteil hält der Überprüfung nicht stand. Ältere sind sogar seltener krank als Jüngere; sie benötigen allerdings mehr Zeit, um sich wieder von einer Krankheit zu regenerieren (Schröder-Kunz 2019).

Bei alldem sollte man nicht vergessen: Manche Berufe kann man fast ein Leben lang ausführen, andere sind nur für eine begrenzte Dauer geeignet. Das betrifft zum Beispiel körperlich sehr anstrengende Tätigkeiten (z. B. im Baugewerbe) oder monotone Tätigkeiten, die die Beschäftigten einseitig belasten (z. B. in der Gerberei). Wenn ein älterer Berufstätiger nach jahrelanger schwerer körperlicher Arbeit nicht mehr so viel leisten kann wie ein jüngerer Kollege, ist das keine Frage des Alters, sondern der Dauer der Belastung.

Ab wann gilt man eigentlich als „älterer Arbeitnehmer"?
Dass es keine allgemeingültige Definition gibt, ab wann man alt oder älter ist, haben Sie bereits in Kap. 2 erfahren. Wir altern alle unterschiedlich. Vor allem

Gene, Zellveränderungen und Umwelteinflüsse haben einen großen Einfluss auf unser biologisches Alter. Je nach Berufszweig gelten außerdem unterschiedliche „Altersgrenzen": In der Wissenschaft oder in der Politik zählen beispielsweise 65-Jährige nicht zwangsläufig zu den Alten. Dagegen können in der IT-Branche auch schon 40-Jährige als ältere Arbeitnehmer gelten. Besonders niedrige Altersgrenzen gelten im Spitzensport.

Alter ist auch eine Frage des Gefühls. Wie jugendlich oder erwachsen wir uns fühlen, kann von unserem Umfeld, der aktuellen Tätigkeit und Situation abhängen und deutlich variieren.

Trotzdem (oder vielleicht gerade deshalb) gibt es verschiedene Definitionen, die sich teilweise überschneiden, widersprechen oder ergänzen. Wenn also von der „älteren Arbeitsgeneration" die Rede ist, können damit sehr unterschiedliche Gruppen und Menschen gemeint sein (vgl. BAuA 2015).

3.2.3.1   Die drei Arbeitsgenerationen

Während wir im Privatleben vor allem mit den Menschen Kontakt haben, die uns ähnlich sind, die, mit denen uns Familienbande, Lebensphase oder Interessen verbinden, erleben wir im Berufsleben eine besondere Vielfalt. Oft ergeben sich gerade hier intergenerationelle Kontakte, die extrem bereichernd, aber auch herausfordernd sein können. Deshalb möchte ich Ihnen drei Arbeitsgenerationen mit ihren Potenzialen, Bedürfnissen und Verletzlichkeiten näher vorstellen, auch wenn mir bewusst ist, dass sich die Wirklichkeit nicht in Schubladen stecken lässt und dass jeder Mensch einzigartig ist.

Warum diese Einteilung in (Arbeits-)Generationen?
Wenn wir von Generationen sprechen, können wir typische Lebenslagen beschreiben. Denn Menschen werden von bestimmten Lebensumständen, politischen, technologischen, sozialen und gesellschaftlichen Rahmenbedingungen geprägt. Wann und wie wir aufwachsen, hat also einen gewissen Einfluss auf unsere Persönlichkeit. Wissenschaftliche Studien haben außerdem ergeben, dass sich Arbeitsbedingungen bei unterschiedlichen Altersgruppen verschieden auswirken können (vgl. u. a. BAuA 2017a).

Mir ist es dabei aber wichtig, keine genauen zeitlichen Eingrenzungen vorzunehmen, denn das würde eine Genauigkeit vortäuschen, die so nicht gegeben ist. Die folgenden Aussagen sind deshalb auch alle nur Näherungswerte, die Ihnen aber im besten Fall dabei helfen, Ihre Kollegen, Vorgesetzten, Mitarbeiter, Kunden, Projektpartner etc. besser zu verstehen.

Die Bedürfnisse, die wir haben, hängen maßgeblich von unserer Herkunft, Lebensphase und Persönlichkeit ab. Ein 58-Jähriger hat in der Regel andere Leitthemen, Ziele, Bedürfnisse und Verletzlichkeiten als ein 22-Jähriger. Das wirkt sich wiederum auf die gemeinsame Arbeit aus. Wenn wir um die Wünsche, Stärken und Belastungen der anderen wissen, können wir in unserer Mitverantwortung besser darauf eingehen und uns leichter in den anderen hineinversetzen. Hier sind alle Beteiligten gefragt, immer wieder aufs Neue eine Brücke der Generationen (Abschn. 3.2.3.2) zu schlagen.

Das sagen Berufstätige 45+
Denken Sie, dass sich das Verhältnis zu den Kollegen durch das Älterwerden verändert? Wie? *„Ich denke, ja. Ich gehe heute mit jüngeren Kollegen anders um als früher. Das empfinde ich als Spannungsmoment. Und da kommen wir wieder zu der Schleife: Wie gehen Generationen miteinander um?*

Ich überlege, wie ich mich so verhalten könnte, dass er sich nicht bevormundet vorkommt und er vielleicht doch einen kleinen Nutzenvorteil hat, indem ich ihm doch was mit auf dem Weg gebe und er gewisse Lernprozesse leichter erleben kann, als ich es früher erlebt habe."

Vielleicht können Sie beim Lesen einmal überlegen, ob Sie Ihre jüngeren oder älteren Kollegen in den folgenden Ausführungen (teilweise) wiedererkennen und was Sie daraus ableiten können.

Die jüngere Arbeitsgeneration
Vertreter dieser Arbeitsgeneration haben die Digitalisierung bereits in jungen Jahren miterlebt. Neue Technologien sind für sie daher meist selbstverständlich und intuitiv bedienbar. Sie verfügen dank ihrer Ausbildung oft über aktuelles theoretisches Wissen und beherrschen neue Arbeitstechniken. Sie bringen also innovatives Potenzial mit.

Typische Stärken dieser Arbeitsgeneration sind schnelle Reaktionsgeschwindigkeit, Lernfähigkeit, Talent zum Netzwerken, Flexibilität, Dynamik, Offenheit und Veränderungsdrang. Ihnen fehlt dagegen die betriebliche Erfahrung: Wie sie ihr theoretische Wissen praktisch anwenden können und welche übergeordneten Zusammenhänge wirksam werden, ist ihnen aufgrund fehlender Arbeitserfahrung noch nicht in vollem Maße klar. Gerade deshalb können ältere und jüngere Beschäftigte einander hervorragend ergänzen, denn Reifere punkten vor allem mit Erfahrungswissen, Überblick über die Zusammenhänge und anwendungsorientierte Fachkompetenz.

Viele Vertreter dieser Arbeitsgeneration streben nach Selbstverwirklichung. Im Beruf ist es ihnen wichtig, sich selbst einzubringen, individuelle Bedürfnisse auszuleben, sich weiterzuentwickeln und die eigene Persönlichkeit zu entfalten. Viele jüngere Beschäftigte wünschen sich am Arbeitsplatz Wertschätzung und Austausch mit anderen. Ihre Toleranz für anspruchslose, uninteressante Tätigkeiten ist tendenziell geringer ausgeprägt als bei ihren Vorgängergenerationen, stattdessen legen sie Wert auf Handlungsspielräume, abwechslungsreiche Aufgaben und selbstbestimmtes Handeln. Viele Jüngere stellen Autoritäten und Hierarchien infrage – das unterscheidet sie von Älteren, die Hierarchien oft als etwas Selbstverständliches erlebt haben.

Was sich viele Vertreter dieser Generation von ihrem Beruf wünschen, sind Sicherheit, ein auskömmliches Leben sowie eine gute Work-Life-Balance. Dafür sind sie oft bereit, vollen Einsatz für den Job zu zeigen.

Das sagen Berufstätige 45+

„Die Jüngeren sind oft frischer und freier. Was wir Älteren vielleicht noch als Zwangskorsett erfahren haben, gibt es bei den Jüngeren nicht mehr so. Die meisten haben weniger Probleme, Gefühle auszusprechen. Sie möchten gute Beziehungen. Sie probieren sich oft in Hilfsorganisationen aus. Wenn Sie einen von uns Älteren im Betrieb kennen und auf der Straße sehen, dann winken sie uns unbeschwert und fröhlich zu. Eine Leichtigkeit ist da. Sie sind respektvoll, und wenn sie erst mal an den Älteren Gefallen gefunden haben und sehen, dass hier eine wertschätzende Begegnung ist, dann lesen Sie den Älteren fast von den Lippen und schätzen die Erfahrung."

Denkanstoß

Was gefällt Ihnen an jüngeren Menschen besonders? Beobachten Sie doch mal einen Monat lang die jungen Menschen, mit denen Sie zusammenarbeiten. Wo entdecken Sie Leichtigkeit? Inwiefern bringen sie frischen Wind in die Arbeit? Was brauchen die jüngeren, um gut leben und arbeiten zu können?

Die mittlere Arbeitsgeneration

Gerade bei dieser Personengruppe gibt es große Überschneidungen mit den beiden anderen Arbeitsgenerationen. Auch deshalb wiederholt sich hier manches, was auch für die jüngere oder ältere Generation gilt.

Viele Vertreter dieser Altersgruppe hat die Wirtschaftskrise in den 1970er-Jahren geprägt. Deshalb sagt man ihnen nach, dass sie traditionelle Werte wie Leistungsorientierung, Pflichtbewusstsein und Sicherheitsdenken besonders schätzen. Allerdings zeigen Studien auch immer wieder, dass vielen Arbeitnehmern dieser Generation zugleich Leidenschaft und Begeisterung für ihren Job sehr wichtig sind, ebenso wie abwechslungsreiche und herausfordernde Aufgaben sowie ein ausgeprägter Entscheidungsspielraum. Auch der individuelle Sinn der Tätigkeit ist für viele von ihnen sehr wichtig, sodass die Vertreter der mittleren Arbeitsgeneration gelegentlich in einen Zwiespalt geraten: Einerseits wollen sie beruflichen Erfolg haben und suchen materielle Absicherung, andererseits wünschen sie sich möglicherweise auch mehr Erfüllung oder neue Ziele. Sie haben bereits eine längere Zeit im Berufsleben verbracht, Erfahrung gesammelt, vielleicht schon erste Ziele erreicht. Beruflich geraten sie dann manchmal in eine Krise, in der sie sich fragen, ob sie den eingeschlagenen Weg so weitergehen oder etwas anderes anstreben wollen.

Viele Vertreter dieser Arbeitsgeneration sind besondere „Energiezentren" in den Abteilungen, weil sie über reiches theoretisches Expertenwissen verfügen, das sie auch praktisch anwenden können. Typische Stärken sind Problemlösungskompetenz und Selbstständigkeit. Sie können in der Zusammenarbeit mit jüngeren und älteren Kollegen gut die jeweiligen Schwächen und Verletzlichkeiten der anderen ausgleichen und ergänzen. Daher sind sie besonders gefragt. Doch zugleich ist die mittlere Generation oft besonders belastet, weil auch privat in dieser Lebensphase vieles im Umbruch ist oder reichlich Kraft erfordert. Das sollte man im Umgang mit der mittleren Arbeitsgeneration im Blick behalten.

Denkanstoß

Fühlen auch Sie sich der mittleren Arbeitsgeneration zugehörig oder haben Sie Kollegen, die dieser Altersgruppe zugeordnet werden können? Wo erleben Sie im Arbeitsalltag die besonderen Stärken dieser Arbeitsgeneration? Wo sind Sie und Ihr Umfeld besonders in Ihrer Mitverantwortung gefragt? Was brauchen die Vertreter der mittleren Generation, um gut leben und arbeiten zu können?

Die ältere Arbeitsgeneration

Diese Altersgruppe verfügt in der Regel über ausgeprägtes Erfahrungswissen – sie kennt die betrieblichen und fachlichen Zusammenhänge, behält leicht den Überblick und weiß das theoretische Wissen in der Praxis anzuwenden. Das macht sie zu einer Stütze für das Team. Sie verkörpert in den Zeiten des permanenten Wandels die Kontinuität im Unternehmen und die Vertrautheit mit den Dingen, auf die es letztlich ankommt: soziale Netzwerke, Arbeitsgeheimnisse, Prozesse, Schnittstellen.

Das sagen Berufstätige 45+
„Das ist auch wieder der Vorteil von den älteren Lebensjahren, dass Karrierepläne im Wesentlichen gelaufen sind. Man geht entspannter und vielleicht auch mit mehr Verständnis umher. Also ich sehe heute manches mehr aus der Beobachtertribüne und kann unter Umständen – ich mach's aber nicht ungefragt – auch den einen oder anderen Rat geben. Wenn heute einer zu mir kommt und sagt: Kannst du mir mal Feedback geben, das mache ich gerne."

Typische Stärken sind Loyalität, Fleiß, Zuverlässigkeit, praktische Intelligenz, Qualitätsbewusstsein, „handwerkliches Ethos" und Handlungsökonomie. Sie müssen sich nicht mehr beweisen, verfügen deshalb über eine besondere Gelassenheit, können sich selbst und ihre Grenzen gut einschätzen; deshalb kommen sie mit beruflichen Belastungen vielfach besser zurecht als jüngere Kollegen. Sie denken Projekte mehr „vom Ende her" und haben machbare Lösungen im Blick.

Der radikale Wechsel von Arbeitsweisen und Handlungsstilen gelingt allerdings mit zunehmendem Alter immer weniger. Die Veränderungsbereitschaft innerhalb der älteren Generation ist in der Regel geringer ausgeprägt als bei den Jungen. Neue Werte betrachten sie oft kritisch: Hat beispielsweise der Chef noch früher persönlich zum Geburtstag gratuliert, empfinden sie eine Gruß-E-Mail des aktuellen Vorgesetzten möglicherweise als mangelnde Wertschätzung. Da sie erst im höheren Alter mit der Digitalisierung konfrontiert wurden, tun sie sich tendenziell schwerer damit als Jüngere. Neue Technologien bereiten ihnen möglicherweise Sorgen oder erzeugen Unsicherheit. Doch mit geeigneten Lernstrategien ist es für sie ebenfalls gut möglich, mit neuen Technologien, Prozessen und Strukturen gut umzugehen (Abschn. 2.2.2.7 und 4.2.1). Umso wichtiger ist es, dass Unternehmen auf die Lernbedürfnisse der Mitarbeiter eingehen.

Arbeit ist für Ältere häufig identitätsstiftend. Ihre Tätigkeit soll ihnen Freude bereiten und Sinn haben. Persönliches Wachstum wird wichtiger als Karriere. Vielen Älteren ist Wertschätzung besonders wichtig – daher kann es für sie extrem verletzend sein, wenn jüngere Kollegen und Vorgesetzte ihnen mit altersbedingten Vorurteilen begegnen. Vielen ist es sehr wichtig, eigene Ideen einbringen zu können, abwechslungsreiche Aufgaben zu haben, selbstverantwortlich handeln und das eigene Erfahrungswissen weitergeben zu können (Generativität). Sie legen oft großen Wert auf ein gutes Arbeitsklima und angenehme soziale Kontakte. Wenn all das nicht gegeben ist, kann ihre Motivation drastisch sinken; sie verabschieden sich möglicherweise in den „inneren Ruhestand" und verweisen dann auf die alte Zeit (früher war alles besser).

Denkanstoß

Fühlen auch Sie sich der älteren Arbeitsgeneration zugehörig oder haben Sie Kollegen, die dieser Altersgruppe zugeordnet werden können? Wo erleben Sie im Arbeitsalltag die besonderen Stärken dieser Arbeitsgeneration? Wo sind Sie und Ihr Umfeld besonders in Ihrer Mitverantwortung gefragt? Was brauchen die Vertreter der älteren Generation, um gut leben und arbeiten zu können?

3.2.3.2   Mit anderen Generationen zusammenarbeiten

Weil das Durchschnittsalter der Beschäftigten steigt, müssen Unternehmen lernen, mit einer größeren Vielfalt in ihrer Belegschaftsstruktur zu leben. Ein Erfolgsfaktor wird zukünftig die gelingende Zusammenarbeit von Alt und Jung sein. Altersgemischte Teams bringen die Generationen zusammen und können das Verständnis füreinander fördern und zur persönlichen und fachlichen Bereicherung werden. Altersgruppen sind sich dann nicht mehr fremd, sondern gehen aufeinander zu. Unterschiedliche Kompetenzen ergänzen einander: Neuestes Wissen aus der Ausbildung, Neugier, aktuelle Methoden und die oft höhere Geschwindigkeit der Jungen wird mit der Erfahrung, dem Qualitätsbewusstsein, dem Überblick, dem Prozesswissen und der sozialen Kompetenz der Älteren kombiniert.

Beide „Lernpartner" profitieren von der Vielfalt der Perspektiven auf ein zu lösendes Problem, die Erweiterung des persönlichen Netzwerkes, das wechselseitige Lernen sowie die persönliche Bereicherung durch einen Menschen aus einer anderen Generation. In Zeiten des demografischen Wandels ist es für jeden Betrieb entscheidend, das Miteinander der Generationen so zu gestalten, dass es möglichst wenig Reibungsverluste gibt. Altersgemischte Teams bieten viele Chancen für eine fruchtbare Zusammenarbeit, müssen jedoch gut organisiert sein. Voraussetzung dafür sind Einfühlungsvermögen und Wissen über die Bedürfnisse der anderen Generation, die Wertschätzung der jeweiligen Fähigkeiten und der Wunsch zu lernen. Davon profitiert dann nicht nur das Unternehmen, sondern auch jeder Einzelne. Ältere können dabei auch ihren Wunsch ausleben, etwas an die nächste Generation weiterzugeben (Generativität, Abschn. 2.2.2.3, 4.2.1 und 4.3.2).

Denkanstoß

Wann haben Sie das letzte Mal mit einem jungen Menschen zusammengearbeitet oder Fachliches besprochen und diese Begegnung als Bereicherung erlebt? Was war dabei ausschlaggebend? Wie war Ihre Haltung gegenüber dem Jüngeren? Wie war die Haltung des Jüngeren Ihnen gegenüber?

Das sagen Berufstätige 45+
Was denken Sie, ist in Bezug auf den Umgang mit jüngeren Kollegen besonders wichtig?

„Die Jüngeren sollten ermuntert werden Vorschläge zu machen. Auch von Azubis kommen manchmal ganz tolle Sachen, die in diesem Bereich ja noch überhaupt nicht gearbeitet haben. Oft ist man in so einem Tunnel, in einem ‚Schema-F'-Verhalten drin. Und dann kommt so ein Azubi und guckt sich das an, dem zeigt man dann, wie das gemacht wird, und dann kommt die Frage: ‚Wieso machst du das eigentlich nicht so?' Und man steht da und findet die Idee ganz toll."

„Man sollte die Auszubildenden auch ermuntern Kritik zu üben. Sie sollten nicht in so einer Art Respekthaltung verharren. Also man muss das bei manchen wirklich auch fordern und ganz offen am ersten Tag sagen: ‚Wenn dir irgendwas nicht passt oder wenn du das Gefühl hast, du findest einen Ablauf auf eine andere Art und Weise besser, du hast eigene Ideen – raus! Alles raus damit!'"

Brücke der Generationen

Wenn die Zusammenarbeit und das Miteinander der Generationen gelingen soll, müssen beide Seiten aufeinander zugehen und eine sinnbildliche Brücke schlagen: die Brücke der Generationen.

Was ist Ihres Erachtens wichtig, damit eine Brücke der Generationen entsteht? In meinen Seminaren haben die Teilnehmer darüber nachgedacht. Das Ergebnis sehen Sie in Abb. 3.1.

Sie können daran erkennen, dass die Generationen in nahezu gleicher Weise aufeinander zugehen. Die genannten Punkte gelten zudem nicht nur in Bezug auf die „andere" Generation, sondern für alle Menschen, denen wir begegnen.

Denkanstoß

Was sind Ihres Erachtens besonders wichtige Faktoren für ein gutes Miteinander mit jüngeren Menschen im Berufsleben? In meinen Seminaren wurden u.a. folgende Aspekte genannt:

Sich Zeit nehmen, Unbefangenheit, Offenheit ohne Erwartungen, Authentizität, Jüngere „mitnehmen", Vertrauen in die Entwicklungsmöglichkeit der Jüngeren haben, Jüngere *und* Ältere sollten etwas von der Zusammenarbeit haben (Win-win), Wirkliches Interesse zeigen, Humor, Verständnis zeigen für Nichtwissen und Fehler, Gegenseitiges Verständnis für die andere Generation.

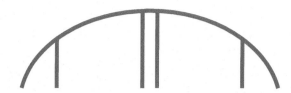

Was Jüngere tun müssen, um eine Brücke zu schlagen	Was Ältere tun müssen, um eine Brücke zu schlagen
Wertschätzung, Toleranz zeigen Selbstwertgefühl geben „jeder im Rahmen seiner Möglichkeiten"	**Wertschätzung, Toleranz zeigen** Selbstwertgefühl geben „jeder im Rahmen seiner Möglichkeiten"
Begeisterung zeigen z. B. für den eigenen Job	**Begeisterung zeigen** z. B. für den eigenen Job
im Lernen unterstützen Möglichkeiten zeigen „gute" Weiterbildung unterstützen	**im Lernen unterstützen** Möglichkeiten zeigen „gute" Ausbildung ermöglichen
fragen, ob Hilfe erwünscht ist	**fragen, ob Hilfe erwünscht ist**
Hilfe annehmen eigene Grenzen erkennen (z. B. Erfahrungswissen, Netzwerk)	**Hilfe annehmen** eigene Grenzen erkennen (z. B. Technik, Körperkraft)
andere Generationen respektieren den anderen im Anderssein aushalten	**andere Generationen respektieren** den anderen im Anderssein aushalten
Anspruchsdenken und Erwartungen hinterfragen	**Anspruchsdenken und Erwartungen hinterfragen**
nachhaltig handeln gemeinsam an nachfolgende Generationen denken **eigene Grenzen wahrnehmen und zeigen**	**nachhaltig handeln** gemeinsam an nachfolgende Generationen denken **eigene Grenzen wahrnehmen und zeigen**

Abb. 3.1 Die Brücke der Generationen. (Quelle: Schröder-Kunz 2019)

Persönliche Voraussetzungen

Natürlich kommt es entscheidend darauf an, mit welchen persönlichen Einstellungen Jüngere und Ältere in ihre „Lernpartnerschaft" starten. Dabei geht es nicht nur darum, dass die „Chemie" stimmen muss. Das Tandem wird nur dann funktionieren, wenn die folgenden Haltungen gegeben sind (INQA 2009):

- Freiwilligkeit: Die Lernpartner haben ein persönliches Interesse am erfolgreichen gemeinsamen Lernprojekt
- Selbstständigkeit und Verantwortungsbewusstsein: Die Lernpartner setzen eigene Impulse und stehen für das Gelingen des Lernprojektes ein
- Bereitschaft zum gemeinsamen Austausch und Erarbeiten von Wissen
- Aktivität und Bereitschaft zur gegenseitigen Unterstützung
- gegenseitiger Respekt

Als die *entscheidenden Erfolgsfaktoren* für Arbeitsgruppen gelten (Sick 2010):

- Die Art der Aufgabenstellung: Je komplexer die Aufgabenstellung, desto vorteilhafter ist Gruppen- oder Teamarbeit
- Die Größe der Gruppe: Je größer die Gruppe, desto geringer ist ihr sozialer und produktiver Effekt
- Die Zusammensetzung der Gruppe: Je besser die „Chemie" zwischen den Mitarbeitern ist, desto besser sind die Ergebnisse der Gruppe. Man kann allerdings auch gut zusammenarbeiten, wenn man die anderen als Personen nicht übermäßig mag. Wenn alle Beteiligten über ausgeprägte soziale Kompetenzen verfügen und die fachlichen Kompetenzen zueinanderpassen, lässt sich auch mangelnde persönliche Sympathie ausgleichen

3.2.4 Selbst- und Mitverantwortung im Berufsleben

Die bisherigen Ausführungen haben gezeigt, dass in beruflichen Beziehungen sowohl Selbst- als auch Mitverantwortung von Bedeutung sind und vielfältig gelebt werden können. Dennoch ist eine Balance von Selbst- und Mitverantwortung im sich wandelnden Arbeitsleben nicht einfach. Allein die Selbstverantwortung kommt manches Mal ins Trudeln, wenn Bedürfnisse konkurrieren: „Ich will das Schreiben gerade noch rausschicken und die Präsentation fertigmachen. Zudem wollte ich heute noch im Wald laufen und die Freunde haben wegen eines spontanen Treffens gefragt. Aber der Tag ist fast vorbei und Schlaf brauche ich auch. Morgen ist wieder ein anstrengender Tag. Was hat Priorität? Wo sage ich *Nein*?"

Der Mensch muss immer wieder zwischen verschiedensten Alternativen entscheiden und Grenzen setzen. Daher ist ein Blick auf die Selbstverantwortung in einem ruhigen Moment, mit etwas Abstand, wertvoll. Was ist wirklich wichtig? Zum Beispiel, wenn ich gesund bleiben will? Wenn meine sozialen Kontakte zunehmend unter der „Hektik" leiden? Was kommt immer wieder zu kurz? Wo werde ich zukünftig mehr Selbstdisziplin benötigen?

Für die beruflichen Beziehungen bleibt häufig wenig Zeit übrig. Sie sind jedoch sowohl im Rahmen der Selbst- als auch Mitverantwortung als auch für unternehmerische Erfolge von Bedeutung: gemeinsame Arbeitsfreude leben und gestalten, Erwartungen an andere, aber auch an die eigene Person überprüfen, die Arbeitsfähigkeit des Kollegen in den Blick nehmen, an Weiterbildungen zur

Kommunikation und gutem Miteinander teilnehmen, neben der technischen Kommunikation die persönliche Kommunikation nicht aus dem Blick verlieren, Erfolge gemeinsam feiern, Konflikte lösen, Wertschätzung zwischen Generationen leben, da wo Belastungen gegeben sind, nach Ausgleich und Entlastung (Entspannung) suchen. Zudem die Arbeit an der eigenen Resilienz – die Fähigkeit zum Umgang mit stressbehafteten, belastenden Situationen – erhalten oder wiederherstellen. All das hat Einfluss auf berufliche Beziehungen.

Die Älteren als Vorbild und Stütze
Die Herausforderungen des demografischen Wandels benötigen Mitarbeiter, die den erhöhten Anforderungen an die fachlichen, aber auch an die sozialen Kompetenzen gewachsen sind. Hierfür haben gerade die Älteren mit ihrem ausgeprägten Erfahrungswissen entsprechende Potenziale. Weil sie sich oft selbst gut kennen, viel über das Unternehmen und sein(e) Produkt(e) wissen, eine ausgeprägte Allgemeinbildung haben, sinnvolle Strategien entwickeln können und mit schwierigen Problemen und Unsicherheiten umzugehen wissen, können sie im bewegten Arbeitsleben zum „Fels in der Brandung" und zum Vorbild für Jüngere werden.

Denkanstoß

Wie erleben Sie Ihre beruflichen Beziehungen im Rahmen der Selbst- und Mitverantwortung? Möchten Sie etwas verändern? Wenn ja, wo?

Literatur

Bayerisches Staatsministerium für Arbeit und Sozialordnung, Familie und Frauen. (2012). Alter erleben – alten Menschen begegnen. www.bayern-ist-ganz-ohr.de/imperia/md/content/stmas/bayernistganzohr/broschuere-ganz-ohr_medienpaket.pdf. Zugegriffen am 03.05.2015.
Bruchhaus Steinert, H. (2014). Sexualität und Partnerschaft im Alter – eine systemische Perspektive. In T. Friedrich-Hett, N. Artner & R. A. Ernst (Hrsg.), *Systemisches Arbeiten mit älteren Menschen Carl-Auer* (1. Aufl.). Heidelberg: Carl-Auer.
Buber, M. (1922). *Ich und Du.* Stuttgart: Reclam.
Buber, M. (1978). *Urdistanz und Beziehung.* Heidelberg: Lambert Schneider.
Bundesanstalt für Arbeitsschutz und Arbeitsmedizin (BAuA). (2015). Alterns- und altersgerechte Arbeitsgestaltung. Ansatzpunkte für ein langes Arbeitsleben (25.11.2015). https://www.baua.de/DE/Angebote/Veranstaltungen/Dokumentationen/Dresdner-Kolloquien/pdf/Dresdner-Kolloquium-2015-2.pdf?__blob=publicationFile&v=2. Zugegriffen am 07.08.2018.

Bundesanstalt für Arbeitsschutz und Arbeitsmedizin (BAuA). (2017). Alterns- und altersgerechte Arbeitsgestaltung Grundlagen und Handlungsfelder für die Praxis. https://www.baua.de/DE/Angebote/Publikationen/Praxis/Arbeitsgestaltung.pdf. Zugegriffen am 01.08.2018.

Bundesanstalt für Arbeitsschutz und Arbeitsmedizin (BAuA). (2017a). Alterns- und altersgerechte Arbeitsgestaltung Grundlagen und Handlungsfelder für die Praxis. https://www.baua.de/DE/Angebote/Publikationen/Praxis/Arbeitsgestaltung.pdf. Zugegriffen am 01.08.2018.

Bundesministerium für Arbeit und Soziales. (Hrsg.). (2016). Wertewelten Arbeiten 4.0. Berlin, S. 46. www.arbeitenviernull.de/fileadmin/Downloads/Wertestudie_Arbeiten_4.0.pdf. Zugegriffen am 02.10.2017.

Bundesministerium für Familie, Senioren, Frauen und Jugend (BMFSF). (2017). Siebter Altenbericht. Sorge und Mitverantwortung in der Kommune – Aufbau und Sicherung zukunftsfähiger Gemeinschaften und Stellungnahme der Bundesregierung. https://www.bmfsfj.de/blob/120144/2a5de459ec4984cb2f837 39785c908d6/7%2D%2Daltenbericht%2D%2D-bundestagsdrucksache-data.pdf. Zugegriffen am 18.08.2018.

Bundesministerium für Familie, Senioren, Frauen und Jugend (BMFSFJ). (2010). Sechster Bericht zur Lage der älteren Generation in der Bundesrepublik Deutschland. Altersbilder in der Gesellschaft. https://www.bmfsfj.de/blob/101922/b6e54a742b2e84808af68b8947d10ad4/sechster-altenbericht-data.pdf. Zugegriffen am 08.08.2018.

Bundeszentrale für politische Bildung. (2016). Datenreport 2016. Ein Sozialbericht für die Bundesrepublik Deutschland. Hrsg. v. Destatis, WZB, SOEP am DIW Berlin. Bonn.

Carstensen, L. L. (2006). The influence of a sense of time on human development. *Science, 30*, 1913–1915.

Charta der Vielfalt. (o. J.). www.charta-der-vielfalt.de/diversity.html. Zugegriffen am 18.08.2018.

Cohen, G. D. (2009). *Geistige Fitness im Alter. So bleiben Sie vital und kreativ.* München: dtv.

Deutsches Zentrum für Altersfragen. (2016). Deutscher Alterssurvey 2014. Zentrale Befunde. https://www.dza.de/fileadmin/dza/pdf/DEAS2014_Kurzfassung.pdf. Zugegriffen am 19.08.2018.

Dutt, A. J., & Wahl, H.-W. (2018). Subjektives Alternserleben. Theoretische Einbettung und empirische Befundlage. *Psychotherapie im Alter, 15*(2), 129–147.

Ehret, S. (2012). Sorgende Gesellschaft – Unität der Fürsorge in der Diversität. *Wege zum Menschen, 64*(3), 272–287. Göttingen: V&R.

Elias, N. (1987). *Die Gesellschaft der Individuen.* Frankfurt a. M.: Suhrkamp.

Ende, M. (1993). *Momo.* Stuttgart: Thienemann.

Erikson, E. H. (1973). *Identität und Lebenszyklus* (1. Aufl.). Frankfurt a. M.: Suhrkamp.

Frerichs, F. (2013). Erfahrungswissen älterer Arbeitnehmer/innen und intergenerationeller Wissenstransfer. http://www.becker-stiftung.de/wp-content/uploads/2013/12/FRERICHS_Prsentation.pdf. Zugegriffen am 08.08.2018.

GDV. (08.09.2016). „Generation Mitte" 2016 – Die Studienergebnisse im Überblick. https://www.gdv.de/de/themen/news/-generation-mitte%2D%2D2016% 2D%2D-die-studienergebnisse-im-ueberblick-15864. Zugegriffen am 07.08.2018.

Gordon, T. (2012). *Familienkonferenz in der Praxis: Wie Konflikte mit Kindern gelöst werden.* München: Heyne.

Graefe, S. (2018). Subjektives Altern in Zeiten der Aufwertung. *Psychotherapie im Alter, 15*(2), 177–192.

Grebe, H. (2015). „Ein gewisser Zustand des Glücks": Wie Hochbetagte um sich selbst Sorge tragen. http://m.bpb.de/apuz/211748/wie-hochbetagte-um-sich-selbst-sorge-tragen?p=all. Zugegriffen am 13.02.2019.

Grün, A. (2018). „Führen heißt: Andere aufrichten", Interview: Evelyn Finger. 26.12.2018. Zeit online. https://www.zeit.de/2019/01/anselm-gruen-moench-manager-trainer-fuehrung-macht. Zugegriffen am 15.02.2019.

Hintz Hintz, A. J. (2011). *Erfolgreiche Mitarbeiterführung durch soziale Kompetenz. Eine praxisbezogene Anleitung.* Wiesbaden: Springer Gabler.

Hoff, A. (2012). „Solidarität zwischen und innerhalb der Generationen – für eine gemeinsame Zukunft" Auftaktveranstaltung zum „Europäischen Jahr für aktives Altern und Solidarität zwischen den Generationen 2012". www.ej2012.de/filead-min/user_upload/redaktion/Redebeitraege/Hoff.pdf. Zugegriffen am 08.08.2015.

Howard, P. J., & Howard, J. (2008). *Führen mit dem Big-Five-Persönlichkeitsmodell – Handelsblatt: Das Instrument für optimale Zusammenarbeit (Handelsblatt – Erfolgreich führen).* Frankfurt a. M.: Campus.

Initiative Neue Qualität der Arbeit (INQA). (2017). Alle in eine Schublade? Altersstereotype erkennen und überwinden. https://www.inqa.de/DE/Angebote/ Publikationen/altersstereotype-erkennen.html. Zugegriffen am 08.08.2018.

Initiative Neue Qualität der Arbeit (INQA). (o. J.). INQA-Check „Personalführung". http://www.inqa-check-personalfuehrung.de/check-personal/daten/mittelstand/ check-personal.htm?b=8. Zugegriffen am 15.02.2019.

Initiative Neue Qualität der Arbeit (INQA). (2009). *Lernfähig im Tandem – Betriebliche Lernpartnerschaft zwischen Älteren und Jüngeren.* Bönen/Westfalen: DruckVerlag Kettler. www.inqa.de/SharedDocs/PDFs/DE/Publikationen/lernfaehig-im-tan-dem.pdf?__blob=publicationFile. Zugegriffen am 08.08.2015.

Jung, H. (2017). *Personalwirtschaft* (10., ak. Aufl.). Berlin: de Gruyter Oldenbourg.

Klös, H.-P., Rump, J., & Zibrowius, M. (2016). Die neue Generation. Werte, Arbeitseinstellungen und unternehmerische Anforderungen. http://www.ibe-lud-wigshafen.de/download/arbeitsschwerpunkte-downloads/generationenmix/RHI_ Diskussion_29_Web.pdf. Zugegriffen am 07.08.2018.

Kruse, A., & Wahl, H. W. (2010). *Zukunft Altern – Individuelle und gesellschaftliche Weichenstellungen.* Heidelberg: Spektrum Akademischer.

Landesinstitut für Gesundheit und Arbeit des Landes Nordrhein-Westfalen (LIGA. NRW). (2010). Konfliktlösung am Arbeitsplatz. Analysen, Handlungsmöglich keiten, Prävention bei Konflikten und Mobbing. Ein Handbuch für Führungskräfte. (Langfassung). www.sfs.tudortmund.de/odb/Repository/Publication/Doc/1150/ konfliktloesung_am_arbeitsplatz.pdf. Zugegriffen am 08.08.2015.

Lang, F., & Baltes, M. (1997). Brauchen alte Menschen junge Menschen? Überlegungen zu den Entwicklungsaufgaben im hohen Lebensalter. Beschrieben in Kruse, Wahl (2010) Zukunft Altern. Heidelberg: Spektrum

Moskaliuk, J., Moeller, K., Sassenberg, K., & Hesse, F. W. (2016). Gestaltung von (mediengestützten) Lernprozessen und -umgebungen in organisationalen Kontexten – Beiträge der Pädagogischen Psychologie. In K. Sonntag (Hrsg.), *Personalentwicklung in Organisationen. Psychologische Grundlagen, Methoden und Strategien* (4., vollst. überarb. u. erw. Aufl., S. 145–172). Göttingen: Hogrefe.

Mustafic, M. (o. J.). Warum Geben wichtiger ist als Nehmen – Leben die, die geben, länger? Psychologisches Institut Entwicklungspsychologie: Erwachsenenalter. https://www.psychologie.uzh.ch/de/bereiche/dev/lifespan/erleben/berichte/geben-und-nehmen.html. Zugegriffen am 23.12.2018.

Opaschowski, H. W. (2008). *Deutschland 2030. Wie wir in Zukunft leben*. Gütersloh: Gütersloher Verlagshaus.

Peters, M. (2015). Ältere Arbeitnehmer in der neuen Arbeitswelt. *Psychotherapie im Alter, 12*(3), 325–339.

Philips. (17.05.2013). Satisfaction beats salary: Philips work/life survey finds American workers willing to take pay cut for more personally meaningful careers. https://www.usa.philips.com/a-w/about/news/archive/standard/news/press/2013/20130517-Philips-Work-Life-Survey.html#.UxXWlfl5Pdt. Zugegriffen am 07.08.2018.

Radebold, H., Brähler, E., & Decker, O. (2000). Beeinträchtigte Kindheit und Jugendzeit im Zweiten Weltkrieg. In H. Radebold (Hrsg.), *Kindheit im II. Weltkrieg und ihre Folgen* (S. 51–60). Gießen: Psychosozial-Verlag.

Radebold, H., Bohleber, W., & Zinnecker, J. (2009). *Transgenerationale Weitergabe kriegsbelasteter Kindheiten. Interdisziplinäre Studien zur Nachhaltigkeit historischer Erfahrungen über vier Generationen*. Weinheim: Beltz Juventa.

Rentsch, T. (2016). Die Endlichkeit des Menschen – Altern und intergenerationelle Solidarität. Es gibt keine isolierte Ethik des Alterns; vielmehr müssen die altersspezifischen Fragen auf die Grundfragen der universalen Ethik und Moralphilosophie bezogen werden. https://www.philosophie.ch/philosophie/highlights/mensch/die-endlichkeit-des-menschen-altern-und-intergenerationelle-solidaritaet. Zugegriffen am 13.02.2019.

Rhein-Wied-News. (2018). „EFI Programm – Erfahrungswissen für Initiativen" – Zukunft braucht Erfahrung. https://www.rhein-wied-news.de/efi-programm-erfahrungswissen-fuer-initiativen-zukunft-braucht-erfahrung/. Zugegriffen am 14.01.2019.

Richter, G., Hecker, C., & Hinz, A. (2017). *Produktionsarbeit in Deutschland – mit alternden Belegschaften*. Berlin: Erich Schmidt.

Riehl-Emde, A. (2009). Interview mit Dr. Birgit Teichmann. www.nar.uni-heidelberg.de/service/int_riehl_emde.html.

Riehl-Emde, A. (2014). *Wenn alte Liebe doch mal rostet*. Stuttgart: Kohlhammer.

Rosenberg, M. (2013). *Gewaltfreie Kommunikation* (11, überarb. u. erw. Neu. Aufl.). Paderborn: Junfermann.

Rosenberg, M. B. (2016). *Gewaltfreie Kommunikation: Eine Sprache des Lebens.* Paderborn: Junfermann.

Rosenmayr, L. (2006). Schöpferisch altern: neue Konzepte für neue Entwicklungen. www.efi-programm.de/dokumente/fachtagung/berlin06/Rosenmayr%20 Vortrag.pdf.

Saum-Aldehoff, T. (2012). *Big Five – Sich selbst und andere erkennen* (3. Aufl.). Ostfildern: Patmos.

Schlegel, H. (2014). *Die heilende Kraft menschlicher Spannung.* Würzburg: Echter.

Schmitt, M. (2009). Interview mit Astrid Soethe-Roeck. www.nar.uni-heidelberg.de/ service/int_schmitt.html.

Schmitt, M., & Re, S. (2004). Partnerschaft im Alter. In A. Kruse & M. Martin (Hrsg.), *Enzyklopädie der Gerontologie – Alternsprozess in multidisziplinärer Sicht.* Bern: Hans Huber.

Schröder-Kunz, S. (2015). Schulungsunterlagen: GUTES Leben und Arbeiten der Generationen – Ein Arbeitsbuch für Mitarbeiter im Schichtbetrieb.

Schröder-Kunz, S. (2016). Selbstverantwortung und Mitverantwortung bei älteren Arbeitnehmern in der sich verändernden Arbeitswelt. (Bislang unveröffentlicht).

Schröder-Kunz, S. (2019). *Generationen (gut) führen. Altersgerechte Arbeitsgestaltung für alle Mitarbeitergenerationen.* Wiesbaden: Springer Gabler.

Schultz-Zehden, B. (2011). Wie wandelt sich Sexualität im Alter? Das Sexualleben älterer Frauen – ein tabuisiertes Thema. www.fu-berlin.de/presse/publikationen/ fundiert/archiv/2004_01/04_01_schultz-zehden/index.html. Zugegriffen am 10.03. 2015.

Shell. (2015). Die Shell Jugendstudieamilie und Beruf. https://www.shell.de/ueber-uns/die-shell-jugendstudie/familie-und-beruf.html. Zugegriffen am 07.08.2018.

Sick/INQA. (2010). Altersgemischte Teams in der Sick AG. www.inqa.de/ SharedDocs/PDFs/DE/Gute-Praxis/Sick-Altersgemischte-Teams-in-der-Sick-AG.pdf?__blob=publicationFile. Zugegriffen am 10.03.2015.

Simon, J. (2008). Partnerschaft – Ein Leben mit dir. Paare, Freunde, Partner: Was ist das Geheimnis langer Beziehungen?" ZEITMAGAZIN NR. 52/2015. https:// www.zeit.de/zeit-magazin/2015/52/partnerschaft-beziehungen-dauer-geheimnis. Zugegriffen am 25.07.2018.

Sonntag, K., & Seiferling, N. (2016). Potenziale älterer Erwerbstätiger nutzen: Ageing Workforce. In K. Sonntag (Hrsg.), *Personalentwicklung in Organisationen. Psychologische Grundlagen, Methoden und Strategien* (4., vollst. überarb. u.erw. Aufl., S. 495–534). Göttingen: Hogrefe.

Spektrum Akademischer Verlag. (2000). Lexikon der Psychologie. Big Five Persönlichkeitsfaktoren. https://www.spektrum.de/lexikon/psychologie/big-fi-ve-persoenlichkeitsfaktoren/2360. Zugegriffen am 07.08.2018.

Statistisches Bundesamt. (2015). Pflegebedürftige nach Versorgungsart, Geschlecht und Pflegestufe 2015. https://www.destatis.de/DE/ZahlenFakten/GesellschaftStaat/Gesundheit/Pflege/Tabellen/PflegebeduerftigePflegestufe.html. Zugegriffen am 08.08.2018.

Steinlein, C. (2012). Wie lange ist der Mensch leistungsfähig? https://www.focus.de/wissen/mensch/tid-24622/rente-mit-67-wie-lange-ist-der-mensch-leistungsfae-hig_aid_699401.html. Zugegriffen am 23.08.2018.

Tesch-Römer, C. (2010). *Soziale Beziehungen alter Menschen.* Stuttgart: Kohlhammer.

Thiel, C. (2007) *Was glückliche Paare richtig machen.* Frankfurt: Campus.

Waltersbacher, A., Zok, K., & Klose, J. (2017). Die betriebliche Unterstützung von Mitarbeitern bei kritischen Lebensereignissen. In B. Badura, A. Ducki, H. Schröder, J. Klose & M. Meyer (Hrsg.), *Fehlzeiten-Report 2017.* Berlin: Springer.

Weber, B. (2009). Die Blüte des Alters aber ist die Weisheit. https://www.deutsch-landfunk.de/die-bluete-des-alters-aber-ist-die-weisheit.1148.de.html?dram:ar-ticle_id=180325. Zugegriffen am 25.07.2018.

4

Gesund, motiviert und kompetent im späten Berufsleben

Zusammenfassung Gesundheit, Kompetenz und Motivation sind drei wichtige Säulen für ein gutes, erfolgreiches und erfülltes Arbeitsleben. Was muss gegeben sein, damit diese drei Grundbedingungen erfüllt sind? Was kann jeder Einzelne selbst dafür tun, auch wenn sich die Arbeitswelt wandelt und wenn die Rahmenbedingungen möglicherweise schwierig sind? Das ist Gegenstand dieses Kapitels.

Wie lassen sich die letzten Berufsjahre so gestalten, dass der Übergang in den Ruhestand möglichst reibungslos funktioniert und das reiche Erfahrungswissen eines Bald-Ruheständlers nicht verlorengeht? Wie geht es nach der Pensionierung weiter? Auch das sind wichtige Fragen, die in diesem Kapitel aufgegriffen werden. Praktische Tipps und Denkanstöße regen dazu an, eigene Antworten zu finden.

Rund die Hälfte unseres Lebens verbringen wir bei der Arbeit. Umso wichtiger ist es, dass die beruflichen Rahmenbedingungen stimmen: Damit der Beruf zur Berufung – oder zumindest nicht zur Belastung – wird, sollte uns die Tätigkeit sinnvoll erscheinen; wir sollten langfristig weder über- noch unterfordert sein; wir sollten von Kollegen und Vorgesetzten geschätzt und respektiert werden, benötigen immer wieder neue Impulse und die Chance dazuzulernen; die Tätigkeit sollte uns körperlich nicht zu sehr oder zu einseitig belasten, das Arbeitsklima sollte gut sein, … kurz gesagt: Wie gesund, motiviert und kompetent wir im (späten) Berufsleben sind, hängt von vielen verschiedenen Faktoren ab. Diese Faktoren möchte ich Ihnen in dem vorliegenden Kapitel näher vorstellen. Sie erfahren, welche Rahmenbedingungen

© Springer Fachmedien Wiesbaden GmbH, ein Teil von Springer Nature 2019
S. Schröder-Kunz, *Gutes Leben und Arbeiten in der zweiten Lebenshälfte*,
https://doi.org/10.1007/978-3-658-25362-2_4

dafür erforderlich sind, aber auch, was jeder Einzelne tun kann, selbst wenn die äußeren Gegebenheiten nicht perfekt sind.

Dazu lohnt es sich zunächst, einen Blick auf die Arbeitswelt von heute zu werfen. Denn es ist unbestreitbar, dass sich die Arbeitswelt grundlegend wandelt (Abschn. 4.1): Belegschaften altern, die Digitalisierung krempelt die gesamte Geschäftswelt um, die zunehmende gesellschaftliche Vielfalt kann das kollegiale Miteinander bereichern oder verkomplizieren – um nur drei Megatrends zu nennen. Grund genug, sich zu fragen, wie wir in der Arbeitswelt 4.0 auch in unserer zweiten Lebenshälfte gut, gesund, kompetent und motiviert arbeiten können (Abschn. 4.2). Die Arbeitsumgebung und -bedingungen wirken sich schließlich auch darauf aus, wie wir altern.

Wenn ein Beschäftigter aus dem Arbeitsleben ausscheidet, geht mit ihm eine Menge Erfahrungswissen verloren. Deshalb sollten die letzten Berufsjahre gut geplant werden, um zumindest einen Teil des Wissens an Jüngere weiterzugeben und den Übergang für den Bald-Ruheständler gut zu gestalten (Abschn. 4.3).

Die Pensionierung ist ein wichtiger Einschnitt im Leben: Wer jeden Tag (mindestens) acht Stunden bei der Arbeit verbracht hat, kann mit der schier unendlichen Freizeit nach der Pensionierung schnell überfordert sein. Was möchte ich mit meiner Zeit anfangen? Welche Aufgaben kann ich mir suchen? Welchen Sinn finde ich für mein nachberufliches Leben? Diese und viele weitere Fragen sollte man sich daher möglichst frühzeitig stellen. Mehr dazu finden Sie in Abschn. 4.3.4.

4.1 Arbeit selbstverantwortlich und mitverantwortlich gestalten

Warum Arbeit wichtig ist und warum Sie eine wichtige Säule für das gesunde Leben und Älterwerden ist, wurde bereits in Abschn. 2.4.4 beschrieben.

Aber die meisten von uns spüren auch mehr und mehr: Arbeit verändert sich. Was die wesentlichen Trends und Entwicklungen sind, die auf uns Einfluss haben, wird in der Tab. 4.1 dargestellt. Es handelt sich um Trends, die nicht nur die heutige Welt prägen, sondern bereits seit Längerem wirksam sind und voraussichtlich auch noch unsere Kinder und Kindeskinder beschäftigen werden (Schröder-Kunz 2019).

Jeder Trend hält für jeden Einzelnen von uns Herausforderungen und Chancen zugleich bereit. Beides ist zu betrachten, wenn wir konstruktiv mit den Veränderungen umgehen möchten.

Zum Beispiel wird die Alterung der Gesellschaft häufig als Problem betrachtet. Defizite der Älteren werden dabei zu stark in den Vordergrund gerückt.

Tab. 4.1 Megatrends der Arbeitswelt. (Vgl. Rump et al. 2017; Schröder-Kunz 2019)

Demografische Entwicklung	Technisch-ökonomische Entwicklungen	Gesellschaftliche Entwicklungen
• Alterung der Gesellschaft und der Belegschaften • Schrumpfung der Gesellschaft • Weniger Nachwuchskräfte • Verlängerung der Lebensarbeitszeit	• Digitalisierung/Arbeiten 4.0 • Wissensgesellschaft • Flexibilisierung Komplexität und Arbeitsverdichtung • Globalisierung • Innovations- und Kostendruck	• Vielfalt/Diversität (Diversity) • Individualisierung • Wertewandel • Urbanisierung • Polarisierung der Gesellschaft • Feminisierung • Sensibilisierung für Nachhaltigkeit

Doch wir wissen, dass ältere Menschen auch über vielfältige Potenziale verfügen, die bisher zu wenig Beachtung finden. So müssen die Chancen, die eine alternde Gesellschaft bietet, verstärkt in das allgemeine Bewusstsein gerückt werden. Ziel muss es sein, dass die Älteren mit ihrem Erfahrungsschatz auch als Ressource unserer Gesellschaft betrachtet werden.

Hierfür sind zum einen entsprechende Rahmenbedingungen erforderlich. Zum anderen müssen sich die Älteren ihrer Verantwortung in der Gesellschaft bewusst sein. Neben der Selbstverantwortung – das ist die Fähigkeit, das eigene Leben gut zu gestalten – tragen sie auch Mitverantwortung gegenüber anderen (Abschn. 2.5).

Denkanstoß

- Wie wirken sich der demografische Wandel, die gesellschaftlichen und ökonomisch-technischen Entwicklungen auf Sie als Mitarbeiter in der zweiten Lebenshälfte aus?
- Welche Chancen und Risiken bringen diese für Ihr Privat- und Berufsleben mit sich?
- Welche Rahmenbedingungen sind notwendig, damit Sie auch bis in das höhere Alter gut, gesund und motiviert arbeiten können?

Ich kann und möchte Ihnen keine Pauschalrezepte an die Hand geben. Der Schlüssel zum Erfolg liegt in der individuellen Betrachtung Ihres Einzelfalls und im Austausch mit Kollegen und Vorgesetzten. Sie finden in diesem Buch verschiedene Anregungen und Denkanstöße hierfür.

Arbeit selbst- und mitverantwortlich gestalten?
Für die Frage, wie Arbeit selbst- und mitverantwortlich gestaltet werden kann, sollte zunächst die individuelle Arbeitsfähigkeit betrachtet werden. Der finni-

sche Wissenschaftler Juhani Illmarinen versteht darunter die Summe der Faktoren, die einen Beschäftigten in die Lage versetzen, seine Aufgaben erfolgreich zu bewältigen. Im Haus der Arbeitsfähigkeit zeigt er sie als einzelne Stockwerke (vgl. Ilmarinen 2012):

- Die Basis bzw. das unterste Stockwerk bildet die Gesundheit, also die physische und psychische Leistungsfähigkeit (Abschn. 4.2.2).
- Das zweite Stockwerk machen Kompetenz, Fertigkeiten und Wissen aus (Abschn. 4.2.1).
- Das dritte besteht aus Werten, Einstellungen und der Motivation; sie spielen eine zentrale Rolle für die Selbstverantwortung und Mitverantwortung des Beschäftigten und können auf besondere Weise die anderen Stockwerke beeinflussen (Abschn. 4.2.3).
- Das vierte und oberste Stockwerk bildet das Arbeitsleben selbst. Passt es zu den individuellen Ressourcen aus den unteren drei Stockwerken, ist eine gute Arbeitsfähigkeit gegeben.

Die einzelnen Stockwerke stehen miteinander in Verbindung. Sie beeinflussen sich wechselseitig. Die Weltgesundheitsorganisation (WHO) definiert Gesundheit als den „Zustand des vollständigen körperlichen, geistigen *und sozialen* Wohlergehens und nicht nur das Fehlen von Krankheit oder Gebrechen." Damit ist ein fließender Übergang zwischen dem ersten und dem zweiten Stockwerk im Haus der Arbeitsfähigkeit gegeben, in dem es nicht nur um die fachliche, sondern auch um die soziale Kompetenz geht (Schröder-Kunz 2019).

Wenn Sie sich Ihre persönliche Arbeitsfähigkeit vorstellen, wissen Sie, dass die drei unteren Stockwerke von verschiedenen Faktoren beeinflusst werden. So ist beispielsweise die Lebensphase, in der Sie sich befinden, oder die Prägung, die Sie in Ihrer Generation erfahren haben von Bedeutung. Ihre Kompetenzen unterscheiden sich dementsprechend von anderen (Generationen). Auch äußere Faktoren wirken auf das Haus der Arbeitsfähigkeit ein. Zum Beispiel die private Situation in der Familie oder im Freundeskreis, aber auch kulturelle und rechtliche Rahmenbedingungen unseres Lebens. Ein einfaches Beispiel: Private Sorgen führen dazu, dass Sie nicht die gewohnte Arbeitsfähigkeit haben, weil Sie z. B. unkonzentriert arbeiten.

Im Abschn. 4.2 finden Sie immer wieder konkrete Denkanstöße für den Erhalt Ihrer Gesundheit, Kompetenz und Motivation. Im selbstverantwortlichen Bewusstsein für Ihre individuelle Arbeitsfähigkeit können Sie schließlich Ihr Wissen auch auf Ihre Kollegen übertragen und merken, dass Erwartungen nicht immer erfüllt werden können.

Denkanstoß

Um in der zweiten Lebenshälfte gut leben und arbeiten zu können, ist es hilfreich, einen Blick auf das eigene Haus der Arbeitsfähigkeit zu werfen. Welche der folgenden Punkte würden Sie eher als mittelmäßig oder schlecht betrachten? Was würden Sie gerne verändern? Wer oder was könnte Ihnen Hilfestellung geben? Behalten Sie Ihre Ideen im Kopf, wenn Sie Kap. 4 weiterlesen. Hier werden Sie noch viele Informationen und Denkanstöße zu Ihrer Gesundheit, Motivation und Kompetenz erhalten.

Arbeit

* Arbeitsumgebung
* Inhalte und Anforderungen
* Organisation und Gemeinschaft
* Management und Führung

Motivation

* meine Werte bzgl. Arbeit allgemein
* meine Einstellungen zu meiner Arbeit

Kompetenz

* meine Fertigkeiten
* mein Wissen
* meine sozialen Fähigkeiten (z.B. Kommunikation)

Gesundheit

* meine körperliche Leistungsfähigkeit
* meine psychische Leistungsfähigkeit

Ohne sie geht es nicht – die notwendigen Rahmenbedingungen

Sie können einiges dafür tun, um gesund, motiviert und leistungsfähig in der zweiten Lebenshälfte zu arbeiten. Aber klar ist auch: Sie benötigen hierzu ebenso die notwendigen Rahmenbedingungen. Ich nenne sie die 7 Gestaltungsfelder für alle Mitarbeitergenerationen, die in meinem Buch „Generationen (gut) führen" (2019) für Vorgesetzte und Unternehmensleitungen beschrieben werden. Dabei geht es auch um die Notwendigkeit, das Arbeitsleben frühzeitig so zu gestalten, dass alle Generationen lange

gesund, kompetent und motiviert arbeiten können. Wir benötigen alter(n)
sgerechte[1] Arbeitsbedingungen für Jung und Alt. Grundvoraussetzung
dafür ist zunächst die innere Haltung zu den verschiedenen Generationen.
Jede Mitarbeitergeneration hat Stärken und Schwächen. Dabei ist jede
Gruppe für sich heterogen. Manchmal finden wir sogar unter einem Jüngeren und Älteren mehr Ähnlichkeiten als unter zwei Älteren. Generatio-
nenklischees sollten daher vermieden werden. Differenzierte Altersbilder
(vgl. Abschn. 3.2.3) müssen von der Unternehmensleitung aufgezeigt und
vorgelebt werden, sodass jeder Mitarbeiter mit seinen Potenzialen gefördert, aber auch hinsichtlich möglicher Belastungen oder Einschränkungen
unterstützt wird. Altersbilder, die im Unternehmen vorherrschen, sind zu
hinterfragen, denn Generationenkonflikte beeinträchtigen das Arbeitsklima in Organisationen und letztlich die Arbeitsergebnisse.

Gestaltungsfelder finden sich in den Arbeitsaufgaben (z. B. Handlungs-
spielraum, Abwechslung und Komplexität), der Arbeitszeit (z. B. Pausen,
Überstunden, Schichtarbeit), Arbeitsablauf und -organisation (z. B. klare
Anweisungen, Häufigkeit der Unterbrechungen, neue Technologien oder
Prozesse, Zeitdruck), den sozialen Beziehungen (z. B. Zusammenarbeit mit
Vorgesetzten, Kollegen, Generationen, Umgang mit Konflikten), der
Arbeitsumgebung (z. B. Geräuschkulissen, Helligkeit, körperliche oder einseitige Belastung), dem Gesundheits- und Arbeitsschutz (z. B. betriebliches
Gesundheitsmanagement und betriebliches Eingliederungsmanagement)
sowie der Kompetenzentwicklung und dem Wissensmanagement (z. B.
lebensphasenorientierte Laufbahngestaltung). Dabei sind nicht alle Felder
in allen Unternehmen gleichermaßen umsetzbar oder relevant. Es gilt
immer wieder gemeinsam passende Lösungen für die eigene betriebliche
Situation zu finden. Im Idealfall greifen verhältnisorientierte und verhal-
tensorientierte Maßnahmen ineinander: Erstere zielen auf die Umstände
der Arbeit ab, letztere auf das Verhalten der Beschäftigten (vgl. BAuA 2017a).

4.2 Kompetent, gesund und motiviert als erfahrener Mitarbeiter

Wer wünscht sich das nicht: gesund, motiviert und mit allen notwendigen
Fähigkeiten ausgestattet, sodass man seine Arbeit gut und gerne erledigt.

---

[1] Altersgerecht ist die Arbeit dann, wenn sie die Besonderheiten der verschiedenen Generationen im Blick
behält. Alternsgerechte Arbeit unterstützt die Beschäftigten so, dass sie trotz und mit ihrer Arbeit gesund
und gut älter werden.

Älteren Berufstätigen stehen eine Menge Potenziale zur Verfügung, die für ein gutes Arbeitsleben hilfreich sind. Ihre Arbeitsfähigkeit schneidet im Vergleich zu den Jüngeren nicht schlechter ab (Schröder-Kunz 2016). Pauschalisierungen und Vorurteile, die in diese Richtung gehen, stimmen nicht und sollten tunlichst vermieden werden. Zwar steigen die individuellen Unterschiede in der Arbeitsfähigkeit mit zunehmendem Lebensalter an, diese dürfen aber eben nicht verallgemeinert werden (Kruse und Hüther 2014).

Selbst wenn an manchen Stellen Abbau gegeben ist, haben die Älteren in der Regel durch ihre Erfahrungen viele Fähigkeiten hinzugewonnen. Damit können sie den Abbau ausgleichen. Insgesamt wird so die Arbeitsfähigkeit nicht beeinflusst.

Denkanstoß

Studien belegen: Die Arbeitsfähigkeit älterer Berufstätiger ist nicht geringer als die der jüngeren. Ältere Arbeitnehmer sind im Vergleich zu jüngeren nicht weniger, sondern vor allem anders leistungsfähig. Der Grund liegt in dem hohen Erfahrungsschatz. Wo und wie erleben Sie in Ihrem Berufsalltag, dass Ihre Erfahrung einen Abbau, der möglicherweise auf einem anderen Gebiet gegeben ist, ausgleichen bzw. auffangen kann?

Dass Beschäftigte vom Alterungsprozess profitieren, lässt sich beispielsweise mit Blick auf die geistigen Fähigkeiten nachweisen. Hier zeigen sich durchaus Verbesserungen „z. B. in Bezug auf strategisches Denkvermögen, Scharfsinn, Besonnenheit, Lebenserfahrung, die Fähigkeit zu wohldurchdachtem und rationellem Handeln, Beherrschung, ganzheitliche Wahrnehmung sowie auf Sprachkompetenz […]" (Ilmarinen 2012). Laut Untersuchungen gleicht die Arbeitserfahrung den Rückgang in anderen Bereichen aus.

Eine solche Stabilität im emotionalen Bereich scheint der vorherrschenden Vorstellung einer mit dem Alter deutlich abfallenden Leistungskurve zu widersprechen. Entsprechend kann hier von einem „Wohlbefindensparadox" (Staudinger 2000, zitiert nach Kliegel und Martin 2010) gesprochen werden.

Potenziale der Älteren im Berufsleben

Zu den spezifischen Potenzialen der älteren Beschäftigten gehören (vgl. Kruse 2012; Aussagen von Berufstätigen 45+):

1. *Hohe Kompetenz*

   * … im Umgang mit komplexen, vertrauten Situationen
   * … beim Erkennen von Ursachen und Gesetzmäßigkeiten

* … bei der Entwicklung von Handlungsstrategien
* … im Verbinden unterschiedlicher Arbeitsbereiche
* … durch konzeptuelles Denken
* … durch effektive Strategien zur Bewältigung von Problemsituationen

2. *Hohe Entscheidungs-/Handlungsökonomie*

* … durch gute Zeitplanung und Einschätzen von Vorbereitungszeit
* … durch weitreichende Zeit- und Zielplanungen

3. *Wissen zu Netzwerken*

* … in Verbindung mit relevanten Informationen (Welche Informationen benötige ich?)
* … und aktive Suche nach Informationen durch Netzwerke (Woher erhalte ich die Informationen?)

4. *Kontrollfähigkeit*

* … bei Arbeitsabläufen aufgrund eigener Erfahrungen mit diesen oder ähnlichen Arbeitsabläufen
* … über Gruppenprozesse

5. *Hohe Motivation*

* … im Falle einer als bedeutsam eingeschätzten Tätigkeit (Generativitätsmotiv)
* … durch Selbstbewusstsein und Überzeugung mit dem eigenen Erfahrungswissen, einen wichtigen Teil beitragen zu können

6. *Hohe Loyalität*

* … gegenüber dem Arbeitgeber (wenn Vertrauen vorhanden ist)
* … auch im Zusammenhang mit Begeisterung für Produkte oder Arbeitsbereiche, an denen man über viele Jahre gearbeitet hat
* … dadurch, dass Höhen und Tiefen des Unternehmens durchgestanden wurden („Wir haben das Unternehmen mit aufgebaut.")

7. *Hohe soziale Kompetenz*

* … bei Motivation von Mitarbeitern (Anregungen geben, Handlungen von Mitarbeitern verstärken)
* … bei Kooperation und Teamarbeit (eigene Ziele und Fähigkeiten in Gruppenprozesse integrieren)

- … weil Selbstbewusstsein motivieren kann („Wir schaffen das.")
- … weil erfahrenere Mitarbeiter sich selbst besser kennen und i. d. R. mit Emotionen bei der Arbeit besser umgehen können als in jüngeren Jahren
- … auch in Bezug auf Kunden über deren Stärken und Schwächen ausreichend Erfahrungswissen vorhanden ist

8. *Vorbild/Modellfunktion für andere Menschen*

- … durch das eigene Verhalten und die fachliche und soziale Kompetenz
- … durch die Arbeitsbiografie und den Lebensweg

9. *Erkennen eigener Leistungsmöglichkeiten und Leistungsgrenzen*
10. *Zeitliche Verfügbarkeit (häufig weniger familiär eingebunden)*
11. *Besseres Einschätzen der Lage des Unternehmens*

Die oben genannten Potenziale können bei richtigem Einsatz einen hohen Wert für ein Unternehmen darstellen. So kann bspw. das Selbstbewusstsein („Wir schaffen das"), in Verbindung mit den anderen Kompetenzen und Fähigkeiten, für das Gelingen eines komplexen Projektes ausschlaggebend sein. Ob die o. g. Fähigkeiten realisiert werden und genutzt werden, ist sowohl vom Einzelnen als auch dem Unternehmen abhängig.

Um ihre Potenziale zu verwirklichen und im Alter leistungsfähig zu bleiben, benötigen erfahrene Berufstätige die entsprechenden Anregungen bei der Arbeit, altersgerechte Arbeitsgestaltung, die richtige Qualifikation, Akzeptanz und Wertschätzung von Vorgesetzten und Kollegen, gutes Selbstvertrauen und keine überhöhten Erwartungen von außen. Natürlich haben auch die privaten Lebensumstände sowie die gesunde Lebensführung auf die Arbeitsfähigkeit Einfluss (vgl. INQA 2013).

4.2.1 Kompetenz – mit Erfahrungswissen punkten und lebenslang lernen

Dein Wissen ist Gold wert
Kennen Sie das, wenn Sie das Gefühl haben, dass Ihr Wissen und Ihre Erfahrung in einer Situation – privat oder beruflich – weiterhelfen? Wenn Sie genau spüren: Dieses Problem hätte ich vor 20 Jahren noch nicht lösen können. In Abschn. 2.2.2.3 haben wir uns bereits mit der Thema Generativität beschäftigt, dem Wunsch, etwas zu hinterlassen und weiterzugeben. Erfahrene Arbeitnehmer besitzen vielfältige Potenziale, durch die sie anderen etwas weitergeben oder helfen können. So können sie bspw. ihre Gelassenheit übertragen oder auch konkrete Hilfestellungen geben. Außerdem haben sie

häufig die Fähigkeit, andere zu motivieren und ihnen als Vorbild zu dienen. Gerade bei altersgemischten Teams können sich diese und weitere Potenziale zeigen.

Denkanstoß

Was möchten Sie gerne beruflich weitergeben? Denken Sie dabei nicht nur an Ihr Fachwissen. Auch Ihre soziale Kompetenz kann für die Jüngeren wertvoll sein.

Studien zeigen, dass mit zunehmendem Alter die Generativität zunimmt. Auch in meinen Seminaren berichten mir viele ältere Beschäftigte, dass das, was sie über Jahrzehnte erlernt haben, nicht verlorengehen solle. Sie identifizieren sich mit ihrer Arbeit oder ihrem Produkt. Es ist ein Teil von ihnen. Aber auch die Jüngeren sind oftmals froh, wenn ihnen ein erfahrener Kollege zur Seite steht und behilflich ist.

Das sagen Berufstätige 45+
    Ist Ihre Arbeit für Sie in gewissem Sinn auch eine Kraftquelle? *„Ja, wenn ich anderen helfen und sie unterstützen kann.“*

Interesse und Offenheit für den anderen und seine Fähigkeiten sind Basis für das Gelingen von Wissenstransfer und Erfahrungsaustausch. Dabei können auch Vorurteile gegenüber einer anderen Generation überwunden werden und differenzierte Generationenbilder entstehen. Jede Generation hat Stärken und Schwächen. Wissen muss ohne Angst (z. B. vor Arbeitsplatzverlust oder vor Konkurrenz) weitergegeben werden können. Auch die Fehlerkultur ist Teil eines guten Wissenstransfers. Bei Nicht-Verstehen kann es hilfreich sein, die Lernbedürfnisse (s. u. Lerntyp) des Kollegen zu betrachten und die Methode der Wissensweitergabe entsprechend anzupassen.

    Durch die stetigen Veränderungen in der Arbeitswelt unterliegt das Wissen in vielen Bereichen einem stetigen Wandel. Daher sind Berufstätige immer mehr auf fremdes Wissen angewiesen. In der persönlichen Weitergabe von Wissen wird Generativität und soziale Kompetenz an Bedeutung gewinnen.

    Inwiefern Wissenstransfer und Generativität auch im Hinblick auf das Ausscheiden aus dem Berufsleben wichtig ist und wie das gelingen kann, erfahren Sie in Abschn. 4.3.2:

    Wenn Generationen zusammenarbeiten, lernen sie miteinander, voneinander oder übereinander. Das kann eine große Bereicherung darstellen und erleichtert den Bau einer Brücke der Generationen (vgl. Abschn. 3.2.3.2).

Zum Beispiel können in bestimmten Projekten, bei denen sich die Kompetenzen Jüngerer und Älterer gut ergänzen, Generationentandems gebildet werden. Zur Strukturierung der Wissensweitergabe und Förderung des Miteinanders kann die Begleitung durch einen externen Moderator sinnvoll sein.

Denkanstoß

Haben Sie Freude daran, Jüngeren etwas weiterzugeben? Vielleicht gibt es in Ihrer Organisation Möglichkeiten hierfür (z. B. als Ausbildungsbeauftragter). Der Kontakt mit den Jüngeren kann sehr bereichernd sein. Gerade wenn es mal schwieriger wird und das Wissen nicht so aufgenommen wird wie gewünscht, kann durch einen Perspektivenwechsel etwas Neues entstehen. Der Kontakt zu den Jüngeren sollte Freude bereiten. Daran können gerade die Älteren arbeiten und mit ihrer Lebenserfahrung nach erweiterten Möglichkeiten des Austauschs suchen.

Warum sollte Ihr Wissen weiter gegeben werden? Erklären Sie gerne? Was könnte für Sie im Hinblick auf die Weitergabe Ihres Wissen hinderlich sein (Z.B. Zeit, Konkurrenzdenken, fehlende Brücke zwischen Generationen)? Wie können Sie Zeit und Raum für Ihre Wissensweitergabe schaffen? Welche Kompetenzen (z.B. Soft Skills) wünschen Sie sich vom Wissensnehmer? Was können und möchten Sie selbst durch die Wissensweitergabe noch lernen (z.B. lernen Wissen zu vermitteln, Perspektivenwechsel, Geduld, neues Wissen vom Wissensempfänger erhalten)?

Lernen hört nie auf (Schröder-Kunz 2019)

Wir lernen Tag für Tag. Damit sind nicht nur geistige Fähigkeiten gemeint, sondern auch soziale Kompetenzen oder körperliche Fertigkeiten. Wir müssen immer wieder neue Dinge lernen, um uns privat und beruflich in stets neuen Situationen zurechtzufinden. Wir lernen am besten, wenn wir dabei sind. So kann ein mündiges Mitmachen ermöglicht werden. Lebenslanges Lernen bezieht sich dabei nicht nur auf unsere Selbstverantwortung, sondern auch auf unsere Mitverantwortung. Erforderlich ist eine „soziokulturelle Verankerung" (Probst 2019). Die Art und Weise des Lernens, ob für Jung oder Alt, muss den gesellschaftlichen Herausforderungen entsprechen. Was muss sich wissen, um in meinem Umfeld zurecht zu kommen? Wir benötigen also immer wieder konkrete, in unserem Alltag erfahrbare Erlebnisse, die uns nachdenken, lernen und schließlich handeln lassen.

Ein verantwortliches (Berufs-)Leben zeichnet sich unter anderem dadurch aus, dass sich der Mensch Wissen aneignet, es ausbaut, erneuert, fördert und weitergibt. Dabei gibt es keine Altersgrenzen! Lebenslanges Lernen ist notwendig, um Entscheidungen im Sinne der Selbst- und Mitverantwortung zu treffen. Grundvoraussetzungen dazu sind unser Interesse an (Weiter-)Bildung und regelmäßiges Üben. Wir sollten für unsere geistige Gesundheit und im Hinblick auf unsere Lebensgestaltung immer wieder bereit sein, uns auf Neues einzulassen und Fortbildungsmöglichkeiten anzunehmen.

Denkanstoß

- Wie lernen Sie am liebsten?
- Was benötigen Sie, um sich auf die vielfältigen Informationen im Arbeitsalltag konzentrieren zu können?
- Was motiviert Sie zum Lernen und dafür, offen für Neues zu bleiben?
- Haben Sie das Bedürfnis, Ihr Wissen weiterzugeben? Was erwarten Sie dazu von Ihrem Gegenüber?

Berufstätige Menschen berichten mir immer wieder, dass das Wissen in einer komplexen (Arbeits-)Welt zunehmend an Bedeutung gewinnt. Dabei gibt es die verschiedensten Bedürfnisse hinsichtlich des Lernens. Organisationen sind daher gefordert, die individuellen Lernmöglichkeiten und -gewohnheiten zu betrachten (vgl. Schröder-Kunz 2019).

Sind Sie an einem ganz speziellem Wissensthema interessiert? Bestimmt erleben Sie unter Ihren Kollegen, dass es unterschiedliche Bedürfnisse hinsichtlich der Lerninhalte und -umgebung gibt. Das kann von der individuellen Persönlichkeit, aber auch vom Alter abhängen. Wir lernen also nicht alle gleich. Es macht daher wenig Sinn, sich mit anderen hinsichtlich deren Lerngewohnheiten und Interessen zu vergleichen. Bei der Motivation zum Lernen spielen auch individuelle Zielsetzungen und Wissensbedürfnisse eine Rolle.

Auch Lernpartnerschaften, z. B. zwischen Jüngeren und Älteren können hilfreich sein, da sie ein wechselseitiges Lernen ermöglichen, die Qualifizierung beider erlauben und den Erfahrungsschatz im Unternehmen erhalten und vergrößern.

Denkanstoß

Sind Sie offen für Lernangebote in Ihrem Beruf?

Was interessiert Sie am meisten? Welche Angebote können Sie nutzen, damit Ihr Beruf spannend bleibt? Welche Angebote sind möglicherweise gegeben, die Sie für Ihr gesundes Leben, Arbeiten und Älterwerden unterstützen?

Was fasziniert Sie an neuen Gegebenheiten innerhalb Ihres Arbeits- aber auch Privatlebens? Woran waren Sie früher besonders interessiert? Ist Ihr Wissensdurst gelöscht worden?

Was möchten Sie noch wissen?

Selbstgesteuertes Lernen (Schröder-Kunz 2019)
Selbstgesteuertes Lernen spielt eine große Rolle. Hier kann jeder Einzelne in seiner Selbstverantwortung dafür Sorge tragen: Wie kann ich mich zum Lernen motivieren? Was habe ich bisher gelernt? Wie lerne ich am besten?

Was heißt das konkret? Sie überlegen sich zunächst einmal, wie Sie lernen. Denn je besser Sie sich selbst als Lernenden kennen, umso besser können Sie Ihren eigenen Lernprozess beeinflussen und überprüfen, ob Sie die Inhalte tatsächlich verinnerlicht haben. Ihre Bedürfnisse, Motive, Ziele und Werte sind für das selbstgesteuerte Lernen zentral. Das Wissen über Ihren Lerntyp (s.u.) hilft Ihnen dabei weiter.

Welcher Lerntyp sind Sie?
Es werden vier verschiedene Lerntypen unterschieden: der visuelle, der auditive, der haptische und der kommunikative Lerntyp. Es ist hilfreich zu wissen, welcher Lerntyp Sie sind. So können Sie das Lernen, wenn möglich, Ihren Bedürfnissen entsprechend anpassen. Dabei können Sie übrigens auch eine Mischung aus den verschiedenen Typen sein. (lehrer-online o. J.)

- Der Betrachter (visueller Lerntyp): Grafiken, Schaubilder und anderes Material helfen Ihnen beim Lernen besonders gut. Wenn Sie sich Notizen machen, dann gerne mit Skizzen oder Symbolen. Bildstarke Sprache erleichtert es Ihnen, einem Vortrag zu folgen
- Der Zuhörer (auditiver Lerntyp): Sie können auch über lange Strecken aufmerksam zuhören und Ihre Notizen fallen eher knapp aus
- Der Praktiker (haptischer Lerntyp): Praktische Erfahrungen sind für Sie unersetzlich. Das heißt, Sie lernen dann am besten, wenn Sie etwas selbst gemacht haben. Ihre Hände spielen im Lernprozess eine große Rolle. Ihr Wissen können Sie am besten abrufen, wenn konkrete Situationen gegeben sind
- Der Diskutierer (kommunikativer Lerntyp): Für Sie sind kleine Lerngruppen, in denen Sie sich an Gesprächen und Diskussionen beteiligen können, das Richtige. Das Halten von Vorträgen und Präsentationen liegt Ihnen. Argumentationen helfen Ihnen, das Gelernte wieder ins Gedächtnis zu rufen

Das ideale Lernverhalten jedes Menschen setzt sich aus unterschiedlichen Lerntypen zusammen. Statt sich auf einen Lerntypen zu versteifen, sollten Sie lieber unterschiedliche Methoden und Techniken kombinieren. So können Sie Ihre Stärken nutzen und einsetzen.

Mit anderen Worten: Jeder lernt anders. Auch hier ist wieder Selbstverantwortung gefragt. So auch, wenn Sie andere beim Lernen beobachten: Bleiben Sie in Ihrer Mitverantwortung offen für dessen Art zu lernen.

Lehrende sind im Rahmen einer älter werdenden Gesellschaft und vielen älteren „Schülern" aufgerufen, neue Lernkonzepte zu entwickeln und individuellen Bedürfnissen und Möglichkeiten gerecht zu werden.

> Wissenschaftlichen Erkenntnissen zufolge laufen Lernprozesse zum allergrößten Teil informell ab. 90 Prozent dessen, was wir verinnerlichen, lernen wir „on the Job" oder durch Erfahrungsaustausch mit anderen. Nur die übrigen zehn Prozent unseres Wissens erwerben wir durch Seminare, Vorträge oder Schulungen (Schröder-Kunz 2019).

Lernen und Digitalisierung

Die neuen Medien haben sich in unser Leben hinein entwickelt. Der Umgang mit zukunftsorientierten Technologien bzw. deren strategischer Einsatz muss in Unternehmen auf der Prozessebene, im Bereich der Technologie selbst und bei der Wissensbildung erfolgen. So sollte auch die „On-Off-Beziehung" mit neuen Medien verantwortlich gestaltet werden.

Der „Kampf" mit komplexen neuen Technologien kann vielschichtig sein. So kann er beispielsweise unter Gleichaltrigen Ängste auslösen, inkompetent auszusehen. Manche Menschen möchten nicht zugeben, dass sie nicht wissen, wie sie mit der Technologie umgehen sollen, und verwenden sie daher überhaupt nicht. Vielfach wird das Alter als der Grund für Widerstand gegenüber technischen Veränderungen gesehen. Den meisten älteren Berufstätigen ist aber bewusst, dass es sehr wichtig ist, für einen Arbeitgeber zu arbeiten, der technologisch führend ist. Gerade wenn es darum geht, strategische Wege zur Anwendung neuer Programme zu finden, können ältere Mitarbeiter sehr effektive Wege finden. Der Umgang mit den neuen Medien und Tools kann auch eine Chance für den Generationenaustausch sein. Jung hilft Alt und Alt hilft Jung. Es handelt sich um eine Chance zur persönlichen Entwicklung im Sinne von lebenslangem Lernen.

Wenn Berufstätige Frust und Schwierigkeiten mit neuen Technologien haben sollte spätestens jetzt auf folgende Punkte geachtet werden:

- Empathie und Verständnis sind wichtig. Kritik sollte vermieden werden
- Anbieten zu helfen und Schritt für Schritt durch die Funktionen führen. So kann die Angst vermindert werden

- Den Sinn verdeutlichen und erklären, inwiefern z. B. neue Tools bei der Arbeit hilfreich sein können
- Auch Video-Tutorials, mündliches Coaching oder praktische Übungen, die auf den individuellen Lernstil zugeschnitten sind, können helfen
- Zeit geben und einfordern, um die neuen Systeme einzuüben und schließlich zu beherrschen
- Auf Pausen und technikfreien Ausgleich achten
- Erwartungen an die Produktivität vorerst runter schrauben. Bis neue Tools verstanden und richtig angewendet werden können ist die Produktivität verlangsamt
- Technische Veränderungen als Prozess verstehen, der oftmals noch nicht ausgereift ist und Geduld vom Anwender benötigt

Digitale Fitness fördern
Digitale Fitness im Sinne der Selbst- und Mitverantwortung bedeutet:

- Bei der digitalen Arbeit körperlich und geistig gesund zu sein und zu bleiben
- Verständnis für Technik zu haben
- Das rechte Maß an digitalem Leben zu finden und einen analogen Ausgleich zu wahren (z. B. Naturerlebnisse, die Sinneswahrnehmungen ohne Reizüberflutung ermöglichen)
- Motiviert, neugierig und offen zu sein, Hilfe anzunehmen und auch zu geben (Mitverantwortung)

Kompetenz vs. Perfektionismus (Schröder-Kunz 2019)
Kompetent sein heißt auch zu wissen, dass niemand von uns fehlerfrei ist. Wenn wir etwas falsch machen, ist das ärgerlich, aber kein Weltuntergang. Viel wichtiger ist, wie wir mit dem Fehler umgehen: ob wir etwas daraus lernen, ob wir eine Lösung finden, um den Patzer wieder auszugleichen etc. Wenn im beruflichen Umfeld ein solch offener und konstruktiver Umgang mit Fehlern gepflegt wird, hat das meist positive Auswirkungen auf das Arbeitsklima. Wer sich hingegen wegen eines Fehlers als Versager empfindet und zudem Druck und Missstimmung von den anderen erfährt, wird mit ziemlicher Wahrscheinlichkeit noch unsicherer – was für die eigene Leistung nicht gerade förderlich ist. Wie soll man sich konzentrieren, wenn man ständig den Druck im Nacken spürt, ob er nun von einem selbst, von den anderen

oder von beiden kommt? Wie soll man beherzt seine Aufgaben anpacken, wie sich weiterentwickeln, wenn man sich begangener Fehler schämt und sich im Kollegenkreis deshalb sozial ausgegrenzt fühlt?

Wir sind in unserer Selbst- und Mitverantwortung aufgefordert, an unserer Einstellung und dem richtigen Umgang mit Fehlern zu arbeiten. Auch gerade mit Blick auf Jüngere, die noch nicht ausreichend Erfahrung besitzen können, ist es oftmals hilfreich, das Thema rechtzeitig anzusprechen, um von Anfang an gemeinsam an einer Fehlerkultur arbeiten zu können. Fehler dürfen nicht verschwiegen, sondern müssen offen und konstruktiv besprochen werden. Denn sie bieten die Gelegenheit, gemeinsam zu lernen.

Denkanstoß

Selbstverantwortlicher Umgang mit Perfektionismus (Schröder-Kunz 2019)

Perfektionismus sehen manche als Voraussetzung, um gute Leistungen zu erbringen. Sie formulieren damit hohe Ansprüche an sich selbst. Nicht selten aber bringen sie sich – und oft auch andere – in eine Lage, die ein ruhiges und zufriedenstellendes Arbeiten nicht mehr erlaubt. Um sich die Gefahren des Perfektionismus deutlich zu machen und sinnvoll mit ihm umzugehen, sind folgende Fragen hilfreich:

- Stellen Sie sich typische Arbeitssituationen vor: Wann ist Ihr Perfektionsdrang besonders ausgeprägt? Wofür wenden Sie überproportional viel Zeit auf?
- Ziehen Sie Bilanz: Welche positiven Effekte erzielen Sie durch Ihren Perfektionismus? Welche negativen Konsequenzen ergeben sich für Sie daraus? Überwiegen eher die Vor- oder die Nachteile?
- Überlegen Sie, worin die Ursachen für Ihr Streben nach Perfektion liegen. Was würde passieren, wenn Sie etwas nicht zu 100, sondern nur zu 80 Prozent erledigen würden?
- Gibt es Aufgaben, bei denen es nicht schlimm ist, wenn Sie sie nicht perfekt machen?
- Wie müsste sich Ihre innere Einstellung ändern, damit Sie mit den (beruflichen) Anforderungen locker(er) umgehen könnten?
- Stellen Sie sich eine typische Situation vor, in der Sie üblicherweise ein besonders starkes Perfektionsstreben haben: Wie müssten Sie sich verhalten, um eine gesunde Gelassenheit zu empfinden?

Wichtig ist es, besonders in einer „perfektionsorientierten" Situation auf Pausen zu achten (Abschn. 4.2.2.2). Grundsätzlich gilt es, auf Körpersignale zu achten, die Ihnen signalisieren, dass Sie innehalten müssen. Für eine gewisse Zeit können wir Menschen durchaus Höchstleistungen bringen. Aber andere wichtige Lebensthemen dürfen nicht unbegrenzt hintangestellt werden. Auf Dauer kann das nicht gutgehen. Bemerken Sie also, dass der Anteil der Arbeit an Ihrem Leben schon einige Zeit überproportional hoch ist, ist es wichtig, erneut eine Ausgewogenheit herzustellen. Sie ist für uns, unsere Mitmenschen und unser Leben wichtig.

4.2.2 Gesundheit – im späten Arbeitsleben ganzheitlich gesund bleiben

Die meiste Zeit unseres Erwachsenenlebens verbringen wir bei der Arbeit. Auch in der Freizeit müssen dann noch die Steuererklärung gemacht, der Haushalt und gegebenenfalls der Garten in Ordnung gehalten, das Auto zur Inspektion gebracht und viele andere unliebsame Dinge erledigt werden. Bei alledem gilt es, immer wieder auf die eigene Gesundheit zu achten.

In Abschn. 2.4 haben wir uns bereits mit den 5 Säulen des gesunden Lebens und Älterwerdens beschäftigt. Neben Körper (1), Kopf (2) und sozialen Kontakten (3) sind Arbeit (4) und die innere Haltung zum Leben und Arbeiten (5) wichtig. Oft fließen sie ineinander. Daher sollten sie nicht starr voneinander getrennt werden.

Denkanstoß

Inwieweit findet das Thema Gesundheit in Ihrem Arbeitsleben Raum? Sprechen Sie mit Kollegen über das Thema? Und wenn ja, wie? Überlegen Sie auch gemeinsam konstruktiv, was Sie für die Gesundheit tun können? Tauschen Sie sich über die Angebote in Ihrer Firma oder in der nahen Umgebung aus? Welche Ideen haben Sie, um das Thema Gesundheit positiv in das Arbeitsleben zu bringen?

Da wir Menschen einen Großteil unseres Lebens bei der Arbeit verbringen, haben die Arbeitsbedingungen und das Arbeitsumfeld großen Einfluss auf unsere Gesundheit und letztlich auch auf die Frage, wie wir altern. Daher ist es wichtig, dass Sie Ihre Arbeit auch im Hinblick auf Ihre persönliche Gesunderhaltung in den Blick nehmen und ebenfalls für Ausgleich sorgen.

Gesundheit als körperliches, geistiges und soziales Wohlbefinden wurde bereits in Abschn. 2.4 behandelt.

Work-Life-Balance

Vielleicht haben Sie beim Lesen des Titels dieses Buches an die viel genannte Work-Life-Balance gedacht. „Gutes Leben und Arbeiten" zielt aber auf das Konzept der Selbst- und Mitverantwortung, in dem Arbeit als Teil des Lebens betrachtet wird. Ziel ist es, dass wir bei der Arbeit (im Idealfall) Kraft und Sinn aus unserem Beruf ziehen, dass wir immer wieder dazulernen, dass wir das Miteinander mit anderen Menschen erleben und uns mit unserer Tätigkeit identifizieren. Damit wir auch in der zweiten Lebenshälfte gut, gesund, motiviert und kompetent arbeiten können, müssen gewisse Rahmenbedingungen gegeben sein. Wir können aber auch eine ganze Menge selbst dafür tun, wie wir in diesem Kap. 4 erfahren.

Je nach Lebensalter und Lebenssituation hat der Einzelne verschiedene Prioritäten und Schwerpunkte. Auch die Auffassung von Glück und vom Sinn des Lebens (vgl. Abschn. 2.1.2.1) spielt dabei eine wesentliche Rolle.

So möchten berufstätige Eltern Zeit mit den eigenen Kindern verbringen. Ältere berufstätige betreuen häufiger ihre hochbetagten Eltern und sind hierdurch besonders gefordert. Für andere Menschen im Berufsleben steht der Ausgleich zum Beruf durch Freizeit und Sport im Vordergrund. Auch der Einsatz im sozialen, kulturellen oder politischen Bereich ist für viele Menschen im Berufsleben wichtig und will neben der Arbeit gestemmt werden.

Ein Zuviel an Arbeit – ob im Privat- oder Berufsleben – ist in der modernen und äußerst komplexen Lebenswelt häufig gegeben. Das Bedürfnis nach einem ausgewogenen Verhältnis von Aktivität und Ruhe nimmt in der zweiten Lebenshälfte häufig zu. Wir stehen in unserem Leben immer wieder neu vor der Aufgabe, die verschiedenen Bereiche unseres Lebens wie Familie, Beruf, Bildung, gesellschaftliches Engagement sowie unsere ganz privaten Interessen miteinander in Einklang zu bringen. Und bei all diesen Themen, die wir ja meist bewusst und gerne zu unserem Leben zählen, können sie mit Mühsal, Stress und Pflichtgefühl verbunden sein. So gilt es immer wieder das wohltuende Nichtstun und Entspannen in den Blick zu nehmen. In diesem Spannungsverhältnis von Aktivität und Ruhe ist der Mensch von heute stark gefordert und muss sich immer wieder entscheiden. Das Wissen zur Selbst- und Mitverantwortung kann hier wichtiger Helfer sein.

So ist die Frage nach einer guten Work-Life-Balance nicht mit einer strikten Trennung von *Work und Life* zu beantworten, denn gelebt wird ja auch beim Arbeiten. Tatsächlich geht es um ein Gleichgewicht zwischen Berufs- und Privatleben. Gelungen ist dieses Gleichgewicht, wenn beide sich wechselseitig fördern. Im Privatleben lassen sich Ressourcen für das Arbeitsleben gewinnen, das Gleiche gilt aber auch umgekehrt. So kann es hilfreich sein, eine möglichst flexible Verbindung anzustreben. Anspannung und Entspannung sollten sowohl im Berufs- als auch Privatleben gegeben sein. Wieder sind Selbstverantwortung und Mitverantwortung gefragt.

Das sagen Berufstätige 45+

„Meine Kraftquellen in der Freizeit sind Yogaübungen, spazieren gehen, lesen. Meine Frau und ich lesen gerade ein lustiges, aber auch nachdenkenswertes Buch. Sehr schön! Es ist die Beziehung zu meiner Frau, zu meinen Kindern, mein Glaube. Es ist auch die Arbeit, die Selbstbestätigung, die man bekommt. Ja, die Begegnungen mit Menschen. Das gibt mir auch Kraft."

„Ich habe manchmal den Eindruck, die Menschen achten im Berufsleben zu wenig darauf, mit sich selbst vernünftig umzugehen. Ich frage mich, wie die das durchhalten. Always on. Das machen manche schon seit gefühlten 10 Jahren. Das ist ganz extrem. Und es wirkt manchmal als Vorbild. Jeder will wichtig sein, erreichbar sein. Man rennt rum. Da hat man auch wieder Verantwortung für andere. Das ist in vielen Unternehmen so."

„Das Problem ist, wenn's einem lange gutgeht, dann wird man nachlässig. Dann muss man nachsteuern. Ich bin jetzt wieder an einem Punkt, wo ich drüber nachdenke. Ich will wieder mehr Sport machen. Ich habe das jahrelang schleifen lassen. Mein Blutdruck ist wieder hoch."

„Ich muss aufpassen, dass ich mich nicht zu oft überfordere. Ich neige dazu, viele Dinge zu tun. Mich interessiert viel. Da muss ich aufpassen, dass ich mich nicht verzettle. Mal ruhiger sein. Spazieren gehen. Da ist meine Eigenverantwortung gefordert."

Eine gute Work-Life-Balance bedeutet, dass die 5 Säulen des gesunden Lebens und Älterwerdens (vgl. Abschn. 2.4) in den Blick genommen werden. Dabei kann jede Säule sowohl im Berufs- als auch im Privatleben gelebt werden. So ist die Säule der sozialen Kontakte beispielsweise nicht nur im Privatleben zu beachten. Gerade auch im Berufsleben ist das Miteinander von großer Bedeutung (vgl. Kap. 3).

Für die Work-Life-Balance ist eine andauernde Arbeit an der eigenen Selbst- und Mitverantwortung notwendig.

4.2.2.1 Körperliches Wohlbefinden bei der Arbeit (Säule 1)

Ob Sie sich an Ihrem Arbeitsplatz auch körperlich wohlfühlen, ist von vielen Faktoren abhängig. In Abschn. 2.4.1 wurde bereits auf das körperlich gesunde Leben und Älterwerden eingegangen. Daher ist dieser Abschnitt bewusst kurzgehalten.

Neben den in Abschn. 2.4.1 genannten Aspekten können Sie überlegen, wie Sie auch während des Arbeitens auf Ihren Körper achten können. Da kann der Blick auf den Ausgleich bei körperlichen Belastungen sowie die richtige Ernährung während der Schaffensphase gelenkt werden.

Auf Ausgleich achten – besonders bei einseitig körperlichen Belastungen
Sitzen Sie während Ihrer Arbeit viel? Sind Sie viel vor dem Computer? Müssen Sie bei Ihrer Arbeit einseitige körperliche Haltungen einnehmen? Haben Sie eine körperlich anstrengende Arbeit? Wenn ja, sollten Sie überlegen, wie Sie in Ihren kleinen und großen Pausen für Ausgleich sorgen können. Sitzen Sie viel, dann bewegen Sie sich in den Pausen. Arbeiten Sie am Bildschirm, dann schauen Sie in Ihren Pausen besser ins Grün anstatt aufs Handy. Arbeiten Sie körperlich schwer, dann setzen Sie sich in Ihren Pausen am besten hin und legen entspannt die Füße hoch. Nach Lärm benötigt es Stille, nach körperlicher Anstrengung benötigt es körperliche Erholung, nach langem Sitzen benötigt es Bewegung usw. (Vgl. Abschn. 4.2.2.2).

Gerade für Ältere ist die Regeneration sehr wichtig, um Verletzungen und Erschöpfung vorzubeugen und die Leistungsfähigkeit zu erhalten (vgl. BAuA 2017).

Neben dem Wissen zur Notwendigkeit der Regeneration und des Ausgleichs können Sie sich bewusst machen, dass Muskelkraft und Ausdauerleistung etwa ab dem 40. Lebensjahr abnehmen. Dem kann man mit einem aktiven Lebensstil entgegenwirken (vgl. Crawford et al. 2010).

Denkanstoß

Achten Sie doch mal auf Ihr inneres und körperliches Gefühl, wenn Sie in Ihrem Arbeitsalltag eine Pause machen. Stellen Sie sich vor, Sie könnten jetzt ganz frei entscheiden und hätten keinerlei Verpflichtungen: Was tut mir jetzt gut? Was brauche ich? Wie kann ich mich entspannen?

Vielleicht finden Sie für Ihre Pausen ein kleines Ritual, das Sie zunächst einüben, um es schließlich wie selbstverständlich als wertvollen Helfer regelmäßig durchzuführen.

Das sagen Berufstätige 45+

„Früher bin ich immer mit den Kollegen in die Kantine. Heute mache ich in meiner Mittagspause ein Schläfchen. Dann hänge ich sogar ein Schild raus: Bitte nicht stören. Anfangs haben die Kollegen komisch geguckt. Heute habe Sie sich dran gewöhnt."

Wenn Sie körperlich und geistig im Arbeitsleben aktiv sind, dann ist auch immer wieder Ruhe, Nichtstun und Müßiggang in Ihren Pausen, aber auch im Privatleben wichtig. Das kann unter Umständen schwerfallen und bedarf daher auch der Übung (vgl. Abschn. 2.4.2) sowie der entsprechenden Einstellung (vgl. Abschn. 2.4.5). Wir können uns fragen: Was ist zu viel? Was will ich wirklich? Inwiefern haben sich meine Pausenbedürfnisse verändert? Die bewusste Pausengestaltung in der zweiten Lebenshälfte kann auch den Kollegen, mit denen man bisher meistens in die Kantine gegangen ist, mitgeteilt werden.

Essen und trinken

Wer arbeitet, muss auch essen und trinken. Was wir unserem Körper tagtäglich zuführen, ist nicht ohne Bedeutung. Wohlbefinden und Leistung können durch die falsche Ernährung beeinflusst werden. Oft neigen wir dazu, bei der Auswahl der Angebote genau da zuzugreifen, wo es uns am besten schmeckt. Das ist prinzipiell kein Fehler, doch dabei sollten wir auch auf die Nährstoffe achten. Leckereien und gesunde Mahlzeiten lassen sich durchaus verbinden.

Denkanstoß

Haben Sie sich schon einmal überlegt, das Thema Ernährung mit Ihren Kollegen zu besprechen? Vielleicht haben auch sie Interesse daran. Sie könnten bspw. gemeinsam für eine gefüllte Obstschale neben der Kaffeemaschine sorgen, bei der jeder allzeit zugreifen kann. Vielleicht bereiten Sie auch einmal in der Woche gemeinsam einen leckeren Salat für die Mittagspause zu? Warum die Zubereitungszeit nicht für eine Besprechung zu neuen Ideen nutzen? Werden Sie kreativ, wie Sie Ihren Lebensraum Arbeit auch im Hinblick auf die gesunde Ernährung nutzen können. Möglicherweise unterstützt Sie auch Ihr Chef bei diesen Aktionen.

Tipp

Essen Sie gerne Nüsse? Sie eignen sich als Zwischenmahlzeit. Kleinere Mahlzeiten vermeiden Leistungstiefs und stärken den Kreislauf. Unter den Nüssen gibt es nicht nur eine reiche Auswahl (Pistazien, Macadamianüsse, Cashews, Haselnusskerne, Kürbiskerne, Mandeln, Paranusskerne, Pinienkerne, Sesam, Sonnenblumenkerne und Walnusskerne), sondern sie sind auch reich an ungesättigten Fettsäuren, hochwertigem Eiweiß, Vitaminen und Mineralien.
Übrigens: Nüsse stehen beim Brainfood ganz oben!

Trinken ist wichtig!

Wer zu wenig trinkt, schadet seiner Gesundheit: Muskeln und Gehirnzellen werden mit weniger Sauerstoff und Nährstoffen versorgt, wenn weniger Wasser zu sich genommen wird. Kreislauf, Blutdruck und Verdauung können darunter leiden. Auch das Blut kann nicht mehr richtig fließen. Die Folge: Der gesamte Körper wird schlechter versorgt. Gehirnleistung und Konzentrationsfähigkeit lassen nach. Symptome wie Müdigkeit, Schwindel und Kopfschmerzen können auftreten und das Kurzzeitgedächtnis ist beeinträchtigt.

Daher sollten Erwachsene täglich eineinhalb bis zwei Liter trinken. Das entspricht etwa zehn Gläsern oder zwei Flaschen Mineralwasser. Um es in den Arbeitsalltag einzuplanen, am besten gleich die entsprechende Menge griffbereit am Arbeitsplatz hinstellen und spätestens in der Pause einmal einen Blick darauf werfen und ggf. zugreifen (Ziliken o. J.).

Das Durstgefühl nimmt mit den Jahren erheblich ab. Je älter wir werden, desto weniger haben wir das Bedürfnis Wasser zu trinken. Laut einer Studie der Techniker Krankenkasse trinkt nur jeder Zweite genug Wasser.

Übrigens: Wer im Älterwerden etwas für seine Haut tun möchte, der sollte viel trinken. Viel Flüssigkeit verbessert die Hautspannung!

> **Tipp**
>
> Die Deutsche Gesellschaft für Ernährung e. V. (DGE) gibt weitere Tipps zum Thema „Essen am Arbeitsplatz und in der Kantine – So halten Sie sich fit und leistungsfähig".
> Die Tipps finden Sie hier:
> https://www.dge.de/ernaehrungspraxis/bevoelkerungsgruppen/berufstaetige/essen-am-arbeitsplatz-und-in-der-kantine/

4.2.2.2 Geistiges Training statt psychischer Belastung (Säule 2)

Das gesunde Arbeitsleben soll an dieser Stelle besonders der geistigen Gesundheit gewidmet werden, da sich hier zum einen Krankheitstage häufen, aber zum anderen auch der positiven Herausforderung durch die Arbeit zu wenig Bedeutung beigemessen wird. Auch hier geht es wieder um das rechte Maß.

Wie wir in Abschn. 2.4.2 und 4.2.1 (Selbstgesteuertes Lernen) bereits festgestellt haben, muss auch der Kopf in Bewegung gehalten werden, um fit zu bleiben. Hierfür bietet sich Arbeit hervorragend an. Gehen wir einem interessanten Beruf nach, der auch immer wieder positive Herausforderungen mit sich bringt, ist das ideal für unsere geistige Fitness. Sie kann auf besondere

Weise durch das Lernen erfolgen. Aber auch die Risiken, welche durch psychische Überforderungen gegeben sind, müssen unter die Lupe genommen werden. Sie haben auf den folgenden Seiten die Möglichkeit, sich intensiv mit dem Thema Stress zu beschäftigen und Gestaltungsmöglichkeiten für sich zu entdecken.

Umgang mit psychischer Belastung
„Ich fühl mich gestresst", eine Aussage, die die meisten von uns kennen. Wir selbst und unser Umfeld sind von dem „Zuviel" betroffen. Gestiegene Krankheitstage und Frühverrentungen sind nur zwei Phänomen der immer stärker zunehmenden Belastungen. Ein hoher Stresspegel löst oft eine Abwärtsspirale in die absolute Erschöpfung aus, von der man sich einfach nicht mehr zu erholen scheint. Heute sind die Erkenntnisse über diesen Zustand fundierter und umfangreicher, und es gibt bereits Hilfestellungen, wie man Stress und Burnout vermeiden kann. Burnout ist dabei keine fest umrissene Erkrankung, sondern vielmehr ein stressbedingter Erschöpfungsprozess, der sich über Jahre hinweg entwickeln kann. Das Thema darf nicht tabuisiert werden. Selbstverantwortung und Mitverantwortung gewinnen auch an dieser Stelle an Bedeutung.

Psychische Belastung ist nicht gleich psychische Erkrankung (Schröder-Kunz 2019)

Wenn von einer psychischen *Belastung* die Rede ist, bezieht sich das auf die alltäglichen Einflussfaktoren, die zu Stressoren werden können (Aufgabendichte, Kollegen, Familie, Wetter etc.). Eine psychische *Erkrankung* entsteht durch eine Funktionsstörung oder Erkrankung des Gehirns.
Im Folgenden geht es ausschließlich um psychische Belastungen.

Das sagen Berufstätige 45+
Wie hat sich das Arbeitsleben verändert? *„Speed, Multitasking. Mehr und mehr. Immer präsent sein. E-Mails, Blackberry etc. haben ihr Übriges getan. Aber auch der Anspruch, den wir alle haben: Wir wollen schnelle Antworten haben. Früher ging das alles ohne. Ich will diese Zeit nicht mehr haben, weil ich es heute deutlich spannender finde. Man muss nur aufpassen, dass man es nicht übertreibt. Man muss auch in der Lage sein, mal ohne die Dinger zu leben. Sich auch mal auf sich selbst konzentrieren können. Wir werden es wahrscheinlich erst merken, wenn es zu spät ist. Aber es ist halt so spannend. Dadurch machen so viele mit. Wir müssen uns aber fragen: Was kann im Körper passieren, der nicht zur Ruhe kommt? Durch die Globalisierung erhöht sich das Tempo. Wir allein in Europa können es nicht runterdrehen. Wir müssen uns anpassen."*

Resilienz

Jeder von uns kennt belastende Situationen: Misserfolge, Stress, Druck und Ärger gehören zum menschlichen Dasein dazu. Doch wir gehen ganz unterschiedlich damit um. Während manche Menschen Krisensituationen konstruktiv bewältigen und Rückschläge vergleichsweise gut verkraften können, werden andere leicht aus der Bahn geworfen. Die psychische Widerstandsfähigkeit wird als Resilienz bezeichnet. Resiliente Menschen sind in der Regel körperlich und psychisch gesünder als andere.

Die Genetik spielt für das Ausmaß unserer Resilienz eine gewisse Rolle (vgl. Rytina und Marschall 2010). Zudem werden die Grundlagen für Resilienz in der Kindheit gelegt. Trotzdem kann man auch im Erwachsenenalter an der eigenen Widerstandsfähigkeit arbeiten. Allerdings lassen sich verfestigte Verhaltensmuster und Denkweisen nicht von heute auf morgen ändern. Wer seine Resilienz stärken möchte, braucht Zeit und Geduld.

Ganz unterschiedliche Dinge tragen dazu bei, wie die psychische Widerstandsfähigkeit bei dem einzelnen Menschen aussieht (vgl. hier und zum Folgenden Schreiber und Iskenius 2013). Aus seiner Umwelt sind hier die Unterstützung durch die Familie, Freunde und Kollegen, die Wertschätzung durch andere sowie ein gesundes Maß an Verantwortung zu nennen. Persönliche Faktoren liegen im Bereich des Denkens, des Fühlens und des Bildes, das der Einzelne von sich hat. Auch das Weltbild im religiösen, politischen oder auch allgemeinen Sinne kann hilfreich für die eigene Widerstandsfähigkeit sein. Wichtig ist, wie man in die Zukunft blickt, ob man eher optimistisch oder pessimistisch ist, wie man an Probleme herangeht und sich selbst wahrnimmt.

Was bedeutet das für Sie? Sie können – im Wissen um diese Einflussfaktoren – nicht nur Ihre eigene Resilienz stärken, sondern auch mitverantwortlich etwas für die seelische Widerstandskraft Ihrer Kollegen tun (vgl. Schröder-Kunz 2019).

Das Unveränderliche akzeptieren Manches lässt sich nicht ändern: unliebsame Aufgaben und unangenehme Kollegen, das eigene Älterwerden, der rasante Wandel der (Arbeits-)Welt u. v. m. Das kann ärgerlich sein, doch Jammern verschwendet oft nur Zeit und Energie. Versuchen Sie, die positiven Seiten zu sehen und sich auf das zu konzentrieren, was Sie tatsächlich verändern können (vgl. innere Haltung).

Positive Emotionen fördern Wir alle werden im Laufe unseres Lebens immer wieder mit Freude und mit Leid konfrontiert, doch wir bewerten die Emotionen unterschiedlich. Resiliente Menschen messen den positiven

Gefühlen mehr Bedeutung bei als den negativen. Betrachten Sie das Positive bei Ihrer Arbeit. Ein nettes Gespräch, ein gemeinsamer Erfolg, ein schöner Arbeitsplatz etc. Wenn wir unsere Arbeit nicht nur als Pflicht, sondern als Lebensraum entdecken und gestalten, kann auch Zeit für Entspannung und Zufriedenheit entstehen.

Wertschätzender Umgang und Mitgefühl Resiliente Menschen schätzen sich selbst; sie wissen um ihre eigenen Fähigkeiten und Erfolge. Akzeptieren Sie Ihre Stärken und Schwächen. Stärken Sie das Selbstbewusstsein und das Selbstvertrauen von sich selbst und Ihren Kollegen, indem Sie bspw. gemeinsam auf vergangene Erfolge zurückblicken und gerade in schwierigen Situationen auf Ihre (gemeinsamen) Fähigkeiten vertrauen. Gerade als Berufserfahrener können Sie Ihren Kollegen im Hinblick auf Wertschätzung ein Vorbild sein.

Üben Sie Gelassenheit Nutzen Sie das Potenzial der Gelassenheit, das an vielen Stellen mit dem Älterwerden zunimmt. Gerade weil Sie viel Erfahrungswissen und einen Überblick haben, können Sie in schwierigen Situationen meist souveräner und ruhiger reagieren. Wenn Sie gelassen bleiben und Zutrauen in die gemeinsamen Fähigkeiten äußern, kann sich das auch positiv auf Ihre Kollegen auswirken.

Belastungsfaktoren

Psychische Belastung kann durch die Arbeitsumstände entstehen, zum Beispiel durch Über- und Unterforderung, regelmäßiges Multitasking (s. u.), aber auch durch die individuelle Lebenssituation – so z. B. die Sorge um hochbetagte Eltern (Abschn. 3.1.1.1).

Vermeidung von Über- und Unterforderung (Schröder-Kunz 2019)

Es ist wichtig, auch bei geistigen Herausforderungen das rechte Maß zu halten. Das Gehirn sollte gefordert, aber nicht überlastet werden. Über- und Unterforderung stellen im Beruf gleichermaßen eine Gefahr dar.

Wann eine Unterforderung beginnt, hängt von der Persönlichkeit und Leistungsfähigkeit jedes Einzelnen ab. Es gibt aber einige Anzeichen. So könnte Unterforderung vorliegen, wenn regelmäßig Langeweile auftritt, man das Gefühl hat, die Arbeitszeit totschlagen oder zu leichte Aufgaben erledigen zu müssen, oder wenn man sich nach neuen Herausforderungen sehnt, die nicht kommen. Auch wer regelmäßig zu früh mit seinen Aufgaben fertig ist, wer das Gefühl hat, beruflich auf der Stelle zu treten, und wer zunehmend mit seiner Arbeit unzufrieden ist, könnte schlicht unterfordert sein.

Viele fühlen sich im Beruf aber eher überfordert. Der rasante Wandel der (Arbeits-)Welt dürfte entscheidenden Anteil daran haben (Abschn. 4.1). Das Gefühl und die längerfristige Sorge, den beruflichen Anforderungen und der Arbeitslast nicht gewachsen zu sein, sollte als Signal verstanden werden. Es ist falsch, instinktiv die Schuld bei sich zu suchen und die Überforderung als eigene Schwäche zu interpretieren, denn dadurch wird die Belastung noch größer. Ständiger Termin- und Leistungsdruck und das Gefühl, von der Arbeit erschöpft und müde zu sein, sind mögliche Anzeichen einer Überforderung (vgl. Wöhrmann 2016). Zu ihnen zählen aber auch sich häufende Überstunden, die Angst vor neuen Aufgaben oder eine Zunahme der Krankheitstage. Ein deutliches Signal ist es, wenn die beruflichen Sorgen sich negativ auf das Privatleben auswirken (Schröder-Kunz 2019).

Häufen sich die Symptome und dauern Wochen oder Monate an, kann man davon ausgehen, dass es sich tatsächlich um eine Unter- oder Überforderung handelt. Wer sich unterfordert fühlt, verliert schnell die Motivation, sieht immer weniger Sinn in seinem Tun und wird zunehmend unglücklich in seinem Beruf (Bore-out). Wer überfordert ist, macht trotz intensiven Bemühens mehr Fehler, neigt eher zu Depressionen (Burn-out) und ist seinen Aufgaben nicht mehr gewachsen.

Denkanstoß

- Erkennen Sie mehrere der geschilderten Symptome bei sich selbst wieder?
- Gibt es Anzeichen dafür, dass einer oder mehrere Ihrer Kollegen unter- oder überfordert sind?
- Im Dialog mit Ihrem Vorgesetzten sollten sich Lösungen finden lassen.
- Wer sich dauerhaft unterfordert fühlt, braucht neue Aufgaben, möglicherweise mehr Verantwortung, in jedem Fall aber Abwechslung und neue Herausforderungen. Im Gespräch mit Kollegen und Vorgesetzten können Sie gemeinsam überlegen, wie sich eine Veränderung gestalten lässt.

Maßnahmen gegen Überforderung (Schröder-Kunz 2019)
Wenn Sie eine Überforderung bei sich erkennen, ist es zunächst einmal wichtig, diese als solche zu akzeptieren und anzuerkennen, ohne sich Vorwürfe zu machen. Anschließend gibt es verschiedene Maßnahmen, die Sie ergreifen können:

Reduzieren Sie Ihre Aufgabendichte Sprechen Sie mit Vorgesetzten und erklären Sie die Situation. Auch Ihr Chef reagiert sicher mitverantwortlich und wird versuchen, mit Ihnen zusammen eine Lösung zu finden, indem Aufgaben anders verteilt werden oder Ihr Verantwortungsbereich verkleinert wird.

Setzen Sie klarere Prioritäten Oft gibt es so viele Dinge gleichzeitig zu erledigen, dass man sich verzettelt, alles zugleich anfangen und abarbeiten möchte und letztlich nichts davon wirklich abschließt. Eine klare Priorisierung hilft dabei, die wichtigen von den unwichtigen und die dringlichen von den nicht dringlichen Aufgaben zu unterscheiden. Unwichtiges lässt sich entweder verschieben oder ganz von der To-do-Liste streichen.

Gönnen Sie sich Pausen Wir benötigen Auszeiten, um unsere eigenen Akkus aufzuladen. In Zeiten der Überforderung neigen viele Menschen dazu, Pausen zu streichen, um mehr Zeit für die Arbeit zu haben. Doch das geht schnell zulasten der Konzentration und der Leistungsfähigkeit.

Umgang mit Unterbrechungen und Multitasking

Eine ständige Erreichbarkeit ist heute in vielen Berufen wichtig. Oft kann man es sich nicht leisten, das Telefon zwischenzeitlich einfach auszuschalten oder die E-Mails nur ein- bis zweimal täglich zu bearbeiten. Doch regelmäßige Unterbrechungen am Arbeitsplatz können zu einem Problem werden. Rasch fühlt man sich überfordert, im schlimmsten Fall kann man seine Aufgaben nur eingeschränkt oder gar nicht erfüllen. Um sich zu schützen, ist auch hier Selbstverantwortung gefragt (vgl. BAuA 2017b).

Manche Anfragen sind tatsächlich dringend, andere hingegen nicht. Überlegen Sie daher zuerst, wie dringlich die entsprechende Aufgabe ist. Muss sie nicht sofort erledigt werden, beenden Sie erst einmal die aktuelle Tätigkeit oder zumindest den Arbeitsschritt, bei dem Sie sich gerade befinden, bevor Sie sich der neuen Aufgabe zuwenden.

Doch gerade unter Zeitdruck fällt es oft schwer, abzuschätzen, wie dringlich eine Aufgabe ist, die an einen herangetragen wird. Hier sollte man sich schon davor Strategien überlegt haben, wie man damit umgehen will, um Stress zu vermeiden. Denn nichts anderes sind regelmäßige Unterbrechungen und Multitasking. Ebenso wichtig ist es, nach einer Unterbrechung oder einer stressigen Situation möglichst schnell zu einer entspannten und ruhigen Arbeit zurückzukehren. Hier hilft es, erst einmal eine Pause einzulegen, eine Entspannungsübung (s. u.) durchzuführen oder sich zunächst eine angenehme Aufgabe vorzunehmen. Anhaltender Stress gefährdet die Gesundheit und raubt die Ressourcen, um zukünftigen Belastungen standzuhalten. Üben Sie abwechselnd unterschiedliche Tätigkeiten aus. So können Sie eine Überlastung einzelner geistiger oder körperlicher Kräfte vermeiden.

In meinen Seminaren bitte ich die Teilnehmer regelmäßig um Austausch und Tipps für den Umgang mit Überforderung. Hier eine Auswahl der Antworten (Schröder-Kunz 2019):

- Körpersignale wahrnehmen
- Gelassenheit üben
- Negatives hinter sich lassen, im Hier und Jetzt sein
- Freude gestalten
- Reflexion: Was überfordert mich?
- Ernährung: Trinken, Essen
- Mut zu Gefühlen
- professionelle Distanz üben
- Arbeitsorganisation überprüfen
- im Team kommunizieren
- kleine Entspannungsrituale durchführen (Tee trinken, etwas genießen, Abschalten, Bewegung, Wasser über die Pulsadern laufen lassen, die Fußsohlen massieren, bewusst ein Glas Wasser trinken, dreimal tief ein- und ausatmen)

Viele glauben, Multitasking und regelmäßige Unterbrechungen seien nur im Alter problematisch. Das stimmt so aber nicht. Zwar ist es richtig, dass die Multitaskingfähigkeit mit zunehmendem Alter tendenziell nachlässt. Allerdings gelangen Ältere durch ihre Erfahrung genauso ans Ziel wie die Jüngeren, wenn es darum geht, mehrere Aufgaben gleichzeitig zu bewältigen. Der Umgang mit den Störungen im Arbeitsalltag ändert sich jedoch: Jüngere Kollegen setzen eher auf ihre Reaktionsschnelligkeit, ältere auf ihr fachliches und ihr Erfahrungswissen. So wissen sie auch eher, wann der geeignete Zeitpunkt für eine Arbeitsunterbrechung ist (vgl. BAuA 2017b).

Denkanstoß

- Gehören regelmäßige Unterbrechungen zu Ihrem Arbeitsalltag dazu?
- In welcher Form begegnen Ihnen Unterbrechungen?
- Wie empfinden Sie sie?

Was könnte Ihnen im Umgang mit den Unterbrechungen guttun? Welche Maßnahmen setzen Sie bereits (gemeinsam im Team) um? Beachten Sie die Tipps oben.

Stress und Stressabbau

Stress ist eine körperliche Reaktion auf eine potenziell gefährliche Situation. Blutdruck und Puls steigen, die Atmung geht schneller, die Sinne sind geschärft. Dabei tritt Stress nicht nur in lebensbedrohlichen oder krisenhaften Momenten auf. Wir kennen ihn auch gerade aus dem beruflichen oder privaten Alltag. Pocht das Herz zu häufig, werden die Handflächen immer wieder feucht oder stehen wir ständig unter Spannung, dann wird Stress zum Problem. Die Weltgesundheitsorganisation (WHO) sieht in ihm eine der größten Gesundheitsgefahren des 21. Jahrhunderts.

Für viele ist der Wandel der Arbeitswelt mit Stress verbunden. Sie sorgen sich um ihre berufliche Zukunft, müssen dauerhaft erreichbar sein und sich immer wieder auf Neues einlassen. Oft leidet die Qualität der Arbeit darunter, Stress wirkt sich aber auch körperlich und psychisch auf die Beschäftigten aus. Anzeichen sind ein flauer Magen, schlechter Schlaf, Kopf- und Rückenschmerzen oder Ängste, die sich immer wieder einstellen. Die Selbst- und Mitverantwortung verlangt es, sich mit dem Thema Stress zu befassen und Wege zu finden, den Stress abzubauen.

Die Wissenschaft hat herausgefunden, dass eine Bedrohung von Selbstwert und Selbstwirksamkeit zu Stress führt (vgl. Sonntag et al. 2016). Diese werden von der Selbstverantwortung unterstützt. Um unsere eigenen Bedürfnisse, Normen, Werte und Fähigkeiten besser kennen und schätzen zu lernen, müssen wir uns mit ihnen auseinandersetzen. Gelingt dies, ist das für die individuelle Lebensgestaltung von großer Bedeutung. Dann können wir Stresssituationen besser erkennen und entsprechend handeln. So wirkt die Selbstverantwortung auch gegen Stress.
(Quelle: Schröder-Kunz 2019)

Die Stressampel nach Gert Kaluza (2011)

Stressauslöser sind für mich in erster Linie …

Stress-
auslöser

☐ … physikalische Aspekte (Lärm, Hitze etc.)
☐ … körperliche Aspekte (Verletzung, Hunger etc.)
☐ … leistungsbezogene Aspekte (Zeitdruck, Überforderung etc.)
☐ … soziale Aspekte (Konkurrenz, Isolation, Konflikt, Anerkennung etc.)
☐ _____
☐ _____
☐ _____

Ich setze mich selbst unter Stress, indem …

Gedanken,
die den
Stress
verstärken

☐ … ich mich unentbehrlich fühle.
☐ … ich perfekt sein will.
☐ … ich meine Leistungsgrenzen nicht akzeptiere.
☐ _____
☐ _____
☐ _____

Wenn ich im Stress bin, dann …

Reaktion
auf Stress

☐ … reagiert mein Körper (Schwitzen, trockener Mund, schnelle Atmung etc.)
☐ … verändere ich mein Verhalten (hastig, ungeduldig, unkoordiniert etc.)
☐ … reagiere ich emotional (Ärger, Angst vor Blamage etc.)
☐ … verändere ich mein Denken (Selbstvorwürfe, Tunnelblick etc.)
☐ _____
☐ _____
☐ _____

Übung

Für den eigenen Umgang mit Stress ist es wichtig, sich zunächst einmal selbst zu beobachten. Dabei kann die Tab. 4.2 nützlich sein. Warten Sie damit nicht bis zum Feierabend, sondern beantworten Sie die Fragen am besten schon im Tagesablauf. Es ist sinnvoll, alle zwei bis drei Stunden Einträge vorzunehmen und das über einen längeren Zeitraum von ein bis zwei Wochen zu tun.

Das Beantworten der Fragen in der Tabelle hilft bereits, etwas Abstand zu gewinnen. Indem man aufschreibt, was einem hilft, übt man Selbstverantwortung aus. Damit konzentriert man sich auf Lösungen statt auf Probleme. Das ist der erste Schritt zum Stressabbau (vgl. BAuA 2012).

Denkanstoß (Schröder-Kunz 2019)

- Wo und wie können Sie am besten entspannen?
- Ergänzen Sie die Liste der Tipps meiner Seminarteilnehmer:

  - Spazieren gehen
  - Meditation
  - Chillen (nichts tun, Musik hören)
  - Etwas spielen
  - Ausschlafen
  - Sport
  - Ein gutes Buch lesen
  - Einen Film schauen
  - Kuscheln
  - Erfüllung finden in einer anderen Tätigkeit,
  - Nicht immer aktiv sein
  - meine Talente leben
  - …

Schauen Sie sich die oben abgebildete Stressampel einmal genauer an. Sie werden bemerken, dass manche der dort angegebenen Stressauslöser für sich betrachtet gar nicht so schlimm sind. Aber wenn Sie gezielt darüber nachdenken, warum Sie gerade angespannt sind, fällt ein Teil der Anspannung möglicherweise ganz von alleine ab. Durch regelmäßige mentale Übungen kann

Tab. 4.2 Stressprotokoll. (Vgl. Schröder-Kunz 2019)

Was hat mich in den vergangenen Stunden gestresst?
Was habe ich in der Situation gedacht?
Wie habe ich mich dabei gefühlt?
Wie hat mein Körper in dieser Situation reagiert?
Wie habe ich mich verhalten?
Was sind meine Bedürfnisse, Werte, Fähigkeiten in der Situation?
Was hilft mir?

man sein Inneres so beeinflussen, dass negative Gedanken und Gefühle verändert oder gar vermieden werden. Psychologen sprechen hier von Autosuggestion. Sie ist damit eine Möglichkeit, zu mehr Selbstverantwortung zu kommen.

Das sagen Berufstätige 45+

„Nur der Mitarbeiter selber kann letzten Endes, wenn er achtsam genug ist, für sich herausfinden, was an Arbeitsbelastung noch zuträglich ist und was nicht mehr geht. Er sollte die Verantwortung übernehmen im Hinblick auf die Arbeitsbelastung und zusammen mit Vorgesetzten auch Priorisieren hinbekommen. Ein selbstverantwortlicher Mitarbeiter sollte gelernt haben sich zu überlegen, wie bekomme ich einen Ausgleich für die außergewöhnliche Tätigkeit hin und sich seine Freiräume schaffen. Das bedeutet im Umkehrschluss aber natürlich auch, dass Vorgesetzte umdenken müssen und sich darüber im Klaren sein müssen, was letzten Endes die Mitarbeit eines selbstverantwortlichen Mitarbeiters bedeutet, der im Zweifelsfall auch mal den Hinweis geben darf, dass da eine Grenze ist und das eine oder andere vielleicht nicht in dem Zeitraum geschafft werden kann, den sich das Unternehmen oder der Vorgesetzte vorstellt."

Übung (vgl. Schröder-Kunz 2019)

Oft ist es sinnvoll, auf lange Sicht sein Verhalten zu verändern. Dazu muss man sich Gedanken machen, welche Möglichkeiten es für einen gibt, Stress abzubauen. Die folgenden Sätze könnten hier eine Hilfe sein und für mehr Klarheit sorgen:

Wenn ich mehr Entspannung in mein Leben bringen will, muss ich

- mir Zeit nehmen für … (z. B. Entspannungsübungen, Naturerlebnisse, Sauna, Sport)
- Zeit streichen an folgender Stelle … (z. B. vor dem Schlafen vorm Computer sitzen)
- folgende schlechte Gewohnheiten aufgeben … (z. B. kein Kaffee, Alkohol etc. vor dem Schlafengehen zu mir nehmen)
- Folgendes verändern … (z. B. mehr Sport treiben, auf gute Momente in meinen Beziehungen achten)

Stressbewältigung im Alter

Das sagen Berufstätige 45+

„Man kann mit kleinen Schritten immer wieder herauszufinden: Was kann ich jetzt und hier und heute für mich tun? So kann man selbst nicht nur körperlich, sondern auch mental gut in Schuss bleiben. Man kann sich mit einer gewissen Lebenserfahrung selber und auch seine Möglichkeiten viel besser einschätzen."

Bei der Bewältigung beruflicher Belastungen gibt es laut Andrea Abele-Brehm, Präsidentin der Deutschen Gesellschaft für Psychologie und Professorin für Sozialpsychologie an der Universität Erlangen, grundsätzlich zwei Vorgehensweisen. Zum einen kann der Berufstätige die Belastung ganz auf sich nehmen, es sich schönreden und darauf setzen, dass sie irgendwann auch wieder zurückgeht. Zum anderen kann er aktiv seine Bedenken dem Vorgesetzten gegenüber äußern und deutlich machen, dass die Aufgabe in der vorgegebenen Zeit nicht erledigt werden kann. Im einen Fall bleibt er in den eigenen Emotionen befangen, im anderen benennt er ein Problem. Letzteres, so Abele-Brehm, fällt älteren Beschäftigten leichter – und es hilft ihnen, sich vom Stress nicht überwältigen zu lassen (vgl. Abele-Brehm 2015).

Die größere Erfahrung erlaubt es älteren Arbeitnehmern häufig, gelassener mit beruflichem Stress umzugehen. Sie haben bereits viele Belastungssituationen erlebt und gemeistert. Dabei haben sie gelernt, welche Strategie sie anwenden müssen, um diese Probleme zu bewältigen.

Kann Stressbewältigung trainiert werden?

Mit der Frage, ob sich Stress am Arbeitsplatz bewältigen und ob sich eine entsprechende Haltung trainieren lässt, hat sich auch die Wissenschaft auseinandergesetzt. In einer Studie wurde untersucht, ob sich bei der Stressbewältigung eine entsprechende Schulung positiv auswirkt. Anhand von Fragebögen, aber auch medizinischen Messungen, wurde deutlich, dass dies tatsächlich so war: Die Besucher eines zweitägigen Stressseminars mit Auffrischungen nach vier und acht Monaten konnten besser mit stressigen Situationen umgehen als jene, die das Seminar nicht besucht hatten. Es wirkt sich somit positiv auf die psychische Gesundheit aus, wenn im Vorfeld ein Stresstraining oder Seminare zu Zeitmanagement durchlaufen werden. Das Gleiche trifft auf das Einüben von Meditation oder Entspannungsübungen zu. Eine Rolle spielen aber auch unmittelbare Verbesserungen am Arbeitsplatz. Hier ist beispielsweise an eine Anpassung von Arbeitszeiten oder eine Vergrößerung der individuellen Entscheidungsspielräume zu denken.

Das sagen Berufstätige 45+

„Also ich bin heute wesentlich eher in der Lage Stopp zu machen, wenn ich merke, ich bin an meine Grenze geraten, es geht hier und heute nichts mehr. Da bin ich heute in der Lage zu sagen: Jetzt ist's gut für heute. Morgen ist auch noch ein Tag, übermorgen auch. Ich denke, ich kann eher so einem „Ausgebrannt-Sein" entgegenwirken. Ich habe definitiv ein anderes Körperbewusstsein bekommen. Ich bin so eine kleine Therapeutin für mich selbst geworden, ja. (lacht) Aber man muss da auch Selbstdisziplin üben."

Pausen

Laut Umfragen lässt rund ein Viertel aller Beschäftigten Pausen oft ausfallen (vgl. Lohmann-Haislah 2012). Ohne regelmäßige kurze Auszeiten gelingt es jedoch nicht, sich zu regenerieren. Pausen sind für die geistige Fitness und für das psychische Wohlbefinden ebenso wichtig wie die Regeneration nach körperlicher Aktivität. Wir können uns nicht unbegrenzt konzentrieren, sondern brauchen regelmäßig Pausen. Bei geistigen Anstrengungen sollte das alle ein bis eineinhalb Stunden sein. Dadurch steigt die Leistung, die Fähigkeit zur Problemlösung und zur Konzentration, folglich die Arbeitssicherheit und letztlich das Wohlbefinden und die Zufriedenheit. Oft reichen bereits wenige Minuten, der Erholungseffekt ist gleich am Anfang am stärksten (vgl. Groll 2011). Eine Tasse Tee oder auch ein Blick aus dem Fenster helfen dabei.

Daneben sollte man aber auch feste Pausen einlegen, am besten alle zwei Stunden. Hier gibt es viele Möglichkeiten, es sollte aber der Arbeitsplatz vor dem PC verlassen werden. Frische Luft und Bewegung sind ideal, aber nicht immer möglich. Dehnübungen oder der sogenannte Powernap, ein kurzes Nickerchen von maximal 30 Minuten, tragen ebenso zur Regeneration bei. Ohne Pausen ersetzen zu können, hilft es nach Phasen hoher Konzentration oft auch schon, eine Zeit lang einfachere Aufgaben zu bearbeiten (Ablage, anspruchslose E-Mails lesen etc.).

Denkanstoß

Verzichten Sie regelmäßig auf Pausen?
Kleben Sie öfters am Bildschirm und können sich nur schwer davon lösen?
Verschieben Sie immer wieder Pausen, um mit einer Aufgabe oder einem Arbeitsschritt fertigzuwerden, obwohl er sich in die Länge zieht?
Bemerken Sie Konzentrationsmängel, wollen aber die Arbeit nicht unterbrechen?
Wenn Sie eine oder mehrere Fragen mit Ja beantwortet haben, überlegen Sie, was Sie ändern können. Ihre Selbstverantwortung ist gefragt.

Kleine Übungen für den Alltag und Entspannungstechniken (Schröder-Kunz 2019)

Im Folgenden lernen Sie praktische Übungen und Techniken kennen, die Sie selbst anwenden können, um zu entspannen (Selbstverantwortung).

Übung: Entschleunigung Stress hängt oft mit zeitlichem Druck zusammen. Daher hilft es, das Tempo bewusst herunterzufahren. So gelingt es auch besser, sich auf eine Sache zu konzentrieren.

Schon auf dem Arbeitsweg können Sie damit beginnen. Wenn Sie hier etwas mehr Zeit als sonst einplanen, können Sie in Ruhe gehen oder fahren. So gewinnen Sie Zeit und Muße, Ihre Umwelt auf sich wirken zu lassen.

Hilfreich ist es, sich in der Freizeit ganz auf die gerade ausgeübte Tätigkeit einzulassen. Stellen sich Gedanken ein, die negativ, belastend oder ablenkend sind, so richten Sie Ihre Aufmerksamkeit auf Ihren Atem. Konzentrieren Sie sich auf Ihren Unterbauch, der sich hebt und senkt. Denken Sie „ein" beim Einatmen und „aus" beim Ausatmen.

Übung: Monotasking statt Multitasking Oft haben wir das Gefühl, viele Dinge gleichzeitig tun zu müssen. Die entsprechende Fähigkeit zum Multitasking wird häufig gelobt. Dabei ist es wichtig und sorgt für weniger Stress, eine Tätigkeit konzentriert durchzuführen. Dazu müssen Sie bewusst mit ihr anfangen und Ihre ganze Aufmerksamkeit auf das richten, was Sie tun. In einem Gespräch beispielsweise sollten Sie sich bewusst auf Ihr Gegenüber konzentrieren. Achten Sie auf verbale und nonverbale Signale. Was ist der anderen Person wichtig? Ebenso sollte das Gespräch mit der gleichen Aufmerksamkeit beendet werden. Anschließend können Sie sich bewusst etwas anderem widmen.

Übung: Freude an einfachen Dingen Viele schöne Kleinigkeiten im Alltag nehmen wir häufig einfach so hin, ohne sie weiter zu beachten. Was angeblich selbstverständlich ist und daher meist wenig Aufmerksamkeit findet, kann Grund zur Freude sein und zu einer gewissen Ruhe führen. Macht man sich erst einmal auf die Suche, findet sich vieles: der Duft von frischem Kaffee, Vogelgezwitscher im Garten, die warme Daunendecke, in die Sie sich beim Einschlafen einkuscheln. Bestimmt gibt es auch in Ihrem Alltag solche einfachen Dinge, an denen Sie sich in Zukunft still erfreuen können – es lohnt sich, darüber nachzudenken.

Übung: Natur mit allen Sinnen genießen Für viele ist die Natur eine Kraftquelle. Sie bietet vielfältige Reize, ohne uns zu überfordern. Dabei spricht sie all unsere Sinne an: Wir können sie spüren, hören, sehen, riechen etc. Naturgeräusche aktivieren Hirnregionen, die bei der Entspannung eine Rolle spielen. Wir wenden unsere Aufmerksamkeit nach außen, während wir bei künstlichen Geräuschen oft um uns selbst kreisen. Je höher der Stresslevel, umso höher ist die Wirkung der Entspannung durch die Natur (vgl. Beck 2017). Wissenschaftlich nachgewiesen ist auch die positive Wirkung von Naturerlebnissen auf Stresshormone, Blutdruck und Pulsschlag. Ob die raue Oberfläche eines Steins, der Geruch eines Busches oder das Rauschen des

Windes – genießen Sie die Wirkung der Natur. Dadurch stellen sich Freude oder Wohlbehagen ein.

Übung: Wartezeiten nutzen Ärgern Sie sich auch immer wieder darüber, dass Sie so oft warten müssen: an der Supermarktkasse, am langsamen Computer, beim Arzt, wenn die Verabredung zu spät kommt etc. Nur: Meist lässt sich nichts daran ändern. Sich zu ärgern bringt Sie nicht weiter. Dabei könnten Sie die Zeit nutzen, anstatt sich zur Untätigkeit verdammt zu fühlen. Wie wäre es mit einer Atemübung, um ein wenig zu entspannen? Dann ist das Warten, das sich ohnehin nicht verhindern lässt, gar nicht so schlimm.

Entspannungstechniken

Oft fühlen wir uns angespannt, wissen aber nicht, was wir dagegen tun können. Hier können progressive Muskelentspannung (PME) nach Jacobsen, autogenes Training, Yoga, Qigong oder Tai-Chi helfen. Vielleicht möchten Sie eine dieser beliebten und bewährten Entspannungstechniken ausprobieren? Es gibt unterschiedliche Möglichkeiten, den Einstieg zu finden. Je nach Geschmack oder Umständen können Sie etwa einen Präsenzkurs besuchen, eine Entspannungs-CD einlegen oder auch (kostenfreie) Onlinevideos ansehen.

Beispiele für weitere kleine Alltagstechniken

Im Alltag finden sich viele kleine Gelegenheiten, bei denen Sie auf sich achten können. Spüren Sie im Alltag immer mal wieder bewusst in Ihren Körper hinein und fragen Sie sich, was Sie dabei fühlen. Dabei sollten Sie nicht werten, sondern nur empfinden. Mit etwas Übung lässt sich ein solches Achtsamkeitstraining problemlos überall und jederzeit durchführen. Auch die Konzentrationsfähigkeit profitiert davon.

Unabhängig von Ort und Zeit können Sie auch Atemübungen durchführen. Durch bewusstes Ein- und Ausatmen – hier gibt es unterschiedliche Techniken – kommen Sie zur Ruhe.

Zur Entspannung kann ebenso eine Fantasiereise oder ein schönes inneres Bild beitragen. Wollen Sie in diese Alltagstechnik einsteigen, so finden sich CDs oder Onlinevideos, es geht aber auch ohne. Wichtig ist, dass Sie sich an einem bequemen, ungestörten Ort befinden. Konzentrieren Sie sich auf Ihren Atem, vor allem auf das Ausatmen. Ihre Anspannung wird mit jedem Ausatmen geringer. Führen Sie sich innerlich einen Ort vor Augen, der Ihnen gefällt, und achten Sie auf die Details, die Sie sehen.

Denkanstoß

Welche von all diesen Techniken und Übungen spricht Sie an, was möchten Sie ausprobieren?

Sie haben sich alle bewährt, aber wie gut Sie sich bei den Übungen fühlen, hängt auch von Ihren Bedüfnissen ab. Haben Sie eine Technik gefunden, die Ihnen zusagt, ist es wichtig, dass Sie sie regelmäßig üben.

Das sagen Berufstätige 45+

„Vor Stress bin ich nicht gefeit. Also, da muss ich aufpassen. Ich versuche das zu deckeln, indem ich zusehe, dass ich das mit den Überstunden nicht zu sehr ausufern lasse und versuche am Wochenende nicht zu arbeiten. Und ich versuche dann auch wirklich abzuschalten und die Arbeit aus dem Gehirn zu verbannen. Und im Urlaub versuche ich das auch komplett irgendwie aus dem Gehirn rauszuhalten, wobei ich es öfters erlebt habe, dass mich die Arbeitssachen noch eine Woche verfolgt haben. Das ging einfach nicht raus aus dem Kopf. Ich glaube, ich schaffe das besser als andere Leute. Aber richtig loslassen tut es mich natürlich auch nicht.“

„Ja, die Selbstverantwortung ist nicht immer einfach und muss immer wieder geübt werden. Es muss auch immer wieder die Balance gefunden werden. Eine große Hilfe ist das Thema Achtsamkeit. Ich glaube, das ein oder andere macht man intuitiv. Ihre Schulung machte bewusst: immer wieder rechtzeitig in sich selbst reinzuhören, nochmal nachzuspüren: Wie geht es mir? Und auch rauszuspüren: Was brauche ich? Und dieses ‚Was brauche ich?‘ nicht auf unbestimmte Zeit aufzuschieben, sondern baldmöglichst umzusetzen.“

Hektik- und Stressgefühle neu betrachtet

„Es ist unfassbar, wie viel Zeit wir haben. Wir leben jeden Tag so, wie sich die Menschen vor uns das Paradies vorgestellt haben: Die Beschaffung von Kleidung, Nahrung, Wärme und Wasser erfordert kaum noch unsere Aufmerksamkeit. Einige Fingerzüge auf einer Glasscheibe und kurze Zeit später wird mir, wo immer ich bin, eine Mahlzeit serviert. Wir können mit Menschen sprechen, die sich auf der anderen Seite der Erde befinden, kostenlos. Und nahezu jede Frage des praktischen Lebens per Internetrecherche klären, ohne uns auch nur erheben zu müssen. Wenn wir uns gehetzt, überinformiert und zu häufig angesprochen fühlen, Stress beklagen und Achtsamkeit vermissen, dann sollten wir uns bewusst machen, dass dies ein Symptom unserer Freiheit ist. Wir können nur deswegen den Eindruck haben, keine Zeit zu haben, weil wir frei sind. Und dass wir diese Freiheit ebenso gut nutzen können, daran zu denken, dass alle Zeit der Welt immer für uns da ist.“ (Nils Minkmar 2018)

4.2.2.3   Gutes Miteinander mit Kollegen und Vorgesetzten (Säule 3)

Einen großen Teil unseres Lebens verbringen wir bei der Arbeit – und folglich mit Menschen, die wir uns nicht aussuchen können. Manche Kollegen, Mitarbeiter und Vorgesetzte wachsen uns ans Herz, mit anderen wiederum werden wir nicht richtig warm. Trotzdem müssen wir uns mit ihnen arrangieren und versuchen, gut mit ihnen zusammenzuarbeiten. Alles andere belastet die Arbeitsqualität, unsere Psyche und unter Umständen das Arbeitsklima im Team.

Es gibt viele Möglichkeiten, auf ein gutes Miteinander zu achten. Ganz wesentlich sind die Wertschätzung und der Respekt untereinander. Mit zunehmender Erfahrung ist es für viele ältere Berufstätige motivierend, das eigene Wissen weitergeben zu können. Einige Bausteine zur Weitergabe von Erfahrungswissen und wertschätzendem Umgang habe ich Ihnen in Abschn. 3.2 vorgestellt.

Denkanstoß

Sie haben in Abschn. 2.4.3 und Kap 3 bereits viel darüber erfahren, wie wichtig soziale Kontakte und das gute Miteinander im Berufs- und Privatleben sind. Welche Anregungen möchten Sie in Ihren Arbeitsalltag übernehmen? Welche Bedürfnisse haben Sie im Hinblick auf das kollegiale Miteinander: Was wünschen Sie sich von Kollegen, Vorgesetzten, Mitarbeitern? Wissen Sie, was diese sich von Ihnen wünschen? Sind die verschiedenen Bedürfnisse miteinander zu vereinbaren? Wo und wie lassen sich Kompromisse finden?

4.2.2.4   Sinnerleben und eine Aufgabe haben (Säule 4)

Oft ist die Rede davon, eine Balance zwischen Leben und Arbeiten zu finden. Hier wird zwischen dem Leben als etwas Positivem, Erfüllendem und der Arbeit als einer eher unliebsamen Verpflichtung getrennt. Deutlich kommt dies auch dann zum Ausdruck, wenn es heißt, der eine arbeitet, um zu leben, der andere lebt, um zu arbeiten. Insofern mag es überraschen, dass Arbeit zu einem gesunden Leben und Älterwerden dazugehört.

Arbeit ist eine der großen Sinnquellen unseres Lebens. Sie gibt eine Aufgabe[2] im Leben, sie erlaubt es, die eigenen Fähigkeiten einzusetzen, sie bietet die Gelegenheit, den Kopf und vielleicht sogar den Körper fit zu halten. Der soziale Status eines Menschen hängt oft eng mit seinem Beruf zusammen; durch ihn erfährt er Anerkennung, in ihm hat er Erfolg. Unsere Arbeit verschafft uns nicht

---

[2] Natürlich kann man auch erfüllende Aufgaben im Leben haben, die nicht mit dem Berufsleben zusammenhängen (z. B. Ehrenamt, Kindererziehung etc.). Da es in diesem Buch aber vornehmlich um das Arbeitsleben geht, wird dieser Aspekt hier weitgehend ausgeklammert.

nur materiellen Lohn, sondern gibt uns auch das Gefühl, gebraucht zu werden und etwas Sinnvolles zu tun. Im Berufsleben begegnen wir anderen Menschen, tauschen uns mit ihnen aus, kooperieren und erledigen gemeinsam Aufgaben. All das fördert unser psychisches Wohlbefinden. Die Arbeit ist ein wichtiger Teil unserer Identität; unsere Tätigkeit, unsere beruflichen Erfolge prägen das Bild, das wir von uns haben. Mit dem, was wir schaffen, sind Selbsterfahrung und Sinnerleben verbunden. Passt es besonders gut, spricht man gerne davon, die eigene Tätigkeit sei nicht nur Beruf, sondern auch Berufung.

Angesichts der Belastungen und Unsicherheiten im heutigen Berufsleben wird vielen der Gedanke absurd erscheinen, dass man sich bei der Arbeit selbst verwirklichen könne. Dennoch ist dies ein Aspekt, der nicht einfach beiseitegeschoben werden sollte. Im Gegenteil ist es wichtig, Werte bei der Arbeit zu suchen. Andernfalls kann diese nicht zu einer zentralen Säule der Gesundheit werden.

Auch hier sind Selbst- und Mitverantwortung gefragt. Arbeit ist nicht einfach eine Tätigkeit, sondern sie ist mit Normen, Werten, Bedürfnissen und Fähigkeiten verbunden.

Denkanstoß: Werte der Arbeit

Fragen Sie sich, was Ihnen Ihre Arbeit gibt. Hier finden Sie einige Vorschläge. Sie können das Passende ankreuzen und die Liste auch ergänzen. Was also bedeutet Arbeit für Sie?

- Körperliches Training
- Geistiges Training
- Soziale Kontakte/Teilhabe
- Anregung durch berufliche Aufgaben oder Umfeld
- Freude an der Tätigkeit
- Das Gefühl, gebraucht zu werden
- Finanzielle Entlohnung
- Erfahrungsaustausch
- Möglichkeit, individuelle Fähigkeiten einzubringen
- Erfolgserlebnisse
- Ablenkung von Sorgen; die Arbeit verhindert, dass ich nur um mich selbst kreise
- Chance, etwas möglichst gut zu machen
- Aktive Teilnahme am Leben

Das sagen Berufstätige 45+

Was motiviert Sie an Ihrer Arbeit? *„Die Arbeit allgemein. Ich freu mich, wenn ich morgens hierherkommen kann. Einmal weiß ich, ich bin noch gesund, das ist schon mal motivierend und ich weiß, wenn ich hierherkomme, ich kann was bewegen. Ich kann was tun und meine Arbeit wird gebraucht. Und ich krieg das auch immer so schön mit, wenn ich mit den Werkstätten zu tun hab: „Ach gut, dass du* *wieder da bist" – wenn ich mal nicht da war. Das freut mich, so eine Rückmeldungen von den anderen zu hören. Meine Motivation hierherzukommen ist auch, meine Arbeit gut zu machen und zu sehen, dass es auch wirklich klappt, was ich angreife. Fehlschläge gibt's zwar auch immer mal wieder, aber das sind wesentlich weniger."*

Am meisten Zufriedenheit stellt sich bei einer Arbeit ein, wenn klare Fortschritte oder gleich das ganze Werk erkennbar sind. An ihnen sind die (positiven) Folgen unseres Handelns unmittelbar erkennbar. Gerade in der digitalen Arbeitswelt ist man jedoch mit einem Übermaß an Abstraktion konfrontiert. Dies führt bei vielen zu einem Unbehagen. Wichtig sind daher ausgleichende Aufgaben, die sinnlich wahrnehmbar sind. Auch privat sollte ein sinnlicher Ausgleich gesucht werden: Wer den ganzen Tag vor dem Bildschirm sitzt, sollte daheim weniger elektronische Medien nutzen, sondern sich eher an den Herd, die Werkbank oder in den Garten stellen, um Dinge auf einer anderen Ebene zu erfahren als in der beruflichen Tätigkeit. Nicht umsonst sind Kochen, Handwerken oder Gärtnern seit einigen Jahren außerordentlich beliebte Hobbys. Wird ein neuer Arbeitsethos in digitalen Zeiten als nötig angesehen, so sollte er auch diesen Aspekt aufgreifen. Wie kann Arbeit so gestaltet werden, dass der Mensch ausreichend Sinneserfahrungen macht oder zumindest immer wieder ein sinnlicher Ausgleich gegeben ist?

Ob sich Arbeit positiv auswirkt, hängt auch davon ab, welche inneren und äußeren Ressourcen zur Verfügung stehen. Hat der Beschäftigte beispielsweise nicht genügend physische Kraft, fehlt es ihm an Motivation oder an Zeit zur Erfüllung der Aufgaben, ist die Arbeit für ihn bald schon eher eine Last.

Entsprechend ist es wie schon bei den drei bisher vorgestellten Säulen (Abschn. 4.2.2.1, 4.2.2.2 und 4.2.2.3.) wichtig, auf eine ausreichende Regeneration zu achten. Auf die Bedeutung von Pausen wurde weiter oben schon eingegangen; in Zeiten der Arbeitsverdichtung sind sie unerlässlich, um Kraft zu tanken. Halten wir sie ein, können wir wieder motiviert und konzentriert an unsere Aufgaben gehen. Wer dagegen pausenlos arbeitet, verliert nicht nur leicht die Freude an seinem Tun, sondern gefährdet auch seine Gesundheit.

Da Arbeit mit Werten und Sinn verbunden ist sollten wir uns auch in Vorbereitung auf das Alter eine oder mehrere Beschäftigungen suchen, die wir gerne ausüben und in denen wir Erfüllung erfahren. Beim Übergang in den Ruhestand ist es wichtig, nach einer neuen Aufgabe Ausschau zu halten oder solche, die bereits ausgeübt werden, weiter auszubauen. Nicht nur die klassischen Hobbys sind eine Möglichkeit, sondern zum Beispiel auch eine Beratungstätigkeit oder ein Freiwilligenengagement. Prinzipiell sollten die Werte der Arbeit (siehe Dankanstoß oben) im aktiven Leben gegeben sein. Sinnvoll sind herausfordernde Aufgaben, die Körper und Geist fit halten.

4.2.2.5   Die Haltung zur und in der Arbeit (Säule 5)

Ist die innere Haltung für ein gesundes Leben und Älterwerden entscheidend, so gilt das auch für das Arbeitsleben. Es geht um die grundlegenden Werte und die Denkweise, die den Handlungen, Zielsetzungen, Aussagen und Urteilen des Einzelnen zugrunde liegen. Zu ihnen zählt die Einstellung zur Arbeit. Erfolgt dabei eine Ausrichtung an Selbstverantwortung und Mitverantwortung, kann es dazu kommen, dass die Motivation zur Arbeit nicht durch äußere Anreize gegeben ist, sondern aus inneren Gründen erfolgt (Abschn. 4.2.3).

Arbeit ist ein wichtiger Teil des Lebens. Und wie wir angehalten sind, unser Leben zu gestalten, so können wir auch – zumindest innerhalb bestimmter Grenzen – unsere Arbeit selbst gestalten. Damit lässt sich den Herausforderungen begegnen, die der rasante Wandel der Arbeitswelt mit sich bringt. Die Digitalisierung macht die Arbeit komplexer, dichter, abstrakter; sie verlangt mehr Eigenverantwortung und Flexibilität. Welche innere Haltung haben wir zu diesem Wandel des Arbeitslebens und zur Digitalität? Es hilft nichts, die Digitalisierung zu verherrlichen oder zu verteufeln. Chancen *und* Risiken müssen in den Blick genommen werden.

Begegnen wir diesen Herausforderungen mit Selbstverantwortung und Mitverantwortung, kann Arbeit zur Wert- und Sinnquelle werden, denn nun können wir unsere Fähigkeiten ausleben und uns verwirklichen. Im Wandel der Arbeitswelt benötigen wir dabei auch immer wieder die notwendige Portion Gelassenheit. Hierbei handelt es sich um einen Haltung, die geübt werden kann.

Gelassenheit üben
Gelassenheit kann man üben. Denn sie entsteht im Kopf durch die eigene Gedankenwelt. Möchten Sie mehr Gelassenheit in ihren Alltag bringen? Möglicherweise können Ihnen die folgenden Übungen dabei helfen. So viel vorab: Vieles klingt leichter, als es ist. Viele Übungen müssen wir oft wiederholen, damit sie in tatsächlichen Stresssituationen wirken. Deshalb empfehle ich Ihnen, die folgenden Übungen auch in entspannten Situationen regelmäßig zu wiederholen. Jedes Wiederholen ist ein erster Schritt auf dem Weg in Richtung Gelassenheit.

Übung: vom Aufstehen zum Loslegen Denken Sie bereits beim Aufstehen daran, was an dem Tag alles zu bewältigen ist? Mit einem solchen Gedankenkarussell beginnt der Tag nicht gerade entspannt.

Versuchen Sie, die Gedanken erst einmal in eine imaginäre Schublade zu stecken und sich ganz auf das Hier und Jetzt zu konzentrieren. Was spüren Sie?

Freuen Sie sich über das gemütlich-warme Bett, in dem Sie noch liegen. Wie fühlen Sie sich, wenn Sie sich aufsetzen und die Füße auf der Erde spüren? Sprechen Sie sich innerlich (oder auch laut) vor, was Sie empfinden.

Es gibt viel zu tun? Dann lenken Sie nach und nach Ihre Gedanken auf Ihre Vorhaben. Bestimmt gibt es schöne und weniger schöne Aufgaben, die auf Sie warten. Worauf freuen Sie sich? Wie können Sie mit den unangenehmen Aufgaben umgehen? Wie mit der Arbeitsdichte? Als erfahrener Mitarbeiter wissen Sie, wie Sie Prioritäten setzen können. Sagen Sie sich: „Ich will das ändern, was ich ändern kann. Und ich will das annehmen, was ich (jetzt) nicht ändern kann."

Übung: vom Wort zur Wirkung Was lösen Wörter wie „Ruhe", „Gelassenheit", „Lächeln" in Ihnen aus? Die meisten Menschen empfinden dabei ein gewisses Wohlgefühl. Nutzen Sie die Macht der Worte in stressigen oder belastenden Situationen, indem Sie sie sich still vorsagen.

Übung: vom Ärgernis zum Trainingshelfer Manchmal können wir an einer Situation nichts ändern, aber sehr wohl an unserer Einstellung dazu. Versuchen Sie, den Grund für Ihre Anspannung/Ihre Wut nicht als Ärgernis zu betrachten, sondern als jemanden oder etwas, der oder das Ihnen dabei hilft, Gelassenheit zu trainieren.

Übung: vom Gedankenkarussell zum Hier und Jetzt Sicher haben Sie schon einmal das Stichwort Achtsamkeit gehört. Im Ganz-Dasein können Sie Ihre unruhige Gedankenwelt für einen Moment ausschalten und sich darauf einlassen, was Ihre Sinne wahrnehmen. Wenn Sie nach der Arbeit nach Hause gehen, kann es hilfreich sein, bewussten Schrittes zu gehen: die Füße zu spüren und dabei die beruflichen Gedanken Schritt für Schritt hinter sich lassen.

Übung: von der Vision zur Handlung Ob wir mit einer Situation oder einem Menschen gelassen umgehen, kann übrigens auch im Vorfeld geübt werden. Visualisieren wir den Moment, in dem wir befürchten, ruhelos oder ärgerlich zu sein. Wie möchten wir in dieser Situation bestmöglich kommunizieren oder handeln? Die vorbeugende Gelassenheitsübung kann (im Idealfall) in dem konkreten Moment übertragen werden.

In Abschn. 4.2.2.2 finden Sie weitere Übungen und Denkanstöße zum Umgang mit Stress.

Denkanstoß

- Wie ist die Stimmung in Ihrer Abteilung, wie die innere Haltung Ihrer Kollegen zur Arbeit?
- Wird viel gejammert? Kennen Sie die objektiven und subjektiven Gründe dafür?
- An welcher Stelle tut es gut, den Frust rauszulassen, und an welcher Stelle „zieht man sich gegenseitig runter" und raubt einander Energie?
- Ist trotz (verständlichem) Frust Raum für Freude und Wohlbefinden in der Arbeit gegeben?
- Werden kleine Erfolge gefeiert?
- Kann das Schwere auch mal von der humorvollen Seite betrachtet werden?
- Tauschen Sie sich untereinander über Gelassenheitsübungen aus? Vielleicht möchten Sie hierzu ins Gespräch kommen?
- Gibt es Kollegen, die eine positive Ausstrahlung auf die ganze Abteilung haben? Inwiefern können sie Ihnen als Vorbild dienen?

In Bezug auf die innere Haltung im Arbeitsleben ist neben den in Abschn. 2.6 genannten Handlungsfeldern Verzicht/Grenzen (7) sowie gelebte Freude und Annahme von Leid (13) ein weiteres für das Arbeitsleben von besonderer Relevanz: Akzeptanz von Vielfalt (8).

Grenzen setzen – aktiv Verzicht üben

Selbstachtsamkeit zeigt uns an, wenn uns etwas überfordert, nicht guttut oder unseren Wertvorstellungen widerspricht. In solchen Fällen können und müssen wir Grenzen setzen (Abschn. 2.6 Handlungsfeld 7). Das kann darin bestehen, einfach bewusst auf etwas zu verzichten oder etwas von den vielen, kaum überschaubaren Möglichkeiten nicht zu tun. Manchmal ist aber auch eine klare Grenzziehung erforderlich, um Anforderungen, die von außen gestellt werden, abzuwehren. Das trifft gleichermaßen auf das Privat- wie das Berufsleben zu. Wollen Sie Ihre Arbeit verantwortlich ausüben, müssen Sie unter bestimmten Umständen der Umwelt Grenzen signalisieren. Das Maß, das nicht überschritten werden sollte, kann die Arbeitsdichte, die Zahl der Arbeitsstunden, der Drang nach Perfektion oder die ausufernde Erreichbarkeit sein. Je nach Alter oder in einer neuen Lebensphase ist es auch wichtig, dass Sie Verantwortung abgeben bzw. loslassen. Fragen Sie sich immer wieder, welche Möglichkeiten und Grenzen Ihre Lebensphase mit sich bringt. Verzicht bedeutet somit auch, sich selbst zurückzunehmen und gerade dadurch Selbstverantwortung zu übernehmen. Zugleich trägt jeder auch Mitverantwortung. Sie sollten sich also ebenso über die Bedürfnisse und Belastungen Ihrer Kollegen in deren jeweiliger Lebenssituation Gedanken machen (Kap. 3).

Ganz unterschiedliche Gründe können dazu führen, dass wir auf etwas ver-zichten oder etwas unterlassen. Vielleicht ist es unser Wunsch, uns selbst nicht zu schaden. Vielleicht ist es Bescheidenheit oder Selbstgenügsamkeit oder das Bedürfnis, unsere persönlichen Ressourcen nicht unnötig zu vergeuden. Das Motiv gründet jedoch stets in unserer Selbstverantwortung. Wir sind für uns verantwortlich – und je nachdem müssen wir das unserer Umwelt, unseren Kollegen und unseren Vorgesetzten gegenüber deutlich machen. Aber auch unsere Mitverantwortung darf nicht auf der Strecke bleiben. Ziehen wir Grenzen, lehnen wir etwas ab, sollten wir doch stets eine wertschätzende Haltung wahren. Und natürlich steht das „freundliche Nein" (Abschn. 3.1.3 Leichter „Nein" sagen) auch unseren Mitmenschen und Kollegen zu.

Gelebte Freude und Annahme von unabänderlichen Belastungen
In manchen Situationen fällt es uns besonders schwer, die Spannungsfelder des Lebens zu akzeptieren. Besonders deutlich wird das bei dem Streben nach Glück: Wir versuchen oft vehement, alles Unglück von uns fernzuhal-ten und stattdessen möglichst viele Momente der Freude zu „sammeln". Doch Unglück und Leid gehören unabwendbar zum Leben dazu. Wenn wir die Polarität von Freude und Leid akzeptieren, können wir auch in Krisen-situationen handlungsfähig bleiben, ohne zu verzweifeln. Der unter Abschn. 2.4.5 beschriebene Optimismus als „Gesundheitsquelle" hat auch für das Arbeitsleben besondere Relevanz.

Akzeptanz von Vielfalt – Offenheit für Unterschiede
In unserem Alltag begegnen uns die verschiedensten Menschen. Dass wir dabei mit einigen besser klarkommen als mit anderen, ist selbstverständlich. Wenn wir allerdings einen Großteil unserer Energie darauf ver(sch)wenden, andere abzulehnen und zu verurteilen, reiben wir uns innerlich auf.

Gerade im Beruf können wir uns unser Umfeld nicht aussuchen, doch wir müssen mit Kollegen, Kunden und Vorgesetzten gut zusammenarbei-ten. Unsere innere Haltung ist dabei entscheidend: Wenn wir anderen Lebensaltern, kulturellen Normen, individuellen Einstellungen oder Per-sönlichkeitsmerkmalen (Abschn. 3.1.3) mit Ablehnung begegnen, kann das die Arbeitsbeziehung beeinträchtigen und uns innerlich aufreiben. Für ein gesundes Arbeitsklima ist es daher wichtig, die Vielfalt zu akzeptieren. Das bedeutet nicht, alles gutzuheißen, sondern hinzunehmen, dass jeder Mensch unterschiedlich ist. Möglicherweise hat eine Person, die uns persönlich nicht allzu sympathisch ist, Talente, die uns selbst fehlen – sodass wir einan-der gut ergänzen. Wir sind immer wieder gefordert, an einem wertschätzen-den und respektvollen Miteinander zu arbeiten.

Denkanstoß

- Was vermittelt Ihnen Ihre Arbeit? Wie gestalten Sie den Berufsalltag aktiv?
- Kennen und respektieren Sie Ihre eigenen Grenzen, die durch Ihre Werte, Bedürfnisse, aber auch unter Umständen durch Ihr Alter bedingt sind?
- Wie gehen Sie mit menschlicher Vielfalt um? Wie begegnen Sie Personen, die in ihren Wertvorstellungen und Lebensentwürfen von den Ihrigen abweichen?
- Überlegen Sie, wie Sie mit Freude und Leid im Beruf (aber auch im Privatleben) umgehen. Wie könnten Sie den Umgang mit diesen Polaritäten verbessern? Wo und wie suchen Sie aktiv nach Freude?

4.2.3 Motivation – mit Freude und Begeisterung bis zur Pensionierung arbeiten

Lust auf Arbeit

Wann sind wir motiviert zu arbeiten? Wenn wir uns gerne mit Ausdauer und Intensität für etwas einsetzen oder gerne Verantwortung übernehmen, um etwas in die richtige Richtung zu lenken. Wenn während der Arbeit eine gute Stimmung unter den Kollegen ist. Wenn im Schaffen und Tätigsein selbst Freude gefühlt werden. Wenn das gegeben ist, fällt Arbeit leicht und macht Spaß.

Wenn wir etwas tun, kann der Antrieb zu der Handlung von innen kommen (intrinsische Motivation) oder wir erhalten von äußeren Faktoren den Antrieb dazu (extrinsische Motivation) – zum Beispiel, weil wir auf eine positive Beurteilung oder eine Gehaltserhöhung hoffen (vgl. Gabler Wirtschaftslexikon o. J.c, d).

Die Aussage oben kann auf die ethische Kategorie der bewusst gelebten Freude (Abschn. 2.6 Handlungsfeld 13) übertragen werden. Übrigens, es gibt einen Unterschied zwischen Zufriedenheit und Freude. Zufriedenheit ist ein positives Grundgefühl und eher auf Dauer. Hierfür kann es viele Ursachen geben: Zum Beispiel die Identifikation mit dem eigenen Berufsbild, das Arbeitsklima, die Selbstwirksamkeit oder Anerkennung (sozial- und leistungsbezogen). Freude hingegen ist eher kurzfristig. Sie ist ein spontanes positives Gefühl, z. B. nach einem gelungenen Arbeitsergebnis oder nach Anerkennung. Sie kann auf sich selbst bezogen sein oder auch im Zusammensein mit anderen. Das heißt also, es muss nicht zwangsläufig eine Übereinstimmung von Zufriedenheit und Freude geben. Freude ist an vielen kleinen Stellen möglich, wohingegen Zufriedenheit komplexer ist. Die Lebenszufriedenheit und das subjektive Wohlbefinden sind sehr persönliche Indikatoren, die beispielsweise abhängig sind von der finanziellen und gesundheitlichen Lage, den familiären bzw. sozialen Kontakten, der Wohnsituation, der subjektiven Einstellung oder dem beruflichen oder gesellschaftlichen Rahmen. Trotz dieser Unterschiede kann die Gestaltung vieler kleiner Momente der Freude jedoch insgesamt zu mehr Zufriedenheit führen. Freude darf nicht vernachlässigt werden, wenn es um die Motivation bei der Arbeit geht.

Was motiviert uns?

Geld allein macht nicht glücklich – das wissen wir nur zu gut. Eine gut bezahlte Stelle, die inhaltlich nicht erfüllt, macht langfristig unzufrieden. Umgekehrt gilt aber auch: Wer seinen Job gerne macht, aber dafür zu gering entlohnt wird, wird früher oder später ebenfalls unglücklich. In beiden Fällen sind wir kaum motiviert, bis zum gesetzlichen Rentenalter zu arbeiten und unser Bestes zu geben.

Es braucht ein Gleichgewicht in dem, was wir geben und erhalten, zwischen der Anstrengung und der Belohnung. Diese Belohnung kann materiell sein (Gehalt, Boni, Gratifikationen), aber auch immaterieller Lohn (hohes Ansehen, regelmäßiges Lob, Dankbarkeit) ist wichtig (vgl. Schröder-Kunz 2019).

Doch leider bleibt in der sich rasant wandelnden Arbeitswelt die Motivation öfters auf der Strecke: Wir erhalten zu wenig positives Feedback oder es fehlt die Zeit sich über die erzielten Erfolge zu freuen. Ständige Veränderungen überfordern, machen unsicher oder lassen keinen Sinn mehr erkennen (vgl. Schröder-Kunz 2019; INQA 2016).

Was können wir selbst für die eigene Motivation tun?

Für Gesundheit, Motivation und Kompetenz sind gewisse Rahmenbedingungen erforderlich. Dazu braucht es eine alter(n)sgerechte Unternehmens- und Arbeitskultur. Auch Führungskräfte spielen bei der Motivation eine zentrale Rolle. Doch auch wenn die Rahmenbedingungen nicht oder nicht ausreichend gegeben sind und sich jetzt nicht verändern lassen, können wir viel für unsere eigene Motivation tun.

Gerade im Älterwerden ist das wesentlich, denn viele Menschen möchten sich im späten Berufsleben nicht mehr umorientieren oder haben wenige Chancen auf dem Arbeitsmarkt. Letzteres wird sich allerdings in vielen Berufszweigen, in denen ein Fachkräftemangel besteht, ändern. Wir sollten uns immer wieder fragen, was wir tun können, um die letzten Jahre im Berufsleben motiviert zu verbringen und an vielen kleinen Stellschrauben ansetzen. Eine innere Kündigung in den letzten Jahren ist vor allen Dingen für den Betroffenen selbst ein nicht zu unterschätzendes Problem (vgl. MiaA o. J.).

Denkanstoß

Bevor wir weiter in das Thema einsteigen, überlegen Sie doch zunächst einmal, was die wichtigsten Punkte für Ihre persönliche Arbeitsmotivation sind.

Generationen im Blick

Die Zusammenarbeit mit einer anderen Generation kann motivieren und demotivieren. Können wir unsere Erfahrungen weitergeben? Wird uns Wertschätzung entgegengebracht? Begegnen wir den Jüngeren mit Interesse und Offenheit? Damit die Zusammenarbeit mit den Jüngeren für beide Seiten positiv erlebt wird, können wir Älteren einiges tun. Als Wissensgeber sollten wir beispielsweise immer wieder mit dem Wissensnehmer in das Gespräch kommen und gemeinsam Ideen entwickeln, wie der Lerninhalt am besten vermittelt wird. Wir können (uns) fragen: Hat mein „Schüler" den Inhalt verstanden? Welcher Lerntyp ist er (visuell, akustisch, haptisch oder kommunikativ). Welche Methode des Lernens liegt ihm am ehesten? Welche kleinen Hilfen können eingebaut werden? Ist er noch motiviert? Ist ein guter Ausgleich zwischen Theorie und Praxis gegeben? Was kann er sich selbst erarbeiten? Wie kann ich mit Fragen sein Verstehen und Selbsterarbeiten fördern? Durch diesen mitverantwortlichen Blick wird sich ein „Schüler" versanden fühlen, seinen „Lehrer" schätzen und den Lerninhalt motivierter aufnehmen.

Möchten Sie sich mehr Gedanken darüber machen, wie Sie Freude im Miteinander der Generationen gestalten können, dann lesen Sie Abschn. 3.1.3.

4.2.3.1   Bedürfnisse erkennen und verstehen

Arbeitszufriedenheit, Arbeitsfreude, Arbeitslust, Schaffenslust, Spaß an Leistung, Arbeitssinn ... all das und viele ähnliche Begriffe beschreiben ein positives Gefühl am Arbeitsplatz. Freude und Wohlbefinden bei der Arbeit sind wichtig und können aus vielfältigen Gründen entstehen. Und wir können sie Tag für Tag selbst fördern.

Die zentrale Frage der Selbstverantwortung lautet: Wer bin ich? Und: Was soll ich tun? Jeder Mensch hat seine eigenen Bedürfnisse und Motive (vgl. Abschn. 3.1.3 Bedürfnispyramide). Sie sind nicht nur individuell verschieden, sondern auch relativ stabil (vgl. Hennecke und Brandstätter 2016). Indem wir sie erkennen und verstehen, kommen wir einer Antwort auf diese Frage näher.

Einem Bedürfnis liegt ein Mangel zugrunde, der beseitigt werden soll (vgl. Gabler Wirtschaftslexikon o. J.a). Viele Grundbedürfnisse treffen auf alle Menschen zu. Dazu gehören bspw. Hunger oder Durst. Es gibt darüber hinaus aber auch ganz unterschiedliche Bedürfnisse, die bei uns Menschen unterschiedlich stark ausgeprägt sind. Dabei sind wir uns nicht immer bewusst, um welchen Mangel es sich handelt Dass sie nicht gestillt sind, macht sich dann z. B. durch Ärger oder Unmut bemerkbar.

Auch im Beruf und bei der Arbeit spielen Bedürfnisse eine Rolle. Sie hängen eng mit der Motivation zusammen. Was ist es, das uns motiviert, die Aufgaben in unserem Arbeitsalltag zu erledigen? Warum sind wir bestrebt, sie möglichst gut zu erledigen? Drei psychologische Bedürfnisse spielen hier eine wichtige Rolle: Es geht uns darum, die eigenen Fähigkeiten zu erleben (1); wir wollen sozial – und das heißt hier in unser Team – eingebunden sein (2); und wir suchen nach Selbstbestimmung (3) (vgl. Hennecke und Brandstätter 2016). In der Psychologie spricht man dabei von den drei Grundbedürfnissen der Selbstwirksamkeit, der Beziehung und der Autonomie. Diese Bedürfnisse können ganz unterschiedlich ausgeprägt sein; bei dem einen überwiegt dies, bei dem anderen jenes. Sie bilden aber einen Zusammenhang und gehen oft ineinander über.

Eine vollkommene Selbstbestimmung lässt sich im Berufsleben nur selten erreichen. Unser Handeln kann aber auch durch externe Faktoren motiviert sein. Wissenschaftler sprechen daher von intrinsischer und extrinsischer Motivation. Arbeiten wir, um Geld zu verdienen oder weil wir fürchten, sonst unseren Job zu verlieren, sind wir extrinsisch motiviert. Das schließt aber nicht aus, dass unsere inneren Normen, Werte und Ziele eine Rolle spielen. Halten wir die Ziele unseres Unternehmens für wichtig und erstrebenswert, sind wir bereit, auch freiwillig unangenehme Aufgaben zu übernehmen. Das hilft dabei, dass wir Situationen bestehen, in denen wir unzufrieden sind, weil die Motivation aus dem größeren Ganzen kommt. In unserem Berufsleben kommt es so meist zu einem Geflecht unterschiedlicher Motivationen. Um sie zu verstehen, sollten wir uns immer wieder Zeit nehmen, die eigenen Bedürfnisse, die hier eine Rolle spielen, aufzudecken und ernst zu nehmen – nur so können wir unserer Selbstverantwortung gerecht werden.

Denkanstoß

Möchten Sie mit Hilfe der folgenden Fragen einmal über die drei o. g. Bedürfnisse – Selbstwirksamkeit, Beziehung und Autonomie – nachdenken (Selbstverantwortung)? Wie nehmen Sie Ihre Kollegen hinsichtlich dieser Bedürfnisse wahr (Mitverantwortung)?

Haben Sie bei der Arbeit das Gefühl, dass Sie Ihre Fähigkeiten leben können? Wie wichtig ist Ihnen das? Wird Ihr Handeln von außen wahrgenommen und wertgeschätzt? Wird nicht nur Ihre Arbeit wertgeschätzt, sondern auch Sie als Mensch (Mehr Informationen hierzu finden Sie in Kap. 3)?

Inwieweit und an welcher Stelle können Sie bei der Arbeit Dinge selbst gestalten? Wie wichtig ist Ihnen selbstständiges Arbeiten? An welcher Stelle wird Ihr Bedürfnis befriedigt? Wo erleben Sie Hindernisse? Was können (müssen) Sie annehmen? Was können Sie eventuell verändern?

Wie erleben Sie Ihre Arbeitsbeziehungen? Erleben Sie sich als Team? Können Sie sich produktiv austauschen? Können Sie Ihre Erfahrungen weitergeben? Erhalten und geben Sie Wertschätzung im Zusammensein mit anderen? (Mehr Informationen hierzu finden Sie in Kap. 3.)

4.2.3.2 Motivation und Sinn finden

In Abschn. 2.1.2.1 hatten wir uns bereits mit der Veränderung von Sinn in der zweiten Lebenshälfte beschäftigt. Hier soll es nun um den Sinn im Arbeitsleben gehen, der für die Arbeitsmotivation von Bedeutung ist.

Jeder Mensch strebt danach, etwas Sinnvolles zu tun. Nur wenn wir das Gefühl haben, dass wir so handeln, wie es uns unsere inneren Werte und unser Gewissen vorgeben, empfinden wir unser Tun als sinnhaft (vgl. Reusche 2015). Und wer sein Tun als sinnhaft erlebt, ist motivierter als ein Mensch, der keinen tieferen Sinn in seinem Handeln sieht.

Sinn ist der Wert, den eine Sache – in diesem Fall die Arbeit – für jemanden persönlich hat. Doch wie wir die Frage nach dem Sinn beantworten, hängt ganz und gar von unserer Persönlichkeit und unseren Werten ab. Es gibt nicht *die eine* pauschale Antwort auf die Frage: Was ist sinnvoll? Hilfreich kann es sein, zunächst einmal unabhängig von der Arbeit darüber nachzudenken, woraus wir Sinn ganz allgemein ableiten (vgl. Abschn. 2.1.2.1).

Für viele Menschen gehört es zum Sinn des Lebens, Spuren zu hinterlassen. Ein offener Austausch darüber, worin das eigene Vermächtnis bestehen soll – sowohl im Unternehmen als auch in der Gesellschaft oder in der eigenen Familie – kann langfristig die intrinsische Motivation der Mitarbeiter fördern (vgl. Reusche 2015).

Sinn im Wertewandel der Arbeit
Beschäftigte aller Generationen erwarten mehr *Sinn* von ihrer Arbeit. Gerade die heute Jüngeren sind hier anspruchsvoller geworden und unterscheiden sich von den vorherigen Generationen. Materielle Werte wie Geld spielen eine eher untergeordnete Rolle, da die Grundbedürfnisse in der westlichen Welt bei vielen Menschen befriedigt sind. Werte wie Selbstverwirklichung oder das Ausleben der eigenen Talente gewinnen an Bedeutung. Auch die Vereinbarkeit von Berufs- und Privatleben wird immer wichtiger, ebenso der Wunsch nach Mitgestaltung und Einflussmöglichkeiten.

Aber auch Ältere hinterfragen nun häufiger den Sinn ihrer Arbeit, als sie das noch in ihren jungen Jahren getan haben. Ziele verändern sich im Laufe des Lebens und damit auch unser Sinnempfinden (vgl. Abschn. 2.1.2.1). Wenn die Ziele aus der Jugend erreicht oder verworfen wurden, wenn sich über die Jahre Routine bei spannenden Projekten oder interessanten Netzwerken eingeschlichen hat, dann stellt sich mancher die Frage: Was gibt mir das Berufsleben jetzt noch? Aber auch die Frage: Wie viel Zeit habe ich noch, um manche (privaten) Wünsche zu realisieren? Auch der schnelle Wandel der Arbeitswelt und die damit verbundenen häufigen Änderungen können dazu führen, dass sich unter den Älteren Demotivation und Müdigkeit einschleicht. Auch das Miteinander im Arbeitsleben hat auf unser Sinnempfinden und unsere Motivation wesentlichen Einfluss. Persönliche Kontakte und gemeinsame *sinn*-liche Erlebnisse gewinnen gerade neben der digitalen Kommunikation an Bedeutung. Sinn darf nicht nur in den Unternehmenszielen und in der Tätigkeit gefunden werden, sondern muss heute ganz besonders auch in der Entwicklung und dem Miteinander der arbeitenden Menschen gesehen werden (vgl. Kap. 3) (Schröder-Kunz 2019).

Exkurs: Was ist Glück? (Schröder-Kunz 2019)
Glück ist für uns Menschen sehr wichtig. Aber spielt es auch bei der Berufstätigkeit eine Rolle? Muss uns unsere Arbeit glücklich machen? Was ist Glück überhaupt? Philosophen haben sich dieser Frage immer wieder angenommen, so auch Wilhelm Schmid in seinem Essay „Glück und seine Bedeutung für die Wirtschaft" (Schmid 2013). Für Schmid ist es viel wichtiger, welche geistige Haltung wir gegenüber dem Leben einnehmen, als permanent nach Glück zu suchen. Glück ist ihm zufolge Ansichtssache – jeder muss selbst herausbekommen, was er darunter versteht. Unterscheiden lassen sich mit Schmid drei Arten des Glücks: das Zufallsglück, das Wohlfühlglück und das Glück der Fülle.

Das *Zufallsglück* hängt von zufällig auftretenden Umständen ab, die als positiv oder negativ empfunden werden. Statt von Zufallsglück könnte man auch schlicht von „Zufall" sprechen – manchmal kommt er uns ganz gelegen, manchmal eher nicht. Planen oder herbeiführen lässt sich ein solches Glück nicht. Allerdings dürften wir empfänglicher dafür sein, wenn wir uns für die Überraschungen des Lebens offen zeigen.

Mit *Wohlfühlglück* meint Schmid das, was wir landläufig unter „Glück" verstehen. In philosophischen Begriffen meint das die größtmögliche Lust und kein oder so wenig wie möglich Leid. Danach scheinen wir alle zu streben. Das ist aber nicht unproblematisch, wie Schmid zeigt. Wer krank ist oder in einer finanziellen Notlage steckt, kann demnach nicht rundum glücklich sein und wird damit von der Gemeinschaft der Glücklichen ausgeschlossen – mit Blick auf das Zufallsglück könnte man, wäre man zynisch, sagen: Pech gehabt. Zudem besteht die Gefahr von Glücksstress: Suchen wir ständig mit hohen Erwartungen nach dem Wohlfühlglück, finden es aber nicht oder nicht in dem Maße, in dem wir es uns wünschen, droht Enttäuschung. So gesehen wird, wer zu viel Glück vom Leben erwartet, zwangsläufig unglücklich. Wir müssen uns klarmachen, dass Glück nicht grenzenlos ist und Leid zum Leben dazugehört. Nicht alles kann schön und zufriedenstellend sein.

Wir sollten uns daher um das *Glück der Fülle* kümmern. Es „umfasst auch die andere Seite des Lebens, das Unangenehme, Schmerzliche und Negative, mit dem zurechtzukommen ist. Die Fülle kann nicht nur aus der positiven

Hälfte des Lebens bestehen. Von der anderen Hälfte kann niemand sich frei-
kaufen: Vor dem Glück der Fülle sind alle Menschen gleich." (Schmid 2013)
Tatsächlich wissen wir es ja: Jeder wird in seinem Leben auch negative
Erfahrungen machen. Im besten Fall hält sich das Leid in Grenzen. Es hängt
daher von unserer geistigen Haltung ab, wie stark wir das Glück erleben.
Wenn wir auch das Negative, das Schmerzhafte, das Leidvolle als Teil unseres
Lebens akzeptieren, wird uns dies deutlich besser gelingen.[3]

Das bedeutet keineswegs Pessimismus. Vielmehr erleben wir hierdurch größere Heiterkeit und Gelassenheit. Schmid versteht darunter eine „Grundstimmung des Einverstanden-Seins mit dem Leben in allen seinen Gegensätzen"
(Schmid 2013). Spürbar ist das also auch dann, wenn man traurig ist. Dem
Glück der Fülle sollten wir mehr Raum geben, weil das Negative keine Macht
über es hat. Von den drei Glücksarten ist es die einzige, die langfristig bleibt.

**Was hat all das mit Selbst- und Mitverantwortung im Arbeitsleben und
mit Motivation zu tun?**
Wichtig ist nicht, dass wir ständig das Glück suchen. Wichtig ist vielmehr die
geistige Haltung, die wir dem Leben gegenüber einnehmen. Und was allgemein gilt, gilt auch für das Arbeitsleben. Dahinter steht die Frage nach dem
Sinn in unserer beruflichen Tätigkeit. Sie wiederum gehört in den Bereich der
Selbstverantwortung.

Sie können Ihre Selbstverantwortung stärken, indem Sie folgende Fragen
als Anregung nutzen (Schröder-Kunz 2019):

- Wie erleben Sie sich selbst während Ihrer Arbeit?
- Wie und woran möchten Sie gerne (für Ihre persönliche Entwick-
  lung) arbeiten?
- Worin bestehen Ihre (internen und externen) Ressourcen? (Vgl.
  Abschn. 2.2.2.6)
- Wo können Sie Freude bewusst leben und gestalten?
- Wo und wie erleben Sie Unzufriedenheit und Belastungen? Wo finden Sie
  Raum, um diese Gefühle auszuleben bzw. ihnen freien Lauf zu lassen?
- Was können Sie verändern?
- Geben Ihnen Momente der Unzufriedenheit Impulse für Veränderungen?
- Was ist unabänderlich? Inwiefern sind Sie bereit, das Unveränderbare
  (jetzt) anzunehmen?

Sinn ist nicht nur durch das Tätigsein oder ein sinnvolles Produkt oder eine
sinnvolle Dienstleistung zu geben, sondern ganz besonders durch die eigene

---

[3] Das zeigt, wie wichtig das Handlungsfeld 13 ist (unabänderliches Leid bewusst annehmen, das im
Spannungsfeld von Freude und Leid gegeben ist) Abschn. 2.6.

Entwicklung. In der zweiten Lebenshälfte haben wir bereits viele Erfahrungen gesammelt, die wir jetzt für unsere persönliche reife Weiterentwicklung nutzen können (vgl. Abschn. 2.1.2). Das ergibt in höchstem Maße Sinn!

4.2.3.3 Arbeitszufriedenheit und Arbeitsfrust

Unsere Motivation ist eng mit unseren Gefühlen verbunden. Wir reagieren auf vieles emotional, teilweise ohne dass uns das bewusst ist. Ein negatives Gefühl stellt sich ein, wenn wir beispielsweise ein Ziel, das uns wichtig ist, nicht erreichen, weil uns etwas in die Quere kommt. Umgekehrt motiviert uns eine positive Emotion zum Handeln (vgl. Hennecke und Brandstätter 2016).

Arbeitszufriedenheit/Arbeitsfreude
Damit wir mit unserer Arbeit zufrieden sind, müssen mehrere Bedingungen gegeben sein (vgl. Schröder-Kunz 2019):

* Wir sind insgesamt zufriedener, wenn wir viele positive Aspekte an unserer Tätigkeit sehen. Denn dann können wir auch mal etwas nicht so Schönes akzeptieren.
* Was wünschen wir uns hinsichtlich unserer Arbeit und was ist tatsächlich gegeben? Ein gutes Verhältnis zwischen Wunsch-Zustand und Ist-Zustand wirkt sich positiv auf unsere Zufriedenheit aus. Wenn der Arbeitsalltag zu weit von dem Ideal entfernt ist, entsteht Unzufriedenheit.
* Die persönliche Bewertung der verschiedenen Aspekte ist für die Zufriedenheit entscheidend. Hier unterscheiden sich Menschen sehr stark. Was der eine mit Gelassenheit hinnimmt, ist für den anderen gleich eine Katastrophe.
* Auch die eigene Vorstellung von Arbeitsglück hat Einfluss auf unsere Arbeitszufriedenheit. Eine Langzeitstudie der Universität Harvard hat ergeben, dass glückliche Arbeitnehmer drei Kernziele anstreben: Exzellenz, Ethik und Engagement. Exzellenz hat mit unserem Erleben und Ausleben von unseren Fähigkeiten und Kompetenz zu tun. Ethik bezieht sich auf die soziale Verantwortung bei der Tätigkeit. Engagement bedeutet, dass man bei der Arbeit im richtigen Maß gefordert ist und in seinem Beruf aufgeht. (Coen, A. 2013)
* Im Älterwerden kann auch das bisher Erlebte Einfluss auf unsere Arbeitszufriedenheit haben. Ist eine starke Veränderung gegeben, die unseren positiven Erfahrungen von früher widerspricht, kann das demotivierend sein und auf unsere Arbeitszufriedenheit Einfluss haben.

Bei der Frage nach der Arbeitsfreude kommt es weniger darauf an, was man tut. Viel wichtiger ist es, mit welcher Einstellung man an die Arbeit herangeht. Es ist wichtig, einen Sinn in der eigenen Aufgabe zu finden, auch wenn zu jedem Job (vermeintlich) sinnlose oder unangenehme Aufgaben dazugehören (Schröder-Kunz 2019).

Das sagen Berufstätige 45+
Was motiviert Sie an Ihrer Arbeit? *„Ich bin in Veränderungsprozesse mit eingebunden und kann selber viel gestalten. Das gibt mir Motivation. Es hilft, wenn man einen Sinn in der eigenen Arbeit sieht, wenn man weiß, dass man irgendwas Sinnvolles geschaffen hat. Umgekehrt heißt das, dass die Sinnfrage häufig im Raume steht."*

Denkanstoß (vgl. Schröder-Kunz 2019)

Überlegen Sie, welche Aspekte der Arbeit Ihnen besonders Freude bereiten (würden). Tragen Sie die jeweiligen Punkte nach ihrer Gewichtigkeit in die Kreise ein. Das, was Ihnen besonders wichtig erscheint, kommt in die größeren Kreise, anderes, was Ihnen weniger wichtig ist, findet in den kleinen Kreisen Platz.

Markieren Sie im Anschluss diejenigen Punkte, die Sie aktuell bei Ihrer Tätigkeit gegeben sehen. Was fehlt Ihnen? Wie könnten andere Zufriedenheitsfaktoren zukünftig aktiviert werden?

Studien belegen, dass dankbare Menschen zufriedener und weniger gestresst sind. Nutzen Sie dieses Wissen und überlegen Sie, wofür Sie dankbar sind (vgl. Abschn. 2.4.5). Auch das kann motivieren.

Freude und Sinn kann auch gespürt werden, wenn man selbst in der eigenen Entwicklung vorankommt. Das kann übrigens auch durch psychische und soziale Herausforderung, also auch durch Konflikte, geschehen. Vielleicht möchten Sie einmal darüber nachdenken, wann in Ihrem (Arbeits-)Leben ein Konflikt letztlich Sinn gemacht hat, weil Sie bspw. anschließend konstruktiver miteinander arbeiten konnten.

Arbeitsfreude
(Quelle: Schröder-Kunz 2019)

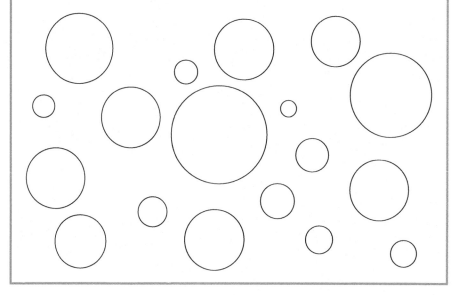

Im Folgenden finden Sie weitere Bedürfnisse, die während Ihrer Arbeit eine wichtige Rolle spielen können. Sich über die verschiedenen Aspekte Gedanken zu machen, kann vor dem nächsten Gespräch mit Ihrem Chef sinnvoll sein. So können Sie selbstverantwortliche Aspekte als Ich-Botschafter (Abschn. 3.1.3) erklären und gemeinsam nach Ideen suchen, wie Sie zukünftig motivierter arbeiten können. Die Fragen können Ihnen aber auch weiterhelfen, wenn Sie sich über einen Kollegen Gedanken machen und empathisch auf ihn zugehen möchten. Mit den folgenden Fragen und Unterfragen kommen Sie ihren Bedürfnissen und denen Ihrer Kollegen näher (Schröder-Kunz 2019).

Wie wichtig ist Ihnen (Selbstverantwortung) oder Ihren Kollegen (Mitverantwortung) …

- … das Bedürfnis, *Talente und individuelle Fähigkeiten zu leben*? Diesem Bedürfnis kommen Sie näher, indem Sie sich z. B. fragen:
  - „Welche Aufgabe(n) schätze ich an meiner Arbeit besonders?"
  - „Wo sind meine Talente oder Fähigkeiten?"
- … das Bedürfnis, *ein Werk zu schaffen*, also beispielsweise Ziele zu erreichen? Diesem Bedürfnis kommen Sie näher, indem Sie sich z. B. fragen:
  - „Welcher Teil eines Projekts macht mir besondere Freude: die Planung, die Ausführung oder der Abschluss?"
  - „Wie gehen ich damit um, wenn ein Projekt/eine Aufgabe unerwartet abgebrochen wird?"
- … das Bedürfnis nach *Erfolg*? Diesem Bedürfnis kommen Sie näher, indem Sie sich z. B. fragen:
  - „Wie wichtig ist es mir, ein Ziel zu erreichen?"
  - „Erhalte ich die entsprechende Anerkennung für meine Leistungen?"
- … das Bedürfnis nach *positiven Arbeitsbeziehungen*? Diesem Bedürfnis kommen Sie näher, indem Sie sich z. B. fragen:
  - „Wie wichtig ist mir der Austausch mit Kollegen?"
  - „Was macht für mich eine gute Zusammenarbeit aus?"
- … das Bedürfnis, *andere am eigenen Wissen teilhaben zu lassen*? Diesem Bedürfnis kommen Sie näher, indem Sie sich z. B. fragen:
  - „Geben ich meine Erfahrungen und mein Wissen gerne an andere weiter?"
  - „Welche Haltung wünsche ich mir dabei von meinem Gegenüber?"
- … das Bedürfnis nach *Selbstständigkeit*? Diesem Bedürfnis kommen Sie näher, indem Sie sich z. B. fragen:
  - „Arbeite ich lieber alleine oder im Team?"
  - „Schätze ich eher kreative Freiheit oder halte ich mich lieber an Vorgaben?"
- … das Bedürfnis nach *Work-Life-Balance*? Diesem Bedürfnis kommen Sie näher, indem Sie sich z. B. fragen:
  - „Wie wichtig sind mir familienfreundliche Arbeitszeiten?"
  - „Was zeichnet ein ausgewogenes Berufs- und Privatleben für mich aus?"

- … das Bedürfnis nach *Pausen*? Diesem Bedürfnis kommen Sie näher, indem Sie sich z. B. fragen:
  - „Wie erhole ich mich nach anstrengenden Aufgaben?"
  - „Kann ich mich nach Höchstleistungen ausreichend regenerieren?"
- … das Bedürfnis nach *Arbeitsfreude*? Diesem Bedürfnis kommen Sie näher, indem Sie sich z. B. fragen:
  - „Wie gehe ich mit Routineaufgaben um?"
  - „Wann macht mir die Arbeit besonderen Spaß?"
  - „Was bereitet mir an der Zusammenarbeit mit meinen Kollegen besondere Freude?"
- … das Bedürfnis, *sich weiterzuentwickeln und zu lernen*? Diesem Bedürfnis kommen Sie näher, indem Sie sich z. B. fragen:
  - „Wie stelle ich mir mein berufliches Leben in ein paar Jahren vor?"
  - „Möchte ich gerne mehr Fortbildungen besuchen?" „Was hält mich ggf. davon ab?"
  - „Wie lernen ich am besten?" (vgl. Abschn. 4.2.1)
  - „Was lerne ich bei meiner täglichen Arbeit?"
  - „Wie kann ich in meiner Arbeit die 14 Handlungsfelder der Verantwortung leben und mich dabei entwickeln?" (vgl. Abschn. 2.6)

Ursachen für geringe Motivation

Sind Sie nicht mehr ausreichend motiviert? Dafür kann es verschiedene Gründe geben. Sie können innerlich begründet oder durch äußere Rahmenbedingungen gegeben sein. Zu möglichen *inneren Ursachen* für mangelnde Motivation zählen unter anderem: zu hohe Erwartungen, mangelnde Flexibilität, Angst vor Neuem, fehlendes Vertrauen in die eigenen Fähigkeiten, fehlende Bereitschaft für konstruktive Kritik und veränderte Lebensziele bzw. eine veränderte Lebenssituation.

Äußere Ursachen bzw. Rahmenbedingungen, die die Motivation einschränken, sind beispielsweise: schnelle Veränderungen (z. B. Digitalisierung), Über- oder Unterforderung/Mehrarbeit, Differenz zwischen Bedürfnissen und Aufgaben/Rahmenbedingungen, Konflikte oder schlechtes Arbeitsklima, Langeweile oder Routine, Umstrukturierungen oder Veränderung von Rahmenbedingungen (in Verbindung mit mangelnder Transparenz), Wertewandel oder –verfall, fehlender Sinn, falsche Anreizsysteme, mangelnde Kommunikation, fehlende Perspektiven oder zu hohe Erwartungen von außen.

Wer langfristig nicht motiviert ist, ist oft frustriert, zeigt ein geringes berufliches Engagement, hat möglicherweise innerlich bereits gekündigt und leidet unter Umständen sogar an psychosomatischen Erkrankungen.

Wie können Selbst- und Mitverantwortung helfen, um die Ursachen für Demotivation zu bekämpfen? In seiner Selbstverantwortung kann der Mensch reflektieren, weshalb er unzufrieden und demotiviert ist. Wenn er sich bewusst ist, woran es hapert, kann er entweder an seiner Einstellung arbeiten (sofern die äußeren Umstände unabänderlich sind) oder aktiv werden und die Ursachen beheben. In der Mitverantwortung können Sie auch Ihre Kollegen dabei unterstützen (Schröder-Kunz 2019).

Sind wir motiviert und zufrieden mit unserer Arbeit, so muss das nicht immer so bleiben. Veränderungen im Berufsleben, aber auch im persönlichen Bereich können dazu führen, dass beides nachlässt. In meinen Gesprächen mit Berufstätigen in der zweiten Lebenshälfte kommen manche Aspekte immer wieder als Ursache für eine mangelnde Motivation zum Vorschein: Beklagt wird eine fehlende Wertschätzung, aber auch, dass sich Bekanntes wiederholt („immer das Gleiche") oder dass man übergangen wird und Jüngere teils interessantere Aufgaben erhalten. Auch Umstrukturierungen können zu einer gewissen Übermüdung führen oder der Sinn von Maßnahmen wird nicht erkannt. Manchmal ist es die Angst vor Neuem, manchmal sind es eher die fehlenden Herausforderungen und Perspektiven. Des Weiteren wird eine fehlende Kritikfähigkeit genannt oder dass Erfahrung und Wissen nicht abgerufen werden. Teils ist das Arbeitsklima schlecht, die Anreizsysteme werden als falsch empfunden oder man nimmt einen Werteverfall wahr.

Denkanstoß

Um in einer unbefriedigenden Situation die eigene Motivation zu unterstützen, haben die Teilnehmer meiner Seminare einige Lösungsschritte genannt. Möchten auch Sie sich über Ihre Motivation Gedanken machen und überlegen, was für Sie hilfreich ist? Dann lesen Sie die folgende Liste durch und ergänzen Sie sie um eigene Vorschläge.

- Erreichbare (Zwischen-)Ziele setzen
- Pausen machen (Sauerstoff tanken, Bewegung)
- Nach Hintergründen von Veränderungen fragen und produktives Im-Gespräch-bleiben
- Engagement im Betrieb (Betriebsrat, Vertrauensmann etc.)
- Die schwersten Aufgaben zuerst angehen, wenn man morgens besonders produktiv arbeitet
- Auf die eigenen Ressourcen besinnen
- Suche nach einem Ausgleich durch „Wohlfühl-Aufgaben"
- Sich in die Position anderer (Kollegen, Vorgesetzte) hineinversetzen
- Sinn der Arbeit/des Produktes/der Kontakte anschauen
- Erfolg und Zufriedenheit mit Ergebnis bewusst machen
- Fehlerkultur üben und pflegen
- Eigene effektive Arbeitsorganisation pflegen
- Sich weiterentwickeln und lernen (Möglichkeit zur Weiterbildung suchen und nutzen)
- Möglichkeit suchen, das eigene Wissen weiterzugeben (Generativität)
- Positive Arbeitsbeziehungen pflegen
- Arbeitsfreude und Humor pflegen
- …

In den Kap. 2 und 3 finden Sie verschiedene Anregungen, wie Sie die o. g. Vorschläge realisieren können.

Arbeitsumgebung gestalten – der Raum, in dem wir leben und arbeiten
Die meisten Berufstätigen verbringen rund acht Stunden am Tag an ihrem Arbeitsplatz. Es leuchtet daher ein, dass man sich in diesem Lebensraum wohlfühlen möchte. Was das jeweils heißt, kann ganz unterschiedlich sein. Der eine benötigt Sauberkeit und Ordnung, der andere lässt gerne auch mal fünf gerade sein. Da sich auch Zimmernachbarn oder Kollegen, die regelmäßig vorbeikommen, wohlfühlen sollten, ist ein gewisses Maß an Ordnung und Sauberkeit geboten. Motivierend kann auch die individuelle Gestaltung des Arbeitsplatzes sein. Gerade Pflanzen verbessern das Raumklima. Studien belegen, dass sich Menschen, die vier oder mehr Stunden täglich am Bildschirm arbeiten, mit Pflanzen in ihrer direkten Umgebung wohler fühlen. Auch Licht und Farben gehören zu den weichen Faktoren im Berufsalltag.

Die Motivation zur Arbeit kann also in der zweiten Lebenshälfte durch kleine Raumveränderungen gefördert werden. Dazu zählt es auch, den Arbeitsplatz ergonomisch zu gestalten. Den Schreibtischstuhl ein paar Zentimeter höher stellen oder den Bildschirm ein wenig nach hinten schieben – testen Sie, was Ihnen guttut.

Denkanstoß

Möchten Sie sich mit der Gestaltung Ihres Arbeitsplatzes beschäftigen und etwas ändern? Was könnte Ihr Wohlbefinden am Arbeitsplatz fördern?

• Welche Farben wirken auf Sie angenehm und wie können Sie sie z. B. als Farbbild oder als Wandfarbe in Ihren Arbeitsraum bringen? Rot soll helfen Entscheidungen zu treffen, Sonnengelb motivieren und Blau das Denken fördern. Grün kann als Ausgleich wirken, wenn Sie während Ihrer Arbeit viel auf den Bildschirm schauen.
• Möchten Sie Pflanzen und grüne Frische in Ihre Arbeitsumgebung bringen? 40–70 % Luftfeuchtigkeit im Büro sind optimal. Pflanzen wie Zimmerlinde oder Zyperngras, die fast ihr gesamtes Gießwasser wieder abgeben, fördern das. Zudem filtern sie Staub und Giftstoffe aus der Luft und gestalten den Raum lebendig.
• Das „grüne Büro" kann aber auch noch weiter gefasst werden, indem auf Mülltrennung und Umweltschutz geachtet wird.
• Gibt es weise Worte oder schöne Sprüche, die Ihnen guttun? Möchten Sie sie so in Ihrem Arbeitsraum platzieren, dass sie Ihnen immer wieder ins Auge fallen?

- Welche Frische und Lebendigkeit können und möchten Sie außerdem an Ihren Arbeitsplatz bringen? Einen Blumenstrauß? Eine Schale mit buntem Obst?
- Wie sieht es mit der Ordnung an Ihrem Arbeitsplatz aus? Sind Sie jemand, der sich eher am chaotischen Schreibtisch konzentrieren kann oder benötigen Sie klare Ordnung? Bedenken Sie auch, dass es für Ihre Kollegen angenehm sein sollte, wenn sie Ihr Zimmer betreten oder Sie sich den Arbeitsraum teilen. Es benötigt auch hier Kompromissbereitschaft, damit sich alle wohlfühlen und motiviert zusammenarbeiten können.

Belastung und Überlastung

Viele Menschen erleben Arbeit als Sinnquelle und als Belastung zugleich. Psychische *Be*lastung ist aber nicht gleichbedeutend mit psychischer *Über*lastung. Eine (zeitweilige) Belastung muss nicht zwangsläufig negative Folgen haben. Sie kann auch dazu führen, dass sich ein Mensch weiterentwickelt oder dazu angeregt wird, etwas Neues auszuprobieren. Manche Menschen laufen auch erst unter Druck zu Höchstform auf. Andere wiederum reagieren auf die gleiche Belastung mit Erschöpfung oder Stress. Wie psychische Belastung wirkt, hängt unter anderem davon ab, über welche Ressourcen der Mensch verfügt, um sie zu bewältigen. Einen Überblick über verschiedene Ressourcen, die sich im Laufe des Lebens verändern können, finden Sie in Abschn. 2.2.2.6 Abb. 2.2 (Schröder-Kunz 2019).

Denkanstoß

Welche der in Abschn. 2.2.2.6, Abb. 2.2 genannten Ressourcen stehen Ihnen zur Verfügung? Wie helfen sie Ihnen dabei, mit Belastung am Arbeitsplatz umzugehen? Welche Ressourcen können oder wollen Sie ausbauen?

Selbst- und mitverantwortliche Menschen sind im Wandel der Arbeitswelt immer wieder gefordert, sich mit dem Thema psychischer Fehlbelastung auseinanderzusetzen und präventive Wege für sich selbst oder andere zu gehen. Durch das Nachdenken über Stress und Stressbewältigung können die individuellen Ressourcen gestärkt werden. (Mehr Informationen dazu finden Sie in Abschn. 4.2.2.2.) (Schröder-Kunz 2019). Auch in Unternehmen und Organisationen sollte ein entsprechendes Bewusstsein gegeben sein. Ein gutes betriebliches Gesundheitsmanagement (BGM) bildet die Basis für einen gesunden Umgang mit Belastung und arbeitet präventiv.

Belastungen und Überlastung brauchen Ausgleich. Der kann gerade in schönen Momenten und in der Freude erlebt werden. Das Thema Freude ist für Beschäftigte in der zweiten Lebenshälfte wichtig, wie die Gespräche in meinen Seminaren immer wieder zeigen (vgl. Abschn. 2.6 Handlungsfeld 13).

Denkanstoß

Welche Möglichkeiten sehen Sie, den Blick auf freudvolle Momente innerhalb Ihrer Arbeit auszuweiten (Tätigkeit, Beziehungen, Ausstattung, gutes Essen in der Kantine, finanzielle Absicherung ...)? Welche Ihrer Fähigkeiten können Sie in Ihrer Arbeit verwirklichen und dadurch Freude empfinden? Diese Frage kann auch ganz allgemein in den Blick genommen werden: Wie wollen wir mehr Freude in unser Leben bringen? Und wollen wir das überhaupt? Welche Gründe gibt es dafür (vgl. Abschn. 2.4.5)? Kennen wir sie, können wir uns bewusst dafür entscheiden und ab sofort etwas dafür tun. Freude und Dankbarkeit kann im Alltag in kleinen Dingen gesucht, gefunden und gelebt werden.

Wenn Sie Ihre Arbeit schon lange ausführen oder die ständigen Veränderungen als anstrengend wahrnehmen und hinterfragen, wollen Sie vielleicht selbst wieder zu mehr Motivation finden. Mögliche Schritte haben Sie auf den vorangegangenen Seiten kennengelernt. Studien zeigen, dass für langjährige Berufstätige zunehmend der wertschätzende Umgang und die Weitergabe von Erfahrungswissen wichtig werden. Achten Sie daher auf eine gute Kommunikation, beispielsweise auf ein aktives Zuhören (Abschn. 3.1.3). Auch die Weitergabe von Wissen und Erfahrungen können Sie gestalten (Abschn. 4.2.1). Jeder kann für sich selbst an zufriedenen Momenten arbeiten und sich diese bewusst machen. Auch wenn Ihnen das nur in kleinen Schritten gelingt, tun Sie etwas für sich selbst – und für Ihr berufliches Umfeld.

4.3   Arbeiten bis 67 plus?

Ist es möglich, bis 60, 67 oder sogar darüber hinaus zu arbeiten? In Abschn. 4.2 haben Sie erfahren, was Sie für Ihre Motivation, Gesundheit und Kompetenz im späten Berufsleben tun können, aber auch, dass die entsprechenden Rahmenbedingungen gegeben sein müssen.

In der Beantwortung der Fragen, wie lange müssen, können und wollen wir arbeiten, gilt es immer wieder, verschiedenste Aspekte und ganz besonders den Einzelnen zu betrachten.

Zum Ende des Berufslebens wird es darum gehen, wie wir unser Wissen und unsere Erfahrungen weitergeben können, wie wir loslassen und Abschied nehmen können. Aber auch die Vorbereitung auf den Ruhestand ist von Bedeutung.

Frühzeitig sollten Gewinne und Verluste in den Blick genommen werden, um zu hohe Erwartungen und damit verbundene Enttäuschungen zu vermeiden. Eine Aufgabe haben und Arbeit wird auch noch nach der Arbeit (Beruf) von Bedeutung sein. Der Übergang in den Ruhestand ist ein komplexes und weites Themenfeld, das hier nur in ersten Ansätzen vorgestellt werden kann.

4.3.1 Das Ende des Berufslebens gestalten

Arbeiten bis 67!?
Wie lange wollen, können oder müssen wir arbeiten? Das ist eine Frage, die viele von uns beschäftigt. Übrigens auch die Jüngeren.

Fachkräfte fehlen bereits an vielen Stellen. Wollen wir unseren Wohlstand wie bisher aufrechterhalten, müssen Lösungen für die fehlenden Kräfte gefunden werden. Denn wer soll die anstehende Arbeit tun? Denken wir nur an die medizinische Versorgung unserer älterwerdenden Gesellschaft. Antworten finden sich unter anderem dadurch, dass Ältere länger arbeiten und im Berufsleben gehalten werden. Damit das gelingt, müssen Gesundheit, Kompetenz und Motivation der älteren Berufstätigen neu in den Blick genommen werden. Organisationen und Unternehmen sind gefordert, passende Rahmenbedingungen zu schaffen und dabei den Einzelnen mit seinen individuellen Möglichkeiten nicht aus dem Blick zu verlieren. Auch Führungskräften muss hierfür das notwendige Wissen vermittelt, aber auch die erforderliche Zeit gegeben werden (Schröder-Kunz 2019). Zudem sind die Älteren selbst gefordert, ihr Arbeiten unter die Lupe zu nehmen und zu überlegen, wie sie mit Belastungen umgehen und Ausgleich finden können (vgl. Abschn. 4.2.2.1).

Wie lange müssen wir arbeiten? (rechtliche Situation)
Das Renteneintrittsalter wird wieder stufenweise angehoben. Durch das Gesetz zur Anpassung der Regelaltersgrenze an die demografische Entwicklung und zur Stärkung der Finanzierungsgrundlagen der gesetzlichen Rentenversicherung wird die Regelaltersgrenze seit 2012 bis zum Jahr 2029 stufenweise vom 65. auf das 67. Lebensjahr angehoben (BMAS 2017). „Für alle nach 1963 Geborenen gilt die Regelaltersgrenze von 67 Jahren. Für alle vor 1947 Geborenen verbleibt es bei der Regelaltersgrenze von 65 Jahren. Neben der Regelaltersrente darf unbeschränkt hinzuverdient werden." (BMAS 2017) Versicherte, die mindestens 45 Jahre mit Pflichtbeiträgen für eine versicherte Beschäftigung oder Tätigkeit und Pflege sowie Zeiten der Kindererziehung bis zum zehnten Lebensjahr des Kindes zurückgelegt haben, können weiterhin ab Vollendung des 65. Lebensjahres eine abschlagsfreie Altersrente beanspruchen (BMAS 2017). Weitere Festlegungen für langjährig Versicherte, Menschen mit Behinderungen, Arbeitslosigkeit,

Arbeitsteilzeit oder Frauen können unter https://www.bmas.de/DE/Themen/
Rente/Gesetzliche-Rentenversicherung/altersrenten.html eingesehen werden.

Die Änderungen machen deutlich, dass Gesetze zur Rente immer wieder
korrigiert werden. Wie lange wir dann wirklich arbeiten können bzw. müssen,
ist nicht auf unbestimmte Zeit festgelegt. Die gesetzlichen Regelungen können sich weiter verändern. Im Rahmen des demografischen Wandels wird es
sicherlich in den nächsten Jahren noch Diskussionen (und auch Anpassungen)
diesbezüglich geben.

Denkanstoß

Was halten Sie von Altersgrenzen? Mit welchen Argumenten würden Sie das
Renteneintrittsalter festlegen? Denken Sie dabei auch an die Herausforderungen
des demografischen Wandels. Was muss jeder Einzelne dafür tun?

Wie lange können wir gut arbeiten? (Gesundheit und Kompetenz)

Die höhere Lebenserwartung der Bevölkerung in Deutschland geht mit einem
verbesserten Gesundheitszustand der Menschen einher. Statistiken zufolge ist
keine oder nur eine Erkrankung bei 47 Prozent der 58- bis 69-Jährigen gegeben. Sieben Prozent haben über fünf oder mehr Erkrankungen. Dieser Trend
wird sich laut WHO (World Health Organisation) für Deutschland weiter
fortsetzen. (BMAS 2013). Eine längere Lebensarbeitszeit ist danach für die
meisten Erwerbstätigen im Hinblick auf ihre Gesundheit durchaus möglich.
Allerdings müssen auch die Rahmenbedingungen im Unternehmen stimmen
und die individuellen Belastungen überprüft werden. Zudem gibt es viele
Berufsgruppen, bei denen die Regelaltersgrenze kein realistisches Ziel darstellt,
zum Beispiel bei Berufen mit hohen körperlichen Belastungen. Hier empfiehlt
es sich, soweit möglich, rechtzeitig das Tätigkeits- bzw. Berufsfeld zu verändern
(BMAS 2013). Einen anderen Arbeitsplatz innerhalb oder außerhalb des
Unternehmens zu finden, der dann aber auch wirklich zu dem Einzelnen passt,
ist sicher oftmals eine große Herausforderung. Hier sind vielfache
Anstrengungen und kreative Lösungen für horizontale Karrieren gefordert.

Damit gute Arbeit bis zum 67. Lebensjahr oder darüber hinaus möglich ist, müssen
die Arbeitsbedingungen für ältere Beschäftigte angepasst werden. Dazu gehören
auch eine ganzheitliche Gesundheitsprävention und ein erweiterter Blick auf
Lernen und Entwicklung. Durch Verantwortungsschulungen kann die Eigeninitiative
gefördert und Gestaltungsmöglichkeiten aufgezeigt werden. Ziel muss es sein, dass
Berufstätige bis zum Renteneintrittsalter gesund, motiviert und ihren Fähigkeiten
entsprechend arbeiten können. Ältere Berufstätige können so in ihrer Selbst- und
Mitverantwortung zu kreativen und zufriedenstellenden Lösungen finden.

Aber nicht nur die Gesundheit ist ausschlaggebend dafür, wie lange wir gut arbeiten können, sondern auch die Kompetenz. Denn schließlich geht es darum, die anfallenden Aufgaben mit der notwendigen Qualifikation zu lösen. Bei neuen Aufgaben oder Veränderungen sollten Mitarbeiter jeden Alters entsprechend ihren Lernbedürfnissen unterstützt werden. Fortbildungsangebote müssen dabei altersentsprechend angeboten werden (vgl. Abschn. 4.2.1). Die intellektuellen Herausforderungen in unserer Informations- und Wissensgesellschaft werden in vielen Bereichen weiter ansteigen. Lebenslanges Lernen (vgl. Abschn. 4.2.1) ist dabei von Bedeutung. Dazu benötigt es geistige und körperliche Gesundheit. Das erfordert teilweise sehr persönliche und individuelle Maßnahmen, denn eine Beurteilung der Lernfähigkeit, Kreativität und Fähigkeit zur Informationsaufnahme ist aufgrund des kalendarischen Alters kaum möglich. Aber auch hier ist wieder jeder Einzelne gefordert, sich die Offenheit für Veränderungen zu bewahren und lebenslanges Lernen als Chance zu begreifen. Insgesamt ist es entscheidend, Chancengleichheit auch im Alter herzustellen, um Erwerbstätigkeit und gesellschaftliche Arbeit auch in späten Lebensjahren zu ermöglichen. Im Idealfall werden Lernangebote gemeinsam entwickelt und an die individuellen Lernmöglichkeiten angepasst.

Um sich im Beruf geistig fit zu halten und die grauen Zellen zu stärken, kann man viel tun. In Abschn. 2.4.2 (Kompetenz) finden Sie viele Anregungen hierfür.

Denkanstoß

Fühlen Sie sich gesund und kompetent genug, um bis 67 Jahre Ihrer Arbeit nachzugehen?

Welche körperlichen Belastungen sind gegeben? Wie können Sie selbst Ausgleich für die Belastungen schaffen? (vgl. Abschn. 2.4.1 und 4.2.2.1)

Inwiefern sind die geistigen Herausforderungen gestiegen? Was brauchen Sie, um diesen gewachsen zu sein? Wo können Sie sich gegebenenfalls Hilfe holen? Welche Fortbildungen sind für Sie sinnvoll? Gibt es in Ihrem Beruf die Möglichkeit, direkt am Arbeitsplatz zu lernen und zu üben (Learning by Doing)? Können Sie hierzu mit Ihrem Vorgesetzten ins Gespräch kommen? Signalisieren Sie Offenheit dafür, dass Sie Interesse an den Erneuerungen haben und bereit sind zu lernen.

Wie lange wollen wir arbeiten? (Motivation)

Doch wer ist bereit länger zu arbeiten, wenn er sich ein Leben lang darauf eingestellt hat, mit 62 oder spätestens 65 Jahren in den Ruhestand zu gehen und sich auf die neue Freizeit gefreut hat. Wer ist bereit länger zu arbeiten, wenn im

Privatleben viele Aufgaben auf ihn warten (z. B. Unterstützung von Enkeln oder hochbetagten Eltern, Freiwilligenengagement)? Wer ist bereit länger zu arbeiten, wenn die Arbeit immer anstrengender wird oder kaum noch Freude bereitet? Diese Fragen machen es deutlich: Die Rahmenbedingungen für Berufstätige, die in Zukunft länger arbeiten sollen, müssen angepasst werden. Über die Motivation in und durch die Arbeit muss wieder verstärkt nachgedacht werden. Neben den Gestaltungsmöglichkeiten (vgl. Abschn. 4.1 Gestaltungsfelder der alter(n)sgerechten Arbeit), die von den Unternehmen und Organisationen in den Blick zu nehmen sind, sollte jeder Einzelne seine Motivation betrachten. Denn schließlich soll Arbeit Freude bereiten.

Die individuellen Möglichkeiten und Wünsche für längeres Arbeiten sind sehr verschieden. Längeres Arbeiten darf nicht als lästige Pflicht verstanden werden, nur weil es volkswirtschaftlich nötig ist. Längeres Arbeiten sollte als etwas Positives verstanden werden. Nach aktuellen Umfragen zeigt sich, dass ältere Arbeitnehmer vielfach die positiven Aspekte in den Blick nehmen: Arbeit bedeutet Wertschätzung und Sinnstiftung zugleich Zudem schafft sie oftmals vielfältige soziale Kontakte. Durch unsere Arbeit können wir Verantwortung übernehmen und uns aktiv einbringen. Doch auch wenn Arbeit viele positive Facetten hat, ist oftmals der Wunsch nach Entlastung durch weniger Arbeitsstunden oder weniger Projekten gegeben (Schröder-Kunz 2016). Berufliche Belastungen sowie die individuellen Ressourcen spielen dabei eine wichtige Rolle. D. h., auch die aktuelle Lebensphase beeinflusst die Motivation. Dabei sind Anforderungen und Belastungen im Privatleben sowie Gesundheit und Kompetenz am Arbeitsplatz von Bedeutung.

Wenn Sie mehr über Ihre Motivation am Arbeitsplatz nachdenken möchten, lesen Sie Abschn. 4.2.3. Hier finden Sie verschiedene Denkanstöße und Übungen. Überlegen Sie aber auch, welche Gewinne und Verluste beim Übergang in den Ruhestand gegeben sind (vgl. Abschn. 4.3.4). Oftmals führen nämlich zu hohe Erwartungen und einseitige Positivbilder über den Ruhestand dazu, dass Ältere zu früh aus dem Berufsleben ausscheiden und ihre Entscheidung im Nachgang bereuen.

Unser Empfinden in Zusammenhang mit Arbeit ist in vielerlei Hinsicht mit gesellschaftlichen Normen verbunden (Bundesministeriums für Familie, Senioren, Frauen und Jugend 2000, Alterssurvey). Das betrifft auch die Akzeptanz und Wertschätzung von Menschen, die über das Berufsleben hinaus arbeiten. Sowohl in der Selbst- als auch der Mitverantwortung sollten wir zunehmend berücksichtigen, was Arbeit für den Einzelnen bedeutet, welche Möglichkeiten ihm gegeben sind und was er dementsprechend gerne leistet. Ein Stück weit muss man sich dazu von den herrschenden Normen lösen. Der Blick auf den Einzelnen und die Entfernung von gesellschaftlichen Zwängen ist in einer

Gesellschaft des langen Lebens als auch der Herausforderungen des demografischen Wandels zunehmend von Bedeutung. Das betrifft aber auch schon die Zeit vor dem Ruhestand. Aufgrund der hohen Heterogenität älterer Arbeitnehmer sollten Altersgrenzen an vielen Stellen hinterfragt werden. Betriebe und Beschäftigte sind hier gleichermaßen gefordert. Vielfältige Anstrengungen, kreative Überlegungen, aber auch Kompromissbereitschaft sind notwendig.

Denkanstoß

Können Sie sich vorstellen, länger zu arbeiten als Ihr bisher ausgerechnetes Renteneintrittsalter? Was würde Sie motivieren? Was müsste geschehen, dass Sie sich physisch und psychisch dazu in der Lage fühlen? Woran müssten Sie persönlich arbeiten und welche Rahmenbedingungen müssten durch das Unternehmen gegeben sein?

4.3.2 Erfahrungen und Wissen weitergeben

Erfahrungs- und Wissensaustausch ist für das gute Leben und Arbeiten zentral. Besonders am Ende des Berufslebens gewinnt es an Bedeutung. Wir wissen jetzt schon: Wenn die Babyboomer und angrenzenden Generationen in den nächsten zehn bis fünfzehn Jahren in den Ruhestand gehen, wird eine große Wissenslücke entstehen. Daher gilt es den noch vorhandenen Erfahrungsschatz so gut wie möglich in den Organisationen zu halten bzw. weiterzugeben. Zudem ist es für zahlreiche ältere Berufstätige ein Anliegen, ihr Erfahrungswissen weiterzugeben. Aber auch die Jüngeren greifen oftmals gerne auf das Wissen der älteren Kollegen zurück, z. B. bei mangelnden Erfahrungen. Und nicht zuletzt ist es oft das Erfahrungswissen, das für den erfolgreichen Abschluss einer Aufgabe verantwortlich ist.

Bei der Erfahrungs- und Wissensweitergabe handelt es sich besonders um das erfahrungsgeleitete, das sogenannte implizite Wissen der Mitarbeiter. Dazu zählen beispielsweise das Produkt-, Prozess- und das spezielle Kundenwissen (Kontakte, Eigenheiten, Ansprechpartner usw.).

Wissenstransfer und Erfahrungsaustausch gelingt, wenn Interesse und Offenheit für den anderen und seine Fähigkeiten gegeben sind. Jeder kann von jedem lernen! Das sollte die Grundhaltung sein. Vorurteile, z. B. gegenüber einer anderen Generation, können überwunden werden. Der Austausch sollte in einer Arbeitsatmosphäre gegeben sein, in der Wissen ohne Angst (z. B. vor Arbeitsplatzverlust oder vor Konkurrenz) weitergegeben werden kann und Fehler akzeptiert und nicht bestraft werden (vgl. Frerichs 2013; Schröder-Kunz 2016). Auch die Lernbedürfnisse (vgl. Abschn. 4.2.1) der Mitarbeiter müssen berücksichtigt werden.

Expertenwissen unterliegt heute mehr denn je einem steten Wandel. Besonders im Bereich von Informations- und Kommunikationstechnologien ist *lebenslanges Lernen* ein wichtiger Bestandteil der täglichen Arbeit. Durch diese gesellschaftlichen Veränderungen in der Arbeitswelt sollte auch die Einstellung zur Wissensweitergabe neu überdacht werden. Es ist keinesfalls eine Schwäche, auf fremdes Wissen angewiesen zu sein: Wenn in einem intergenerationellen Projekt beispielsweise ein jüngerer Beschäftigter seine IT-Kenntnisse und sein älterer Kollege das erforderliche praktische Anwendungswissen einbringt, können Ergebnisse entstehen, die kein einzelner Mitarbeiter in dieser Form liefern könnte.

Wie sollte Wissen weitergegeben werden?
Das Potenzial und der Wunsch älterer Berufstätiger, ihre Erfahrungen und ihr Wissen weiterzugeben (Generativität), stößt oft auf die Frage des WIE? Dabei sind verschiedene Faktoren von Bedeutung. So zum Beispiel die Grundhaltung zwischen dem Wissen-Gebenden und Wissen-Nehmenden. Generell gilt: Beide Seiten können voneinander lernen. Ihre innere Haltung zueinander sollte der „Brücke zwischen den Generationen" (Abschn. 3.2.3.2) entsprechen.

Eine Standardlösung für den Wissens- und Erfahrungstransfer gibt es nicht. Hilfreich kann die Publikation „Fachkräfte sichern – Wissens- und Erfahrungstransfer" (BMWi 2012a) sein, in der Theorie und Praxis beleuchtet werden. Praxistipps, Checklisten und Ansprechpartner werden genannt.

Auf einer persönlichen Ebene lassen sich Wissen und Erfahrung zum Beispiel in altersgemischten Teams weitergeben. Hierbei bewältigen ältere und jüngere Mitarbeiter gemeinsam Aufgaben und können so voneinander lernen. Dieses Prinzip nutzen auch sogenannte Lerntandems: In einem begrenzten Zeitraum wird eine gemeinsame Aufgabe von Wissensnehmer und Wissensgeber erledigt und das generierte Wissen schriftlich dokumentiert. Eine weitere Möglichkeit besteht im Mentoring, das die Begleitung einer unerfahrenen Fachkraft (Mentee) durch einen erfahrenen Mitarbeiter (Mentor) vorsieht, sodass fachliche aber auch persönliche Fragen zur Arbeit und zum Unternehmen beantwortet werden können.

Neben persönlichem Wissens- und Erfahrungstransfer können Verzeichnisse und Wissensdatenbanken angelegt werden. Zum Beispiel durch unternehmensinterne „Gelbe Seiten", welche die Erfahrungen, Kompetenzen und Kontaktdaten von Mitarbeitern in einem Profil zusammenfassen, damit alle Kollegen leicht die richtigen Ansprechpartner finden können. Auch moderne Technologie kann dafür eingesetzt werden, zum Beispiel in Form eines Wikis, einer Wissensdatenbank, welche von Mitarbeitern selbst mit relevanten Informationen gefüllt wird. Auch eine Sammlung häufiger Fragen (Frequently

Asked Questions oder FAQs) mit den entsprechenden Antworten ist in manchen Bereichen sinnvoll. Die Pflege dieser Datenbanken kann aufwendig sein. Die Kommunikation in Bezug auf die Notwendigkeit sollte den Mitarbeitern als wertvolle Grundlage für diese Arbeit gegeben sein. Für all diese Maßnahmen muss aber laut BMWi „eine hohe Wertschätzung der Beschäftigten als Wissensträger" und „eine Unternehmenskultur [herrschen], die es erlaubt, das eigene Wissen frei von Ängsten (z. B. Angst um Verlust des Arbeitsplatzes, Angst vor Konkurrenz) weiterzugeben sowie ein positiver Umgang mit Fehlern, der keine ‚Bestrafung' vorsieht, wenn bei der Vermittlung von Wissen und Erfahrungen Pannen ‚auftreten'".

Dabei ist es von zentraler Bedeutung, dass das Wissen und die Erfahrung von Älteren nicht mit erhobenem Zeigefinger weitergegeben werden. Wenn Sie als erfahrener Mitarbeiter öfters in die Situation des Lehrenden kommen (z. B. die Betreuung von Auszubildenden), überlegen Sie immer wieder, wie Ihr „jüngerer Schüler" die Inhalte gut versteht und motiviert bleibt. Dabei kann es auch hilfreich sein, auf den Lerntyp (Abschn. 4.2.1) zu achten. Welche Methode des Lernens liegt ihm am ehesten? Welche kleinen Hilfen können eingebaut werden? Kommen Sie dazu ins Gespräch und entwickeln Sie gemeinsame Ideen, wie Sie den Lerninhalt am besten vermitteln. Holen Sie sich gegebenenfalls Hilfe, um ein „guter Lehrer" und Lernbegleiter zu werden.

Das sagen Berufstätige 45+
„Ich finde, die Jüngeren heute sind prima. Natürlich kann man auch die Jüngeren nicht über einen Kamm scheren. Aber wenn man versucht, die Eigenheiten des Einzelnen ein bisschen zu verstehen, dann klappt das Zusammenarbeiten auch immer wieder. Letztlich wollen die, die hier frisch ankommen, ja auch lernen und ihre Sache gut machen. Aber man muss sie auch da abholen, wo sie gerade stehen."

Denkanstoß

Geben Sie Ihr Wissen bzw. Ihre Erfahrung gerne weiter, wenn es gewünscht wird? Was bereitet Ihnen daran Freude?

Nachfolgeplanung

Manches Mal findet die klassische Einarbeitung nicht so statt wie gewünscht und eine gemeinsame Zeit, um das Wissen und die Erfahrungen persönlich weiterzugeben, erfolgt gar nicht oder zu kurz. Die Gründe hierzu sind vielfältig (z. B. finanzielle Ressourcen, unterschiedliche Ansichten bzgl. der

Notwendigkeit, mangelnde Auswahl an geeigneter Nachbesetzung). Für Menschen, die bald in Rente gehen, kann dies eine belastende Situation sein. Wird die eigene Arbeit für wichtig erachtet, dann ist in der Regel auch der Wunsch vorhanden, dass sie gut weiter geführt wird. Tagtäglich kümmert man sich um Problemlösungen und setzt sich aktiv dafür ein, dass das Produkt eine hohe Qualität hat, dass der Kunde zufrieden ist etc. Wer soll das nun machen? Auch wenn im Beruf niemand unersetzlich ist, so ist die Sorge um die Nachfolge nur zu verständlich. Auch hier gilt es für die Betroffenen, eine gute Selbstverantwortung zu pflegen (vgl. Abschn. 2.5). Aber auch ein Gefühl der Mitverantwortung kann zum Tragen kommen: Wie werden die Kollegen belastet sein, wenn sie meine Aufgaben noch zusätzlich übertragen bekommen? Wie gehe ich mit meiner Sorge und den damit verbundenen Belastung um? Was kann ich ändern? Was muss ich als gegeben annehmen? Welche innere Einstellung, welche Gespräche helfen mir, bringen mich weiter? Wie kann ich für Entspannung sorgen? Wen habe ich bezüglich meiner Bedenken und der möglichen Gefahren – wenn keine passende Nachfolge gegeben ist – informiert?

Tipp

Eine Standardlösung gibt es nicht. Für die Auseinandersetzung mit Ihrer spezifischen Situation kann weiterführende Literatur hilfreich sein:

- Fachkräfte sichern – Laufbahn- und Nachfolgeplanung (heilbronn.ihk.de/ximages/1461458_handlungse.pdf)

Hier wird u. a. dargestellt, wie Sie bei der Nachfolgeplanung vorgehen. Zudem werden Praxistipps und Ansprechpartner genannt.

Lebenswissen weitergeben

Doch nicht nur fachgebundenes Wissen älterer Arbeitnehmer kann für das Unternehmen wertvoll sein. Auch deren Lebenswissen stellt häufig eine große Bereicherung in der Arbeitswelt da.

Während jüngere Mitarbeiter tendenziell eher über technologisches, produkt- und prozessspezifisches Wissen verfügen, können erfahrene ältere Mitarbeiter eher auf intensives Erfahrungswissen zurückgreifen. Dieses unterschiedliche Wissen gilt es im Unternehmen zu halten, nutzbar zu machen und konstruktiv zusammenzuführen. Wissen kann also von Jung nach Alt und von Alt nach Jung übertragen werden (vgl. Frerichs 2013).

Ältere können ihr reiches Erfahrungswissen und den guten Überblick über ein Arbeitsgebiet vielfältig einsetzen und haben Stärken, die mit dem Alter zunehmen: z. B. Sozialkompetenz oder die Fähigkeit von kreativen Handlungsstrategien. Das gesammelte Lebenswissen der älteren Generation lässt sich nach fünf Merkmalen gliedern, welche in ihrer höchsten Ausprägung „Weisheit" (vgl. Abschn. 2.1.2.3) genannt werden:

- Wissen in Bezug auf die eigene Person und über die Welt (reiches Faktenwissen)
- Die Fähigkeit, mit schwierigen Lebensproblemen umzugehen und sinnvolle Strategien zu entwickeln (reiches Strategiewissen)
- Wissen, dass Lebensprobleme in zeitliche und lebensweltliche Zusammenhänge eingebettet sind (Lebensspannenkontextualismus)
- Wissen, dass Werte und Ziele relativ sind. Dabei werden diese nicht generell infrage gestellt (Relativismus)
- Die Fähigkeit, mit Unsicherheiten und Ungewissheiten des Lebens umzugehen (Ungewissheiten)

Denkanstoß

Wie können Sie mit Ihrem sozialen Wissen anderen unter die Arme greifen?
Welche Ideen haben Sie, um verschiedene Potenziale von sich und ihren Kollegen konstruktiv zusammenzuführen?
Inwiefern können sich die Generationen gegenseitig unterstützen bzw. Hilfe annehmen?
Welche Ideen haben Sie, um Generationenkonflikte zu vermeiden oder aufzulösen?

In meinen Seminaren äußern sich die Teilnehmer vielfach zum Thema Wissens- und Erfahrungsweitergabe. Im Folgenden finden Sie einige Beispiele. Würden Sie die genannten Punkte auch nennen? Was würden Sie ergänzen?

Das sagen Berufstätige 45 +
Was können Ihrer Meinung nach ältere Mitarbeiter weitergeben? *„Erfahrung",* *„Ruhe", „Humor", „Prioritäten setzen", „Umsicht und Weitsicht", „Das Wesentliche erkennen", „Klarheit", „Offenheit", „Auch das Unschöne benennen können", „Realismus", „Loyalität", „Stärke in unruhigen und unsicheren Zeiten", „Wissen zum Unternehmen: Wir haben es mit aufgebaut", „Gelassenheit", „Man weiß mehr, als festgehalten ist: feines und tiefes Wissen", „Wichtig sind auch die kleinen Dienstwege: Wo erhalte ich welches Wissen recht schnell?"*

Möchten Sie etwas hinzufügen?

Das sagen Berufstätige 45+
Was verhindert einen guten Wissenstransfer? *„Unruhe", „mangelnde Identifikation mit der Arbeit oder der Abteilung", „mangelndes Vertrauen", „mangelnde Zeit", „zu wenig personelle Ressourcen", „wechselnde Strategien", „wenn der Ältere nicht offen ist für die Bedürfnisse der Jüngeren"*

Möchten Sie etwas hinzufügen?

Das sagen Berufstätige 45+
Wie soll Wissen und Erfahrung weitergegeben werden? *„junge Mitarbeiter mitnehmen", „ nicht als Besserwisser", „man muss die Jüngeren auch mal allein machen lassen", „die Jungen dürfen auch Fehler machen", „junge Mitarbeiter dürfen zeigen, wie man es besser macht", „unterstützen", „nicht mit dem erhobenen Zeigefinger", „offen blieben für die Vorschläge der Jüngeren"*

Möchten Sie etwas hinzufügen?

4.3.3 Den Abschied organisieren

Eben stecken wir noch mitten im Arbeitsleben. Und dann ist von einem auf den anderen Tag Schluss damit. Was gehört eigentlich alles zu einem Abschied? Die Unterlagen sortieren? Das Büro aufräumen? Eine Abschiedsfeier? Letzte gute Worte? In meinen Seminaren zum Übergang in den Ruhestand erlebe ich immer wieder, dass die Wünsche und Vorstellungen meist sehr verschieden sind. Im Folgenden haben Sie die Gelegenheit, sich mit Ihren persönlichen Bedürfnissen ein wenig auseinanderzusetzen.

Das sagen Berufstätige 45+
„Die ganze Zeit war ich gelassen, was den Ruhestand angeht. Aber seit Kurzem werde ich unruhiger. Es geht um einen neuen Lebensabschnitt. Wie es dann wohl wirklich ist? Also das beschäftigt einen, ob man will oder nicht."

Warum ist Abschied überhaupt wichtig?
Je näher der Stichtag rückt, desto zahlreicher werden die Abschiedsvorkehrungen: letzte Projekte, das Einarbeiten eines neuen Kollegen oder das Aufbrauchen von Urlaubstagen. Der Arbeitsplatz wird aufgeräumt, Unterlagen sortiert und übergeben. Vielleicht wird eine Abschiedsfeier geplant und über ein paar Worte, die zum Abschied gesagt werden sollen, nachgedacht. In den

letzten Tagen werden meist Abschiedsnachrichten verschickt und zu guter Letzt werden Telefon und E-Mail umgestellt.

Unser langes Berufsleben wird im Rückblick immer ein wichtiger Teil unseres Lebens sein. Unsere Erinnerungen und damit verbundenen Gefühle und Gedanken werden bewusst oder unbewusst immer wieder hochkommen. Schließlich gehört das Berufsleben bei den meisten Menschen zu einer besonders langen Lebensphase.

Abschiede gibt es zahlreiche in unserem Leben. Auch der Abschied vom Berufsleben wird wichtig sein, denn je bewusster wir uns verabschieden, desto eher wird uns auch noch in der Rentenzeit der positive Rückblick und ein Gefühl der Dankbarkeit gelingen. Durch unsere Erinnerungen bleibt unser Berufsleben immer ein Teil unserer Identität. Es gehört zu uns und unserem Leben dazu. Zudem können wir durch bewusstes Verabschieden ein Gefühl für ‚das Neue‘ erhalten und erleichtern uns damit den Übergang.

Denkanstoß

Um sich auf Ihren ganz persönlichen Abschied vorzubereiten, können die folgenden Fragen und die Ergänzung der Sätze hilfreich sein:
Wie stellen Sie sich einen guten Ausstieg aus dem Berufsleben vor?

- Ich möchte mein Wissen und meine Erfahrungen weitergeben. Dabei sind meine Erfahrungen in folgenden Bereichen von Bedeutung …
- Es ist mir wichtig, die guten Momente meines Berufslebens nochmal bewusst zu machen. Besonders dankbar bin ich für: …
- Es ist mir wichtig meine Bürounterlagen strukturiert und ordentlich weiterzugeben. Hierfür muss ich noch Folgendes tun: …
- Ich brauche einen Nachfolger. Er sollte mich … (bitte Zeitraum angeben) begleiten.
- Ich möchte mich jetzt schon aus gewissen Arbeitsbereichen zurückziehen und meinem Nachfolger die Aufgaben überlassen. Dabei denke ich besonders an folgende Aufgaben …

Was fällt Ihnen sonst noch in Bezug auf die Gestaltung eines guten Ausstiegs ein?

Loslassen

Der eine freut sich auf den Ruhestand. Der andere spürt: Das Loslassen fällt mir schwer. Und da gibt es vieles, was losgelassen werden muss: Kollegen, interessante Aufgaben, Arbeitsräume etc. All das wird man bald nicht mehr in der gewohnten Weise sehen und erleben.

Loslassen bedeutet nicht „Fallenlassen", sondern vielmehr gilt es, sich von dem äußerlichen Rahmen und den Alltagsroutinen zu lösen und z. B. neue spannende Aufgaben selbst zu gestalten. Auch den Kontakt zu Arbeitskollegen kann man pflegen, indem man Treffen plant, soweit das von den Beteiligten gewünscht wird.

Menschen, denen das Loslassen schwerfällt, können kleine Abschiedsrituale helfen. Machen Sie sich während Ihrer Arbeit ab und an bewusst, dass es so ein letztes Mal oder bald nicht mehr geschieht. Dabei können die verschiedensten Gefühle hochkommen: Von *nochmal genießen* bis *schon ein bisschen Wehmut* verspüren. Von Dankbarkeit über Erleichterung, von Noch-einmal-richtig-engagiert-anpacken bis hin zu leisem Rückzug. Dabei gibt es kein Richtig oder Falsch.

Manchmal ist es auch hilfreich zu überlegen, wo man an anderer Stelle im Leben schon einmal etwas losgelassen hat und was dabei geholfen hat.

Denkanstoß

Wo mussten Sie in Ihrem Leben schon einmal etwas loslassen, was Ihnen zu Anfang schwerfiel? Wie haben Sie die Situation bewältigt? Was kann Ihnen beim Übergang in den Ruhestand helfen? Was können Sie jetzt schon angehen?

Worte finden

Ein Artikel zum Ruhestand „Herr Vahl hört auf" (Ahr 2015) hat mich vor einigen Jahren darauf aufmerksam gemacht, dass viele Floskeln und Sprüche – manche davon nicht ernst gemeint – zum Abschied gesagt werden: „Na, der letzter Gang?", „Mach's gut!", „Das ist aber schade!", „Na, keine Lust noch zu bleiben?", „Kriegst du jetzt eigentlich den Seniorenteller im Restaurant?", „Komm mal wieder vorbei!", „Man sieht sich." Das wirft die Frage auf, was man den Älteren im Betrieb *Wahrhaftiges* zum Abschied sagen kann – und auch, was man selbst sagen will. Herr Vahl hat seinen Kollegen über viele Jahre jeden Tag um sich gehabt. Wahrscheinlich wird er sie vermissen. Das sagt er ihnen jedoch nicht. Er sagt nur: „Ja, wir sehen uns." Es sind in der Regel Halbwahrheiten, die man sich und anderen erzählt, wenn man seine Abteilung und den Beruf nach vielen Jahren verlässt. Zum Abschied gehören auch die Worte. Was will man den zurückbleibenden Kollegen noch sagen, was der Leitungsebene mitteilen und wie will man gerne in Erinnerung bleiben? Das sind viele Fragen, über die man sich Gedanken machen kann. Dabei ist es hilfreich, die Erwartungen nicht zu hoch zu schrauben. Menschen, die aus dem Berufsleben aussteigen, haben in der Regel schon einige Abschiede von Kollegen mitbekommen. Hierdurch kann in der Regel ein Gespür dafür entstehen, was man selbst für passend hält und was vermieden werden sollte.

> **Denkanstoß**
>
> Wie stellen Sie sich einen guten Abschied aus dem Berufsleben vor? Welche Worte finden Sie dabei passend?

Die letzten Tage im Beruf sollten in einem angenehmen Rahmen stattfinden. Man sollte sich daher nicht zu übermäßiger Kritik, Abrechnungen oder anderen negativen Stimmungen hinreißen lassen, denn das eigene Unwohlsein überträgt sich auch auf die bleibenden Kollegen. Es gilt, das Gute im Schlechten zu finden, wenn dies nötig ist: Auch wenn es zum Schluss nicht zu aller Zufriedenheit verlief, hat man vielleicht andere Zeiten erlebt, an die man gerne zurückdenkt. Belastungen und Krisen gehören auch zum Berufsleben dazu. Und: Nie war ein Berufsleben nur schlecht. Wenn es gelingt, dass die letzten Tage im Zeichen der Dankbarkeit, der Gemeinschaft und des Rückblicks auf besondere Taten und die eigene Produktivität betrachtet werden, kann das für alle Seiten bereichernd sein (vgl. Hildebrandt-Woeckel 2007). Dabei kann auch die Veränderung der Arbeitswelt und damit verbunden der Organisation und des Arbeitsplatzes in den Blick genommen werden. Abschied und Neubeginn kann von vielen Seiten betrachtet werden.

> **Denkanstoß**
>
> Wie möchten Sie den Abschied von der Abteilung oder einzelnen Menschen gestalten?
> Hierbei können folgende Fragen hilfreich sein:
> - An welche Situationen oder Projekte mit Mitarbeitern oder Kollegen erinnern Sie sich gerne? Wofür sind Sie dankbar?
> - Gibt es jemanden, von dem Sie sich ganz besonders verabschieden möchten? Was könnten angemessene Worte sein? Was möchten Sie der Person mit auf den Weg geben?
> - Welche Ideen oder konkreten Aktivitäten fallen Ihnen für den Abschied ein? In welchem Rahmen könnte ein Abschiedsfest gefeiert werden? Wen möchten Sie hierzu einladen?

4.3.4 Was kommt nach der Pensionierung?

Lebensplanung ist nicht immer einfach und oftmals kommt doch wieder alles anders, als man denkt. Aber gerade für die nachberufliche Lebensphase gewinnt die Vorbereitung an Bedeutung.

Da der Übertritt in die Rente eine bedeutsame Wende im späteren Leben darstellt, ist es wichtig, die Veränderungen in den Blick zu nehmen. Nicht nur die Gewinne, sondern auch die Verluste sind bewusst zu machen, damit die Erwartungen nicht zu hoch geschraubt werden. Dadurch werden die neuen

Möglichkeiten und Freiheiten in der nachberuflichen Lebensphase selbstverantwortlicher gestaltet. Auch die gegebene Mitverantwortung für das nahe
und ferne Umfeld ist nicht aus dem Blick zu verlieren. Vier Schwerpunkte
sind nun wichtig: Körper und Geist fit halten, soziale Kontakte pflegen und
gestalten und zudem eine Aufgabe zu haben. Denkanstöße hierzu finden Sie
in den Abschn. 2.4 und 4.2.2. Neben der Aktivität ist auch immer wieder auf
die notwendige Ruhe zu achten (vgl. Abschn. 2.4.1 und 4.2.2.2).

> Das sagen Berufstätige 45+
> „Ich denke schon, dass man den Tagesablauf gestalten muss. Nicht einfach so
> reinleben wie im Urlaub: ‚Komme ich jetzt nicht, komme ich morgen.' Das
> kann man mal machen, aber nicht auf Dauer."

Bewusstsein zu Gewinnen und Verlusten
Vielfach wird nur über die Gewinne und die freie Zeit im Ruhestand gesprochen. Das Positivbild zum Ruhestand in unserer Gesellschaft kann aber dazu
führen, dass die Erwartungen zu hoch geschraubt werden und dadurch enttäuscht werden. Schließlich handelt es sich und eine Lebensphase, die 20 bis
40 Jahre dauern kann.

In einer Studie wurden Beschäftigte in der Aktiv- und Passivphase der
Altersteilzeit im Hinblick auf ihre Zufriedenheit befragt. Herauskam, dass es häufig
zu Fehleinschätzungen kommt und Prognosefehler im Hinblick auf die nachberuf-
liche Lebensphase gemacht wurden. 20–30 % der Befragten sind mit ihrem
Ruhestand unzufrieden (Haubl 2015). Dabei kann auch von einer gewissen
Dunkelziffer ausgegangen werden, da die Rente gemeinhin als überaus positive
Lebensphase in der Gesellschaft betrachtet wird und gegenteilige Äußerungen als
Scheitern gedeutet werden könnten. Die Vorfreude auf den Ruhestand wird offen-
sichtlich bei einigen Menschen enttäuscht. Einige Befragte in der Passivphase der
Altersteilzeit konnten sich sogar vorstellen, unter veränderten Arbeitsbedingungen
(kürzere Arbeitszeit, befristetes Projekt) wieder in das Unternehmen einzusteigen.

Als wichtigste Faktoren für einen negativen oder positiven Verlauf des
Übergangs in den Ruhestand werden der Gesundheitszustand, das Einkommen, die Freiwilligkeit der Berufsaufgabe sowie private Lebensumstände
genannt (Wolf 2006).

Die selbst- und mitverantwortliche Gestaltung der nachberuflichen
Lebensphase bedeutet, sich selbst als ganze Person in den Blick zu nehmen und
die möglichen Gewinne (z. B. Belastungen durch das Erwerbsleben wie zeitliche
und hierarchische Zwänge fallen weg, mehr selbstbestimmte Zeit) und Verluste
(z. B. weniger Einkommen, weniger soziale Einbindung, weniger Strukturierung
des Alltags, Verlust der beruflichen Stellung, Verluste in Bezug auf die biografische Identität und Kontinuität) zu betrachten und sich rechtzeitig Gedanken zu
machen, wo man das eine oder andere vielleicht durch Neues ersetzen kann.

Dazu gehört der Blick auf den Wert der eigenen Arbeit: Was bereitet mir besondere Freude an meiner Arbeit? Wo und wie kann ich meine Fähigkeiten leben? Wo erlebe ich wertvolle Kontakte? Welche Erfolge sind für mich wichtig? An welcher Stelle ist mein Beruf geistig anregend für mich? Dies sind nur einige Fragen, die darauf hinweisen können, wo und wie Verluste erfahren werden. Selbstverständlich können sie auch neben Belastungen des Berufes gegeben sein. Manche Werte der Arbeit können möglicherweise auf andere Weise in der nachberuflichen Lebensphase gelebt und gestaltet werden. Die folgenden Seiten sollen Ihnen hierzu Anregungen geben.

Menschen, die noch aktiv und gesund sind, brauchen nicht nur Beschäftigung, sondern auch Herausforderungen. Ohne dieses „Training" geschieht nicht nur Abbau, sondern es besteht auch die Gefahr, dass die eigene Arbeitswelt von „damals …" idealisiert wird, ebenso das eigene damalige Können. Menschen, die nicht mehr aktiv im Arbeitsleben stehen, sollten sich bewusst machen, dass sich die Zeit im Allgemeinen und das Arbeitsleben im Speziellen verändern. Durch aktive Teilhabe und Interesse an Veränderungen kann auch noch im Ruhestand ein Verständnis für die „neue" Arbeitswelt entwickelt werden.

Arbeit bzw. Tätigsein ist nach wie vor wichtig: Entscheidend ist aber das Maß an Fremdbestimmung und die Aspekte der Arbeit, die mit „erfolgreichem" Altern verbunden sind. Denn Studien zeigen, dass Menschen in der Passivphase oder später ihre Entscheidung für Altersteilzeit häufig revidieren („Ich hätte gerne länger gearbeitet"), weil sie den Verlust von Wohlbefinden, Sinnstiftung und soziale Einbindung durch die Arbeit erleben. Ist die Lösung ein erneuter Einstieg in die Berufstätigkeit? Manche Rentner wünschen sich eine Arbeit in reduzierter Form und mit mehr Freiheitsgraden. Also: Arbeit ist wichtig, aber das Wie ist ebenso wichtig! Eine Möglichkeit, diesem Dilemma im Ruhestand zu begegnen, besteht u.a. in sozialem Engagement (siehe unten: Eine Aufgabe frei wählen).

Und trotzdem „Ruhe"stand!

Bei all den o. g. Punkten soll nicht vergessen werden, dass auch die Ruhe neben der gesunden Aktivität gepflegt werden soll. Ruhe, Stille, Entspannung, Nichtstun, Gelassenheit … all das sind wertvolle Momente und Eigenschaften, welche in jeder Lebensphase ihren Raum erhalten sollten. Besonders aber im „Ruhe"stand. In den vorangegangenen Kapiteln wurden bereits Erläuterungen zu Pausen, Achtsamkeit, Gelassenheit und Entspannung gegeben. All dies ist wichtiger Ausgleich zur Aktivität. Zudem ist das „Nachsinnen" über das bisher gelebte Leben ein wichtiger Quell für die Entwicklung im Alter und besonders für das hohe Alter von Bedeutung.

Das sagen Berufstätige 45+

„Selbstverantwortung bedeutet für mich auch immer, dass ich mir Zeiten schaffe, wo ich mich ausruhen kann."

In Abschn. 4.2.2.4 wurde aufgezeigt, dass Arbeit und Tätigsein mit vielen positiven Werten verbunden ist. Z. B.: geistiges Training, soziale Kontakte, sich „gebraucht" fühlen, individuelle Fähigkeiten leben oder die Möglichkeit, sein Wissen und die eigenen Erfahrungen weiterzugeben. Daher ist es sinnvoll – soweit gesundheitlich möglich – Ausschau nach einer Tätigkeit zu halten, in der man diese Aspekte erleben und spüren kann. Hierfür eignen sich beispielsweise Freiwilligenengagements, Minijobs, sonstige nachberufliche Tätigkeit (z. B. Selbstständigkeit), Hobbys oder Unterstützung der Familie.

Denkanstoß

Sprechen Sie doch einmal mit älteren Menschen, die nicht mehr im Berufsleben sind. Fragen Sie nach: Was hat Ihnen das Berufsleben gegeben? Was vermissen Sie? Was haben Sie besonders gerne gemacht? Bestimmt wird ein interessantes Gespräch entstehen, aus dem Sie auch für sich selbst Wertvolles rausziehen können.

Denkanstoß

Zur Vorbereitung auf die nachberufliche Lebensphase machen Sie sich doch einmal Gedanken darüber, welche Art des Tätigseins Ihnen Freude bereitet. Zum Beispiel Haushalt, Garten, Schreiben, Experimentieren, Organisieren, kreativ sein, Rechnen, Kochen, Lesen, Handwerken, Nähen oder anderes. Vielleicht finden Sie hierdurch Anregungen für eine nachberufliche Arbeit, in der Sie neue Herausforderungen finden. Manchmal ist es auch gut, wenn diese mit gewissen Verpflichtungen (das kann z. B. in einem Ehrenamt gegeben sein) verbunden sind. Als „Spezialist Ihres eigenen Lebens" wissen Sie selbst, was für Sie am besten ist. Halten Sie jetzt schon – während Sie im Berufsleben sind – die Augen offen.

Weiter berufstätig sein?

Immer mehr Menschen beschäftigen sich damit, ob Sie auch noch nach dem „offiziellen" Berufsleben weiterarbeiten wollen (oder müssen). Die finanzielle Situation, aber auch die persönlichen Interessen können dafür entscheidend sein. In Deutschland hat sich unter den 65- bis 68-Jährigen der Anteil in den vergangenen 10 Jahren mehr als verdoppelt. Selbstständige sind unter den älteren Arbeitenden besonders oft betroffen. Ihr Grund: Spaß an der Arbeit. Dass Arbeit für das menschliche Leben einen wichtigen Stellenwert einnimmt, und warum, wurde in Abschn. 4.2.2.4 beleuchtet.

Auch der Rückblick von hochbetagten Menschen zeigt: Auch noch nach vielen Jahren wird dem vergangenen Berufsleben ein hoher Stellenwert beigemessen. Ältere berichten gerne von den spannenden Aufgaben und den Lösungen, die man bei der Arbeit gefunden hat. Gerne erinnern sie sich daran, dass sie gefragt und gebraucht wurden. Ältere, mit denen ich spreche, berichten manches Mal mit Wehmut, dass sie sich heute nicht mehr gebraucht fühlen. Sie vermissen das Tätigsein, die Freude beim Schaffen, den Erfolg bei der Arbeit, die Kollegen und die Teilhabe, das Mitten-im-Leben-stehen und vieles mehr. Auch Hochbetagte mit körperlichen Einschränkungen würden ihr Wissen gerne weitergeben. Und auch während der Gespräche mit Menschen mit Demenz habe ich immer wieder erlebt, wie Schaffenskraft und der Wunsch zu helfen oder etwas Sinnvolles zu tun von großer Bedeutung war.

Nicht zuletzt aus den Bedürfnissen der Hochbetagten können wir schließen, dass der Wert der Arbeit und des Tätigseins nicht zu unterschätzen ist. Jeder „Neu-Ruheständler" sollte sich daher überlegen welche Aufgaben ihn auch noch in der nachberuflichen Lebensphase Freude bereiten können und wie sich diese in sein Leben integrieren lassen.

Im „Ruhe"stand noch arbeiten? Ist das für Sie vorstellbar? Im folgenden Denkanstoß finden Sie einige Überlegungen, welche Menschen zur Weiterarbeit oder zur Aufnahme einer neuen Arbeit motivieren.

Denkanstoß

Unabhängig von finanziellen Vorteilen, was würde Ihrer Meinung nach für Sie persönlich für ein verlängertes Arbeitsleben sprechen? Dabei könnte es sich auch um die Aufnahme einer neuen Arbeit (evtl. mit reduzierten Stunden) nach Ihren persönlichen Vorstellungen handeln.

- Ich möchte einfach so lange wie möglich gerne mit reduzierten Stunden. Ich habe immer sehr gerne gearbeitet.
- Ich brauche den Kontakt mit verschiedenen Menschen.
- Ich will mir noch einen alten Kindheitstraum erfüllen und mit etwas ganz Neuem anfangen.
- Mir gefällt der Status berufstätig zu sein.
- Ich brauche Herausforderungen.
- Ich will aktiv bleiben.
- Ich möchte auf das Fachgebiet (in dem ich bisher beruflich tätig war) nicht verzichten.
- Spannende Projekte in Verbindung mit interessanten Kontakten sind für mich wertvoll.
- Ich möchte Verantwortung tragen.
- Ich möchte etwas bewegen.
- Ich möchte weiterhin einen geregelten Tagesablauf haben. Hierfür benötige ich Aufgaben und gewisse Pflichten.
- Reisen, Sport und Hobbys reichen mir nicht aus. Ich will gebraucht werden.
- Ich habe von vielen Ruheständlern gehört, dass sie in der Rente nicht ausgefüllt sind. Das soll mir nicht passieren.
- Ich fühle mich noch sehr aktiv und kann mir nicht vorstellen, *nur* Rentner zu sein.
- Ganz in Rente gehen, das wäre für meine Partnerschaft nicht gut. Dann würden wir zu viel Zeit miteinander verbringen.
- Die Wahrscheinlichkeit, dass ich noch viele Jahre gesund lebe, ist groß. Deshalb will ich noch etwas länger aktiv im Berufsleben bleiben. Zeit zum wirklichen *Ruhe*stand bleibt wahrscheinlich noch genug.
- Ich will aktiv an der Gesellschaft teilhaben.

Was fällt Ihnen ergänzend ein?

Berufstätige in Deutschland entscheiden sich immer häufiger dafür, auch nach dem üblichen Renteneintrittsalter weiterzuarbeiten. Dabei spielt nicht immer das Einkommen die entscheidende Rolle, denn auch der Anteil der Gutverdiener ist hoch. In Schweden und Großbritannien sind die Erwerbstätigkeitsquoten in der Altersgruppe zwischen 65 und 74 Jahren nahezu doppelt so hoch wie in Deutschland. Die Freude am Beruf ist häufig ausschlaggebend für die Entscheidung.

Denkanstoß

Können Sie sich vorstellen, im Ruhestand zu arbeiten? Welche Arbeit könnten Sie sich vorstellen? Wie müsste die Arbeit gestaltet sein, die Sie interessieren würde? Welche Rahmenbedingungen (Zeit, Ort etc.) müssten gegeben sein?

Eine Aufgabe frei wählen (Ehrenamt)

Freiwilliges Engagement ist für viele Menschen mit zahlreichen Fragen belegt: Warum sollte ich mich engagieren? Kann ich das überhaupt? Was muss ich dafür tun? Was gibt es für Möglichkeiten?

Die Gründe für Freiwilligenengagement sind vielfältig. Zum Beispiel hält der demografische Wandel viele Aufgaben bereit, die die Jüngeren alleine nicht bewältigen können (vgl. Abschn. 2.2.2.3). Wir brauchen die Älteren. Zudem kann (und sollte!) man hier den eigenen Bedürfnissen entsprechend eine Aufgabe finden, die als sinnvoll empfunden wird und das eigene Leben bereichert. Die eigene Lebenserfahrung kann weitergegeben werden. Im Hinblick auf das Bild von den Älteren in unserer Gesellschaft die geburtenstarke Generation der Babyboomer durch ihr Engagement als Vorbild in unserer Gesellschaft wirken und zu einem positiven Generationenverhältnis beitragen. Der zunehmende Teil älterer Menschen wird in unserer Gesellschaft dadurch weniger als Belastung und vielmehr als Bereicherung und Unterstützung betrachtet.

Denkanstoß

Inwiefern kann ein ehrenamtliches Engagement positive Wirkung auf den Menschen haben? Welche der folgenden Aussagen treffen Ihrer Meinung nach am ehesten zu?

Ehrenamtliches Engagement

- … hält körperlich und geistig fit
- … beinhaltet die positiven Aspekte von Arbeit (vgl. Abschn. 4.2.2.4)
- … bietet mehr Freiheit als klassische „Brotberufe" (keine finanzielle Abhängigkeit)

- … hilft, neuen Sinn im Leben zu finden (vgl. Abschn. 2.1.2.1)
- … gibt das Gefühl, gebraucht zu werden
- … schafft neue soziale Kontakte und Netzwerke
- … fördert eine neue Vorbildfunktion (Jüngere sehen die Potenziale des Alters)
- … liefert einen wichtigen Beitrag zum Generationenverhältnis und ergibt dadurch individuell gefühlten Sinn (Jüngere: „Wir brauchen die Älteren. Wir sind dankbar, dass wir sie haben; ohne sie würden wir es nicht schaffen!")

Fällt Ihnen etwas Ergänzendes ein?

Das sagen Berufstätige 45+

„Wir haben im Moment das Glück, dass wir noch mit relativ jungen Jahren in Rente gehen können. Im Schnitt können wir die Rente länger genießen als die Generationen vor uns. Gleichzeitig gibt es immer mehr Ältere und weniger Jüngere.

Und wir werden meiner Meinung nach in Zukunft nicht umhinkommen, ältere gesunde Mitbürger dazu zu bringen, sich für die Gesellschaft ehrenamtlich einzusetzen. Es gibt sehr, sehr viel zu tun und wir werden es nicht stemmen können mit denen, die noch im arbeitsfähigen Alter sind."

Das sagen Berufstätige 45+, die sich neben ihrer Arbeit freiwillig engagieren

Was bereitet Ihnen Freude an Ihrem freiwilligen Engagement? *„Es ist sinnstiftend. Ich kann anderen Menschen helfen. Das ist sehr erfüllend. Ich engagagiere mich in einer öffentlichen Einrichtung, da kann jeder kommen. Es kommen auch Junge. Und das ist toll. Ich kann mit den Leuten ins Gespräch kommen."*

Das sagen Berufstätige 45+

Was sind gute Gründe für ein freiwilliges Engagement? *„Soziale Kontakte und Gemeinschaft, Struktur im Alltag, Kontakte über die eigene Altersgruppe hinaus, Spaß, Freude und Faszination, Freiheit, Verbindung zu Hobbys, Etwas zurückgeben, Sinn, Selbstbestätigung und Erfolg, Ziele und Zielsetzungen, geistiges Training, Konflikttraining, Hilfe geben tut mir gut (‚Wohl'tätigkeit), das Gefühl gebraucht zu werden, Werte vermitteln, Lösungen und Erfahrungen weitergeben, soziale Struktur vor Ort, Bewusstsein schaffen für eine Kultur der Mitverantwortung."*

Denkanstoß

Was sind oder wären gegebenenfalls Ihre eigenen Ideen, Ziele und Wünsche für freiwilliges Engagement?

Ein Beispiel: Senior Experten Service (SES)

Mit mehr als 12.000 Expertinnen und Experten aus allen beruflichen Richtungen (ehrenamtliche Fachleute im Ruhestand) gibt der SES weltweit Hilfe zur Selbsthilfe. Seit 1983 wurden durch den SES über 45.000 ehrenamtliche Einsätze im In- und Ausland durchgeführt. Dabei geht es weltweit um Hilfe zur Selbsthilfe – in allen Branchen und Sektoren. Der generative Gedanke wird hier immer wieder aufgegriffen. Das große Potenzial von Ruheständlern mit Expertenwissen wird aktiv in die Gesellschaft eingebracht. Dabei wird die Weitergabe von Kenntnissen und Erfahrungen über Grenzen, Generationen und Kulturen hinweg gefördert. Wer sein Freiwilligenengagement mit jungen Menschen verbringen will, kann auch hier etwas finden. Aktuell werden auf der Homepage „ehrenamtliche Fachleute im Ruhestand zur Unterstützung von Azubis gesucht." (SES o. J.)

Lebensfreude und Sinn durch freiwilliges Engagement

Bei der freiwilligen Arbeit steht heute nicht nur das Helfen im Vordergrund. Es geht nicht nur um andere, sondern auch gerade um einen selbst. Es geht um eine sinnvolle Beschäftigung, die zur Steigerung der Lebensqualität führen kann. So können die mit einem Ehrenamt verbundenen körperlichen und geistigen Aktivitäten sowie die sozialen Kontakte für die Gesundheit förderlich sein (vgl. Abschn. 2.4 und 4.2.2). Eigenständigkeit und Selbstverantwortung verbinden sich mit mitverantwortlichem Handeln. Durch die freiwillige Arbeit kann das Bedürfnis, die eigenen Erfahrungen weiterzugeben gestillt werden (Generativität, vgl. Abschn. 2.2.2.3). Zudem dürfen die Herausforderungen des demografischen Wandels nicht unterschätzt werden. Alleine wird die Politik sie sicherlich nicht stemmen können. Jeder ist aufgerufen, aktiv mitzuwirken. Ältere, deren Lebenssituation es erlaubt, können ihre Lebenserfahrung und ihre Kenntnisse für andere einsetzen. Damit werden sie nicht nur ihrer Mitverantwortung gerecht, sondern auch ihrer Selbstverantwortung für die eigenen Bedürfnisse und die eigene Lebensfreude.

Bereit für ein freiwilliges Engagement?

Überlegen Sie, ob Sie im Ruhestand eine Aufgabe im Freiwilligenengagement übernehmen? Dann kann Ihnen die folgende Checkliste der Seniorenagentur Frankfurt „Ehrenamt – Sind Sie bereit für ein freiwilliges Engagement?" weiterhelfen.
(https://www.seniorenagentur-frankfurt.de/fachinformationen/ehrenamt/checkliste-bereit-fuer-das-ehrenamt.html)

Welcher Engagement-Typ bin ich?
Es gibt zahlreiche Möglichkeiten sich zu engagieren. Doch welche freiwillige Tätigkeit ist die richtige für mich? Bei „Aktion Mensch" können Interessierte im Internet einen Test durchführen, um dieser Frage näherzukommen und maßgeschneiderte Angebote in der Nähe Ihres Wohnorts zu finden. (https://www.aktion-mensch.de/projekte-engagieren-und-foerdern/freiwilliges-engagement/informieren/engagement-finder.html)

Ehemalige Berufstätige werden gesucht
Mittlerweile werden gezielt Menschen gesucht, die aus dem Berufsleben ausgeschieden sind und eine verantwortungsvolle Aufgabe übernehmen möchten, bei der sie ihre Erfahrung im Management oder der Verwaltung einer Organisation einbringen. So z.B. der NABU – Naturschutzbund Deutschland e. V., der individuell über eine passende Einbindung informiert. Interessierte können sich direkt an die Landes- oder Regionalgeschäftsstelle im eigenen Bundesland wenden.

Das sagen Berufstätige 45+

„Da hat man den einen Tag, da kriegt man noch sein Gehalt, da hat man seine Aufgaben, man hat vielleicht sogar einen Titel, man hat eine Abteilung, man hat einen Schreibtisch und am nächsten Tag ist man zu Hause. Man hat das Gefühl, man hat Urlaub, aber es hört ja nicht auf. Irgendwann muss man ja auch wieder in die Schaffensphase kommen, weil das Leben besteht ja aus tun, aus handeln! Und da muss man sich gut drauf vorbereiten."

Literatur

Abele-Brehm, A. (2015). Zitiert in „Ältere Arbeitnehmer – Ein Gewinn für Unternehmen" von Alfried Schmitz, Deutschlandfunk. https://www.deutschlandfunk.de/aeltere-arbeitnehmer-ein-gewinn-fuer-unternehmen.1148.de.html?dram:article_id=317676. Zugegriffen am 24.01.2019.

Ahr, N. (2015). Der Fluch der frühen Rente: Herr Vahl hört auf. *Die ZEIT.* 30.07.2015. https://www.zeit.de/2015/31/fruehrente-alter-umstellung-schwierig-langeweile. Zugegriffen am 16.02.2019.

Beck, H. (2017). Darum wirken Naturgeräusche so entspannend. https://www.geo.de/magazine/geo-magazin/16810-rtkl-hirnforschung-darum-wirken-naturgeraeusche-so-entspannend. Zugegriffen am 03.08.2018.

Bundesanstalt für Arbeitsschutz und Arbeitsmedizin (BAuA). (2012). Förderung psychischer Gesundheit als Führungsaufgabe. Ein eLearning-Tool von psyGA. http://psyga.info/fileadmin/user_upload/PDFs/psyGA_eLearningTool_Booklet.pdf. Zugegriffen am 03.08.2018.

Bundesanstalt für Arbeitsschutz und Arbeitsmedizin (BAuA). (2017a). Alterns- und altersgerechte Arbeitsgestaltung Grundlagen und Handlungsfelder für die Praxis.

https://www.baua.de/DE/Angebote/Publikationen/Praxis/Arbeitsgestaltung.pdf. Zugegriffen am 01.08.2018.

Bundesanstalt für Arbeitsschutz und Arbeitsmedizin (BAuA). (2017b). Arbeitsunterbrechungen und Multitasking täglich meistern. https://www.baua. de/DE/Angebote/Publikationen/Praxis/A78.pdf?__blob=publicationFile&v=13. Zugegriffen am 03.08.2018.

Bundesministerin für Wirtschaft und Technologie (BMWi). (2012a). Fachkräfte sichern – Wissens- und Erfahrungstransfer. heilbronn.ihk.de/ximages/1461457_handlungse.pdf. Zugegriffen am 31.07.2018.

Bundesministerin für Wirtschaft und Technologie (BMWi). (2012b). Fachkräfte sichern – Laufbahn- und Nachfolgeplanung. heilbronn.ihk.de/ximages/1461458_handlungse.pdf. Zugegriffen am 31.07.2018.

Bundesministerium für Arbeit und Soziales (BMAS). (2013). Fortschrittsreport „Altersgerechte Arbeitswelt". Ausgabe 3: „Länger gesund Arbeiten". www.bmas. de/SharedDocs/Downloads/DE/PDF-Publikationen-DinA4/fortschrittsreport-ausgabe-3-september-2013.pdf. Zugegriffen am 31.07.2018.

Bundesministerium für Arbeit und Soziales (BMAS). (2015). Arbeit weiter denken, Grünbuch Arbeiten 4.0. https://www.bmas.de/SharedDocs/Downloads/DE/PDF-Publikationen-DinA4/gruenbuch-arbeiten-vier-null.pdf. Zugegriffen am 31.07.2018.

Bundesministerium für Arbeit und Soziales (BMAS). (2016). Wertewelten Arbeiten 4.0. www.arbeitenviernull.de/fileadmin/Downloads/Wertestudie_Arbeiten_4.0.pdf. Zugegriffen am 31.07.2018.

Bundesministerium für Arbeit und Soziales (BMAS). (2017). Altersrenten. https://www.bmas.de/DE/Themen/Rente/Gesetzliche-Rentenversicherung/altersrenten.html. Zugegriffen am 16.02.2019.

Bundesministerium für Arbeit und Soziales (BMAS). (2018). Erhalt der Beschäftigungsfähigkeit. Arbeitsmedizinische Empfehlung. http://www.bmas.de/SharedDocs/Downloads/DE/PDF-Publikationen-DinA4/a452-erhalt-beschaeftigungsfaehigkeit.pdf. Zugegriffen am 31.07.2018.

Bundesministerium für Familie, Senioren, Frauen und Jugend (BMFSFJ). (2000). Die zweite Lebenshälfte – Psychologische Perspektiven. Ergebnisse des Alters-Survey. Band 195 Schriftenreihe des Bundesministeriums für Familie, Senioren, Frauen und Jugend. Verlag W. Kohlhammer 2000 Verlagsort: Stuttgart. https://www.bmfsfj.de/blob/95200/d883643d815327442b2ffc7287c36772/prm-7801-sr-band-195-data.pdf. Zugegriffen am 31.07.2018.

Bundesministerium für Familie, Senioren, Frauen und Jugend (BMFSFJ). (2005). Fünfter Bericht zur Lage der älteren Generation in Deutschland. Potenziale des Alters in Wirtschaft und Gesellschaft. Der Beitrag älterer Menschen zum Zusammenhalt der Generationen. https://www.bmfsfj.de/blob/79080/8a95842e52ba43556f9eb-fa600f02483/fuenfter-altenbericht-data.pdf. Zugegriffen am 23.08.2018.

Bundeszentrale für politische Bildung (bpb); Statistisches Bundesamt (Destatis); Wissenschaftszentrum Berlin für Sozialforschung (WZB); Das Sozio-

Oekonomische Panel (SOEP) am Deutschen Institut für Wirtschaftsforschung (DIW Berlin). (2016). Datenreport 2016. Ein Sozialbericht für die Bundesrepublik Deutschland. https://www.destatis.de/DE/Publikationen/Datenreport/Downloads/Datenreport2016.pdf. Zugegriffen am 31.07.2018.

Chilar, V., Mergenthaler, A., & Micheel, F. (2014). *Erwerbsarbeit & informelle Tätigkeiten der 55- bis 70-Jährigen in Deutschland.* Wiesbaden: Statistisches Bundesamt. http://www.bib-demografie.de/SharedDocs/Publikationen/DE/Broschueren/top_erwerbsarbeit_2014.pdf?__blob=publicationFile. Zugegriffen am 31.07.2018.

Clemens, W. (2012). Vorbereitung auf und Umgang mit Pensionierung. In H.-W. Wahl, C. Tesch-Römer & J. P. Ziegelmann (Hrsg.), *Angewandte Gerontologie* (S. 218–223). Stuttgart: Kohlhammer.

Coen, A. (2013).Professor „Good Work". DIE ZEIT Nr. 44/2013. https://www.zeit.de/2013/44/arbeit-gluecksforscher-howard-gardner. Zugegriffen am 23.08.2018.

Das Demographie Netzwerk (ddn). (o. J.). Fakten zum demographischen Wandel. https://www.demographie-netzwerk.de/praxis/fakten/. Zugegriffen am 31.07.2018.

Frerichs, F. (2013). Erfahrungswissen älterer Arbeitnehmer/innen und intergenerationeller Wissenstransfer. http://www.becker-stiftung.de/wp-content/uploads/2013/12/FRERICHS_Prsentation.pdf. Zugegriffen am 08.08.2018.

Gabler Wirtschaftslexikon (a). https://wirtschaftslexikon.gabler.de/definition/beduerfnis-30856. Zugegriffen am 06.08.2018.

Gabler Wirtschaftslexikon (b). https://wirtschaftslexikon.gabler.de/definition/extrinsische-motivation-32084. Zugegriffen am 06.08.2018.

Gabler Wirtschaftslexikon (c). https://wirtschaftslexikon.gabler.de/definition/extrinsische-motivation-32084. Zugegriffen am 06.08.2018.

Groll, T. Entspannung: Kurze Pausen richtig nutzen. 02.08.2011. https://www.zeit.de/karriere/beruf/2011-07/entspannung-pausen-tipps. Zugegriffen am 03.08.2018.

Haubl, R. (2015). Ruhestand in der Arbeitsgesellschaft. *Psychotherapie im Alter, 12*(3), 295–309.

Hennecke, M., & Brandstätter, V. (2016). Gefühle und Anreize als Auslöser und Regulativ von Handlungen: Beiträge der allgemeinen Psychologie – Emotion und Motivation. In K. Sonntag (Hrsg.), *Personalentwicklung in Organisationen. Psychologische Grundlagen, Methoden und Strategien* (4., vollst. überarb. u. erw. Aufl., S. 83–124). Göttingen: Hogrefe.

Hildebrandt-Woeckel, S. (2007). Der letzte Tag im alten Job. Abgang mit Stil. www.faz.net/aktuell/beruf-chance/arbeitswelt/der-letzte-tag-im-alten-job-abgang-mit-stil-1491585-p2.html.

Ilmarinen, J. (2012). Förderung des aktiven Alterns am Arbeitsplatz. Hrsg. v. Europäische Agentur für Sicherheit und Gesundheitsschutz am Arbeitsplatz. https://osha.europa.eu/de/tools-and-publications/publications/articles/promoting-active-ageing-in-the-workplace. Zugegriffen am 31.07.2018.

Ilmarinen, J., & Tempel, J. (2013). *Arbeitsleben 2025. Das Haus der Arbeitsfähigkeit im Unternehmen bauen.* Hamburg: VSA.

Initiative Neue Qualität der Arbeit. (2013). Geistig fit im Beruf! Wege für ältere Arbeitnehmer zur Stärkung der grauen Zellen. Bundesanstalt für Arbeitsschutz und Arbeitsmedizin.

Initiative Neue Qualität der Arbeit (INQA). (2016). Kein Stress mit dem Stress. Lösungen und Tipps für gesundes Führen. Mit vielen Arbeitshilfen und Praxisbeispielen. https://www.inqa.de/DE/Angebote/Publikationen/psyga-kein-stress-mit-dem-stress-handlungshilfe-beschaeftigte.html. Zugegriffen am 01.08.2018.

Initiative Neue Qualität der Arbeit. (o. J.). Altersgemischte Teams: Auf gegenseitige Wertschätzung kommt es an. www.inqa.de/DE/Service/Aktuelles-aus-der-Arbeitswelt/Meldungen/2011/2011-05-18-altersgemischte-teams.html. Zugegriffen am 11.05.2016.

Kliegel und Martin. (2010). *Psychologische Grundlagen der Gerontologie*. Stuttgart: Kohlhammer.

Korte, M. (2014). *Jung im Kopf: Erstaunliche Einsichten der Gehirnforschung in das Älterwerden*. München: Pantheon.

Kruse, A. (2012). Einführung. In *Die Deutsche Wirtschaft und der demografische Wandel – Lebensphasenorientierte Personalpolitik*. Herausgeber/Redaktion: econsense – Forum Nachhaltige Entwicklung der Deutschen Wirtschaft e. V. Berlin. www.econsense.de/sites/all/files/Publikation_BMFSFJ_1.pdf. Zugegriffen am 13.05.2015.

Kruse, A., & Hüther, M. (2014). Berufliche Entwicklung in Veränderung. In A. Kruse & H.-W. Wahl (Hrsg.), *Lebensläufe im Wandel – Entwicklung über die Lebensspanne aus Sicht verschiedener Disziplinen* (S. 150–165). Stuttgart: Kohlhammer.

Kühn, F. Die demografische Entwicklung in Deutschland. 20.8.2017. https://www.bpb.de/politik/innenpolitik/demografischer-wandel/196911/fertilitaet-mortalitaet-migration. Zugegriffen am 31.07.2018.

Lampert, Th., Kuntz, B., Hoebel, J., Müters, S., & Kroll, L. E. Arbeitslosigkeit und Gesundheit. 03.05.2016. http://www.bpb.de/nachschlagen/datenreport-2016/226608/arbeitslosigkeit-und-gesundheit. Zugegriffen am 03.08.2018.

Lehr, U. (1988). Arbeit als Lebenssinn auch im Alter – Positionen einer differentiellen Gerontologie. In L. Rosenmayr & F. Kolland (Hrsg.), *Arbeit – Freizeit – Lebenszeit* (S. 29–45). Opladen: Westdeutscher.

Lehr, U., & Kruse, A. (2006). Verlängerung der Lebensarbeitszeit – eine realistische Perspektive? *Zeitschrift für Arbeits- und Organisationspsychologie, 50,* 240–247.

Lehrer-online. (o. J.). lerntypen. https://www.lehrer-online.de/unterricht/sekundarstufen/faecheruebergreifend/artikel/seite/fa/lernen-lernen-kein-kinderspiel/lerntypen/. Zugegriffen am 15.02.2019.

Leipold, B. (2012). *Lebenslanges Lernen und Bildung im Alter*. Stuttgart: Kohlhammer.

Lohmann-Haislah, A. (2012). Stressreport Deutschland 2012. Psychische Anforderungen, Ressourcen und Befinden. https://www.baua.de/DE/Angebote/Publikationen/Berichte/Gd68.pdf?__blob=publicationFile&v=12. Zugegriffen am 23.08.2018.

MiaA. (o. J.). Der MiaA-Kurz-Check im Detail. https://www.ifgp.de/sites/default/files/2017-11/MiaA-KulturCheck.pdf. Zugegriffen am 06.08.2018.

Minkmar, N. (2018). In *Endlich Zeit: Entspannt und im richtigen Tempo leben"* von Weingarten, S. Kapitel: Der abgeschossene Pfeil Hamburg: Spiegel.

Müller, A., & Weigl, M. (2014). Ressourcenorientierte Ansätze alternsgerechter Arbeitsgestaltung. *Informationsdienst Altersfragen, 41*(2), 3–9. www.dza.de/fileadmin/dza/pdf/Heft_02_2014_Maerz_April_2014_gekuerzt_PW.pdf.

Mümken, S. (2014). Arbeitsbedingungen und Gesundheit älterer Erwerbstätiger. In *Altersübergangs-Report* 2014-03. Hans-Böckler-Stiftung, Düsseldorf; Forschungsnetzwerk Alterssicherung, Berlin; Institut Arbeit und Qualifikation (IAQ). Universität Duisburg-Essen. www.iaq.uni-due.de/auem-report/2014/2014-03/auem2014-03.pdf

Peters, M. (2015). Ältere Arbeitnehmer in der neuen Arbeitswelt. *Psychotherapie im Alter, 12*(3), 325–339.

Probst, M. (2019). Endlos lernen. Bilde dich weiter, sonst wirst du abgehängt – wer lebenslanges Lernen nur so versteht, ist auf dem Holzweg. Aber mithilfe einer einfachen Formel kann es zur Rettung der Welt beitragen. https://www.zeit.de/2019/04/weiterbildung-beruf-lebenslanges-lernen-gesellschaft. Zugegriffen am 19.02.2019.

Rentsch, T., & Birkenstock, E. (2004). Ethische Herausforderungen des Alters. In A. Kruse & M. Martin (Hrsg.), *Enzyklopädie der Gerontologie* (S. 613–626). Bern: Huber.

Reusche, U. (2015). Sinn vermitteln als Führungsaufgabe. https://www.chemietechnik.de/sinn-vermitteln-als-fuehrungsaufgabe. Zugegriffen am 06.08.2018.

Rump, J., & Eilers, S. (2017). Im Fokus: Digitalisierung und soziale Innovation. In J. Rump & S. Eilers (Hrsg.), *Auf dem Weg zur Arbeit 4.0. Innovationen in HR* (S. 79–84). Wiesbaden: Springer Gabler.

Rump, J., Kreis, L.-M., Wilms, G., & Zapp, D. (2016). Strategie für de Zukunft. Was Sie von King Kong, Maja und Flipper lernen können. Werteorientierte Gestaltung einer Lebensphasenorientierten Personalpolitik. http://www.lebensphasenorientierte-personalpolitik.de/Leitfaden_2016/Strategie-Brosch_2016-FINAL.pdf. Zugegriffen am 01.08.2018.

Rump, J., Zapp, D., & Eilers, S. (2017). Erfolgsformel: Arbeiten 4.0 und Führung 4.0. http://www.ibe-ludwigshafen.de/download/arbeitsschwerpunkte-downloads/digitalisierung/Erfolgsformel-Arbeiten-4.0-und-FuCC88hrung-4.0_NEU_2.pdf. Zugegriffen am 31.07.2018.

Rytina, S., & Marschall, J. (2010). Gegen Stress geimpft. *Gehirn und Geist, 3*, 51–55.

Schmid, W. (2013). Glück und seine Bedeutung für die Wirtschaft. https://www.romanherzoginstitut.de/publikationen/detail/download/glueck-und-seine-bedeutung-fuer-die-wirtschaft.html. Zugegriffen am 16.08.2018.

Schmitt, E. (2008). Altersbilder und die Verwirklichung von Potenzialen. In A. Kruse (Hrsg.), *Weiterbildung in der zweiten Lebenshälfte – Multidisziplinäre Antworten auf*

Herausforderungen des demografischen Wandels (S. 49–66). Bielefeld: Bertelsmann. www.die-bonn.de/doks/2007-altenbildung-01.pdf. Zugegriffen am 04.11.2015.

Schmitt, E. (2013). Altersbilder als Determinanten für Selbstwahrnehmung und Verhalten älterer Menschen. *Psychotherapie im Alter, 10*(2), 161–176.

Schreiber, V., & Iskenius, E.-L. (2013). Flüchtlinge: zwischen Traumatisierung, Resilienz und Weiterentwicklung. http://amnesty-heilberufe.de/wp-content/uploads/mug.schreiber_iskenius.resilienz.2013.pdf. Zugegriffen am 03.08.2018.

Schröder-Kunz, S. (2016). Selbstverantwortung und Mitverantwortung bei älteren Arbeitnehmern in der sich verändernden Arbeitswelt. (bislang unveröffentlicht).

Schröder-Kunz, S. (2019). *Generationen (gut) führen. Altersgerechte Arbeitsgestaltung für alle Mitarbeitergenerationen.* Wiesbaden: Springer Gabler.

Senior Experten Service (SES). (o. J.). https://www.ses-bonn.de/aktuellespresse/pressemitteilungen/detail.html?tx_news_pi1%5Bnews%5D=69&tx_news_pi1%5Bcontroller%5D=News&tx_news_pi1%5Baction%5D=detail&cHash=d1772472499ff7a94adb6d1ba0695f97. Zugegriffen am 16.02.2019.

Seyfried, B., & Weller, S. (2014). *Arbeiten bis zum Schluss oder gehen vor der Zeit?* Forschungs- und Arbeitsergebnisse aus dem Bundesinstitut für Berufsbildung (BIBB). Report 1.

Sonntag, K., & Seiferling, N. (2016). Potenziale älterer Erwerbstätiger nutzen. Ageing Workforce. In K. Sonntag (Hrsg.), *Personalentwicklung in Organisationen. Psychologische Grundlagen, Methoden und Strategien* (4., vollst. überarb. u. erw. Aufl., S. 495–534). Göttingen: Hogrefe.

Sonntag, K., Turgut, S., & Feldmann, E. (2016). Arbeitsbedingte Belastungen erkennen, Stress reduzieren, Wohlbefinden ermöglichen: Ressourcenorientierte Gesundheitsförderung. In K. Sonntag (Hrsg.), *Personalentwicklung in Organisationen. Psychologische Grundlagen, Methoden und Strategien* (4., vollst. überarb. u. erw. Aufl., S. 411–454). Göttingen: Hogrefe.

Staudinger, U. M. (2000). Viele Gründe sprechen dagegen und trotzdem fühlen viele Menschen sich wohl: Das Paradox des subjektiven Wohlbefindens. *Psychologische Rundschau, 51,* 185–197.

Wahl, H.-W. (2013). *Aktiv in den Ruhestand.* Detmold: Bösmann. www.psychologie.uni-heidelberg.de/mediendaten/ae/apa/tk-broschuere-aktiv-in-den-ruhestand.pdf. Zugegriffen am 04.11.2015.

Werner, C. (2008). Kompetenzen und Lernformpräferenzen älterer Beschäftigter – Betriebliche Perspektiven auf den demografischen Wandel. In A. Kruse (Hrsg.), *Weiterbildung in der zweiten Lebenshälfte – Multidisziplinäre Antworten auf Herausforderungen des demografischen Wandels* (S. 93–120). Bielefeld: Bertelsmann. www.die-bonn.de/doks/2007-altenbildung-01.pdf. Zugegriffen am 04.11.2015.

Wöhrmann, A. M. (2016). Psychische Gesundheit in der Arbeitswelt – Work-Life-Balance. https://www.baua.de/DE/Angebote/Publikationen/Berichte/F2353-3f.pdf?__blob=publicationFile&v=4. Zugegriffen am 27.08.2018.

Wolf, J. (2006). Der Übergang in den Ruhestand. www.jurgenwolf.de/docs/MS01_06-Ruhestand.pdf. Zugegriffen am 17.08.2018.

WWU News. (2012). Pressemitteilung Psychologe: Potenzial älterer Arbeitnehmer besser nutzen. *WWU News* vom 01.06.2012. www.uni-muenster.de/Rektorat/exec/upm.php?nummer=15605. Zugegriffen am 04.11.2015.

Ziliken, A. (o. J.). Viel trinken hält gesund und aktiv. In: AOK-Bundesverband/Medienservice. https://www.aok-business.de/aokplus/gesundheit/bgf-fuer-ihre-mitarbeiter/ernaehrung/viel-trinken-haelt-gesund-und-aktiv/. Zugegriffen am 15.02.2019.

5

Schlussbetrachtung

Zusammenfassung In der Schlussbetrachtung finden Sie die wichtigsten Punkte der vorangehenden Kapitel noch einmal pointiert zusammengefasst. Sie ziehen Bilanz, was Sie aus der Lektüre für Ihr persönliches Leben mitnehmen möchten. Außerdem erhalten Sie Tipps für die weitere Beschäftigung mit dem Thema des guten Lebens und Arbeitens in der zweiten Lebenshälfte.

Die Themen Alter und Älterwerden gehen uns alle an, denn wir alle werden mit jedem Tag älter. Das kann man verdrängen und bedauern oder man kann sich auf das Alter vorbereiten und die Freuden und Vorzüge des Alters genießen. Das Schöne ist: Wie wir damit umgehen, haben wir selbst in der Hand.

Die zweite Hälfte bietet jede Menge Gestaltungskraft und Entwicklungsmöglichkeit. Sie ist eine besonders faszinierende Lebensphase, da sie die eigene Identität vervollkommnen kann. Mit anderen Worten: Das, was ich durch alle meine Erfahrungen weiß, das, was mir an Bewusstsein über mich und die Welt geschenkt wurde, kann ich nutzen, um mein Leben zu gestalten.

Je früher wir anfangen, uns auf das Alter vorzubereiten, desto besser

Eine wichtige Grundlage für ein gutes Alter(n) ist ein differenziertes Altersbild. Machen Sie sich bewusst, dass Alter nicht gleichbedeutend ist mit Schwäche, Verletzlichkeit und Verlusten. Das Alter bringt auch ganz eigene Potenziale, Vorzüge und Freuden mit sich, die in jüngeren Lebensjahren weniger gegeben sind: Erfahrungswissen, Reife, Souveränität, die Möglichkeit, das Vergangene (dankbar) zu überblicken, das Kommende (gelassen) anzunehmen und die Kraft, auch mit Belastendem umzugehen, sind nur einige Beispiele.

In dem Bewusstsein, dass jedes Lebensalter seine Vor- und Nachteile, seine Schwächen und Stärken hat, können Sie reflektieren: Was wissen Sie über das

© Springer Fachmedien Wiesbaden GmbH, ein Teil von Springer Nature 2019
S. Schröder-Kunz, *Gutes Leben und Arbeiten in der zweiten Lebenshälfte*,
https://doi.org/10.1007/978-3-658-25362-2_5

Alter? Wo möchten Sie noch etwas lernen? Entdecken Sie Stärken, die Sie früher nicht hatten und die Sie weiter ausbauen möchten? Erkennen Sie Verletzlichkeiten und Belastungen, mit denen Sie umzugehen lernen möchten?

Neben der Reflexion können und sollten Sie aktiv werden. Sie haben in Abschn. 2.4 die fünf Säulen des gesunden Lebens und Älterwerdens kennengelernt: Körper, Geist, soziale Kontakte, Arbeit und innere Haltung. Stärken Sie diese fünf Säulen immer wieder – indem Sie sich körperlich und geistig fordern, indem Sie den Kontakt zu Menschen pflegen, die Ihnen guttun, indem Sie eine sinnvolle und bereichernde Tätigkeit ausüben und indem Sie an Ihrer inneren Haltung zum Alter, zum Leben, zu Freude und Leid arbeiten. Wie das im Einzelnen aussehen kann, können Sie in den entsprechenden Abschnitten nachlesen. Wichtig ist: Es reicht nicht, nur an einer Säule zu arbeiten, alle fünf sollten langfristig in einer gewissen Balance sein.

Was ist ein gutes Leben?

Ganz unabhängig von unserem Alter möchten wir alle ein gutes Leben führen. Doch was zeichnet ein gutes und erfülltes Leben aus? Hier gibt es nicht die eine Antwort, sondern viele kleine Bausteine und Teilantworten, die jeder für sich zusammenfügen muss und darf. Wir haben heute mehr Freiheiten als je zuvor und können unser Leben an vielen Stellen so gestalten, dass es unseren Bedürfnissen und Vorstellungen entspricht. Was für ein Geschenk!

Das erfordert allerdings auch immer wieder das Nachdenken darüber, was für uns selbst gut ist und was uns sinnvoll erscheint. Hier ist also unsere Selbstverantwortung gefragt. Dabei dürfen wir auch die Mitverantwortung nicht aus dem Blick verlieren, sondern müssen immer auch fragen: Was ist gut für unser Umfeld? Es ist nicht immer leicht, selbst- und mitverantwortliche Antworten für die eigene Lebensgestaltung zu finden. Die 14 Handlungsfelder, die ich Ihnen in Abschn. 2.6 vorgestellt habe, können Ihnen möglicherweise Anregungen geben, damit Sie Ihren eigenen Weg beschreiten können.

Viele Menschen verbinden ein gutes Leben mit der stetigen Suche nach Glück. Das kann allerdings allzu leicht in „Glücksstress" ausarten: Wer sein Leben lang dem Glück hinterherjagt und unbedingt Leid und Belastendes vermeiden will, wird nahezu zwangsläufig unglücklich. Denn Leid gehört nun einmal zum Leben dazu. Hier kommt das Glück der Fülle ins Spiel, wie der Philosoph Wilhelm Schmid es nennt. Gemeint ist, dass zum Leben auch Schweres und Belastendes dazugehört. Wenn wir das akzeptieren und annehmen, sind wir dem Glück in diesem Sinne einen ganzen Schritt näher. An Krisensituationen können wir wachsen und reifen.

Gute Arbeit als Teil des guten Lebens

Viele Menschen wünschen sich heutzutage eine ausgewogene Work-Life-Balance. Berufs- und Privatleben werden dabei als getrennte Sphären verstanden. Das geht allerdings an der Wirklichkeit vorbei und ist letztlich auch gar nicht wünschenswert. Einen großen Teil unseres Erwachsenenlebens verbringen wir bei der Arbeit, wir ziehen (im Idealfall) Kraft und Sinn aus unserem Beruf, lernen immer wieder dazu, erleben das Miteinander mit anderen Menschen und identifizieren uns mit unserer Tätigkeit. Im Konzept der Selbst- und Mitverantwortung gilt Arbeit daher als Teil des Lebens. Damit wir auch in der zweiten Lebenshälfte gut, gesund, motiviert und kompetent arbeiten können, müssen gewisse Rahmenbedingungen gegeben sein. Wir können aber auch eine ganze Menge selbst dafür tun, wie Sie in Kap. 4 erfahren haben.

Ruhe neben Aktivität

Wenn wir überfordert sind, wenn alles zu schnell geht und wenn uns die Veränderungen der (Arbeits-)Welt zusetzen, aber auch im ganz normalen Alltag, benötigen wir immer wieder Ruhe und Regeneration, um wieder Kraft zu schöpfen. Ein Arbeitgeber, aber auch die Mitmenschen müssen das respektieren und uns Rückzugsräume ermöglichen. Doch auch wir selbst sind gefragt, Räume der Stille und der Erholung zu finden. Das Handlungsfeld 7 (Verzicht und Grenzen) ist hier von besonderer Bedeutung.

Gemeinsam das Leben und Arbeiten gestalten

Menschen sind soziale Wesen, sie ziehen Kraft und Freude aus dem Kontakt mit anderen. Allerdings drohen dabei auch immer Missverständnisse oder Konflikte. Deshalb stehen soziale Beziehungen im Zentrum von Kap. 3. Ob im Privat- oder Berufsleben, es ist besonders wichtig, dass wir unsere Mitmenschen immer als Individuen mit einer individuellen Persönlichkeit, Bedürfnissen, Belastungen, Stärken und Schwächen betrachten.

Dieses Wissen ist eine wichtige Grundlage, um Vorurteile gegenüber anderen Generationen abzubauen. Ältere und Jüngere müssen in Zukunft noch offener aufeinander zugehen und ihre Generationenbilder konsequent hinterfragen: Altern bedeutet nicht zwangsläufig schwächer zu werden, und Jüngere sind nicht pauschal verwöhnt und respektlos. Erst wenn negative Alters- und Jugendbilder aufgelöst sind, wenn alle gemeinsam daran arbeiten, eine Brücke der Generationen zu bauen, können Menschen aller Altersgruppen gut miteinander leben und arbeiten.

Was nehmen Sie aus der Lektüre mit?
In diesem Buch haben Sie viele Hintergrundinformationen, Praxistipps und Denkanstöße erhalten, wie ein gutes und gesundes Leben in der zweiten Lebenshälfte aussehen kann. Was können Sie persönlich daraus ziehen?

- Vielleicht möchten Sie mehr über das Alter und seine vielen Facetten lernen? (Abschn. 2.1)
- Möchten Sie Zwischenbilanz ziehen und sich näher mit neuen Lebenszielen auseinandersetzen? (Abschn. 2.1.2)
- Wollen Sie an Ihrer Weiterentwicklung arbeiten und Ihre reifen Potenziale ausleben? (Abschn. 2.2)
- Haben Sie den Wunsch, den Umgang mit Verlusten und Leid zu üben? (Abschn. 2.3)
- Wollen Sie die fünf Säulen des gesunden Lebens und Älterwerdens stärken? (Abschn. 2.4)
- Möchten Sie sich näher damit beschäftigen, was ein gutes selbst- und mitverantwortliches Leben für Sie ausmacht? (Abschn. 2.5 und 2.6)
- Vielleicht wollen Sie an Ihrem Verhalten gegenüber anderen und an Ihrer Kommunikation arbeiten? (Kap. 3)
- Wollen Sie sich näher damit beschäftigen, wie Sie bis zur Pensionierung gesund, kompetent und motiviert arbeiten können? (Abschn. 4.2)
- Haben Sie Pläne für das Leben nach der Pensionierung? Möchten Sie sich mit der nachberuflichen Lebensphase auseinandersetzen? (Abschn. 4.3)

Den ersten Schritt zum guten Leben und Arbeiten in der zweiten Lebenshälfte haben Sie bereits gemacht. Setzen Sie sich nun in regelmäßigen Abständen mit den Themen des Buchs auseinander.

Kontakt
Wenn Sie Ihr Wissen über das Älterwerden und das Alter vertiefen möchten, können Sie mich gerne ansprechen.
Ich halte Schulungen und Vorträge zu verschiedenen Themen und biete Einzelberatungen an. Dabei unterstütze ich Berufstätige in ihren individuellen Lebensthemen und -problemen. Die Gespräche stützen sich bspw. auf Potenziale in der aktuellen Lebensphase, Ressourcen, Umgang mit Belastungen und Krisen, Akzeptanz des eigenen Älterwerdens, Sorge um hochbetagte Eltern, Trauerbewältigung, gutes Zusammenleben und -arbeiten der Generationen oder den Übergang in den Ruhestand. Daneben unterstütze ich Organisationen und Unternehmen in der externen Mitarbeiterberatung sowie im Hinblick auf alter(n)sgerechte Arbeitsgestaltung, Diversity, Wissenstransfer oder Arbeitszeitmodelle.

Ein paar Tipps zum Schluss

- Erkennen und (er)leben Sie die Potenziale und Vorteile des Alters.
- Bleiben Sie offen für neue Erfahrungen und den Austausch mit anderen Menschen.
- Hören Sie anderen – besonders den Jüngeren – zu.
- Nutzen Sie die Kraftquelle der Generativität: Geben Sie Ihr Erfahrungswissen (ohne erhobenen Zeigefinger) an nachfolgende Generationen weiter.
- Gehen Sie mit offenen Augen durch die (Arbeits-)Welt und schauen Sie, was es für Sie zu tun gibt. Sie werden garantiert etwas finden, das Sie und andere weiterbringt. Sie werden gebraucht.
- Seien sie im Älterwerden Hoffnungsträger.
- Werden Sie zum Multiplikator im Hinblick auf die Tugend der Offenheit, den Umgang mit Generationen und die vielen Potenziale und Fähigkeiten, die das Älterwerden mit sich bringt. Die 14 Handlungsfelder können Ihnen hierbei helfen.

Wir alle können unsere alternde Gesellschaft mitgestalten – gestalten auch Sie mit. Ich wünsche Ihnen dabei alles Gute und viel Erfolg!

Ihr Bonus als Käufer dieses Buches

Als Käufer dieses Buches können Sie kostenlos das eBook zum Buch nutzen.
Sie können es dauerhaft in Ihrem persönlichen, digitalen Bücherregal
auf **springer.com** speichern oder auf Ihren PC/Tablet/eReader downloaden.

Gehen Sie bitte wie folgt vor:

1. Gehen Sie zu **springer.com/shop** und suchen Sie das vorliegende Buch
   (am schnellsten über die Eingabe der eISBN).
2. Legen Sie es in den Warenkorb und klicken Sie dann auf:
   zum Einkaufswagen / zur Kasse.
3. Geben Sie den untenstehenden Coupon ein. In der Bestellübersicht wird
   damit das eBook mit 0 Euro ausgewiesen, ist also kostenlos für Sie.
4. Gehen Sie weiter **zur Kasse** und schließen den Vorgang ab.
5. Sie können das eBook nun downloaden und auf einem Gerät Ihrer Wahl lesen.
   Das eBook bleibt dauerhaft in Ihrem digitalen Bücherregal gespeichert.

EBOOK INSIDE

eISBN	978-3-658-25362-2
Ihr persönlicher Coupon	tKRjc4BabneCgsM

Sollte der Coupon fehlen oder nicht funktionieren, senden Sie uns bitte
eine E-Mail mit dem Betreff: **eBook inside** an **customerservice@springer.com**.

Printed by Printforce, the Netherlands